「戦時教育令」の研究

天皇制公教育の崩壊過程

斉藤利彦　森川輝紀　逸見勝亮
前田一男　須田将司　著

東京大学出版会

The Imperial Decree for Wartime Education:
Process of the Japanese Imperial State Education's Collapse
Toshihiko Saito, Terumichi Morikawa, Masaaki Hemmi,
Kazuo Maeda, and Masashi Suda
University of Tokyo Press. 2025
ISBN 978-4-13-056245-4

はじめに

「戦時教育令」は，アジア・太平洋戦争末期の1945年5月22日，「殆んど異例とも申すべき特別の御上諭を拝して」公布され，同日に施行された（勅令第320号）．そして敗戦後の同年10月5日に，「戦時教育令廃止ノ件」により廃止されている．まさに，初等教育から高等教育に至る全国の教育制度を統一的に定める教育勅令としては，戦前期最期の教育勅令となった．

同令は，学徒に対し防空防衛，軍需生産，食糧増産，重要研究など戦時に緊切な要務に日夜挺身することを命じ，全国の学校に大隊，中隊，小隊からなる「学徒隊」の編成を，さらには「地方学徒隊」「連合学徒隊」「工場学徒隊」等の組織化を指示した．また，卒業認定に関し，「戦時ニ緊切ナル要務ニ挺身シテ死亡シ若ハ傷痍ヲ受ケ」た学徒について，「抜群の功績があり学徒の亀鑑となる」者に対しては，正規の期間在学しなくても卒業させ得るとした．関連する文部省訓令も発され，学徒たちへの要請として「一死以テ大任ヲ遂行シ狂瀾ヲ既倒ニ回サン」（訓令第二号）ことが指示された．

「戦時教育令」が天皇により公布され，敗戦をはさんで廃止されてから，ちょうど80年となる．本書は，天皇制公教育の終期において，教育のあり方や制度がどのように改編され，児童・生徒・学生たちに何が求められていったのか，さらにはどのような帰結をむかえたのかを，学術的に検討するものである．

「戦時教育令」に関し，先行研究では，その成立から廃止に至るまでの全過程と，天皇制公教育の展開における位置づけ，さらには戦時下において同令のはたした実際の役割への全体的な考察は，これまで全く進められてこなかったといってよい．

本書は五つの章で構成されている．まず第Ⅰ章（斉藤利彦）では，「戦時教育令」に関する史料を渉猟して検討し，枢密院を中心とする同令の成立過程や背景，枢密院審査委員会での審議内容とそこで交わされた議論の分析，および「上諭」を含む同令の構造と各条文の分析を行った．

さらには,「戦時教育令」が実際にはたした役割の分析を進めた．具体的には，各府県における同令の受容とその過程，そして学校現場への直接の浸透の様相を，国民学校，中等学校，高等教育機関等の「学校日誌」「教務日誌」「当直日誌」「疎開先日誌」「内務日誌簿」「寮生日誌」等における「戦時教育令」に関する記述の解明を通して検討した．

　第II章（森川輝紀）では，「戦時教育令」の理念と内容が天皇制公教育思想の歴史的展開の中にどのように位置づくのか，そのことを「教育勅語」理念の実践的教材としての修身教科書の内容，「教育勅語」・御真影・学校儀式の管理システムの変化，さらには天皇制公教育理念を確定する教育勅語解釈（述義）の変遷との関連で，「大御心の奉体」概念に着目して考察した．

　第III章（逸見勝亮）では，政府の労務動員計画の一環である学徒勤労動員政策が,「国家総動員法」のもとで「国民勤労報国協力令」「決戦措置要綱」「戦時教育令」として具体化し，かつ動員先は農業から軍需工業へと転換した過程を究明した．あわせて，岩手県立水沢高等女学校1942年度入学生の東京航空計器株式会社（川崎市）への勤労動員（1945年2月25日～4月27日）を対象として，「勤労即教育」を謳いながら破局的に展開した1944年から1945年の学徒勤労動員の一端を明らかにした．

　第IV章（前田一男）では，「戦時教育令」下における国民学校の教育実践とそれを担った教師の分析を行っている．これまでの国民学校の実践研究が，1945年以降については教育の「崩壊過程」として概括的に描いたにとどまってきたことに対し,「学校日誌」を史料としながら1945年段階での教育実践を支えた理念とその実態の検討を進めた．教師たちは，聖戦の大義のもとに「狂信的」ともいえる教育実践を展開したが，なぜそのような教育実践が展開できたのか．そこでの教師の意識は何によって支えられ，いかなる特質を持つものであったのか，そのことを「戦時教育令」下の教育実践を支えた教師の動向として検討した．

　第V章（須田将司）では，同令によって全国に組織された「学徒隊」の構想とその具現化の実態を考察している．それまで主に生産労働力として位置づけられていた学徒が国民防衛の一翼に加えられ，本土決戦要員として軍事動員が目ざされたことを解明した．それらの具体的な動向を，1939年の荒木貞夫

はじめに

　文相の「学徒隊編成問題」からの系譜をふまえ，より長い射程でとらえなおすことを行った．さらには，各地の「学徒隊」確立をめぐる様相を分析した．奈良県や山梨県の国民学校の事例，そして「学徒義勇戦闘隊」への準備の過程を，岡山，京都，鳥取の事例をもとに考察した．

　以上を通して本書は，戦前期の天皇制公教育ははたしてどのような帰結をむかえたのか，それは，天皇制公教育体制にとって背理であったのか否か．それは，「教育勅語」に示され，「戦時教育令」の「上諭」にも掲げられた「一旦緩急ノ際ハ義勇奉公ノ節ヲ効サン」という教育理念にとって，まさに必然とも言える終末の形であったのか否か．そのことを学術的に問いかけるものである．

斉藤利彦　森川輝紀　逸見勝亮
前田一男　須田将司

「戦時教育令」の研究――天皇制公教育の崩壊過程・目　次

目 次

はじめに …………………………………………………………………………… i

第Ⅰ章　最期の教育勅令「戦時教育令」と天皇制公教育の終焉
斉藤利彦

第1節　「戦時教育令」の成立 ………………………………………………… 2
　1-1 戦時教育令の起点と教育の崩壊　2／1-2「戦時教育令」御署名原本　4／1-3「戦時教育令」が定めたもの　6／1-4「学徒隊ノ教育訓練」と「学徒体練特別措置要綱」「学徒軍事教育特別措置要綱」　16／1-5 教育の「二階級特進」　22／1-6 戦前期最期の教育勅令への先行研究の状況　23／1-7 戦後の史料編纂における「上諭」の欠落と文部省訓令第二号　26

第2節　「戦時教育令」の制定過程 …………………………………………… 30
　2-1 三大臣による閣議要請の請議　30／2-2「戦時教育令」請議案における加除修正　32／2-3 枢密院官制に基く審議と経過　34

第3節　「戦時教育令」の全国への浸透──「上諭」との関連で…………… 39
　3-1 地方新聞における報道の重点と「上諭」への注目　40／3-2 文部省訓令第二号の強調　43／3-3「上諭」戦意昂揚　46

第4節　学校現場における「戦時教育令」（上諭）の浸透 ………………… 47
　──「学校日誌」「教務日誌」「当直日誌」「内務日誌簿」から
　4-1 史料の消失と隠蔽　47／4-2 国民学校の「学校日誌」と「戦時教育令」　48／4-3 中等学校の「教務日誌」と「戦時教育令」　55／4-4 高等教育機関における「工場日誌」「内務日誌簿」と「上諭伝達式」　57／4-5 儀式の構築と「上諭奉読」の位置づけ　59／4-6「国民学校母の会」における「戦時教育令」の講話　62

おわりに ………………………………………………………………………… 63

第Ⅱ章　天皇制公教育思想と「戦時教育令」
「大御心の奉体」概念に着目して
森川輝紀

第1節　はじめに ……………………………………………………………… 70
　1-1 国定教科書の内容分析　72／1-2 教育勅語・御真影・学校儀式の管理方式　73／1-3「憲法・教育勅語体制」の二元構造的思想構造の視点から　73／1-4「聖訓ノ述義ニ関スル協議会」と「斯ノ道」「皇国ノ道」概念　75

第2節　「聖訓ノ述義ニ関スル協議会報告」の検討 ………………………… 76

目　次

　　　2-1「聖訓ノ述義ニ関スル協議会」とは　76／2-2「「斯ノ道」の解釈如何」の論点　77／2-3 皇運扶翼と大御心の奉体　80

第３節　国定四期修身教科書……………………………………………………85
　　　3-1 大御心（天皇の仁慈）と忠君愛国・皇運扶翼　85／3-2 祭政教一致と祝日・大祝日　88／3-3「神勅」と教育勅語　90

第４節　国定五期修身教科書……………………………………………………92
　　　4-1 教育勅語の実践的奉体　92／4-2「大御心の奉体」　93／4-3「神国」と「八紘為宇」　95／4-4「大御心の奉体」と実践主体　97／4-5「承詔必謹」と「誠の心」　99

第５節　国定五期歴史教科書……………………………………………………101
　　　──『小学国史尋常科用』上（1940年２月），下（1941年３月）
　　　5-1 神勅と皇運扶翼　102／5-2 皇室中心の態度の徹定　103／5-3 神国観念と国威の発揚　107

第６節　国定六期歴史教科書……………………………………………………110
　　　──『初等科国史』上（1943年２月），下（1943年３月）
　　　6-1「肇国の精神」の発展としての国史　110／6-2 神国観念と大義名分　112／6-3「八紘為宇」と「皇化の伸展」　113／6-4 楠公父子桜井の訣別と靖国の子　114

第７節　おわりに──「大御心の奉体」と戦時教育令……………………………117

第Ⅲ章　学徒勤労動員政策の破綻
岩手県立水沢高等女学校1942年度入学生の事例を中心として
逸見勝亮

はじめに……………………………………………………………………………134

第１節　1944・1945年の労務動員計画と通年勤労動員………………………137
　　　1-1「昭和十八年度国民動員実施計画」　137／1-2「昭和十九年度国民動員計画」　148／1-3「学徒勤労令」の制定　151／1-4「学徒勤労令」の特徴　160／1-5「決戦教育措置要綱」と「昭和二十年度第一四半期物資動員実施計画」　168／1-6「戦時教育令」と学徒勤労動員　169

第２節　岩手県立水沢高等女学校1942年度入学生の
　　　　東京航空計器株式会社への動員…………………………………………175
　　　2-1 東京航空計器株式会社の概要　175／2-2 東京航空計器株式会社に動員された学校　179／2-3 学校沿革史等における東京航空計器動員に関する記述　180

目　次

第2節　『こころに生きる六十日――水沢高女東航学徒動員の記』
　　　　にみる勤労作業……………………………………………………………184
　　3-1 編纂経緯　184／3-2 菊池誠之の回想「水沢高女学徒動員について」か
　　ら　187／3-3 水沢高女 1942 年度入学生の宿泊先　188／3-4 勤労動員作業
　　の記憶　191／3-5「動員日記」が記録した勤労動員作業　193

むすび………………………………………………………………………………198

第Ⅳ章　「戦時教育令」下における国民学校教育実践と教師
前田一男

はじめに………………………………………………………………………………220

第1節　戦時教育令への対応とその実際――本土決戦への対応………………224
　　1-1 長野県における戦時教育令への対応とその実践　224／1-2 富山県にお
　　ける戦時教育令への対応とその実践　231

第2節　1945 年国民学校教育実践の諸相………………………………………237
　　――『日新国民学校　昭和二十年』を手がかりに
　　2-1 資料としての「学校日誌」の有効性と限界　237／2-2 日新国民学校に
　　おける戦時教育令下の教育実践　241

第3節　教育実践を支えた国民学校教師の動向…………………………………267
　　3-1 教員不足問題とその対策　268／3-2「師道」「師魂」「師恩」の意識高揚
　　とその構築性　275／3-3 ファナティックな教師意識の構造　283

おわりに――今後の課題……………………………………………………………288

第Ⅴ章　「学徒隊」の構想とその具現
1939-45 年の「有事即応態勢確立」論議に着目して
須田将司

はじめに………………………………………………………………………………298

第1節　1939 年の「学徒隊編成問題」……………………………………………303
　　1-1「青少年学徒ニ賜リタル勅語」への奉答策として　303／1-2「荒木学徒
　　隊案」への反応　307／1-3「白紙再出発」から「二本建」へ　311

第2節　文部省訓令による「大日本青少年団」と
　　　　「学校報国隊」の組織化……………………………………………………312

目　次

　　2-1「大日本青少年団」の設立と訓練項目　312／2-2　陸軍側の要請と「学校報国隊」の結成を促す一連の通達　316

第 3 節　1943 年以降の「有事即応態勢確立」論議 ……………………… 318
　　3-1「学徒戦時動員体制確立要綱」と「教育ニ関スル戦時非常措置方策」318／3-2「大日本青少年団」幹部層や少年団論にみる「決戦」色　321／3-3「学校報国隊」と「大日本青少年団」の「一本化」論議　323

第 4 節　「学徒隊」確立をめぐる各地の様相 …………………………… 326
　　4-1　奈良の国民学校児童みみる「学徒隊」結成の「感激」　326／4-2『山梨日日新聞』連載の「学徒隊確立の道」　328／4-3　訓練や「戦闘隊」転移への備え　331

おわりに ………………………………………………………………………… 335

あとがき ………………………………………………………………………… 343

　索　　引　347
　執筆者一覧　353

第Ⅰ章
最期の教育勅令「戦時教育令」と天皇制公教育の終焉

斉藤 利彦

第1節 「戦時教育令」の成立

1-1 「戦時教育令」の起点と教育の崩壊——閣議決定「決戦教育措置要綱」

　「戦時教育令」は，アジア・太平洋戦争末期の1945（昭和20）年5月22日に勅令第320号として公布され，同日に施行された．そして，敗戦後の同年10月5日に廃止された．まさに初等教育から高等教育までの全国の教育制度を統一的に定める教育勅令として，戦前期の天皇制公教育制度における最期の教育勅令となった．

　この勅令の起点となったのは，東京大空襲のほぼ1週間後の同年3月18日に閣議決定された「決戦教育措置要綱」である．そこでは予測される本土決戦に備え，全学徒の総動員と，国民学校初等科を除くすべての学校における，翌年3月31日までの授業の原則停止が指示された．言うまでもなく，授業の停止は学校のレゾンデートルを放棄することに他ならない．文字どおりの教育の全面崩壊の過程が進行していたのである．

　まずは，この「戦時教育令」の起点としての「決戦教育措置要綱」について検討を進めよう．その全文は，以下のような「方針」と，具体的な「措置」から成り立っていた．

「決戦教育措置要綱」
　第一　方針
　　現下緊迫セル事態ニ即応スル為学徒ヲシテ国民防衛ノ一翼タラシムルト共ニ真摯生産ノ中核タラシム為左ノ措置ヲ講ズルモノトス
　第二　措置
　　一　全学徒ヲ食糧増産，軍需生産，防空防衛，重要研究其ノ他直接決戦ニ緊要ナル業務ニ総動員ス
　　二　右目的達成ノ為国民学校初等科ヲ除キ学校ニ於ケル授業ハ昭和二十年四月一日ヨリ昭和二十一年三月三十一日ニ至ル期間原則トシテ之ヲ停止ス
　　　国民学校初等科ニシテ特定ノ地域ニ在ルモノニ対シテハ昭和二十年三月十六

第1節 「戦時教育令」の成立

　　　日閣議決定学童疎開強化要綱ノ趣旨ニ依リ措置ス
　三　学徒ノ動員ハ教職員及学徒ヲ打ツテ一丸トスル学徒隊ノ組織ヲ以テ之ニ当リ
　　　其ノ編成ニ付テハ所要ノ措置ヲ講ズ但シ戦時重要研究ニ従事スル者ハ研究ニ
　　　専念セシム
　四　動員中ノ学徒ニ対シテハ農村ニ在ルカ工場事業場等ニ就業スルカニ応ジ労作
　　　ト緊密ニ連繋シテ学徒ノ勉学修養ヲ適切ニ指導スルモノトス
　五　進級ハ之ヲ認ムルモ進学ニ付テハ別ニ之ヲ定ム
　六　戦争完遂ノ為特ニ緊要ナル専攻学科ヲ修メシムルヲ要スル学徒ニ対シテハ学
　　　校ニ於ケル授業モ亦之ヲ継続実施スルモノトス但シ此ノ場合ニ在リテハ能フ
　　　限リ短期間ニ之ヲ完了セシムル措置ヲ講ズ
　七　本要綱実施ノ為速ニ戦時教育令（仮称）ヲ制定スルモノトス
　備考
　一　文部省所管以外ノ学校，養成所等モ亦本要綱ニ準ジ之ヲ措置スルモノトス
　二　第二項ハ第一項ノ動員下令アリタルモノヨリ逐次之ヲ適用ス
　三　学校ニ於テ授業ヲ停止スルモノニ在リテハ授業料ハ之ヲ徴収セズ
　　　学徒隊費其ノ他学校経営維持ニ要スル経費ニ付テハ別途措置スルモノトシ必
　　　要ニ応ジ国庫負担ニ依リ支弁セシムルモノトス

　ここに見られるように，「学徒ヲシテ国民防衛ノ一翼タラシム」という方針の下，全学徒を「直接決戦ニ緊要ナル業務ニ総動員ス」ることが指示された．そのために，「国民学校初等科ヲ除キ学校ニ於ケル授業ハ昭和二十年四月一日ヨリ昭和二十一年三月三十一日ニ至ル期間原則トシテ之ヲ停止ス」とする強制的措置が打ち出された．

図1　『毎日新聞』
1945年3月19日付

　この「直接決戦ニ緊要ナル業務」へ全学徒を動員するという点で，労働力動員に限らない兵力・軍事力としての学徒の総動員が直ちに企図されていたことが重要である．

　すでに1943年10月には「在学徴集延期臨時特例」（勅令第755号）等により，文科系を中心に大学・専門学校等の学生の徴兵が開始されていた．それにとどまらず，中等教育諸学校や国民学校高等科の初等教育を含む男女生徒全員を，「国民防衛ノ一翼タラシムルト共ニ真摯生産ノ中核タラシム」ことが決

せられたのである.

それを実現するための全国的かつ実践的組織はどのように定められたのか.「学徒ノ動員ハ教職員及学徒ヲ打ツテ一丸トスル学徒隊ノ組織ヲ以テ之ニ当リ」とされ,新たな学徒の全国動員組織である「学徒隊」の結成が命じられた.

加えて,上記「七」で「本要綱実施ノ為速ニ戦時教育令(仮称)ヲ制定スルモノトス」と定め,「戦時教育令(仮称)」の制定を既定のものとしていた.単なる閣議決定による方針ではなく,法的根拠を有する全国的制度の構築を見越していたのである.これを受け,同5月22日に成立したのが,勅令第320号「戦時教育令」(公布即日施行)であった.

1-2 「戦時教育令」御署名原本

それでは「戦時教育令」は,「決戦教育措置要綱」の決定に続くどのような状況の下で,いかなる内容と成立過程をもつ勅令として制定されたのか.さらには「戦時教育令」に関しこれまでの先行研究がどのようなものであったのか.以下に,まずは「戦時教育令」の「御署名原本」と本文を示そう.

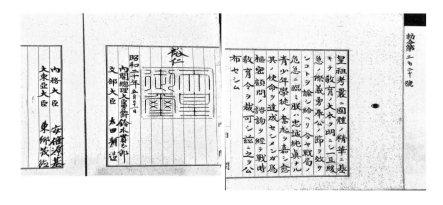

第1節 「戦時教育令」の成立

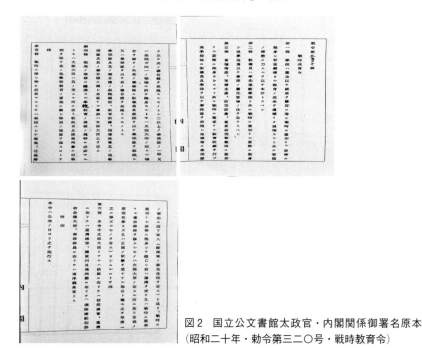

図2　国立公文書館太政官・内閣関係御署名原本
（昭和二十年・勅令第三二〇号・戦時教育令）

　　勅令第三百二十号

　皇祖考曩ニ国体ノ精華ニ基キテ教育ノ大本ヲ明ニシ一旦緩急ノ際義勇奉公ノ節ヲ効サンコトヲ論シ給ヘリ今ヤ戦局ノ危急ニ臨ミ朕ハ忠誠純真ナル青少年学徒ノ奮起ヲ嘉シ愈其ノ使命ヲ達成セシメンガ為枢密顧問ノ諮詢ヲ経テ戦時教育令ヲ裁可シ茲ニ之ヲ公布セシム
　御名御璽
　　昭和二十年五月二十一日

　　　　　　　　　　　内閣総理大臣　　　男爵　　鈴木貫太郎
　　　　　　　　　　　文部大臣　　　　　　　　　太田　耕造
　　　　　　　　　　　内務大臣　　　　　　　　　安倍　源基
　　　　　　　　　　　大東亜大臣　　　　　　　　東郷　茂徳

　　勅令第三百二十号

第Ⅰ章　最期の教育勅令「戦時教育令」と天皇制公教育の終焉

戦時教育令
　第一条　学徒ハ尽忠以テ国運ヲ双肩ニ担ヒ戦時ニ緊切ナル要務ニ挺身シ平素鍛錬セル教育ノ成果ヲ遺憾ナク発揮スルト共ニ智能ノ錬磨ニ力ムルヲ以テ本分トスベシ
　第二条　教職員ハ率先垂範学徒ト共ニ戦時ニ緊切ナル要務ヲ挺身シ倶ニ倶進以テ学徒ノ薫化啓導ノ任ヲ全ウスベシ
　第三条　食糧増産，軍需生産，防空防衛，重要研究等戦時ニ緊切ナル要務ニ挺身セシムルト共ニ戦時ニ緊要ナル教育訓練ヲ行フ為学校毎ニ教職員及学徒ヲ以テ学徒隊ヲ組織シ地域毎ニ学徒隊ヲ以テ其ノ連合体ヲ組織スルモノトシ二以上ノ学徒隊ノ一部又ハ全部ガ同一ノ職場ニ於テ挺身スルトキハ文部大臣ノ定ムル場合ヲ除クノ外其ノ職場毎ニ教職員及学徒ヲ以テ学徒隊ヲ組織シ又ハ学徒隊ヲ以テ其ノ連合体ヲ組織スルモノトス
　　　　　学徒隊及其ノ連合体ノ組織編制，教育訓練，指導監督其ノ他学徒隊及其ノ連合体ニ関シ必要ナル事項ハ文部大臣之ヲ定ム
　第四条　戦局ノ推移ニ即応スル学校教育ノ運営ノ為特ニ必要アルトキハ文部大臣ハ其ノ定ムル所ニ依リ教科目及授業時数ニ付特例ヲ設ケ其ノ他学校教育ノ実施ニ関シ特別ノ措置ヲ為スコトヲ得
　第五条　戦時ニ際シ特ニ必要アルトキハ学徒ニシテ徴集，召集等ノ事由ニ因リ軍人（陸海軍ノ学生生徒ヲ含ム）ト為リ，戦時ニ緊切ナル要務ニ挺身シテ死亡シ若ハ傷痍ヲ受ケ又ハ戦時ニ緊要ナル専攻学科ヲ修ムルモノハ文部大臣ノ定ムル所ニ依リ正規ノ期間在学セズ又ハ正規ノ試験ヲ受ケザル場合ト雖モ之ヲ卒業（之ニ準ズルモノヲ含ム）セシムルコトヲ得
　第六条　本令中文部大臣トアルハ朝鮮ニ在リテハ朝鮮総督，台湾ニ在リテハ台湾総督，関東州及満洲国ニ在リテハ満洲国駐箚特命全権大使，南洋群島ニ在リテハ南洋庁長官トス
　附則
　　本令ハ公布ノ日ヨリ之ヲ施行ス

1-3 「戦時教育令」が定めたもの

1-3-1 「上諭」が示す「教育ノ大本」と学徒の使命

　先に示したように，冒頭に「皇祖考」に始まる「上諭」が配され，そして裕仁の親署と「天皇御璽」の押印，さらに内閣総理大臣を含めた文部大臣，内務

第1節 「戦時教育令」の成立

大臣，大東亜大臣の4人の大臣による副署がなされている．

まずは「上諭」がその冒頭から，「皇祖考曩ニ国体ノ精華ニ基キテ教育ノ大本ヲ明ニシ」と記し，「教育ノ大本」を明らかにしようとしていることが最も重要である．

「教育ノ大本」とは何か．端的にそれは，「教育ニ関スル勅語」（以下「教育勅語」）の文言を引用し，「一旦緩急ノ際ハ義勇奉公ノ節ヲ効サンコト」であると示されている．

しかし，「教育勅語」が提示した他の11の徳目，すなわち「父母ニ孝ニ」「兄弟ニ友ニ」「夫婦相和シ」「朋友相信シ」「恭倹己レヲ持シ」「博愛衆ニ及ホシ」「学ヲ修メ業ヲ習ヒ」「智能ヲ啓発シ」「徳器ヲ成就シ」「進テ公益ヲ広メ世務ヲ開キ」「常ニ国憲ヲ重シ国法ニ遵ヒ」には，一切ふれられてはいない．

さらに「上諭」は，「今ヤ戦局ノ危急ニ臨ミ朕ハ忠誠純真ナル青少年学徒ノ奮起ヲ嘉シ」と述べ，「忠誠純真」な学徒に対し「義勇奉公」の「使命ヲ達成」することを求めている．

ここで，「学徒」という概念についてふれておこう．神辺靖光は「学徒とは大学生と中等学校以上の生徒を合わせた合成語で1939（昭和14）年5月22日公布の『青少年学徒ニ賜ハリタル勅語』以後使用されるようになった戦時中の用語である」と述べている（「学徒勤労動員の行政措置——中等学校を中心に」）[1]．

まさに，この概念は「陸軍現役将校学校配属令」の施行15年を記念し，当時の荒木貞夫文部大臣に天皇が与えた1939年の勅語「青少年学徒ニ賜ハリタル勅語」から定着したものと思われる．その日，東京の宮城前広場に全国から学生生徒代表3万1000余名，教職員代表4500余名が参列し，全国学校教職員および学生生徒御親閲式が挙行された．こうした状況の下で，学生と生徒を包含する概念として「学徒」という概念が生み出されたといえよう．

その意味で，「戦時教育令」が，この「青少年学徒ニ賜ハリタル勅語」と同じ日付の5月22日に公布されたのも，充分に意図されたものであったと思われる．

しかるに，後述するように「戦時教育令」は，国民学校児童や青年学校生徒をも「学徒隊」編成の対象としていることが注目される（学徒動員局長，国民

第 I 章　最期の教育勅令「戦時教育令」と天皇制公教育の終焉

教育長発，1945 年 7 月 18 日「国民学校及青年学校等学徒隊ノ運営ニ関スル件」参照）．その点では児童・生徒・学生のすべてを含み込む概念として「学徒」は全面化したのである．

　さらに，この「学徒」概念の全面化については，すでに布石があったことも指摘しておこう．1930（昭和 15）年 2 月，文部省によって「聖訓ノ述義ニ関スル協議会報告」がなされている．「秘」扱いとされ，「本印刷物ハ非公開ニツキ公ノ論議ノ用ニ供スル等ノコトハ堅ク差控ヘラル丶様御含ミ願度」との注意が加えられている．この協議会は，伯爵林博太郎を議長として和辻哲郎，久松潜一，吉田熊次，紀平正美等の学者・知識人を集め，「聖訓ノ述義」すなわち「教育ニ関スル勅語」と「青少年学徒ニ賜ハリタル勅語」の「全文通釈，同構成，並ビニ説明，語句釈義」のあり方を協議した．「日中戦争」と「国民精神総動員運動」の下での国民思想の統一を図り，時代の要請にあった体制内解釈を確立しようとするものであった．

　その協議の中で，「青少年学徒ニ賜ハリタル勅語」の「全文通釈」が打ち出されているが，注目すべきは「嚮フ所正ヲ謬ラズ」の箇所の文言解釈において，「幼稚園，小学校より大学に至るまでの男女全学徒がそれぞれ学校の性質や程度に応じて実践すべきもの」とされていることである．すなわち，ここで「学徒」は「幼稚園，小学校より大学に至るまでの男女全学徒」とされ，「幼稚園」までをも含み込んで定義されている[2]．「学徒」の全面化の動向は，まさに小学校（国民学校）のみならず，幼児までをも含んだ日本の子ども・青年を対象とした，文字どおりの「根こそぎの総動員」を念頭に置いたものであった．

　いずれにしても，「青少年学徒ニ賜ハリタル勅語」の下賜を契機として，「学徒」概念の全面化が進行したのであり，「戦時教育令」が同勅語の下賜と同じ 5 月 22 日に公布されたのは，そうした点でも故なきことではなかったと言える．

　また，対象の全面化という点では，「戦時教育令」における教育令の名称がそれに対応した大きな意味をもっている．すなわち，それまでの全国的な教育制度を規定した法令の歴史を辿るとき，最初に全国的な教育制度を制定した「学制」（1872 年・明治 5 年）から，明治 10 年代になると「教育令」が第 1 次（1879 年），第 2 次（1880 年），第 3 次（1885 年）と次々に制定された．それ

第1節 「戦時教育令」の成立

らは，すべての学校種別を一括して規定する教育法令の形態であった．

しかし，1886（明治19）年以降，初等・中等・高等教育の各学校種別ごとの法令としての「学校令」の形態に移行した．対象も児童・生徒・学生別にそれぞれを規定したのである．それは，「国民学校令」「中等学校令」「高等学校令」「大学令」「師範教育令」等々，この戦時下でも基本的には継続されていた．しかし，「戦時教育令」は，それらをふまえつつ，初等教育から高等教育に至るすべての学校種別における，すべての在籍者を「学徒」として一律に統制し「挺身」させるための教育令として，その名称をよみがえらせたといえよう．

1-3-2 「戦時教育令」本文

さて，以上の経緯の下で，「戦時教育令」の本文は前掲のように，全6条から成り立つものであった．

第一条で学徒の本分を「戦時ニ緊切ナル要務ニ挺身シ平素鍛錬セル教育ノ成果ヲ遺憾ナク発揮スル」ことと定め，第二条でそれら要務を「率先垂範」「倶学倶進」すべき教職員の使命と任務を規定した．

注目すべきは，まずは学徒に課された任務における，前年の「学徒勤労令」（1944年8月23日）との違いである．「学徒勤労令」は，「学徒勤労ノ特殊性並ニ其ノ重要性ニ基キ特ニ学徒勤労ヲ一般国民勤労報国協力令ニ依ル協力ト切離シ一層学徒勤労体制ノ徹底強化ヲ図」るために制定された（1944年8月24日付地方長官・学校長宛文部・厚生・軍需次官連名通牒「学徒勤労令施行ニ関スル件」）．それまでの学徒動員の様々な規定を集大成し，「国家総動員法」に基づく法的根拠を明確にした．そして同法第一条は，「国家総動員法第五条ノ規定ニ基ク学徒（国民学校初等科及之ニ準ズベキモノノ児童並ニ青年学校ノ生徒ヲ除ク）ノ勤労協力及之ニ関連スル教職員ノ勤労協力」について規定した．見られるように，そこで定められたのは，あくまでも学徒の「勤労協力」であった[3]．

しかし，「戦時教育令」が定めたのは，「勤労協力」にとどまらない．それよりもはるかに広い概念として，「戦時ニ緊切ナル要務」全般への学徒の「挺身」を義務づけたのである．さらに，第三条で具体的に規定しているように，「戦時ニ緊切ナル要務」として，「防空防衛」等への軍事動員も明確にしていた．

また，「学徒勤労令」では対象となっていなかった「青年学校ノ生徒」も全面的に対象としたことも，大きな違いである．

さらに，先述の「決戦教育措置要綱」と「戦時教育令」の違いにも注目しなければならない．同「要綱」第二の一「全学徒ヲ食糧増産，軍需生産，防空防衛，重要研究其ノ他直接決戦ニ緊要ナル業務ニ総動員ス」という文言と，「戦時教育令」の後述する第三条「食糧増産，軍需生産，防空防衛，重要研究等戦時ニ緊切ナル要務ニ挺身セシムル」という文言は，一見すると同一の内容であるかのように見える．

しかしながら，前者は「業務ニ総動員ス」であり，後者は「要務ニ挺身セシムル」である．すなわち「要綱」では，学徒は「総動員」される他律的な立場として規定されているが，「戦時教育令」では自ら「要務ニ挺身」する，すなわち自ら進んで身を挺することが求められる，自律的な立場として規定されている．まさに，「上諭」が諭したように，「朕ハ忠誠純真ナル青少年学徒ノ奮起ヲ嘉」するのであり，他律的ではない学徒の自律的な「奮起」を求めることを一貫させているのである．

加えて第三条では，それら「要務ニ挺身」するために新たに結成される組織として，従来の「学校報国隊」に代わる「学徒隊」を，学校単位と地域単位そして勤労動員先の職場単位，さらにはその連合体を結成すべきことを定めた．

その点で，先述のように従来の「学校報国隊」は，中等諸学校以上の学生・生徒を対象としていたが，「学徒隊」は国民学校や青年学校の児童・生徒をも対象とするものであったことに大きな違いがある．すなわち「挺身」すべき学徒の全面化と言いうるものである．

この「学徒隊」については，先に述べた「決戦教育措置要項」の「三」で「学徒ノ動員ハ教職員及学徒ヲ打ツテ一丸トスル学徒隊ノ組織ヲ以テ之ニ当リ」と指示されており，すでに既定のものであったが，「戦時教育令」によってその組織形態がより詳細に定められたのであった．

こうして，「上諭」と「戦時教育令」本文第一条から第三条は，互いに連接し，「教育ノ大本」を諭し，戦時における教職員・学徒の使命への挺身を命ずるという構造を形づくっていた．両者は，まさに不離一体のものとして構成されていた．

第1節 「戦時教育令」の成立

続いて第四条は，「戦局ノ推移ニ即応スル学校教育ノ運営」を求め，学校教育の教科目および授業時数について特例を設け得ることを定めている．さらに第五条では，きわめて注目すべき規定として卒業認定に関する特例を定めた．

すなわち，「死亡シ若ハ傷痍ヲ受ケ」た学徒に対し，正規の期間在学しなくても卒業可能であるとした．この点については，以下の「戦時教育令施行規則」でより詳細に定められており，後に詳述しよう．

第六条では，本令の対象が「内地」「朝鮮」「台湾」「関東州」「満洲国」「南洋群島」における全学徒であることを明示している．大臣副署に，内閣総理大臣，文部大臣，内務大臣に加えて「大東亜大臣　東郷茂徳」の署名がなされていたように，「戦時教育令」はまさに「大東亜共栄圏」の全域で適用される勅令であり，そこで育つすべての男女の学徒を対象として成立したものであった．

1-3-3 「戦時教育令施行規則」

さて，本令と同日に，以下の文部省令第9号「戦時教育令施行規則」が公布された．

戦時教育令施行規則（昭和二十年五月二十二日文部省令第九号）
第一条　戦時教育令（以下令ト称ス）第三条ノ規定ニ依ル学徒隊ノ組織編制ハ左ニ依ルモノトス
　一　学校毎ニ組織スル学徒隊ハ左ニ依リ之ヲ組織ス
　（イ）学徒隊ハ原則トシテ学部，学科，学年，学級等ヲ単位トシテ之ヲ組織ス但シ必要アルトキハ特別ノ組織ヲ為スコトヲ得
　（ロ）学徒隊ニ学徒隊長ヲ置キ学校長ヲ以テ之ニ充ツ
　（ハ）学徒隊ハ必要ニ応ジ大隊，中隊，小隊，班等ニ之ヲ分チ其ノ長ハ教職員及学徒ノ中ヨリ学徒隊長之ヲ命ズ
　二　地域毎ニ組織スル学徒隊ノ連合体ハ左ニ依リ之ヲ組織ス
　（イ）全国学徒隊ハ地方学徒隊ヲ以テ之ヲ組織シ其ノ隊長ハ文部大臣ヲ以テ之ニ充ツ
　（ロ）地方学徒隊ハ地方行政協議会域内ノ大学高等専門学校学徒隊及都道庁府県学徒隊ヲ以テ之ヲ組織シ其ノ隊長ハ当該地方行政協議会ノ会長タル地方長官ヲ以テ之ニ充ツ

第Ⅰ章 最期の教育勅令「戦時教育令」と天皇制公教育の終焉

　　　　大学高等専門学校学徒隊ハ当該地方行政協議会ノ区域内ノ大学高等専門学校（教員養成諸学校ヲ含ム以下同ジ）ノ学徒隊ヲ以テ之ヲ組織シ其ノ隊長ハ当該区域内ノ大学高等専門学校ノ学校長又ハ文部省高等官ノ中ヨリ文部大臣之ヲ命ズ但シ特別ノ事情アル場合ニ於テハ地方行政協議会ノ区域内ニ於テ二以上ノ大学高等専門学校ノ学徒隊ヲ組織スルコトヲ得
　　　　文部大臣ハ必要ニ応ジ大学高等専門学校学徒隊ヲ都道庁府県学徒隊ニ臨時編入スルコトヲ得
　（ハ）都道庁府県学徒隊ハ都道庁府県中等学校学徒隊，都道庁府県青年学校学徒隊及都道庁府県国民学校学徒隊ヲ以テ之ヲ組織シ其ノ隊長ハ当該都道庁府県ノ長官ヲ以テ之ニ充ツ
　　　　都道庁府県中等学校学徒隊ハ当該都道庁府県内ノ中等学校ノ学徒隊ヲ以テ之ヲ組織シ其ノ隊長ハ当該都道庁府県内政部長（東京都ニ在リテハ教育局長）又ハ中等学校長ノ中ヨリ地方長官之ヲ命ズ
　　　　都道庁府県青年学校学徒隊及都道庁府県郡市国民学校学徒隊ハ夫々当該都道庁府県内ノ郡市青年学校学徒隊及郡市国民学校学徒隊ヲ以テ之ヲ組織シ其ノ隊長ハ夫々当該都道庁府県内政部長（東京都ニ在リテハ教育局長）又ハ青年学校長若ハ国民学校長ノ中ヨリ地方長官之ヲ命ズ
　（ニ）郡市青年学校学徒隊及郡市国民学校学徒隊ハ夫々当該郡市（東京都ノ区ノ存スル区域ニ在リテハ区，北海道及樺太ニ在リテハ支庁）内ノ青年学校学徒隊及国民学校学徒隊ヲ以テ之ヲ組織シ其ノ隊長ハ夫々当該郡市内ノ青年学校長若ハ国民学校長又ハ地方事務所長（東京都ノ区ノ存スル区域ニ在リテハ区長，北海道及樺太ニ在リテハ支庁長）ノ中ヨリ地方長官之ヲ命ズ
　（ホ）各市町村長ハ夫々関係学徒隊ノ名誉隊長又ハ顧問トシテ地方長官之ヲ委嘱スルコトヲ得
　（ヘ）盲聾啞学校学徒隊ハ都道庁府県学徒隊ニ之ヲ編入ス
　（ト）専門学校，中等学校，国民学校等ニ準ズル各種学校ノ学徒隊ハ夫々其ノ準ズル学校ノ例ニ依ル
三　職場毎ニ組織スル学徒隊（以下職場学徒隊ト称ス）ハ左ニ依リ之ヲ組織ス
　（イ）二以上ノ学徒隊ノ一部ガ同一ノ職場ニ挺身シタルトキハ其ノ職場ヲ単位トシテ学徒隊ヲ組織ス
　（ロ）二以上ノ学徒隊ノ全部ガ同一ノ職場ニ挺身シタルトキハ其ノ職場ヲ単位トシテ学徒隊ノ連合体ヲ組織ス
　（ハ）二以上ノ学徒隊ノ一部及全部ガ同一ノ職場ニ挺身シタルトキハ実情ニ応ジ其ノ職場ヲ単位トシテ学徒隊又ハ学徒隊ノ連合体ヲ組織ス

第1節 「戦時教育令」の成立

　　（ニ）職場学徒隊ニ隊長及副隊長ヲ置キ隊長ハ当該職場ニ挺身中ノ学徒ノ属スル学校ノ学校長ノ中ヨリ，副隊長ハ当該職場ニ挺身セル教職員ノ中ヨリ，大学高等専門学校ノ学徒ヲ含ム場合ニ在リテハ文部大臣，其ノ他ノ場合ニ在リテハ当該職場ノ所在地ノ地方長官之ヲ命ズ但シ大学高等専門学校ノ学徒数五十人未満ナルトキハ当該職場ノ所在地ノ地方長官之ヲ行フモノトス
　　（ホ）職場学徒隊ヲ組織スル各学校ノ学校長ニシテ隊長又ハ副隊長ニ非ザルモノハ学徒隊参与トシ学徒隊長ト密接ナル連繋ノ下ニ当該学徒隊ノ指導監督ニ参与スルモノトス
　　（ヘ）職場学徒隊ニ在リテハ職場トノ密接ナル連繋ヲ保チ学徒ノ指導ニ遺憾ナカラシムル為学徒隊長ハ当該職場ノ幹部職員中適当ナルモノヲ当該学徒隊ニ嘱託スルコトヲ得
　　（ト）職場学徒隊ハ都道庁府県学徒隊ニ之ヲ編入ス
　　（チ）一職場ニ挺身スル学徒隊ガ一学校ノ学徒隊ノ全部又ハ一部ノミナル場合ニ於テハ（ヘ）及（ト）ノ適用ニ付テハ其ノ学徒隊ノ全部又ハ一部ヲ以テ当該職場学徒隊ト看做ス
第二条　左ノ各号ノ場合ニハ令第三条ノ規定ニ依リ職場学徒隊ヲ組織セザルコトヲ得
　一　挺身スル学徒五十人未満ナル場合
　二　挺身スル期間三十日未満ナル場合
　三　其ノ他文部大臣又ハ地方長官ニ於テ職場学徒隊ヲ組織スル必要ナシト認メタル場合
第三条　令第三条ノ規定ニ依ル学徒隊ノ教育訓練ハ左ノ事項ニ重点ヲ置クモノトシ其ノ指導監督ニ関シテハ大学高等専門学校ノ学徒隊（職場学徒隊ニ属スル場合ヲ含ム）ニ在リテハ文部大臣，其ノ他ノ学校ノ学徒隊（職場学徒隊ニ属スル場合ヲ含ム）ニ在リテハ当該学校ノ所在地ノ地方長官之ヲ行フモノトス
　一　軍事教育ニ関スル事項
　二　防空防衛ニ関スル事項
　三　生産技術ニ関スル事項
　四　其ノ他戦時ニ緊要ナル教育訓練ニ関スル事項
第四条　学徒隊ノ挺身及其ノ停止ニ関シテハ大学高等専門学校ノ学徒隊（職場学徒隊ニ属スル場合ヲ含ム）ニ在リテハ文部大臣，其ノ他ノ学校ノ学徒隊（職場学徒隊ニ属スル場合ヲ含ム）ニ在リテハ当該学校ノ所在地ノ地方長官之ヲ行フモノトス

第Ⅰ章　最期の教育勅令「戦時教育令」と天皇制公教育の終焉

　　　　　緊急ノ必要アリ前項ノ命令ニ依ル遑ナキトキハ上級ノ学徒隊長ハ直属ノ学
　　　　　徒隊長ニ其ノ学徒隊ノ挺身及其ノ停止ヲ命ジ又ハ各学徒隊長ハ其ノ学徒隊
　　　　　ノ挺身及其ノ停止ヲ為サシムルコトヲ得
　第五条　青年学校学徒隊及国民学校（初等科）学徒隊ヲ除ク学徒隊ガ学徒勤労令第
　　　　　四条ノ規定ニ依ル国家総動員業務ニ挺身スル場合ニ於テハ学徒勤労令ノ定
　　　　　ムル所ニ依ル
　第六条　学徒隊ハ其ノ挺身スル要務ノ遂行ニ関シテハ当該職場ノ責任者ノ指示ヲ受
　　　　　クルモノトス
　第七条　工場事業場ニ於ケル私立青年学校学徒隊ノ教育訓練ニ関シテハ当該職場学
　　　　　徒隊長ノ指揮ヲ受クルモノトス
　第八条　隊長ハ職員ヲ指揮命令シ上級ノ隊長ハ直属ノ隊長ヲ指揮命令ス
　　　　　前項ノ規定ニ拘ラズ文部大臣又ハ地方長官（職場学徒隊ニ在リテハ当該職
　　　　　場ノ所在地ノ地方長官）ハ必要ニ応ジ各学徒隊長ヲ直接指揮命令スルコト
　　　　　ヲ得
　第九条　文部大臣特別ノ必要アリト認ムルトキハ令第四条ノ規定ニ依リ国民学校，
　　　　　盲学校，聾唖学校，青年学校，中等学校，師範学校，青年師範学校，高等
　　　　　師範学校，女子高等師範学校，臨時教員養成所，実業学校教員養成所，専
　　　　　門学校，高等学校又ハ大学ニ関スル文部大臣ノ定メタル規程又ハ認可シタ
　　　　　ル学則ニ拘ラズ左ノ各号ノ措置ヲ為スコトアルベシ
　　一　教科課程，学科課程又ハ教授及訓練課程並ニ修練課程ニ付其ノ一部ヲ欠キ若
　　　　ハ重点的ナル取扱ヲ為シ又ハ授業日数ヲ短縮スルコト
　　二　一定期間内ニ修業年限又ハ在学年限内ノ所要課程ヲ集約シテ課スルコト
　　　　一定期間ヲ限リ学校ニ於ケル正規ノ授業ノ停止ヲ命ズルコト
　第十条　授業料ヲ徴収セル学校正規ノ授業ヲ停止シタルトキハ授業料ニ代ヘ授業料
　　　　　相当額ヲ超エザル限度ニ於テ教育訓練ニ要スル経費ヲ徴収スルコトヲ得公
　　　　　立又ハ私立ノ学校ニ於テ前項ノ経費ノ増額ヲ為ス場合ニハ管理者又ハ設立
　　　　　者ハ文部大臣又ハ地方長官ノ認可ヲ受クベシ
　第十一条　学校長ハ最高学年ニ在学スル学徒ニシテ左ノ各号ノ一ニ該当スルモノニ
　　　　　付令第五条ノ規定ニ依ル卒業（之ニ準ズルモノヲ含ム）ノ認定ヲ為スコト
　　　　　ヲ得文部大臣ノ指定スル専攻学科ヲ修ムル者ニシテ文部大臣ノ定ムル期間
　　　　　内ニ当該学科ニ必要ナル課程ヲ修メタルモノニ付亦同ジ
　　一　徴集，召集等ノ事由ニ因リ軍人（陸海軍ノ学生生徒ヲ含ム）ト為リタル者
　　二　戦時ニ緊要ナル要務ニ挺身シテ殉職シ若ハ傷痍ヲ受ケ修学困難トナリタル者
　　　　前項第一号及第二号ノ者ニシテ特別ノ事由アルトキハ最高学年ニ在学セザル

第1節 「戦時教育令」の成立

> 　　者ト雖モ学校長ハ文部大臣ノ承認ヲ受ケ卒業（之ニ準ズルモノヲ含ム）ニ付
> 　　特別ノ認定ヲ為スコトヲ得
> 　附則
> 　　本令ハ公布ノ日ヨリ之ヲ施行ス
> 　　本令施行ノ際現ニ動員中ノ学徒ハ本令ニ依リ挺身セルモノト看做ス
> 　　学徒勤労令ニ規定スル学校報国隊ハ当分ノ内令第三条ノ規定ニ依ル
> 　　学校ニ於ケル学徒隊ノ一部又ハ全部ト看做ス

　ここでは，第一条で「学徒隊」組織の様々な編成を提示し，それらの詳細な規定が行われている．

　まずは「学校毎ニ組織スル学徒隊」（第一条一）であり，隊長は「学校長ヲ以テ之ニ充ツ」とされ，さらには内部編成として「大隊，中隊，小隊，班等ニ之ヲ分チ其ノ長ハ教職員及学徒ノ中ヨリ学徒隊長之ヲ命ズ」と規定する．これは，軍隊と同様の組織編成を定めたものであった．

　次の，「地域毎ニ組織スル学徒隊ノ連合体」（第一条二）は，「全国学徒隊」「都道庁府県学徒隊」「郡市青年学校学徒隊及郡市国民学校学徒隊」とその連合体を指し，それぞれの隊長が定められている．加えて，「盲聾啞学校学徒隊ハ都道庁府県学徒隊ニ之ヲ編入ス」ることも規定されている．

　さらに「職場毎ニ組織スル学徒隊」（第一条三）も定められた．当時全国の学校の学徒が，遠隔さらには府県を超えた軍需工場等に通年で大量に動員されていた．それに対応し，「職場ヲ単位トシテ学徒隊又ハ学徒隊ノ連合体ヲ組織ス」ることが求められたのである．その場合の指揮系統として，「隊長ハ当該職場ニ挺身中ノ学徒ノ属スル学校ノ学校長ノ中ヨリ」選ぶとされ，あるいは「大学高等専門学校ノ学徒ヲ含ム場合ニ在リテハ文部大臣」が隊長になること等が定められた．

　以上のように，「戦時教育令」および施行規則は，国民学校や盲聾啞学校生徒の「挺身」をも要請し，全国のすべての学徒の動員を，学校，地域，職場の津々浦々で実現させようとするものであった．

　その上で，第三条で「学徒隊ノ教育訓練」の内容が指示された．特に「教育訓練」の筆頭には「生産技術ニ関スル事項」ではなく，「一　軍事教育ニ関ス

ル事項」が置かれ，続いて「二　防空防衛ニ関スル事項」が置かれていることが注目される．

　この学徒隊に関しては，さらに制度の強化が推し進められていった．すなわち，1945年7月10日，「文部省官制中左ノ通改正ス」として，従来の「総務局」を廃止し「学徒動員局」を創設した．その上で，「学徒動員局」の役割を「学徒隊ニ関スル総合計画ノ設定及学徒隊ノ運営一般ニ関スル事項」の制定と運用を行うことと定めた（勅令第407号『官報』第5547号，1945年7月11日）．学徒隊を動かすための専門の部局が創設されたのである．

　さらには，軍の側からの学徒隊への統制・査閲に関し，従来の査閲規定を廃止し，新たに陸軍省令第42号「陸軍現役将校配属学校教練査閲規定」が定められた．そこでは，「教練査閲官学徒隊ノ教練ヲ査閲シタルトキハ其ノ結果ニ関シ当該教練地区長，学徒隊長，関係学校長及陸軍軍事教官ニ対シ所用ノ指示ヲ行ヒ関係監督庁及作業庁ニ対シ所用ノ要望ヲナスモノトス」（第四条）とされ，学徒隊の教練や軍事訓練を，軍による「指示」や「要望」に基づく厳しい統制下に置くことを定めたのである（『官報』第5553号，1945年7月18日）．

1-4　「学徒隊ノ教育訓練」と「学徒体錬特別措置要綱」「学徒軍事教育特別措置要綱」

　ところで，この「軍事教育」と「防空防衛」に関して，すでに学校現場では「戦闘第一主義」に重点を置く，実践的な訓練が行われていたことを見ておかなければならない．

　具体的な訓練内容は，先の「決戦教育措置要綱」を受け，その翌月に策定された「学徒体錬特別措置要綱」（4月4日），そして「学徒軍事教育特別措置要綱」（4月20日）において示された．それらは，本土決戦を必至とする状況のもとで，学徒を対象に本土決戦時の戦闘力錬成を目的とするものであった．

　図3の『朝日新聞』4月8日付の記事では，「過般閣議で決定した『決戦措置要綱』に基づいて学徒は勤労のほかに勇躍皇土防衛にも挺身するので，こんど体錬は面目を一新し戦局に適合，また近く制定される『学徒軍事教育特別措置要綱』と緊密に連携した戦闘第一主義に重点をおくことになり」と記されて

第 1 節 「戦時教育令」の成立

いる.「学徒体錬特別措置要綱」については,「重点は戦闘訓練」「白兵戦技を中心に歩走など」と報道されている.

この両「要綱」に関しては,『近代日本教育制度史料』(近代日本教育制度史料編纂会)には掲載されておらず,以下に適宜内容を検討しよう[4].前者は文部省体育局の通達であるが,後者は文部次官通牒であり,したがって後者が上位の通達であると解され,まずは「学徒軍事教育特別措置要綱」について考察しよう.

図3 『朝日新聞』1945年4月8日付

1-4-1 「学徒軍事教育特別措置要綱」
——「局地戦市街戦錯雑地内の戦闘及夜間行動に習熟せしむ」

「学徒軍事教育特別措置要綱」では,男女別に要綱が作成されていた.男子については,軍事教育の「教育課目の重点」として,「基礎的戦闘訓練」と「小戦訓練」があげられている.

「基礎的戦闘訓練」では「皇土決戦の惨烈なる局面に立ち」「特に必勝の信念を堅持」すべきこと,「小戦訓練」では,「独立小部隊の戦闘特に遊撃戦闘を重視」すること,さらには「局地戦市街戦錯雑地内の戦闘及夜間行動に習熟せしむ」ことが明示されていた.「遊撃戦」といい「局地戦」「市街戦」「夜間戦闘」の「習熟」といい,まさに熾烈な最前線での戦闘に向けた,学徒たちの軍事訓練の方針が定められていた.

1-4-2 女子学徒による「体当り精神と気魂」「奇襲攻撃」

女子用の「学徒軍事教育特別措置要綱」は,当時女子学徒が何を求められたのかを端的に示したものである.

まずは,「爾今女子学徒の軍事教育は為し得る限り皇土防衛に活動し得へき能力を附与する如く重点的訓練に徹底す」という方針が明示された.さらに,「特に必勝の信念を堅持し皇土決戦の惨烈なる局面に立ち毅然として老幼婦女の中核となり皇国護持に挺身するの体当り精神と気魂とを培養す」ことが求

められ，「体当り精神と気魂」の強調がなされている．

以上に加え，「特に挺身躬行没我協同の精神鍛錬を重視す」ることが示され，「其の他」においては「先ず護身術を体得せしめ為し得れば奇襲攻撃の要領を会得せしむ」ことが指示されている．ここでは，防御的な「護身術」のみならず「奇襲攻撃の要領」の会得が目ざされていることが注目される．

それでは，女子学徒による「奇襲攻撃」とは，いったい何をさすのだろうか．「学徒軍事教育特別措置要綱」には，これ以上の説明はなく，それを具体的に明らかにしているのが「学徒体錬特別措置要綱」であった．

1-4-3 「学徒体錬特別措置要綱」——「戦闘第一主義」と「白兵戦技」「対戦車戦闘」

「学徒体錬特別措置要綱」では，「爾今学徒の体錬は［中略］戦闘第一主義実戦訓練に重点を施行し之が短期錬成を期す」ことが示されている．

この「戦闘第一主義実戦訓練」は，同要綱では基本体力養成の「歩走」に加え，戦闘のための「白兵戦技」から成り立っていた．

「歩走」は短距離疾走力と長距離持久力の養成を主眼とし，毎日1〜2キロの「駆足」ないしは2キロ程度の「強歩」を行うこと，また，跳力と運搬力錬成のために，地形を利用した跳躍，匍匐前進や，土嚢，丸太，石等の運搬訓練を行うことが定められた．

そして「白兵戦技」では，「手榴弾投擲」「銃剣術」「剣道」「柔道」等が課されている．例えば，「手榴弾投擲」は，「球」「短棒」「砂嚢」「石」「瓦」等を用いて，飛距離と正確な投擲の錬成が目ざされており，さらには「伏投」「膝投」「立投」のように，様々な体位からの手榴弾投擲の訓練が設定された．

こうした「学徒体錬特別措置要綱」は，学校現場での実施に向け着々と推し進められていった．中等教育や高等教育の学校のみならず，むろん国民学校も対象となっており，まずは教員に向けた「学徒体錬特別措置要綱伝達講習会」が各地で開催された．

長野県の安曇野地域の事例では，6月11日から13日にかけて，五常国民学校，中川手国民学校，会田国民学校の校長あるいは体錬科担当教員が「学徒体錬特別措置要綱伝達錬成会」に参加していることが「学校日誌」に記されてい

第 1 節 「戦時教育令」の成立

図 4　翠丘初等学校の「学校日誌」1945 年 4 月

る．こうした講習を受け，中川国民学校では 6 月 23 日に，1 時間半にわたり「学徒体錬特別措置要綱ノ練習」が行われている．

　同じ初等教育でも，私立学校の場合は「国民学校」と称することは認められず（国民学校令第 45 条），「初等学校」等の名称が用いられたが，例えば兵庫県芦屋の翠丘初等学校では，7 月 22 日「学徒体錬措置要綱に基く投擲力並びに体当り格闘力錬成強化に関する件の通牒を受く」として，「投擲力」および「体当り格闘力」の錬成強化の指示が出されている[5]（戦時下の「学校日誌」の史料的意義に関しては，後述する）．

　加えて，「学徒体錬特別措置要綱」では，先の「学徒軍事教育特別措置要綱」には記されていない「対戦車戦闘」が想定されていたことが注目される．すなわち，「白兵戦技（二）」で「対戦車戦闘等を考慮し移動する目標に対する正確投の演練を実施すること」とされている．ただし移動する戦車に対し手榴弾を投擲するためには，自分の身をさらさなければならず，熟練の兵士ですら困難であり，はなはだ危険かつ高度な戦闘行動であった．

　こうして，「学徒隊」における男子学徒は，「遊撃戦」「局地戦」「市街戦」「夜間戦闘」への「習熟」に加え，「対戦車戦闘」への訓練も課され，苛烈な戦闘のまっただ中に送り込まれることが想定されていたのである．

19

第Ⅰ章　最期の教育勅令「戦時教育令」と天皇制公教育の終焉

1-4-4 「女子学徒の薙刀及護身法に関する件」と「女子護身法中突蹴の解説」
①「丸太による斬撃と刺突」

ところで,「学徒体錬特別措置要綱」は,当初男子用のみが作成され,女子については「備考」の二で「女子学徒に在りては［中略］共に手榴弾投擲,薙刀,刺突法,護身法等の実践的訓練に依り沈着冷静大事に処し得る皇国女性たるの闘魂及体力の錬磨に力むるものとす」と述べられたのみであった.

しかし,その後八月に文部省から「要綱」の「別紙」[6]が出されている.その中の,「女子学徒の薙刀及護身法に関する件」および「女子護身法中突蹴の解説」に基づき,女子学徒が決戦下において求められた「教育訓練」の内容を明らかにしよう.

「薙刀」では,「三.突は特に銃剣刺突の要領をも会得せしめ竹槍等の使術に便ならしむること」等,まずは竹槍訓練を想定していたことが目につく.

この薙刀と竹槍の訓練は,どのように関連するのか.下の写真は1944(昭和19)年の段階での薙刀訓練の状況である(『読売報知新聞』1944年6月16日付).そこでは,サイパン島での婦女子による戦闘参加にふれ,「敵近し何ぞ恐れんや」と報じられている.しかし,翌45年の段階では薙刀の入手が実際には困難となったため,それに代えて竹槍さらには「丸太」を使った「正面斬撃」の訓練が,「斜斬撃」や「正面刺突」の訓練と共に,以下のように詳しく説かれることになった.

図5　『読売報知新聞』1944年6月16日付

> 正面斬撃　丸太を両手に持ち足を前後に開きたる構にて立ち空間又は斬撃台に対し正面斬撃を行う
> 斜斬撃　丸太を両手に持ち足を前後に開きたる構にて立ち空間又は斬撃棒に対し斜斬撃を行う

第1節 「戦時教育令」の成立

> 正面刺突　丸太を両手に持ち左足を前に出したる構にて立ち正面刺突を行う

しかしながら，実際に女子学徒が丸太を使いこなすことができるのか，さらには丸太を使った攻撃が，小銃や砲弾等による実際の戦闘にどれほどの効果を持つのかは，はなはだ疑問である．攻撃するためにはかなり接近しなければならず，相手の銃砲にあっけなく倒され，一挙に多くの犠牲を生むことにつながるが，その点は考慮の外であった．

② 「膝頭を以て股間を蹴上ぐ」

さらに，「学徒体錬特別措置要綱」の「女子用」では，「護身法」として詳細な訓練内容が示されている．特徴的なものをあげるなら，「四．拳突は危急の際には概ね武器（短刀千枚通手製の短柄錐の類）を用いて刺突するものなれば平素修練に於ても其の心構えを以て実施すべきこと　五．蹴は両膝頭を以て夫々体前の一点を蹴るべきこと」という訓練である．

「短刀千枚通手製の短柄錐」の武器を用いて刺突するとされているが，短刀はともかく「千枚通」や「手製の短柄錐」がはたして武器になりえるのかは大いに疑問である．

「蹴」は体前の一点を蹴るべきことが強調されている．この「蹴」に関しては，「女子護身法中突蹴の解説」でさらに詳しく示されている．

例えば，「上方蹴」では，「右膝を屈げつつ股を前に挙げ膝頭を以て対手の股間を蹴上ぐ，次いで左膝を屈げつつ股を前に挙げ膝頭を以て対手の股間を蹴上ぐ，以上の動作を繰返す」とし，左右の両膝頭で連続的に相手の股間を集中的に狙うことを指示している．

以上のように，これら「護身法」は護身の域をはるかに超えており，「白兵戦技」に匹敵する内容をもつものであった．「学徒軍事教育特別措置要綱」で示された，女子学徒による「奇襲攻撃」は，こうした「攻撃」を意味するものであった．しかし，丸太で殴るといい，膝頭で股間を蹴るといい，そこまで相手に接近すること自体の危険性を，どのように考え訓練を行っていたのかは何らの説明もなされていない．

第Ⅰ章　最期の教育勅令「戦時教育令」と天皇制公教育の終焉

1-5　教育の「二階級特進」――卒業認定の特例

　続いて，施行規則第一一条は「戦時教育令」第五条と連接し，学徒の卒業認定に関し特別の規定を行っていたことが注目される．

　そこでは，最高学年に在学する学徒で「戦時ニ緊要ナル要務ニ挺身シテ殉職シ若ハ傷痍ヲ受ケ修学困難ト為リタル者」について，学校長が卒業認定することができるとした．これは，学徒の「殉職シ若ハ傷痍」が最初から想定されていたことを意味する．

　さらに，第一一条二の後段では，「特別ノ事由アルトキハ最高学年ニ在学セザル者ト雖」卒業認定が可能であると定めている．

　その意味するところを，文部省「戦時教育令の解説」（『週報』第446号，1945年6月6日）は次のように述べる．すなわち，「最高学年在学者でなくても，抜群の功績があり学徒の亀鑑となるべきものは，特に二階級特進の意味で卒業認定をなし得るやうになつている」と．

　文部省は，これを軍隊で「名誉の戦死者」に与えられる「二階級特進」に倣い，「教育の二階級特進」と名づけて卒業可能であるとした．

　学校のレゾンデートルは，先述のように「授業」を行うことであるが，加えて本人の「学業」等による卒業認定がなされることにもある．しかるに，「戦時教育令」は「学業」によることのない，かつ本人不在（死亡）をも前提とし，さらには「最高学年在学者でなくても」，卒業可能とした．まさに前代未聞のことと言えよう．「要務ニ挺身シテ殉職」することは結果として起こることではなく，最初から前提とされていた．

図6　『河北新報』の紙面

　この条文は，実際に，この時期大きな役割をはたすことになった．例えば，宮城県では同年7月，勤労動員先の工場において県立工業学校の生徒たちが一挙に5人爆死した．これに対し，『河北新報』

第1節 「戦時教育令」の成立

は「殉職動員学徒に卒業認定の恩典」であるとし,「初の戦時教育令を適用」と報じている．記事中では，戦時教育令第五条と戦時教育令施行規則一一条を引用し，五人全員の写真を掲載した．卒業は，死の代償を払ったことへの「恩典」として与えられたのである．

1-6 戦前期最期の教育勅令への先行研究の状況

　以上,「戦時教育令」とその「施行規則」の内容を見てきたが，前記のように同令は，敗戦をはさんで同年10月5日に廃止されている．まさに戦前の天皇制公教育の全国的制度レベルでの最期の教育勅令となった．

　この点で，およそ歴史研究にとって，当該の歴史事象の始まりから終焉に至るまでの全過程をとらえることは必須の研究的課題である．その意味で本令の研究は天皇制公教育の最期の局面において，いったい何が行われたのかを明らかにし，さらには天皇制公教育とはそもそも何であったのかの本質解明につながる，きわめて重要な研究対象となるものといえる．

　こうした重要な研究対象であるにもかかわらず，本令に関しては，これまで日本近代教育史に関する概説的記述の中のごく一部，あるいは事典の一項目として取り上げられる以外は，個別論文のテーマとして究明された研究は2021年までは一本もないというのが現状であった．（CiNiiでの2024年6月15日の検索による）．

　その2021年，筆者は『国民義勇戦闘隊と学徒隊』（2021年）を刊行した[7]．そこでは,「戦時教育令の公布」と国民義勇戦闘隊の関係を取り上げ（第6章），各地で成立した国民義勇戦闘隊としての学徒隊組織（学徒義勇戦闘隊）の実態を分析した．

　さらに，金子譲他「戦時下の歯科医学教育（第7編）――最後の教育令と学徒義勇戦闘隊の本土決戦準備」（2022年）[8]は，拙著を引用・参照しながら，旧制東京歯科医学専門学校における学徒義勇戦闘隊の結成を追い，当時の体験者の聞き取り等を行った貴重な研究である．

　だが，個別学校史の範疇の研究であり,「戦時教育令」の成立から廃止に至るまでの全過程と，初等教育から高等教育にわたる本令のはたした現実の役割

23

の全体的な考察は行われていない.「戦時教育令」研究は,戦後70年以上を経てようやく緒についたばかりというのが現状である.

その点で,わが国の教育史研究の代表的成果ともいうべき国立教育研究所編『日本近代教育百年史』(全10巻,1973-74年)の記述を見てみよう.本令にふれているのは,『教育政策2』の巻であり,次のように述べられている.

> 四五年三月に閣議決定「決戦教育措置要綱」がなされ,国民学校初等科を除き,学校の授業は四五年四月一日から四六年三月三十一日にいたるまで原則としてこれを停止し,五月二十二日勅令「戦時教育令」により学校教育は玉砕的崩壊を来たしたのであった.(p. 289)

上記は「決戦教育措置要綱」に関する記述としては意味はもっている.しかしながら,「戦時教育令」については「上諭」にさえふれられず,「玉砕的崩壊」という,ある種の文学的表現でのみ述べられるだけで,具体的な考察は何ら行われていないことが見てとれよう.

また,文部省『学制八十年史』(1954年3月)では,次のように記述されている.

> 五月二十二日戦時教育令が公布された.この勅令には特に上諭が付せられた.上諭は「教育勅語」を引用し「一旦緩急ノ際ハ義勇奉公ノ節ヲ效サンコトヲ諭シ給ヘリ」と前提し,「今ヤ戦局ノ危急ニ臨ミ朕ハ忠誠純真ナル青少年学徒奮起ヲ嘉シ」とあり,学徒に対しその最後の奉公を要請したものであった.[中略]戦時教育令最大のねらいは,学校報国隊を直接国土防衛に協力させることにあったかもしれない.(pp. 401-402)

ここでは「上諭」にふれ,その一部をそのまま引用するのみとなっている.しかしながら,「戦時教育令」第三条で「教職員及学徒ヲ以テ学徒隊ヲ組織」とし,さらには後述する文部省訓令第二号により「学徒隊ノ組織及運営ニ渾身ノ力ヲ竭シ万遺憾ナキヲ期スベシ」として,学校報国隊(そこでは国民学校や青年学校は除外されていた)ではない「学徒隊」の組織化が定められたのにも

第1節 「戦時教育令」の成立

かかわらず,「戦時教育令最大のねらいは,学校報国隊を直接国土防衛に協力させることにあったかもしれない」という,明白な誤りを含んだ曖昧な記述がなされている.

同じく文部省『学制百年史』(1972年10月)は,上記『八十年史』の記述をそのままなぞり,だが学校報国隊に関する記述は,さすがに削除している(p.566).『学制百二十年史』(1993年3月)では,「戦時教育令」に関する記述は一切なくなっている.

文部省の公的な刊行物でさえ,本令に関しこのようなきわめて不十分な記述しか行われていない事態を,どのように理解したらよいのだろうか.

教育史研究の著作において,本令に最も言及しているのは,久保義三『昭和教育史 天皇制と教育の史的展開 上 戦前・戦時下編』(1994年)[9]である.同著は下巻の戦後教育編を含め浩瀚な著作であり,天皇制公教育と昭和教育史を一貫して究明した久保ならではの労作といいうる.しかし,タイトルが示すように,「戦時教育令」も昭和教育史の通史的内容の一部として概説的な記述にとどまっている.その中でも,久保は「上諭」に注目し,その全文を引用し,以下のように解説している[10].

> これは,祖父にあたる明治天皇が一八九〇——明治二三年一〇月三〇日に発布した『教育ニ関スル勅語』の核心部分を援用し,学生生徒に敗色濃い国家の危機に際して,宇宙とともに終末のない天皇制を,一身を賭して守りぬくことこそ,忠誠なる学生生徒の使命である,として,この戦時教育令を,昭和天皇が公布することを明らかにしたものである.学生生徒の本分は学問研究に専念することにあるのではなく,労働力の供与と戦闘力の一端を担うことにある,と天皇自身が命じ,それが,国体史観に基づく天皇制を擁護することになるのだとしたことは,天皇制教育の自己矛盾と自己否定の具体的全姿をあらわにするものであった.

このように,久保は「上諭」のもつ意味を究明している.だが,「天皇制教育の自己矛盾と自己否定の具体的全姿をあらわにする」とした「戦時教育令」に関し,「上諭」と第一条,第三条にふれるにとどまり,「戦時教育令」の全体や具体的な成立過程,そして「戦時教育令施行規則」および後述する文部省訓

令第二号，さらには卒業認定の特例等々には一切ふれておらず，それらが実際にはたした役割の検討には及んでいない．その「具体的な全姿」の解明は，いまだ課題として残されたままである．

　歴史事典において本令を取り上げているのは，『日本近代教育史事典』（1971年），『日本近現代史事典』（1979年），『国史大辞典 8』（1987年），『日本史大事典 4』（1993年），『現代教育史事典』（2001年）[11]であるが，いずれも事典の一項目としてのごく概説的な記述にとどまっている．

1-7　戦後の史料編纂における「上諭」の欠落と文部省訓令第二号

　さて，「戦時教育令」に関する先行研究の不十分さは，それだけではない．本令の重要性を端的に示すものは，先述の「戦時教育令の解説」（文部省）が記すように，「戦時教育令は殆んど異例とも申すべき特別の御上諭を拝して」（『週報』第446号，1945年6月6日）公布されたことである．

　先にもふれたが，「上諭」とは君主が臣下に告げ諭す文書として，法律や勅令の公布に際し条文の前に法令の精神，制定の経緯等を付するものである．それでは，なぜ「戦時教育令」の「上諭」は，文部省自らが述べるように「異例」であり「特別」であったのか．

　まずは，本令のような「上諭」が付されたのは，公布当日の『朝日新聞』や『読売報知新聞』等の記事が示すように，「今回のごとく特別の上諭を拝したのは憲法の上諭は別として勅令としては臨時教育会議官制，教育審議会官制，臨時外交調査会官制，枢密院官制のみで今回を以て五回目とする」として，5例しかないことが注目されなければならない．本令がいかに重要な意味をもつものとして発せられたのかを明確に示すものである．

　その「上諭」の内容は，冒頭の「皇祖考曩ニ国体ノ精華ニ基キテ教育ノ大本ヲ明ニシ一旦緩急ノ際義勇奉公ノ節ヲ効サンコトヲ諭シ給ヘリ」から始まるものであった．ここで「皇祖考曩ニ〔中略〕諭シ給ヘリ」と示されているように，「上諭」は，皇祖の代にまで遡り，「国体ノ精華」に基づく教育の根本則（「教育ノ大本」）を示すものであった．まさに「戦時教育令」が示す教育理念は，皇祖以来の天皇制の淵源から出来したものと位置づけられており，「教育ノ大

第1節　「戦時教育令」の成立

本」とはそのような意味であった．その上で，「教育勅語」を引用し，「教育ノ大本」をさらに具体化するものとしたのである．

　さらに，上記と関連して重要な点として指摘されるのは，発する主体の問題である．例えば他の「上諭」は以下のように，すべて現天皇としての「朕」が劈頭に記され主語となっていた．

- 「大日本帝国憲法」の「上諭」:「朕祖宗ノ遺烈ヲ承ケ万世一系ノ帝位ヲ践ミ」
- 「臨時教育会議官制」の「上諭」:「朕中外ノ情勢ニ照シ国家ノ将来ニ稽ヘ」
- 「教育審議会」の「上諭」:「朕文物ノ進運及中外ノ情勢ニ鑑ミ」
- 「臨時外交調査会官制」の「上諭」:「朕，時局ノ拡大ニ鑑ミ，永遠ノ利害ヲ慮リ」
- 「枢密院官制」の「上諭」:「朕元勲及練達ノ人ヲ撰ミ国務ヲ諮詢シ其啓沃ノ力ニ倚ルノ必要ヲ察シ」

「教育勅語」も，「朕惟フニ」から始まり，主語は「朕」に他ならない．しかるに，「戦時教育令」の「上諭」のみは，「皇祖考」として，天皇の遥か祖先が主語をなしている．むろん，「上諭」自体を発したのは裕仁である以上，後段の主語は「朕ハ…裁可シ」となっている．しかし，それはあくまでも「皇祖」が先に考え「諭シ給ヘリ」ことによるものであると，そのことを前面に押し出し掲げるのである．その点でも，まさに「殆ど異例とも申すべき特別の御上諭」であったのである．このことは，何を意味するのだろうか．

　「戦時教育令」は，皇祖皇宗の遺訓に基づく皇運扶翼の奉戴こそ「国体ノ精華」であり，「教育ノ本体」もそこにこそあることを強調した．

　それは同時に，「戦時教育令」が，その理念を「戦時」に特別のものとして提示するのではなく，「皇祖」の代にまで遡って普遍的に意味づけようとしたということに他ならない．天皇制権力は，そのようにして自己の正当性と「教育ノ大本」を正当化しようとしたのであり，その危機意識がいかに著しいものであったのかを示すものといえよう．

　この点では，本令と同日に，以下のような「文部省訓令」第二号が出された

第Ⅰ章 最期の教育勅令「戦時教育令」と天皇制公教育の終焉

が，そこでもドイツの「潰滅」にもふれながら深刻な危機意識が如実に示されていた．

文部省訓令第二号
　直轄学校，公立私立ノ大学，高等学校及専門学校，
　東京都，北海道庁，樺太庁，府県

大東亜戦争勃発以来茲ニ三年有半我ガ将兵力戦敢闘ハ克ク皇国神武伝統ヲ中外ニ発揚シタリト雖モ巨大ナル物量ヲ以テスル敵ノ反噬漸ク増大シ来レルニ加ヘテ欧洲ニ於ケル情勢急転シ独逸ノ俄カニ潰滅スルアリ独リ大東亜ニ毅然タル我ガ国ニ対シ敵ハ全攻撃力集中スルヤ必至ノ情勢トナレリ既ニ危急ナル戦局更ニ深刻緊迫度ヲ加ヘ皇国ノ存立東亜保全双ナガラ危殆ニ瀕シ世界ノ道義亦地ニ墜チントス
此ノ重大ナル秋ニ当リ戦時教育令ヲ御制定アラセラレ戦時ニ於ケル教育ノ目標並ニ教職員及学徒使命ヲ昭示シ給フ畏キ大御心ヲ拝シ教職員及学徒ハ固ヨリ苟モ文教ニ携ハル者ニシテ恐懼感激一死以テ大任ヲ遂行シ狂瀾ヲ既倒ニ回サンコトヲ誓ハザル者アランヤ須ク本令ニ則リ速カニ学徒隊ヲ編成シ若キ学徒ノ総力ヲ茲ニ結集シテ国難突破ニ一路邁進セザルベカラズ
惟フニ学徒隊運営ノ主眼トスル所其ノ一ハ教職員及学徒ノ忠誠護国ノ至念ナリ此ノ念ニシテ熾烈ナランカ積極敢為ノ風自ラ漲リ旺盛ナル責任感湧然トシテ興起スベシ其ノ二ハ上下僚友熱鉄ノ如キ団結心ナリ此ノ心ニシテ強固ナランカ捨私奉公ノ修練自ラ成リ団結ノ威力ハ生産防衛ニ余ス所ナク発揮セラルルニ至ルベシ其ノ三ハ共励切磋シテ求道研鑽息マザル志ナリ行学一致作業ニ於テ人ノ範トナリ智能ノ錬磨ニ於テ学徒ノ真髄ヲ発揮スルハ固ヨリ容易ノ業ニ非ズ宜シク師弟心ヲ一ニシ寸陰ヲ借ミテ努力奮励倦マザルベシ
抑々我ガ国学制頒布以来茲ニ七十有余年今ヤ戦局危急ニ際シ教育史上未曾有ノ転換ヲ敵前ニ断行セントス此ノ事若シ成ラズンバ教育ノ精華遂ニ空シク泥土ニ委スルニ至ラン任ヲ教職ニ受クル者思ヲ茲ニ致シテ薫化啓導ノ職責ヲ全ウスベシ
皇国ノ安危ハ正ニ学徒ノ双肩ニ在リ今ニシテ奮起セズンバ皇国ノ必勝ヲ念ジ後ニ続ク者アルヲ信ジテ散華セル幾多勇士ノ忠霊ニ応フルノ道ナキヲ奈何セン若キ熱血ヲ打ツテ滅敵ノ一丸タラシメ特別攻撃隊諸勇士ニ後ルルコトナカラシムルヤウ学徒隊ノ組織及運営ニ渾身ノ力ヲ竭シ万遺憾ナキヲ期スベシ
　　　　　　　　　　　　　　昭和二十年五月二十二日
　　　　　　　　　　　　　　　　　　文部大臣　太田耕造

第1節 「戦時教育令」の成立

このように,「敵ハ全攻撃力集中スルヤ必至ノ情勢トナレリ」「戦局更ニ深刻緊迫度ヲ加ヘ皇国ノ存立東亜保全双ナガラ危殆ニ瀕シ」という深刻な危機意識が表出されている.特に重要なことは,「皇国ノ必勝ヲ念ジ後ニ続ク者アルヲ信ジテ散華セル幾多勇士ノ忠霊ニ応フルノ道ナキヲ奈何セン」と,「散華」した若者たちの「忠霊」を前面に押し出し,「特別攻撃隊諸勇士ニ後ルルコトナカラシム」としたことである.

そうした状況の下で,「殆んど異例とも申すべき特別の御上諭」が発せられたのであり,それが故に「教職員及学徒ハ固ヨリ苟モ文教ニ携ハル者ニシテ恐懼感激一死以テ大任ヲ遂行」することが至上課題として求められるというのである.かくして,「狂瀾ヲ既倒ニ回(めぐら)サンコトヲ誓ハザル者アランヤ」という名文句まで吐かれるに至ったのである.

さらには,「我ガ国学制頒布以来茲ニ七十有余年」と記していることが重要である.それは,「戦時教育令」が「皇祖」以来の悠久の歴史をふまえると同時に,「学制頒布」および「教育勅語」に発する近代天皇制公教育制度の歴史過程にも正統に位置づくことを強調するためであった.

しかるに,こうした重要な意味をもつ「戦時教育令」の「上諭」に関しては,近代日本教育制度史料編纂会編『近代日本教育制度史料』全35巻では,本令の本文のみの掲載にとどまり「上諭」は省かれている(第7巻,1956年,p.274).これは驚くべきことと言えよう.また文部省編『学制百年史 資料編』(1972年,p.42)においても,同じく本文のみで「上諭」が省かれている.

これは,いったいなぜなのか.後年の史料編纂過程において,なぜ「皇祖」と天皇自らが「教育ノ大本」を諭した「特別ノ御上諭」の存在が,全く捨象され,さらにはそのことがなぜ今日まで見過ごされてきてしまったのか,何か理由があってのことなのか,考えあぐねると同時に,きわめて遺憾に思うところである.

なお,こうした史料編纂において「上諭」が捨象されていることもあってか,先にあげた5つの事典の「戦時教育令」の項目のうち,「上諭」について記しているのは『日本史大事典4』の1つのみである.「教育史事典」と銘打つ2つを含め,他の4つの事典では一切ふれられていないのである.

すなわちこの「上諭」は，後年の多くの歴史記述において，あたかも存在しなかったかのようになっているという，驚くべき事態が生み出されてきたことが指摘されなければならない．

第2節 「戦時教育令」の制定過程

2-1 三大臣による閣議要請の請議

以上に述べた研究の状況に対し，以下に，まずはこれまで全く明らかにされてこなかった「戦時教育令」の制定・立法の過程に関する解明を行っていこう．

その点で，まずは宮内庁刊行『昭和天皇実録』の「昭和二〇年五月九日」に，以下の記述がなされていることが注目される．

> 枢密院会議に臨御される．議題は『戦時教育令』『昭和十六年勅令第千百五十七号中等学校令等ノ誌，侍特例ニ関スル件中改正ノ件』にて，全会一致を以て可決される．（『昭和天皇実録　第九』2016年，p. 662）

ここでは，枢密院会議における「戦時教育令」の「全会一致」での可決が記録されているが，なぜ，天皇臨御の下での枢密院会議であったのか．

それは，以下の「枢密院官制」に定められた手続きの進行によるものであった．同官制第六条（昭和13年勅令第774号）は，次のような規定を行っていた．

> 第六条　枢密院は左の事項に付諮詢を待て会議を開き意見を上奏する
> 　一　皇室典範及皇室令において枢密院の権限に属せしめたる事項並びに特に諮詢せられたる皇室令
> 　二　帝国憲法の条項に関する草案及疑義
> 　三　帝国憲法に附属する法律及勅令
> 　四　枢密院の官制及事務規程の改正

第 2 節 「戦時教育令」の制定過程

　五　帝国憲法第八条及第七十条の勅令
　六　国際条約の締結
　七　帝国憲法第十四条の戒厳の宣告
　八　教育に関する重要の勅令
　九　行政各部の官制其の他の官規に関する重要の勅令
　十　栄典及恩赦の基礎に関する勅令
　十一　前各号に掲げたるものの外特に諮詢せられたる事項

　以上の諮詢事項の中で，「戦時教育令」の制定は第八号に該当する「教育に関する重要の勅令」に関するものであった．

　以下，この枢密院での審議，および天皇による勅裁を含む「戦時教育令」の具体的な成立の過程を，国立公文書館所蔵の史料群の検討を通して，時系列で明らかにしてみよう．ただし，以下に提示した史料群の簿冊において

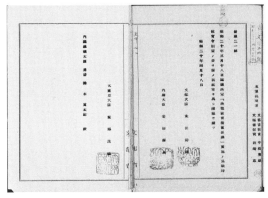

図 7 「国立公文書館太政官・内閣関係公文類聚（昭和元年〜20年第69編・昭和20年公文類聚・第六十九編・昭和二十年・第五十七巻・学事・学事・大学・中学校・陸海軍諸学校生徒・雑載　戦時教育令ヲ定ム）」

いては，「戦時教育令」の制定過程が系統的に並べられて綴じられているわけではない．そのため，まずは各簿冊から関連資料を選び出し，それらを時系列的に整理した上で考察を進める必要がある．

　まずは「戦時教育令」の制定は，図 7 に掲げたように，1945年4月18日付の文部大臣，内務大臣，大東亜大臣の三者連名による，内閣総理大臣宛の閣議要請の請議「『決戦教育措置要綱』実施ノ為戦時教育令制定ノ要ヲ認メ別紙案ヲ具シ閣議ヲ請フ」から始まるものであった．

　そして，この段階で，すでに「別紙案」の中には，「戦時教育令」全六条案

第Ⅰ章　最期の教育勅令「戦時教育令」と天皇制公教育の終焉

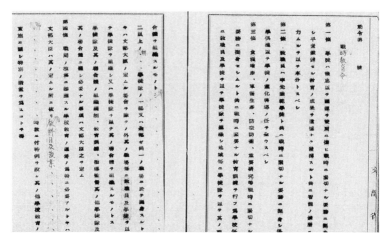

図8　閣議案（図7と同）タイプ印刷

に加えて，「上諭」案も提示されている．

2-2　「戦時教育令」請議案における加除修正

　上掲の史料に見るように，この閣議に提出された案は文部省の用紙にタイプ印刷されている．注目されるのは，まずは全部で7カ所の修正，すなわち法令タイトル自体の1カ所，第三条での2カ所，第四条での2カ所，第五条での2カ所の修正が行われていることである．それらの修正部分には，いずれも行と同じ幅の紙片が貼られ，その上に修正文字が朱筆で記されている．そして，いずれの右肩にも「法制局」の小印が捺されており，これらの修正が法制局によってなされたものであることが判明する．

　その中には，第三条の点線部分のように空白部分を点線でつなぎ字間を埋めるだけのもの，あるいは第五条の文言「戦時ニ緊切ナル要務ニ挺身シ」を「戦時ニ緊切ナル要務ニ挺身シテ」にする等の，文字の欠落や不体裁を整えるだけの軽微な修正もある．これらは法制局による，単なる文章チェックの意味合いを持つものであったと言える．

　しかし，文案の内容そのものへの明確な修正がなされている箇所もあり，見逃すことはできない．

第2節 「戦時教育令」の制定過程

　第四条では，長い点線部分が見えるが，そこでは当初の「戦局ノ推移ニ即応スル学校教育ノ運営ノ為特ニ必要アルトキハ文部大臣ハ其ノ定ムル所ニ依リ国民学校ニ於ケル教科及科目，青年学校ニ於ケル教授及訓練ノ科目及時数ニ付特例ヲ設ケ」という文章の「文部大臣ハ」以下の後段が，「文部大臣ハ其ノ定ムル所ニ依リ教科目及授業時数ニ付特例ヲ設ケ」と修正されている．
　すなわち，当初は国民学校と青年学校のみの教育課程の特例を明記していたのに対し，成案ではそれら特定の学校種に限定することなく，すべての学校種に対し「必要アルトキハ」特例を認めることとしている．これは，戦局の推移に合わせた教育課程の特例を，中等教育や高等教育の全体に及ばせようとした修正であって，「戦時教育令」の効力をさらに拡大させようとしたものである．
　第五条では，当初の「学徒ニシテ徴集，召集等ノ事由ニ因リ軍人ト為リ，戦時ニ緊切ナル要務ニ挺身シテ死亡シ若ハ傷痍ヲ受ケ」の前段の箇所に対し，「学徒ニシテ徴集，召集等ノ事由ニ因リ軍人（陸海軍ノ学生生徒ヲ含ム）ト為リ」が書き加えられている．これは大きな修正である．すなわち，原案では普通学校の学徒が「死亡シ若ハ傷痍」の場合に限っていたものが，成案ではそれを「(陸海軍の学生生徒を含む)」にまで拡大したのである．ここにおいて「戦時教育令」は，普通学校と陸海軍の軍学校（それは将校養成および軍内部の訓練機関である）という管轄も性格も全く異なる系統の教育を同列に扱い，適用範囲を拡張するものであった．これは，法制秩序としては異例である．普通学校の学徒や陸海軍の学生生徒も合わせて「死亡シ若ハ傷痍」が前提とされる中で，こうした対応に至ったものと思われる．
　そしてあろうことか，「戦時教育令」のタイトルの「戦」以下の「時教育令」の部分が朱筆書きとなっている．これはいったい何か．肝心のタイトルそのものも修正がなされていたのかという問題である．しかし，仔細に検討すると，元のタイトルは一字空けの縦長にタイプされており，単にこれを詰めて体裁を整えるだけの修正であったことが分かる．
　以上のように修正の過程をそのままに残して閣議に請議されたことは，相当に急いで請議が行われ，審議に至ったことを推察させるものである．さらには，この請議案以前の案が存在し，それに対しいくつかの加除修正がなされたことをも推察させる．むろん請議を行った文部省内や，内務省，大東亜省との三省

間の調整もあったはずである．しかしながら，その間の事情を示す資料や，原案の作成に至るまでの文部省内での動き等に関する文書は見あたらず，その間の経緯は未詳である．それらは，今後の検討課題として残されている．

2-3 枢密院官制に基く審議と経過

その後この請議はどう進められたのか．先の枢密院官制第六条第八号に基づき，閣議決定を経て諮詢が行われた．

その間の経緯を示すものは，国立公文書館所蔵「枢密院関係文書委員会録昭和枢密院委員会録・昭和二十年」所収の件名「戦時教育令外一件（五月三日）」および国立公文書館＞枢密院関係文書＞決議＞昭和＞枢密院決議・一，戦時教育令・一，昭和十六年勅令第千百五十七号中等学校令等ノ特例ニ関スル件中改正ノ件・昭和二十年五月九日決議，さらには国立公文書館＞枢密院関係文書＞会議筆記＞昭和＞枢密院会議筆記・一，戦時教育令・一，昭和十六年勅令第千百五十七号中等学校令等ノ特例ニ関スル件中改正ノ件・昭和二十年五月九日戦時教育令であり，それらの各種資料を関連づけ時系列で分析するなら以下のようになる．こうした枢密院での審議を経て，天皇による裁可がなされたのであった．

三大臣から総理大臣宛の請議→閣議決定→枢密院への諮詢および上奏→審査委員決定
4.18　　　　　　　4.19?　　　　　　　4.20　　　　　　　　　　4.26
→審査委員会での審査→議長宛に報告→全体会議での決議（天皇出席）および上奏
5.3　　　　　　　　5.4　　　　　　　　　　　5.9
→議長から内閣へ通牒→内閣から奏請→天皇による裁可→官報による公布
5.11?　　　　　　　5.11　　　　　　　5.12　　　　　　　5.22

2-4 審査委員と審査の論点

これらの審議経過の中で，特に重要と考えられるのは，枢密院の8名の審査委員による5月3日の審議である．それら審査委員の経歴と肩書，さらにはそ

第 2 節　「戦時教育令」の制定過程

こでの発言者（○を付してある）は以下のとおりであった．

　◎審査委員長　清水澄　宮内省・東宮御学問所御用掛　憲法学者
　◎審査委員
　　○南弘　内務官僚　文部次官　台湾総督　貴族院議員
　　○奈良武次　侍従武官長　陸軍大将　大日本武徳会会長，軍人援護会会長
　　○林頼三郎　検事総長　大審院院長　司法大臣
　　　深井英五　経済学者　日本銀行総裁　貴族院議員
　　○真野文二　文部省実業学務局長　九州帝国大学総長　貴族院議員
　　○大島健一　陸軍中将　陸軍大臣　大東文化学院総長　貴族院議員
　　　竹越與三郎　思想史家　衆議院議員　宮内省臨時帝室編修局御用掛
　　　　貴族院議員
　　　野村吉三郎　海軍大将　外務大臣　駐米大使　学習院長

　注目すべきは，審査委員の内で軍人の経歴を有する者が 8 名中の 3 名を占めていたことである．また委員会での質問・発言を行った者は 5 名であるが，その内で軍人は 2 名であり，陸軍大臣，陸軍大将，陸軍中将等の経歴を持つ彼らの積極的な関与が浮かびあがってくる．
　具体的な発言内容や応答を分析しよう．審議された論点は，以下の 6 つに要約することができる．

　①「決戦教育措置要綱」との関連
　②「戦時教育ノ現況」
　③「国民義勇隊ト学徒隊トノ関係」
　④「学徒隊」の組織編成と勤労管理
　⑤「学徒隊ニ対スル軍事訓練」
　⑥「戦時教育令」と「学徒勤労令トノ関係」

　質問に対しての応答は，多くは藤野文部次官によって行われ，その他に太田文部大臣，永井文部省総務局長，村瀬法制局長官によってもなされている．

第Ⅰ章　最期の教育勅令「戦時教育令」と天皇制公教育の終焉

①の「決戦教育措置要綱」との関連について，「国民学校初等科ヲ除キ学校ニ於ケル授業ハ昭和二十年四月一日ヨリ昭和二十一年三月三十一日ニ至ル期間原則トシテ之ヲ停止ス」という措置に関し，林委員より質問がなされ，藤野文部次官が次のように説明を行っている．

> ・授業の停止に関し，専ら戦局の推移に基く学校教育の運営に関するものにして，動員下令の際は当然授業停止を伴うが故，問題となるの余地なかるべき

授業の実施という学校の根本的な機能の停止に関して，「戦局の推移」を理由に「問題となるの余地なかるべき」と当然視しているのである．

②の「戦時教育ノ現況」に関しては，南委員より質問があり，藤野文部次官から以下の回答がなされている．要約するなら，

> ・大学に付ては法文科系は在学者著しく激減したるが一年は臨時の動員を受くる外概ね学業を継続し二年以上は通年動員に服しつつあり
> ・理工科系は一年は随時必要に応じ緊急なる動員に服することなしとせざるも学業を受くるを建前とし二年以上は夫々の学科に応じたる方面に出動し，唯だ三年は最後の三月間仕上げ教育を受けつつあり
> ・農林科系は農芸科学方面は除き概ね食糧増産方面に於て指導的役割を演ず
> ・医科系は工場動員を為さず専ら勉学を継続しつつあり
> ・其の他各科を通じ重要研究への動員を為し教授の研究に対する補助者の形に於て直接之が指導を受けつつあり
> ・専門学校は三年以上は通年動員，一，二年も地方に依りては通年動員に近き情況に在るも今後専ら之を農業方面に限るべく措置しつつあり
> ・国民学校は高等科を動員対象とし一部工場方面に動員したる例あるも食糧増産に動員すべく努めつつあり
> ・教員養成の諸学校は大体文科系に準ずる取扱を為し只実際上の出動に当り相当平心を加えつつある

上記のように，「概ね学業を継続し」「学業を受くるを建前とし」「通年動員に近き情況に在る」等の回答がなされている．だが，いずれも「概ね」「建前」

第2節 「戦時教育令」の制定過程

「近き情況」「相当平心を加え」という曖昧な言い方に終始していることが指摘される．実態を正確に把握した上での議論にはなっていなかった．この時期，学徒の勤労動員は通年動員や府県を超えた遠隔動員，深夜動員にまで広がり，様々な矛盾が噴出していたにもかかわらず，こうした楽観的な状況把握と曖昧な答弁で審議は進行したように思われる．

③の「国民義勇隊ト学徒隊トノ関係」に関しては，太田文部大臣自らが以下のように回答している

・国民義勇隊と本案学徒隊との関係は，両者別個の組織なるが，同時に発動するときは義勇隊として出動することと為る

この点に関し，すでに同年三月二三日閣議決定の「国民義勇隊組織ニ関スル件」において，「学校ニ付テハ別ニ定ムル学徒隊ノ組織ニ依ルモ前項ノ業務〔国民義勇隊として定められた業務——引用者〕ニ付テハ国民義勇隊トシテ出動スルモノトス」と規定されており，その確認に過ぎない回答であった（国民義勇隊および国民義勇戦闘隊と学徒隊の関係については，前掲拙著『国民義勇戦闘隊と学徒隊』を参照されたい）．

④の「学徒隊」の組織編成と勤労管理に関しては，藤野文部次官および永井文部省総務局長により，以下のような回答がなされている．

・「学徒隊の配置を適正ならしむる為，当局に於て考究する所」として，従来の学徒勤労に付ては往々配置に適正を欠きたる嫌ありたるが，学徒隊の結成と同時に学校と近距離に在りて学徒の年齢性別に適する工場との間に特定連携の関係を持たしめんことを期しつつある
・学徒の勤労管理に付き改善の要あり．当局の対策としては，将来は学校と工場との連携を強化し工場内に学徒勤労指導本部と謂うが如きものを設け，学校教職員と工場幹部との接触を多くし工場の幹部をして学徒の指導には一層の関心を持たしめ学徒の勤労管理に遺憾なからしめんとす

ここでも，「学徒勤労に付ては往々配置に適正を欠きたる嫌あり」「学徒の勤

労管理に付き改善の要あり」として，学徒勤労動員の矛盾と問題を認めつつも，その原因を検証することなく，改善に向けて「期しつつある」という曖昧な回答がなされそれが許容されている．

この時期，各地の工場は空爆を受け，前記のように爆死あるいは負傷する学徒も増加するばかりであった．にもかかわらず，「将来は学校と工場との連携を強化し」あるいは「工場の幹部をして学徒の指導には一層の関心を持たしめ」という，具体的な改善策とはいえない「連携を強化」や「一層の関心を持たしめ」という一般論での質疑に終わっている．

なお，この工場における「学校と工場との連携」，および新たな学徒隊の編制形態は，特に軍需工場の労務動員と労務管理に影響を及ぼすことが見込まれ，「戦時教育令」公布後に特高（特別高等警察）により，工場勤労副部長や生産責任者等の工場関係者の反応の調査が行われている[12]．

⑤「学徒隊ニ対スル軍事訓練」に関しては，元陸軍中将で陸軍大臣，大東文化学院総長で貴族院議員である大島健一から質問が出され，文部大臣および永井文部省総務局長の２名から，以下の回答がなされている．

> ・従前当該学校に配置せられたる将校が其の儘学徒隊に配属せられ，学徒隊隊長の指導監督下に軍事訓練を行うものなる旨等の説明あり

これは，軍事訓練の担当者を配属将校とするという，軍による学校への介入（軍事教練）を確認するだけの回答である．「戦時教育令」が実現しようとする軍事訓練の具体的な内容に関してはふれられていない．「旨等の説明あり」と記されているが，他にどのような質疑と説明があったのかの記録はなされていない．

⑥「戦時教育令」と「学徒勤労令トノ関係」に関し，藤野文部次官から以下の説明がなされている．

> ・学徒勤労令は総動員業務にのみ関係あるも，本令はさらに広く「戦時ニ緊切ナル要務」に関するが故に動員は業務の内容に応じて孰れかの勅令に基くことと為る

ここでは，前述したように学徒が動員される「要務」が従来よりもさらに広がったことが確認されているものの，「要務」の具体的な内容については何ら議論されていない．

　以上のように，枢密院の審議はいずれも形式的な質疑と議論の域を出ていないというほかはないものであった．

　そして，審議は最終的に，「委員間に於て協議の結果本案は此の儘之を可決すべき旨全員一致を以て議決す」として終了した．審議時間は，午前10時15分の開会，午後12時15分から1時30分迄の休憩を挟んで，4時20分に閉会しており，正味4時間50分の短時間の審議に過ぎないものであった．

　これを受け，5月4日，清水審査委員長より平沼騏一郎枢密院議長に審査報告が行われ，前記のように5月9日に天皇臨席のもと枢密院全体会議が開かれた．審査委員長からの報告の後に「戦時教育令」は枢密院での審議を終えたのである．むろん，勅令であり，帝国議会での審議は一切行われていないことは言うまでもない．

　先の『昭和天皇実録』においても「全会一致を以て可決される」と記されていたが，原案から一字一句の訂正もなく「上諭」と本文は可決されている．内閣と内務省・文部省・大東亜省さらには軍によってすでに敷かれていたレールに基づき，「戦時教育令」は成立したと言えよう．

　その後，枢密院議長からの内閣への通牒，内閣から天皇への奏請，天皇による裁可という形式的な手続きを経て，官報による公布がなされたのであった．

第3節　「戦時教育令」の全国への浸透──「上諭」との関連で

　「戦時教育令」は以上のような経緯の下に成立した．それでは，公布の後に本令が実際にどのように全国の地域や学校現場に浸透し，効力を発揮したのか．本章の重要テーマである，この問題に進もう．

　もとより，国家レベルの教育政策が地方や学校の現場にどのように浸透していったのか，そのこと自体は当然の研究課題として設定されうるものである．その上で，さらにこの戦争最末期1945年の状況においては，そのことはとり

わけ重要な意味を持つ．

　なぜなら，天皇制国家という強力な中央主権国家にとって，その権力の行使として中央から地方へと政策が浸透していくことは当然のことであった．しかしながら，そこに行き詰まりや阻害が生じたとしたなら，それ自体が制度の危機を意味するものであり，それ故に，その実態の究明は国家と教育の崩壊過程そのものの解明に結びついていくからである．

　しかし同時に，戦争最末期のこの時期における具体的な様相と実態に関しては，後述するように，戦災や意図的な隠蔽による史料面での大きな制約があり，そう容易には究明し得ないことも留意しなければならない．

　そうした状況の下で，以下に，まずは当時の地方新聞における「戦時教育令」への対応や報道の内容を検討してみよう．さらには，個別の学校現場への浸透を明らかにするために，個々の学校における「学校日誌」「教務日誌」「当直日誌」「疎開先日誌」「内務日誌簿」「寮生日誌」等における「戦時教育令」の受容に関する記述の検討を行っていこう．

3-1　地方新聞における報道の重点と「上諭」への注目

　まずは，「上諭」を含む「戦時教育令」が，各地の新聞において実際にどのように報じられ，具体的に何が伝えられたのかである．後述するように，そこには共通した特徴が見いだされてくる．

　当時，「国家総動員法」に基づく「新聞事業令」（1941年12月）によって，「一県一紙」の統制が敷かれていた．調査し得た限りでの1945年の新聞は，以下のものである．なお，宮城県の『河北新報』のように，戦災により同年1月から6月までの新聞が，新聞社や公共図書館等にも全く残されていない場合もあった．

『北海道新聞』（北海道）　　　　『合同新聞』（岡山県）
『新岩手日報』（岩手県）　　　　『中国新聞』（広島県）
『山形新聞』（山形県）　　　　　『山口新聞』（山口県）
『河北新報』（宮城県）　　　　　『日本海新聞』（鳥取県）

第3節 「戦時教育令」の全国への浸透

『新潟新聞』（新潟県）　　　　　『島根新聞』（島根県）
『北國新聞』（石川県）　　　　　『愛媛新聞』（愛媛県）
『神奈川新聞』（神奈川県）　　　『高知新聞』（高知県）
『山梨日日新聞』（山梨県）　　　『長崎日報』（長崎県）
『信濃毎日新聞』（長野県）　　　『朝日新聞』（東京版）
『京都新聞』（京都府）　　　　　『毎日新聞』（東京版）
『奈良日日新聞』（奈良県）　　　『読売報知新聞』（東京版）

　上掲の新聞では，いずれも公布当日の5月22日に，一斉に「戦時教育令」についての報道がなされている．
　そこに共通しているのは，「戦時教育令」本文よりも大きな活字を用い，「異例の上諭を賜う」（『日本海新聞』），「畏し異例の上諭を戴き」（『神奈川新聞』），「畏し異例の上諭」（『京都新聞』），「異例の上諭を拝す」（『中国新聞』）等々，まずは「上諭」が注目され報じられていることである．
　それは，中央の新聞においても同じで，「上諭拝す戦時教育令」（『読売報知新聞』等）の大見出しが，最上段に横抜きで掲げられている．
　それでは，「上諭」と「戦時教育令」の具体的な内容は，どのように報じられているのか．まずは以下のように，「上諭」に「応へ奉」るための「尽忠挺身」を行う組織として，各学校における「学徒隊」の結成が至上命令として報道されていた．
　「学徒隊を編成し決戦態勢確立」（『京都新聞』），「聖慮に応へ奉り　決戦学徒の蹶起要望」（『神奈川新聞』），「報国隊は学徒隊に発展改組」（『奈良日日新聞』），「学徒隊の組織大綱明示」（『日本海新聞』），「尽忠挺身の学徒隊組織」（『中国新聞』）．
　また『朝日新聞』や『読売報知新聞』『毎日新聞』の全国紙も，「決戦教育の大綱領　要務挺身の学徒隊組織」（『読売報知新聞』），「挺身組織を強化　学徒隊　地域・職域に結成」（『朝日新聞』），「義勇公に奉ぜよ　学徒隊で粉骨砕身」（『毎日新聞』）等，学徒隊の結成が最大の眼目として報じられている．
　このように「戦時教育令」により学徒隊を創設すべきことが大々的に喧伝された状況の下で，早くも公布のその日に学徒隊の結成を行った国民学校もあっ

第Ⅰ章 最期の教育勅令「戦時教育令」と天皇制公教育の終焉

図9 新聞各紙の1945年5月22日付報道(地方紙)

た.

熊本県腹赤国民学校では,「昭和二〇年五月二二日『熊本県玉名郡腹赤国民学校学徒隊』を奉安殿前に於て組織す」とし,隊長を始め第一中隊長から第四

第3節 「戦時教育令」の全国への浸透

中隊長までの幹部を任命している[13]．

また，前記のように「戦時教育令」では，「大東亜大臣」の副署がなされ，さらに第六条において「本令中文部大臣トアルハ朝鮮ニ在リテハ朝鮮総督，台湾ニ在リテハ台湾総督，関東州及満洲国ニ在リテハ満洲国駐箚特命全権大使，南洋群島ニ在リテハ南洋庁長官トス」と規定されている．このことからも明らかなように，「戦時教育令」は「大東亜共栄圏」や植民地等にも，全面的に適用されるものとして公布された．

そうした状況の下で，台湾においても，早くも「戦時教育令」公布の翌日5月

図10 『読売報知新聞』1945年5月22日付

23日に台北市士林国民学校の「学校日誌」において，「伊丹先生，横山先生学徒隊該当ノタメ来校」，同27日「三中学徒隊，山田伍長校舎借用ニツイテ来校」とあり，さらに7月16日には「女子学徒隊教室使用」と記されている[14]．

こうした各地の学徒隊の実際の動向に関しては，「学校日誌」の記述に即して，後述の第4節「学校現場における『戦時教育令』（上諭）の浸透」において具体的に検討しよう．

3-2 文部省訓令第二号の強調

ところで，これらの報道には，「上諭」にも「戦時教育令」本文にも記されていない文言が，大きな活字で踊っていることに気づかされる．すなわち，「一死以て大任遂行」（『日本海新聞』），「一死国難に殉ぜん」（『新岩手日報』），「若き熱血を滅敵へ」（『神奈川新聞』），「若き熱血を打つて滅敵の一丸とせよ」（『中国新聞』）という文言である．

これらの文言の直接的な出所となっているのは何か．それは，各地の紙面が示している「学徒奮戦の訓令」（『京都新聞』），「若き熱血を滅敵へ　文部省訓

第Ⅰ章　最期の教育勅令「戦時教育令」と天皇制公教育の終焉

図11　『奈良日々新聞』1945年5月22日付

令」（『神奈川新聞』），「若キ熱血ヲ滅敵へ　戦時教育令文部省訓令」（『山形新聞』），「学徒奮起の秋　文部省訓令」（『長崎日報』）等の文言から明らかであり，先述した文部省訓令第二号に他ならない．

中央の新聞にも全く同様に，「聖慮に感奮，大任完遂せよ　文相訓令」（『朝日新聞』），「皇国の安危双肩に　文部省訓令」（『毎日新聞』）と報じられている．

『奈良日日新聞』のように「二千万学徒奮起せよ　文部省訓令を発す」として，一番上段に訓令を配置し報道している例もあった．文部省訓令は「上諭」の指し示すところをより具体的に敷衍していた点で，当然のこととはいえかくも大きく報道されるに至っていた．

重要なことは，「上諭」の敷衍とは，どのような具体的な内容であったのかである．そこで専ら注目され引用されたのは，訓令の最後の部分であった．

皇国ノ安危ハ正ニ学徒ノ双肩ニ在リ今ニシテ奮起セズンバ皇国ノ必勝ヲ念ジ後ニ続クモノアルヲ信ジテ散華セル幾多勇士ノ忠霊ニ応フルノ道ナキヲ奈何セン若キ熱血ヲ打ツテ滅敵ノ一丸タラシメ特別攻撃隊諸勇士ニ後ルルコトナカラシムルヤウ学徒隊ノ組織及運営ニ渾身ノ力ヲ尽シ万遺憾ナキヲ期スベシ

明らかなように，訓令は特別攻撃隊（特攻隊）として出陣した若者たちを，学徒の模範として掲げている．そして，「必勝ヲ念ジ後ニ続クモノアルヲ信ジテ散華セル幾多勇士ノ忠霊」に遅れることのないよう，「万遺憾ナキヲ」を期すことを命じていた．「上諭」が示した「一旦緩急ノ際ハ義勇奉公ノ節ヲ効サンコトヲ諭シ」の具体的な内容とは，この「一死以テ大任遂行」ということに他ならなかったのである．

『山梨日日新聞』（5月22日付）は，そのことを端的に表わしている．「若き

第3節 「戦時教育令」の全国への浸透

図12 『山梨日々新聞』1945年5月22日付

図13 『読売報知新聞』1945年7月8日付

熱血滅敵へ」の見出しの下に訓令の解説を行い，加えて「出撃を前に皇居を遥拝する特攻隊勇士」の写真を掲げている．まさに，訓令の意図を端的に伝えようとしており，象徴的な記事と言えるだろう．

ところで，文部省が学徒の模範を「特別攻撃隊諸勇士」であると明確に示したのは，この訓令だけではなかった．同年7月8日，文部省は沖縄師範と県立一中の学徒たち，すなわち沖縄戦で戦死した「ひめゆり部隊」や「鉄血勤皇隊」の学徒たちを，「尽忠 教職員学徒の亀鑑」であると賞賛し，「皇国教学の伝統 決死・持場を守る」と大々的に報じ表彰を行った（『読売報知新聞』7月8日付）．

確かに沖縄では，学徒たちは「陸軍防衛召集規則」（1942年陸軍省令第53号）に基き，1945年1月からの召集により，15歳から動員されていた．文部大臣太田耕造による表彰状には，この防衛召集により「熾烈なる砲爆撃下に決死敢闘終始軍と行動を共にし」たこと，そして「戦時教育の本義に徹して至誠尽忠平素鍛錬の精華を遺憾なく発揮せる」という文章が記され，「終始軍と行動を共にし」て戦ったことが，「皇国学徒の華」として賞賛されている．

この7月においては，住民を容赦なく巻き込んだ沖縄戦は終結し，学徒たちはもはやこの世から去っていた．文字どおりの「霊」であった．そうした若者

第Ⅰ章　最期の教育勅令「戦時教育令」と天皇制公教育の終焉

たちを，文部省は学徒の亀鑑すなわち模範として表彰し，彼らに「後ルルコトナカラシムル」としたのである．

3-3 「上諭」と戦意昂揚

それでは，こうした「上諭」と訓令が共に相まって，教育現場の教員と学徒たちの戦意昂揚に，いかに直接的に結びつくことになったのか，このことを検討しよう．それは訓令が単なる抽象的な掛け声ではなかったことを示すものであり，そのひとつの例として『新岩手日報』の記事をあげてみよう．

図14　『新岩手日報』1945年5月23日付

紙面は右上に「上諭を拝し護国の意気沸る」という大見出しを掲載し，左下には「興亡学徒の双肩に」として，訓令の全文を掲げている．その間に「待望の大号令　一死，国難に殉ぜん」「喜べ，殉職学徒」「燃ゆる学徒の魂」の小見出しを配置し，教員と学徒による決意表明の文章が掲載されている．まさに「上諭」と訓令が一体化した，最も象徴的なレイアウトと言えるだろう．

さらに「喜べ，殉職学徒」という見出しに注目しよう．それは，戦争で死亡しても卒業認定の特例があることを，「喜べ」と促すものであった．この卒業認定の特例に関し，実際に勤労動員で死亡した学徒に「戦時教育令」が適用されたことは，先述のとおりである．

また「燃ゆる学徒の魂」の見出しでは，中学三年の生徒自身による，以下の特攻隊への熱望の声が掲載されている．

率直にいうならばわれわれ中学生を特攻隊にして欲しいということです．［中略］中学生を特攻隊養成所の如きものに入校させ一ヶ月，二ヶ月後の教育をして特攻

| に送り出したならわれわれはどんなに愉悦するだろう |

こうして,「上諭」と訓令は共にあいまって,「われわれ中学生を特攻隊にして欲しい」という,まさに学徒たちの「亀鑑」としての戦意昂揚を促していた.

第4節　学校現場における「戦時教育令」(上諭) の浸透
―― 「学校日誌」「教務日誌」「当直日誌」「内務日誌簿」から

次に,こうした「戦時教育令」および「上諭」は学校現場において直接にどのように受け止められ,浸透したのだろうか.現在のところ,国民学校,中学校,高等女学校,旧制高等学校,帝国大学のいくつかの「学校日誌」「教務日誌」「当直日誌」「疎開先日誌」「内務日誌簿」「寮生日誌」等において「戦時教育令」と「上諭」に関する明確な記述を見いだしている.

4-1　史料の焼失と隠蔽

ところで,先述のように,この戦争最末期1945年における学校現場の史料に関しては,戦災による焼失,あるいは意図的な隠蔽と焼却等の実態があることが指摘されなければならない.

例えば史料の隠滅という点では,戸田金一が『昭和戦争期の国民学校』(1993年) の中で,戦争責任を免れる意図を含んで,以下のように敗戦直後に,多くの学校現場の表簿や日誌等が焼却・隠滅された経緯を明らかにしている.

| 同県平鹿(ひらか)郡植田国民学校では,校長が指示して,関係する図書・掛図等の教材はもとより学校表簿に至るまで,これを職員室に集めた.そして部屋のストーブで焼き始めたが,あまりの多量であり,当日中に焼却するのは困難と思われた.そこで校長は職員たちに,自宅に持ち帰っての焼却処分を依頼した[15]. |

また,こうした戦時下の学校史料の大規模な隠滅は,敗戦直後からの連合国軍の占領政策の下で,軍国主義または極端な国家主義の一掃が掲げられた際に

も行われた．特に 1945 年 11 月から 1949 年にかけて，全国各地で GHQ 係官による学校視察が実施されたが，その時の学校の対応について，例えば東京都青梅市の「吉野小学校沿革事歴」は，次のように記している[16]．

> GHQ 教育総監部のデュッペル大尉の学校視察（皇道教育の抹殺）をめぐって，学校職員は極度に恐怖をおぼえる．
> 　文書・教科書・地図・掛図・資料等を焼き，また隠匿に大わらわな日をおくる．

このように，「極度に恐怖をおぼえ」た学校職員によって，現場の「文書」や「資料」が「大わらわ」に焼却，あるいは隠匿されてしまったのである．

以上のような歴史的経緯の下で，戦時下の「学校日誌」等は，それが見つかるだけで新聞で報道されるという状況となっている．例えば，和歌山県みなべ町では，町文化財審議会委員長の元教員が，現役時代には「学校で古い日誌が残っていることは見たことも聞いたこともな」かった戦時下の「学校日誌」を見つけて大きく報道され，「満州事変から日中戦争へと突き進んでいく時代でもあり，その様子が日誌でも見て取れる」と紙面に紹介されている（『紀伊民報』2021 年 2 月 8 日）．

また，福岡県久留米市でも，「終戦の年の学校日誌が残っていた」ことが大きく報道され，「事実を淡々と記した文章から戦争に翻弄された学校や子供たちの様子が伝わ」ってくると紹介されている（『毎日新聞』2015 年 12 月 19 日）．

4-2　国民学校の「学校日誌」と「戦時教育令」

以下に，こうした状況をふまえながら，これまでの調査で見いだされた「学校日誌」等を検討してみよう．

まずは，1945（昭和 20）年の「学校日誌」を見るとき，当時の学校の混乱ぶりが明瞭に浮かび上がってくる．例えば，当時，勤労動員は国民学校の高等科のみならず初等科高学年にも及んでおり，その一方では学童疎開が実施されていた．空襲は学校に対しても行われ，その被害は広がっていくばかりであった．

第4節　学校現場における「戦時教育令」(上諭)の浸透

爆弾の投下によって児童が死亡する状況さえ生まれていた．

例えば，山梨県中巨摩郡大明国民学校の「学校日誌」には，以下の記載がある．

> 七月三十日　月曜日　晴
> 　職員欠　中込訓導
> 　児童出　初男三四一　女三三〇　計六七一
> 　空襲　午前六時半ヨリ三回ニ亘リ空襲在リ．午後四時迄テノ空襲ニ於テ，初四男子爆撃ニ依リ破片ノタメ頭部ヲ粉砕セラレ即死ス．其ノ他，初六男子，高二女子死亡ス．学校ヨリ即刻見舞ヲナス．県ニ対シ電話及書類ヲ以テ報告ス．

このように「三回ニ亘リ」行われた空襲の下で，児童が「爆撃ニ依リ破片ノタメ頭部ヲ粉砕セラレ即死ス」という事態まで生じていた．他の児童二名も同時に死亡している．

こうした状況のもとで，「戦時教育令」が学校現場でどう機能したのかは，容易に明確にならない状況があるが，いくつかの学校では，「学校日誌」，「教務日誌」「当直日誌」，「内務日誌簿」等の中に，「戦時教育令」と「上諭」に関する明確な記述がなされている．以下に，それらの記述を検討しよう．

4-2-1　北海道小清水村立日新国民学校

例えば，北海道小清水村立日新国民学校の「学校日誌」である．そこには「日付」，「気象」，「温度」，「記事」，「児童出欠席状況」，「出席歩合」等の欄が設けられている．その中で，「戦時教育令」公布のまさにその日1945年5月22日の「記事」に，「職員朝会時ニ戦時教育令ニツイテ説明解釈サル」と記されていることが注目される．

それに続いて，

・「戦時教育令ニ基ク学校経営」(6月2日)
・「学徒隊結成式挙行」(6月30日)
・「戦時教育令関係集」(8月2日)

第Ⅰ章　最期の教育勅令「戦時教育令」と天皇制公教育の終焉

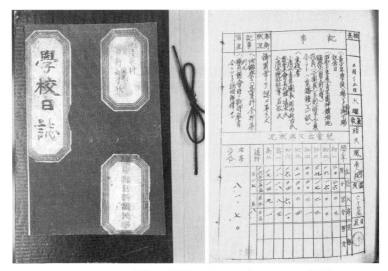

図15　日新国民学校の『学校日誌』1945年5月22日付記事

・「戦時教育令研究協議」（8月4日）

等々の記事があり，「戦時教育令」に基づく「学校経営」の実施や「戦時教育令」自体の「研究協議」，さらには「学徒隊」を組織化していく一連の学校現場の対応が明確に記述されている．

4-2-2　山梨県中巨摩郡大明国民学校

続いて，先にもふれた山梨県中巨摩郡大明国民学校の「学校日誌」を見てみよう．6月22日の日付には，午後6時から同校校庭において，「国民学校学徒隊，皇国四六三四工場学徒隊（第一，第二），皇国五三三六，部落学徒隊工場学徒隊」等の職域や地域・部落の学徒隊結成式が一斉に挙行されたことが記されている．まさに，「戦時教育令」が命じたとおりのことが実現されていた．国民学校学徒隊だけで1173名の児童が参加していることも記されている．

注目すべきは，この儀式の締めくくりとして「戦時教育令ノ上諭奉読」が行われていることである．このことは，学校現場において，「上諭」が単なる文書としてではなく，儀式の中での「奉読」の対象となっていたことを明らかに

第4節　学校現場における「戦時教育令」(上諭)の浸透

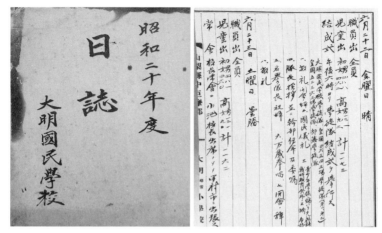

図16　大明国民学校『日誌』1945年6月22日付

するものである．まさに，「上諭」は「奉読」という様式を通して具現されていた．そのことによって，児童の耳に直接に聴き取らせ，具体的に感受されるように企図されていた．

六月二十二日　金曜日　晴
職員出　全員
児童出　初　男四八八　女四六二
　　　　高　男一三一　女九二　　計一一七三
結成式午後六時ヨリ学徒隊結成式ヲ挙行ス
　大明国民学校学徒隊，皇国四六三四工場学徒隊（第一，第二）
　皇国五三三六工場学徒隊，部落学徒隊　一，敬礼開会ノ辞　二，国民儀礼　三，
　青少年学徒ニ賜ハリタル勅語　戦時教育令ノ上諭奉読

4-2-3　長野県松本市立開智国民学校

　次に，松本市立開智国民学校の例を見てみよう．「学校日誌」によれば，6月7日の午後1時から3時まで，「戦時教育令及学徒隊ノ件」について職員会が開かれている．そして翌8日，「開智国民学校学徒隊結成式」が挙行された．敬礼に始まり，宮城遥拝，君が代斉唱へと続いた．

51

第Ⅰ章　最期の教育勅令「戦時教育令」と天皇制公教育の終焉

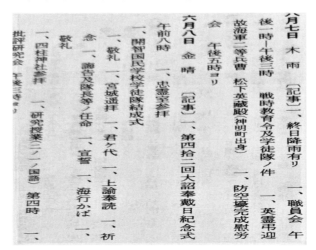

図17　開智国民学校『学校日誌』(重要文化財旧開智学校資料集刊行会『史料開智学校』第3巻「学校日誌(3)」)

　この宮城遥拝は，とりわけ「国民精神総動員運動」(1937年)以降に日本各地で，さらには大東亜共栄圏の各地においても盛んに挙行された儀式であった．皇居の方向に向かって腰を屈して拝礼し，天皇への忠誠を誓うという意味をもっていた．

　当時の教師用書では一連の儀式に関して，「宮城遥拝のこと，大東亜戦争下いかにして自己の本務をつくすべきか，などについて，具体的な指導を徹底せしめる」と指示されていた．まさに宮城遥拝は，戦争における子どもたちの「本務」(使命)を自覚させ，身体を通してそれを表現させる実践的な意味をもつものであった[17]．

　こうした，儀式の中で「上諭奉読」が行われ，「一旦緩急ノ際ハ義勇奉公ノ節ヲ効サンコトヲ諭シ給ヘリ」と，児童たちの耳に直接届くように企図されていた[18]．

4-2-4　神奈川県大磯町立大磯町国民学校

　続いて，大磯町立大磯町国民学校の「学徒隊結成情況ニ関スル報告ノ件」を見てみよう(『大磯小学校八十年史』)[19]．

第4節　学校現場における「戦時教育令」(上諭)の浸透

> 行事概要
> 一，学徒隊結成式次第（六月二十九日　午前六時開始）
> 　　（児童集合　五時二十分）
> 　1，開会ノ辞（副隊長）　2，国民儀礼　3，国歌合唱　4，上諭奉読　5，学徒隊編制発表
> 　6，各受持隊長紹介　7，大隊長訓示　8，名誉隊長訓辞　9，誓詞　受持隊長　隊員代表
> 　10，閲兵分列　11，聖寿万歳三唱　12，閉会ノ辞（副隊長）
> 二，神社参拝（式終了後　行軍）

　見られるように，「戦時教育令」の定める学徒隊の結成式が，厳格な学校行事として挙行されている．「開会ノ辞」に続き国民儀礼，国歌合唱が行われ，その後にここでも「上諭奉読」がなされ，続いて学徒隊の具体的な編成が発表された．さらに隊長の紹介と訓示，隊員代表の誓詞，閲兵分列等が行われている．

　この閲兵分列行進は，他の学校の例でも見られるように，学徒隊の結成式において盛んに実施された．戦時教育令施行規則第一条で「学徒隊ハ必要ニ応ジ大隊，中隊，小隊，班等ニ之ヲ分チ其ノ長ハ教職員及学徒ノ中ヨリ学徒隊長之ヲ命ズ」と定められたように，学徒隊の組織は軍隊組織に倣って作られたものである．それ故に，軍隊としての規律および行動を顕示するため各部隊が分列形態で行進を行い，それを隊長たる校長が閲兵するという儀式が遂行されたのである．さらに，結成式終了後も，引き続いて軍隊としての「行軍」という形をとって神社へと向かい，神霊への参拝が行われた．

4-2-5　東京都北区滝野川国民学校の「集団疎開日記」
——「特攻隊の勇士に捧げる綴り方」と学徒隊分列行進

　当時，空襲の攻撃目標となる都市部や地域の国民学校で，「帝都学童疎開実施細目」（1944年7月5日）等による「学童疎開」が実施されていた．「戦時教育令」が，国民学校の疎開生活にまで浸透した事例も見てみよう．

　東京都北区滝野川国民学校では，群馬県吾妻郡坂上村の寺院大運寺に集団疎

第Ⅰ章　最期の教育勅令「戦時教育令」と天皇制公教育の終焉

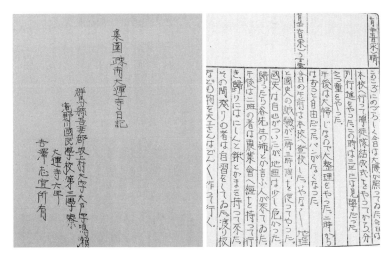

図18　「集団疎開大運寺日記」滝野川国民学校1945年7月21日付

開を行っていた．同校の六年生吉沢志宜による「集団疎開大運寺日記」は，当時の学校の様子を詳細に記述している[20]．

その7月21日の日記には，「今日の午前は特攻隊の勇士に捧げる綴方を書いた」とある．前述した「戦時教育令」と同時に発された文部省訓令第二号は，「特別攻撃隊諸勇士ニ後ルルコトナカラシムル」として，特攻隊員を学徒の模範であると賞賛したが，それが学童疎開の現場にまで浸透し，教師の綴方指導によって実践化されていたことが分かる．

さらに同25日の日記である．そこには，「今日本校へ行って学徒隊結成式をやってから分列行進をやった．」と記されている．

「本校」とは，大運寺の学寮から砂利道を3キロ歩く坂上村立国民学校であった．疎開先の国民学校でも，「戦時教育令」によって結成を命じられた学徒隊が，各部隊による分列行進という軍隊式の儀式を行い，麗々しく結成されたことが分かる．

4-2-6　品川区旗台国民学校の疎開先「学寮日誌」

「戦時教育令」が集団疎開による疎開先の現場においても周知されていた，他の事例も見てみよう．

第4節 学校現場における「戦時教育令」(上諭) の浸透

例えば，東京都品川区旗台国民学校における，青森県の寺院長源院での疎開である．そこでの「学寮日誌」の5月22日「備考」欄には，「戦時教育令発布」と記述されている[21]．まさに公布の当日に，青森県の疎開先でも「戦時教育令」が周知されていた．遺憾ながら，その具体的な経緯とその後の対応を示す史料は見いだせてはいない．

4-3 中等学校の「教務日誌」と「戦時教育令」

4-3-1 埼玉県立浦和中学校

続いて，3つの中等教育機関の例である．

まずは，埼玉県立浦和中学校の「教務日誌」を見てみよう．連日にわたり工場動員が行われており，そして7月21日に以下のように学徒隊結成式が挙行されたことが記されている[22]．

七月二十一日 (土 雨)
学徒隊結成式
　一，国民儀礼　一，閲兵分列
　一，上諭奉読，一，校長訓示
　一，生徒代表宣誓　一，海ゆかば斉唱　一，万歳三唱

ここでも「上諭奉読」が行われ，それを受けて「校長訓示」「生徒代表宣誓」等が続けられた．「海ゆかば」は，以下の歌詞である．

海行かば　水漬く屍
山行かば　草生す屍
大君の　辺にこそ死なめ
顧みへりみはせじ

海においても山においても「屍」となり，「天皇の足下にて死のう」，それを悔いることは決してない，という歌詞である．「戦時教育令」の理念と重なる

第Ⅰ章　最期の教育勅令「戦時教育令」と天皇制公教育の終焉

ものであり，その点で「上諭」と一体化し，続いて斉唱されたのだろう．さらに続く「万歳三唱」によって，生徒全員の感激と戦意昂揚が達成されるべきものであった．

4-3-2　兵庫県立姫路中学校

次に，兵庫県立姫路中学校に残された「教務日誌」である．6月12日以降ほぼ連日，各学年で工場動員が行われていたが，6月22日，まずは「残留生徒」のみで学徒隊が結成され，続いて1年生，2年生の学徒隊結成，さらには7月1日に「工場出動学徒及一・二年」が出校し，同校校庭で学校全体の正式な学年学徒隊，工場学徒隊結成の式典が挙行されたことが記されている[23]．

六月二十二日，学徒隊結成，午前十一時より（残留生徒のみ）
六月二十八日，各工場にて，学徒隊結成式挙行（三菱及日輪に学校長出張）
　　　　　　　一年学徒隊編成を行う
六月二十九日，二年学徒隊編成，後休養せしむ（前日英賀保，三菱へ出動していた．）
七月一日，工場出動学徒及一・二年出校（但し相生造船所出動学徒を除く）
　　　　　学徒隊結成式，十一時十五分過終了．
　学徒隊結成式行事
　　一，集合（八・〇〇）
　　二，編成（八・一〇～八・四〇）
　　三，閲兵分列予行　休憩
　　四，結成式　整列　隊長臨場　校旗臨場
　　　　宮城遥拝　戦時教育令御上諭
　　　　学徒隊幹部命課　隊長訓示
　　　　閲兵，分列　校旗退場　隊長退場　解散

ここに見られるように，整列，隊長臨場，校旗臨場に続き隊長訓示，閲兵，分列行進等が挙行されたが，その際整列した学徒たちが一斉に宮城遥拝を行い，その後に「戦時教育令御上諭」が読み上げられた．午前8時に開始され，同11時15分にかけての3時間15分に及ぶ重厚な儀式であった．

第 4 節　学校現場における「戦時教育令」（上諭）の浸透

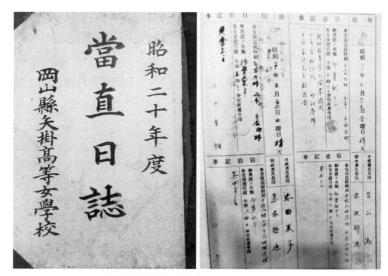

図 19　矢掛高等女学校「当直日誌」1945 年 5 月 25 日付

4-3-3　岡山県立矢掛高等女学校

次に，高等女学校の例を見てみよう．岡山県立矢掛高等女学校の「当直日誌」である．「戦時教育令」公布から 3 日後の 5 月 25 日，「戦時教育令上諭奉読式」が行われたことが確認される．

以上のように中等教育の現場でも，「上諭」は儀式の中で「奉読」され，生徒たちの耳に直接届くことが企図されていた．戦争最末期の学校教育の壊滅的状況の中にあっても，いやそれだからこそ「上諭」と「戦時教育令」は一定の範囲で確実に浸透していたことが判明する．

4-4　高等教育機関における「工場日誌」「内務日誌簿」と「上諭伝達式」

4-4-1　山形高等学校と師範学校・中等学校の合同「上諭伝達式」

高等教育機関における事例はどうか．例えば，旧制山形高等学校の学徒たちは，富山県高岡にある軍需工場「日本曹達」に，1945 年 4 月から勤労動員されていた．『昭和二十年四月　日誌　高岡工場　山形高等学校』[24]の 5 月 26 日

第Ⅰ章　最期の教育勅令「戦時教育令」と天皇制公教育の終焉

の日付には,「中村軍事教官を訪ね,学徒に賜りたる上諭伝達式の件,及昼間作業場に於て空襲を受けたる場合の退避に就き連絡す」とあり,軍事教官との連絡の下に「上諭伝達式」の準備が進められたことが分かる.そして同 28 日には,「本日七時四十分より,戦時教育令に附せられたる上諭伝達式,青年学校講堂に於て行なわるに就き,全員一定休(公休者を含む)出席○○」とあり,以下のように記述されている.

> 上諭伝達式　午前七時四十分,青年学校講堂に於て,本校,金沢工業専門学校,新潟第一師範,高岡工業,高岡商業,五校参加,工場派遣軍事教官中村中佐に依って執行,本校○○○高石富太郎総指揮を取る
> 1. 国民儀礼　2. 人員報告　3. 上諭奉読(中村中佐)　4. 訓示(中村中佐)　以上

このように,「上諭伝達式」が「上諭奉読」を中心に行われていることが分かる.注目すべきは,旧制高等学校や旧制専門学校,さらには師範学校,中等諸学校を含んで,合同で伝達式が行われていることである.前述した「戦時教育令施行規則第一条三」が,「職場ヲ単位トシテ学徒隊又ハ学徒隊ノ連合体ヲ組織ス」と定めていたように,同工場に動員されたすべての学校の学徒が,「連合学徒隊」として組織されていたからである.

さらに儀式の要である「上諭奉読」と「訓示」も,校長によってではなく,軍事教官によって執り行われていることも注目される.「学徒隊ノ教育訓練」(同施行規則第三条)の筆頭に「一　軍事教育ニ関スル事項　二　防空防衛ニ関スル事項」を掲げた「戦時教育令」に関する儀式が,軍人によって主導されることは必然でもあったろう.

4-4-2　東北帝国大学伊勢崎隊の学徒隊結成式

東北帝国大学法文学部の場合はどうか.同学部において,前年 1944 年から,群馬県伊勢崎にある工場群へと学生たちの勤労動員が実施されていた.その「伊勢崎隊」の「内務日誌簿」によれば,「皇国第二七四一職場学徒隊」の結成式が,以下の式次第で行われていることが確認できる[25].

第4節　学校現場における「戦時教育令」(上諭)の浸透

> 皇国第二七四一職場学徒隊結成式次第
> 一同敬礼　開式宣言　国民儀礼
> 戦時教育令公布ニ際シ賜リタル上諭奉読
> 青少年学徒ニ賜ハリタル勅語奉読
> 隊長訓示
> 宣誓　綱領　敬礼
> 万歳三唱　閉式宣言

　ここでも,「学徒隊」結成の儀式の中で「戦時教育令公布ニ際シ賜リタル上諭奉読」が行われ,さらに宣誓,綱領,敬礼の後に万歳三唱で閉式し,全員一斉の行動がとられていることが見てとれる.

4-5　儀式の構築と「上諭奉読」の位置づけ

　以上に共通しているのは,「上諭」の奉読を中心に据えて,学徒隊の結成式が挙行されるという形式である.すなわち,「上諭」は儀式の中で宮城遥拝,君ケ代,忠霊参拝,海行かば,万歳奉唱,戦勝祈念等々と一体化し,皇祖および天皇の「大御心」を学徒たちに直接ふれさせ,「一死奉公」の精神を喚起させるうえで,その要としてのきわめて重要な役割をはたしていた.
　この「奉読」という点では,「上諭」が118文字でまとめられていることの意味は大きい.全文315文字の「教育勅語」や,同177文字の「青少年学徒ニ賜ハリタル勅語」以上に,奉読に適した形で短く文章化されていた.それによって儀式で活用され,さらには以下のように学徒たちの戦意昂揚に重要な役割をはたしていたことを見逃すことはできない.

4-5-1　学徒たちの戦意昂揚と「上諭」――「上諭を拝し,戦時教育令に接しまして,我々学徒は鴻恩のかたじけなさに」

　「上諭」が,特別の意味をもって学徒たちの意識に大きく働きかけたことは,例えば次の記事からもうかがうことができよう.「学徒を信ずる　行くべき道一つ」「頑張つて応へん」という『島根新聞』1945年5月22日の記事である.

第Ⅰ章　最期の教育勅令「戦時教育令」と天皇制公教育の終焉

図20　『島根新聞』1945年5月22日付

> 頑張つて応へん
> 　畏き上諭を拝し，戦時教育令に接しまして，我々学徒は鴻恩のかたじけなさに，感泣いたしますとともに，愈々御奉公の決心を固めるものであります，上諭には畏れおほくも青少年学徒の奮起を嘉し給ふてをります，学徒にして上諭を拝し誰か御奉公の誠を誓はぬものがありません．（『島根新聞』昭和20年5月23日）

　このように，生徒たちの心を動かしたのは，まぎれもなく「上諭」なのであった．

　まさに「上諭」は「奉読」という形式と一体化し，さらには「戦時教育令」本文および文部省訓令と三位一体となり，「国体ノ精華」に基づく「教育ノ大本」を天皇自らが学徒たちに諭すという，理念的さらには実践的な役割をはたした．それにより，学徒たちを「感泣」させ，「戦時ニ緊切ナル要務ニ挺身」

第4節　学校現場における「戦時教育令」(上諭)の浸透

(「戦時教育令」第三条)することを推し進めたのである．

4-5-2　「上諭」全文を筆写す——「上諭を謹書し聖旨に応え奉らん」

　高等教育機関の学徒にとっても，「上諭」は同様の意味をもっていたのを見ることができる．それを示すのは，例えば旧制第二高等学校の寄宿寮「忠愛寮」の寮日誌である[26]．「戦時教育令」公布の当日５月22日，学徒自身によって「ただただ恐懼感激するのみである」という，以下の文章が記されている．

> 　青少年学徒に賜りたる勅語発布の記念日に際し，戦時教育令が公布せられた．しかも勅令には普通と形式を異にして，畏くも上諭が添えられてあり，青少年学徒に対し，如何に絶大なる御信頼が寄せられているかが拝察せられ，ただただ恐懼感激するのみである．
> 　皇国の安危正に我等の双肩にかかっている今日，一度過去の生活を振返ってみる時唯々慚愧あるのみ努力の足らざりしをうらむのみ．
> 　然し我等学徒の進むべき道は明かにされた．今こそ若き熱血を打つて滅敵の一丸たらしめ特攻隊勇士に断じて後れざらんことを誓うものである．

　注目すべきは，学徒に対するこうした天皇の「絶大なる御信頼」への「恐懼感激」のあまり，「次に上諭を謹書し聖旨に応え奉らんことを期す」として，「上諭」全文の書写が行われていることである．

　ただし，先に記された「皇国の安危正に我等の双肩に」や「今こそ若き熱血を打つて滅敵の一丸たらしめ特攻隊勇士に断じて後れざらん」の文章は，訓令第二号の丸写しであった．いかに紋切り型であり主体的な思考が失わされていたかを示すものであるが，いずれにしても「上諭」と「戦時教育令」が，当時の高等教育機関の学徒にも，いかに大きなインパクトを与えたのかを示す一例と言えよう．

4-6 「国民学校母の会」における「戦時教育令」の講話
──「子を持つ親は，必ず子供の死を覚悟せねばならぬ」

　これまで，初等，中等，高等のそれぞれの教育機関を対象に，「戦時教育令」の浸透と波及の実態について検討してきたが，それは同令が対象とする諸学校という点で当然のことではある．しかしながら，「戦時教育令」の根本的な理念，すなわち特攻隊の散華を学徒の模範とすることは，教師を通して父母・住民に対しても指導され周知されていたことを見逃すことはできない．

　例えば，当時「国民学校母の会」が全国で組織されていたが，その「兵庫県那波国民学校母の会」において，児童の母親たちに対し「教師の戦時教育令に関する講話」が以下のような内容で実施されていた．

> 　畏くも上諭を拝して「戦時教育令」が二十二日に公布された．若き学徒の愛国の熱情に期待し，総力を皇国必勝道に傾注せしめる大号令が遂に下ったのである．

　教師はこう述べた上で，「戦時教育令」の意義と「子を持つ親」の使命を説き勧めるのである．

> 　戦時教育令運営の中心は，一旦緩急あるときは一切を捧げて君国に報ずる至誠にある．皇国のためには，喜んで死地に向ふ精神である．今日，特攻隊の方々が二十歳前後の人生の蕾を皇国護持のために捧げて行ってゐる．実に神様のやうな姿である．
> 　この精神こそ，今日の青少年否全国民に要望するところである．子を持つ親は，必ず子供の死を覚悟せねばならぬ．否，死地に勇んで出て行くやうな青年少年に仕立て上げねばならぬ[27]．

　このように，「戦時教育令」の理念を体し，子どもたちを「皇国のためには，喜んで死地に」向かわせることが親の使命であると，教師の口から強調されていた．

おわりに

　これまで述べてきたように,「戦時教育令」の公布によって, 学校現場においては「上諭奉読」を中心とした儀式の体制が構築された. それらに生徒を参列させることにより,「一死大任に殉ず」「死地に勇んで出て行く」という, 学徒の崇高なる使命を自覚させることが追求された.

　これら一連の儀式を含んだ「戦時教育令」は, 端的に言うなら, すべての学徒に「皇国のためには, 喜んで死地に向ふの精神」を喚起し, かつ覚悟させること, 名誉の死であれば最高学年に在学せずとも卒業を認める等の意味づけと法的根拠を成立させた. その点では, まさに学徒たちに対する「死の教育勅令」と言うべきものであった.

　そこでは, 日本近代がまがりなりにも成立させてきた教育と学校のレゾンデートルのすべてが, 軽々と無に帰されたといってよい. 天皇制公教育が最終的にたどり着いた帰結とは, このような姿であったことが改めて認識させられる.

　今後, この最期の教育勅令となった「戦時教育令」の全貌を含め, さらには「上諭」が戦後の史料編纂過程において捨象されてしまったという欠落を取り戻し, 天皇制公教育の最末期に何が行われ, 児童・生徒・学生たちに何が強いられていったのかを, さらに実証的に明らかにしていく研究が求められている. 天皇制公教育の一応の崩壊から 80 年になろうとしている今日でも, 天皇制公教育の歴史研究は, それなしでは終了し得ないのである.

1) 神辺靖光「学徒勤労動員の行政措置――中等学校を中心に」『明星大学教育学研究紀要』(第 11 号, 1996 年 3 月) p. 16.
2) 『続現代史資料　9』みすず書房, 1996 年, 355 頁.
3) 「学徒勤労令」に関しては, 山本哲生によって同令成立前後の学徒勤労の実態や, 同令の成立経緯を逐条ごとに検討した以下の一連の重要な研究がなされている.
　・「学徒勤労令関係資料」(日本大学教育制度研究所編『日本大学教育制度研究所紀要』第 9 号, 1978 年)

第Ⅰ章　最期の教育勅令「戦時教育令」と天皇制公教育の終焉

・「学徒勤労令正文にいたる修正に関する考察」（同上第 10 号，1979 年）
・「学徒勤労動員と昭和 19 年第 1・4 半期について」（同上第 21 号，1990 年）
・「『学徒勤労令』公布前後の学徒勤労動員」（同上第 25 号，1994 年）

　また，1941（昭和 16）年以降の学徒勤労動員に関しては，学校種別に分かれ様々な通牒が次々と出され，また改正も目まぐるしく行われており，その法制を各種通牒を含め丹念に検討・収録した，以下の福間敏矩の一連の労作がある．

・『学徒動員・学徒出陣──制度と背景　増補版』（第一法規出版，1993 年）
・『集成　学徒勤労動員』（ジャパン総研，2002 年）

　さらに，学徒勤労動員の政策動向をめぐり，文部省内の総務局，体育局等と陸軍省，企画院，厚生省の政治力学を分析した論文に，福嶋寛之「教の戦時──学徒勤労動員と教育の存亡」（『史学雑誌』第 114 編 3 号，2005 年）がある．

　加えて，軍需工場群が集中した東京都における，様々な学校種別の勤労動員に関し，法制・実態にわたり解明した貴重な研究として，斉藤勉の以下の著作がある．

・『東京都学徒勤労動員の研究』（のんぶる舎，1999 年）

　さらには，各地の高等教育あるいは中等教育機関の学徒勤労動員の実態に関する重要な研究として，以下の徳竹剛，永田英明，安達宏昭による研究がある．

・徳竹剛「通年動員態勢下における学徒勤労動員──東北帝国大学法文学部伊勢崎隊」（『東北大学史料館紀要』第 2 号，2006 年）
・永田英明「東北帝国大学における理工系学生の学徒勤労動員」（『東北大学史料館紀要』第 12 号，2017 年）
・安達宏昭「通年勤労動員態勢下の立教中学校（一）──動員をめぐる諸問題と学徒隊を中心に」（『立教学院史研究』第 14 号，2017 年）
・安達宏昭「通年勤労動員態勢下の立教中学校（二・完）──動員をめぐる諸問題と学徒隊を中心に」（『立教学院史研究』第 15 号，2018 年）

4）崎田嘉寛「アジア・太平洋戦争最末期の学校体育政策に関する一考察──文部省による通牒を手掛かりとして」『体育学研究』第 61 巻 2 号，2016 年）

5）私立翠丘初等学校は，同地（芦屋）にあった「芦屋児童の村小学校」の校医の存在の三田屋啓が，同校の閉校（1938 年）の後，三田屋治療教育院と併設して開校した尋常小学校の後身である．翠丘初等学校「学校日誌」は，同治療教育院所蔵．

6）崎田嘉寛氏により見出された史料である．注 4）前掲「アジア・太平洋戦争最末期の学校体育政策に関する一考察」．

7）斉藤利彦『国民義勇戦闘隊と学徒隊──隠蔽された「一億総特攻」』（朝日新聞出版，2021 年）

8）金子譲・高橋英子・阿部潤也・上田祥士・福田謙一「戦時下の歯科医学教育（第

第Ⅰ章 注

7編）——最後の教育令と学徒義勇戦闘隊の本土決戦準備」（『歯科学報 The journal of the Tokyo Dental College Society』122 (1)，2022年4月）

9) 久保義三『昭和教育史　天皇制と教育の史的展開　上　戦前・戦時下編』（三一書房，1994年）

10) 久保義三前掲『昭和教育史　天皇制と教育の史的展開　上』p. 484.

11) 『日本近代教育史事典』（平凡社，1971年），『日本近現代史事典』（東洋経済新報社，1979年），『国史大辞典8』（吉川弘文館，1987年），『日本史大事典4』（平凡社，1993年），『現代教育史事典』（東京書籍，2001年）

12) この職場・工場における学徒勤労動員の新たな形態こそ，「戦時教育令」の大きな眼目のひとつであった．当時，ひとつの工場内に，高等教育や中等教育の諸学校，そして男女学徒たちが混在して動員されており，その効率よい，かつ秩序立った動員の実現において大きな矛盾が生まれていた．

その点で，「戦時教育令」への工場側の評価を明らかにするものとして，大阪府特高警察資料「戦時教育令制定ニ対スル意向聴取ニ関スル件」がある．工場勤労副部長や生産責任者等の工場管理者，さらには工業学校の校長から，以下の回答が報告されている．

・学徒隊ノ連合体編成ニ依リ横ノ連絡緊密トナリ工場ニモ好都合テアル本令制定ハ学徒ニ精神的ナ奮起ヲ促シ且ソノ重責感セシム（工場勤労副部長）

・戦時教育令ニ基キ学徒隊カ結成サルルコトハ従来ノ学徒勤労報国隊ノ名称カ変リ本勅令ヲ以テ隊組織カ法制化サレ其ノ根本カ明確ニナッタ訳テアル又同一工場ニ多数ノ報国隊カ入所シテイル場合学校対学校ノ横ノ連絡モ緊密トナリ連合体ノ編成ニ依リ工場トシテモ好都合ニナルモノト考ヘラレル学徒達モ之カ制定ニ依リ精神的ニ其ノ重大責任ヲ感スル様ニ成ルモノト期待シテ居ル教育ノ点ニ於テモ現在派遣サレテイル教職員ヲ以テシテモ相当堅実ナル教養施セルモノト考ヘラレルカ大体本令ノ狙ヒハ学徒ノ精神的転換ニアルト思ツテイル（神武第一〇〇一工場勤労副部長　比屋建一）

・従来学徒動員ハ行政措置トシテヤッテ居ツタノテアルカラ之レカ教育令ニ依ツテ学制カ改革セラレ学徒ノ使命ヲ思ヒ切ツテヤラセルニアル従来ノ教育ノ形ヲ打破シテ新シイ戦時教育トシテ生カスコトテアルソシテ学徒ノ連合体ノ良好ナル気運ヲ旺盛セシメテ職場機能ヲ充分ニ発揮セネハナラナイ学徒ニ対スル考ヘ方カ会社トシテモ頑固テアッタカ之モ改メル必要カ充分ニアリ従来ノ□来タリノ教育ヲ打破シテ行ク事テアル然シ会社ノ首脳部カ現実ニ之ニ即応セサル時ハ学徒ハ之ニ随イテ来ヌテアロウ自分ハ此ノ教育令ニ就イテハ戦時下適切ナル措置トシテ賛意ヲ

第Ⅰ章　最期の教育勅令「戦時教育令」と天皇制公教育の終焉

　表スルモノテアル（神武第二〇〇三工場　生産責任者　福永義弥）
・畏クモ学徒決戦教育ニ対スル上諭ヲ賜リ戦時教育令ヲ御制定セラレタ事ハ過去一年ノ通年動員ヲ行ツテ来タ決戦教育ヲ法制化サレタモノテ従来動モスレハ教職員・父兄間ニ於テ平時教育トノ頭ノ切換カ出来ス決戦教育ノ本旨ニ遊離セル言動ト真ニ動員学徒ノ指導上其ノ熱意ニ欠クル点ヲ認メラレ……今回ノ戦時教育令御制度ニヨリ決戦下学徒ノ在方ヲ明示セラレタノテアルカラ教職員父兄工場側ノ考ヘ方ハ一掃サレヨウ此ノ新ナル教育ノ大本ノ下学徒隊ノ今後ノ活動ヲ期待シテ居ルモノテアル（大阪市立両島工業学校　校長山本栄吉）

　以上のように，「工場ニモ好都合テアル」「工場トシテモ好都合ニナル」として，学徒を管理する工場側にとって，「戦時教育令」は好都合であると受け取られている．
　さらに，「学徒ニ精神的ナ奮起ヲ促シ且ソノ重責感セシム」「学徒達モ之カ制定ニ依リ精神的ニ其ノ重大責任ヲ感スル様ニ成ル」として，学徒の戦意昂揚や責任感の増大を促すものであるとしている．
　結論的に，「今回ノ戦時教育令御制度ニヨリ決戦下学徒ノ在方ヲ明示セラレタノテアルカラ教職員父兄工場側ノ考ヘ方ハ一掃サレヨウ」として，「教職員父兄工場側」のいずれに対しても，重要な使命を課すものと評価している．
　このように，「従来ノ学徒勤労報国隊ノ名称カ変リ本勅令ヲ以テ隊組織カ法制化サレ其ノ根本カ明確ニナッタ」として，「戦時教育令」の制定は好評価を得ている．
　しかしながら，特高による意見聴取に批判的な回答をすることは到底あり得ない状況の下である．また実際に動員されている教員や学徒・父兄からの回答ではない．「此ノ教育令ニ就イテハ戦時下適切ナル措置トシテ賛意ヲ表スル」という評価等も，そのまま受けとめることはできない（『十五年戦争極秘資料集　補巻41──大阪府特高警察資料─昭和二〇年』不二出版，2011 年，pp. 99-101）

13）　長洲町史編纂委員会『長洲町史』(1987 年) pp. 782-783.
14）　「泉君の日本語教育史講座」「台湾教育史料」「士林国民学校日誌（抄）」https://userweb.mmtr.or.jp/idu230/tabun/nissi/nissicon.htm（2024 年 6 月 11 日最終アクセス）
15）　戸田金一『昭和戦争期の国民学校』(吉川弘文館，1993 年) p. 2.
16）　青梅市教育史編さん会議『青梅市教育史』(1997 年) p. 384. この，教員たちが襲われた「極度の恐怖」とは，いったい何だったのだろうか．当時別の国民学校に在籍していたある児童は，そうした教員の姿を見たときのことを振り返り，次のように感じたと述べている．

第 I 章　注

　いま考えると，［中略］怯えていて，おじけていて．神国日本だと教育して軍国少年を育てたんだから，ひょっとすると自分も戦犯になるんじゃないか，そう思ったらしい．（岩波書店編集部編『子どもたちの 8 月 15 日』2005 年，p. 83）

　自分たちが行ってきた教育への反省や子どもたちへの責任ではなく，どう自己の責任を逃れるかに終始している．日本の教育が，戦後出発した地点とはどのようなものであったのか，改めて検討することが求められている．

17) 小野雅章『教育勅語と御真影——近代天皇制と教育』（講談社現代新書，2023 年）．同書は，天皇制国家および公教育制度において，「小学校祝日大祭日儀式規定」（1891 年）等により確定された儀式の意味と実態を，歴史的に検討した好著である．
18) 重要文化財旧開智学校資料集刊行会『史料　開智学校』第 3 巻「学校日誌 (3)」p. 601．
19) 大磯小学校創立八十周年記念事業委員会『大磯小学校八十年史』（1953 年）p. 177．
20) 北区教育史編纂調査会『戦争中の子どもたち——北区教育史　資料編第一集　作品集』（1993 年）．
21) 品川区教育委員会『品川の学童集団疎開資料集』（1988 年）p. 383．
22) 浦和市総務部市史編さん室『浦和市史　第四巻　近代資料編 III』（1981 年）p. 280．
23) 『姫中・姫路西高百年史』（1978 年）pp. 69-72．
24) 山形大学「ふすま同窓会」所蔵．
25) 東北大学史料館所蔵　東北帝国大学法文学部「伊勢崎隊」「内務日誌簿」．
26) 東北大学史料館所蔵　個人・関連団体文書［忠愛寮日誌／昭和十九年～二十一年］．
27) 「那波国民学校母の会における一教師の戦時教育令に関する講話」（相生市史編纂専門委員会『相生市史』第 6 巻，1986 年）pp. 402-403．

第Ⅱ章

天皇制公教育思想と「戦時教育令」
「大御心の奉体」概念に着目して

森 川 輝 紀

第1節　はじめに

　この期の歴史的展開過程は，天皇制教育（ファシズム教育）の崩壊過程として，簡略に記述されているに過ぎないが[1]，久保義三は『新版　昭和教育史――天皇制と教育の史的展開』[2]（2006年）で，ファシズム教育の「矛盾」の内在とその拡大の視点から戦時教育令を分析している．ファシズム教育は，その移行段階，「臨時教育会議」（1917-19年）から昭和恐慌期にいたる時期を経て，国民学校令で「教育勅語の拘束力が合法性根拠をもつことによって，ファシズム教育が確立される」[3]と指摘する．教育勅語は政治的勅語と区別した君主の社会的著述の形式によって，「君主ハ臣民ノ心ノ自由ニ干渉セズ」の外見的立憲制と，あらゆる宗派・哲学上の議論を超越するものとして立案される．その正当性は天皇の神聖性を前提にした「国体ノ精華」（天皇の徳に対応する伝統的な忠孝の倫理）に求めていた[4]．

　1941年2月5日の枢密院での国民学校令の審議で，第一条「国民学校ハ皇国ノ道ニ則リテ初等普通教育ヲ施シ国民ノ基礎的錬成ヲ為ス」の「皇国ノ道」について問われた橋田邦彦文相は，「教育勅語中ノ「斯ノ道」ヲ意味シ」と答弁する[5]．すなわち教育勅語の「斯ノ道」が国民学校の目的概念として確定する．それにより，同施行規則第一条第一項は「教育ニ関スル勅語ノ旨趣ヲ奉体シテ教育全般ニ亘リ皇国ノ道ヲ修練セシメ特ニ国体ニ対スル信念ヲ深カラシムベシ」と，教育勅語の奉体が教育全般を規制すると定めている．つまり，教育勅語の正当性根拠は，天皇の神聖性にもとづく「国体ノ精華」すなわち天皇の徳に伴う超法規的な「自発的同調性」としての忠孝倫理では拘束力が弱く観念的奉体にとどまっており，実践的奉体のため勅令という法的根拠に求められることになる．これ以前の小学校令（勅令）の目的規定では「第一条　小学校ハ児童身体ノ発達ニ留意シテ道徳教育及国民教育ノ基礎並其ノ生活ニ必須ナル普通ノ知識技能ヲ授クルヲ以テ本旨トス」と定められており，教育勅語が目的概念として明記されていない．施行規則第二条で修身科にかかわって「修身ハ教育ニ関スル勅語ノ旨趣ニ基キテ」と登場するにすぎなかった．

第1節　はじめに

　合法性根拠によって，国家はより強力に教育勅語の奉体を徹底することになり，教育勅語の現実性を確保しようとする．しかし，その合法性の内実は日本の特殊性を示す国体主義の「神国観」を根拠とすることによって，実際の教育は一段と観念化し神秘性を増幅することになる．それ故，久保は「ファシズム教育が確立されるということ自体，またそれが天皇制教育それ自体の自己否定につながるという意味において，いずれも天皇制教育そのものの矛盾であった」[6]と指摘する．ファシズム教育の確立は，決戦体制下にあって学生・生徒を戦闘員，労働力として総動員する戦時教育令に帰着する．久保は戦時教育令は「学生生徒の本分は学問研究に専念することにあるのではなく，労働力の供与と戦闘力の一端を担うことにあると天皇自身が命じ，それが国体史観に基づく天皇制を擁護することになるのだとしたことは，天皇制教育の自己矛盾と自己否定の具体的全姿をあらわすものであった」[7]と総括する．決戦体制に向けて既存の「矛盾」を修正する「個人と全体，科学と神話，自発性と服従などが無造作に結合した」[8]非合理的・神秘的な「教育理念」にもとづく合法的強制の故に，矛盾は極限化し，自己否定の姿としてあらわになったといえよう．

　とはいえ，生産活動，軍事活動への動員と教育は二元的で矛盾する．それを如何にして決戦体制下，一元的に実践させるのか，そこでは教育勅語理念（述義）の変容による統合の思想・論理が求められることになる．あるいは，それを導き出す「用語」が登場することになる．たとえば『信濃毎日新聞』（昭和20年5月23日）に長野県の大坪知事は，戦時教育令によって，「矛盾は一掃された」との談話を発表している．

　それを受けて，長野工専下村校長は，「いまゝで農村や工場に出動する「勤労奉仕」という言葉が用ひられてきたが，奉仕といふのは自分の平素やらない仕事に手助けをするといふ意味で本分以外の仕事に従事してゐることであり，こゝに教育と勤労が二元的に考へられる根拠があった．然るに第一条は挺身勤労することこそ戦時下学徒の本分であるとせられたもので，これを思ふならば勤労に従事することは本分をつくすことである」（これ以後の引用では旧字体は新字体に改めている）と説明する．とすれば教育理念（教育勅語述義）の変容，つまりは「ファシズム教育」の質を問わねばならない．戦時教育令を天皇制教育の歴史的展開の中に位置づけるとすれば，その「特別な意味」・「ファシ

第Ⅱ章　天皇制公教育思想と「戦時教育令」

ズム教育の質」を問うことが課題となろう．

その点にかかわって，教育勅語理念の実践的具体化の教材たる修身教科書の内容，あるいは教育勅語・御真影・学校儀式の管理システムの変化を視点とした研究がある．さらには天皇制教育理念を確定する教育勅語解釈（述義）の変遷に関する研究があり，まずはそれ等の先行研究を整理し，なにが残された課題となっているかを検討する．

1-1　国定教科書の内容分析
──修身教科書の四期（1934年度～）から五期（1941年度～）への改訂について

唐澤富太郎は『教科書の歴史』[9]（1956年）で，第五期教科書は「ここに四期教科書とは同一の方向の上にありながら，しかもそれとはまた，全く断絶した性格を持つ教科書となったのである．修身教科書は，それ自身の中に掲げた「皇国の大使命」すなわち「八紘一宇」の侵略戦争完遂のための全き手段化した．しかもその「聖戦」の目的美化のため非現実的な神話が，あたかも現実的歴史的根拠として利用されたとき，修身は，それ自身の使命を捨てて，ゆがめられた歴史教育の代行者に堕したのである」[10]と指摘する．

海後宗臣は『日本教科書体系　近代編　第三巻　修身（三）』（1962年）の「修身教科書総解説」にもとづき，「道徳教材の100年」（1967年）[11]で，第五期教科書について「これらの戦争に関する新しい教材を見ると，従来は忠義，あるいは忠君という徳目で説かれていたものが，ここでは永遠の歴史をになう国運の発展に戦いを通じて国民が参加しなければならない心構えを教える教材になっている．［中略］これはもはや道徳を教授する以上に出ているとみるべき戦時下の国策のもとに児童を編成することを求めていたといっていい」[12]と記している．

「ファシズム期」教育のこの断絶の意味をどう解釈しうるのか．教育理念（教育勅語解釈）の変遷はなかったのか．唐澤は「ファシズム抬頭期の臣民教育の強化」から「超国家主義ミリタリズムの教科書」[13]へと，海後は「国体主義による諸道徳の統一」から「超国家主義軍国主義に基づく，国家に対する道徳中心」[14]へと，「断絶」をファシズム（国体主義）から「超国家主義・軍国主

第1節　はじめに

義」への展開に伴うものと把握している．この体制思想の展開が，教育勅語の「斯ノ道」の内実にかかわって，「皇運扶翼」・「大御心の奉体」概念の関係をいかに捉えたのか．その教育勅語述義の変遷が新たな体制構築に持つ意味を検討する課題は残されていよう．

1-2　教育勅語・御真影・学校儀式の管理方式

　佐藤秀夫は「天皇制公教育の形成史序説」[15]（1976年）で，「天皇制をめぐる情況の変動に応じてその教育理念もしばしば動揺と補強を繰り返してきた．その過程に対応してその理念の浸透方法にも重要な変化がみられたことはいうまでもない．ごく概括的に述べれば1890年代から1910年代にかけて成立した天皇制的学校管理方式は，その後枠組み自体はさしたる変化をみなかったがその質において次第にファナティシズムを強めていった」[16]と指摘する．その点にかかわって，1910年代から敬神崇祖教育の重視，神社参拝・清掃の一般化の進行，1930年代での宮城遥拝・神宮参拝の日常化，神殿まがいの奉安殿の建設，登下校の際の奉安殿への拝礼の強制等による天皇制教化の日常化の進行を指摘する．

　なお佐藤は『続・現代史資料9』（1996年）に，ファナティシズム化にかかわって，「聖訓ノ述義ニ関スル協議会報告」を「教育勅語と「青少年学徒ニ賜ハリタル勅語」の公式解釈決定をめぐる議論」[17]を示すものとして収載している．教育勅語の述義そのものを検討した協議会であった．この協議会での論議を検討することによって，天皇制教育理念にいかなる変容があったのかは，残された課題となっている．

1-3　「憲法・教育勅語体制」の二元構造的思想構造の視点から

　小山常美は『天皇機関説と国民教育』（1989年）で，「従来の研究は，「国家主義教育」の特徴として忠君愛国主義や国体主義をあげているが，「ファシズム教育」の特徴としても忠君愛国主義と国体主義をあげている．［中略］国家主義教育後期と「ファシズム教育期」との違いとは，忠君愛国主義と国体主義

第 II 章　天皇制公教育思想と「戦時教育令」

の強度の違いでしかないのである」[18]と，教育史研究がその違いを「質」として捉えていない点を批判する．そこで「憲法・教育勅語体制が「総論部分として日本及び日本人の特殊性ないし主体性を追究する国体論，各論部分として「西洋」に通ずる普遍性を追究した政体論なり実質的国民道徳論，という二元構造的な思想構造をもっていたこと」[19]に着目する．そして，「明治末年までの時代を，憲法と教育勅語の二元構造に対する認識が，体制思想においていまだ一般化していなかった時代，明治末年から大正初年以降の時代を，「憲法・教育勅語体制」が確立され修正（学問と教育の分離の体制の発生）された時代，昭和六年～十二年以降の時代を「憲法・教育勅語体制」が崩壊していった時代」[20]と把握する．

　具体的には，総論部分と各論部分の教育勅語解説書の分量の比較によって，「「勅語衍義」以後の明治二〇年代には四対六の比率となり各論優位となる．［中略］大正期から昭和四（1929）年までの時代には五対五となり，昭和五年に一挙に六対四と大逆転するのである」[21]と指摘する．この昭和五年を転機に総論化が進行し，二元構造が崩壊していく点にかかわって，「聖訓ノ述義ニ関スル協議会報告」で「斯ノ道」が普遍的価値として「天壌無窮ノ皇運扶翼」を含むとした大日本主義的勅語解釈の変更を論拠としている点は，高橋陽一が批判している．協議会設置は 1939 年，「協議会報告」は 1940 年 2 月であり，大日本主義化の転機は 1939 年とすべきではないかと[22]．この協議会での「斯ノ道」の解釈変更をめぐる議論の検討がポイントになるのではないか．

　小山は 1930（昭和 5）年以降を「ファシズム教育」と概括し，その進行は総論部（「日本及び日本人の特殊性ないし主体性を追究する国体論」）の肥大化に伴い，具体的な国民道徳論は意味を失い，教育勅語は国体論の教え＝「天皇教」の教典化していくと指摘する[23]．天皇制教育の展開過程の中に戦時教育令を位置付けるとすれば，「ファシズム期」の特殊な主体を追究する国体論が決戦体制に向けて，いかなる理念の変容を示すのかの細分化した検討が残されているのではないか．

第 1 節　はじめに

1-4　「聖訓ノ述義ニ関スル協議会」と「斯ノ道」「皇国ノ道」概念

　高橋陽一は「「皇国ノ道」概念の機能と矛盾——吉田熊次教育学と教育勅語解釈の転変」[24]で，吉田自らが参加して作成した国定二期修身教科書の教育勅語述義の公定解釈——「斯ノ道」は勅語第二段「爾臣民父母ニ孝ニ……義勇公ニ奉シ」までとし，「天壌無窮ノ皇運ヲ扶翼スヘシ」を含まない——が，協議会で議題となり，「「斯ノ道」前節を通じてお示しになつた皇国の道であつて，直接には「父母ニ孝ニ」以下「天壌無窮ノ皇運ヲ扶翼スヘシ」までを指す」[25]と，解釈変更され皇国の道概念が導き出されるプロセスを，吉田の勅語解釈を軸に明らかにしている．

　吉田は「そこで私は，「斯ノ道」は「父母ニ孝ニ」より「扶翼スヘシ」迄を受けるとして，尚附け加えて，<u>天壌無窮の皇運を扶翼することは，皇祖皇宗の大御心を奉体する所以であり，国体の精華を発揚する所以であるとしたら，前節全体を受けることになりはしないかと思ふ</u>」[26]と発言し，上記の議論を導き出すことになる（下線は筆者．以下同様）．しかし，そこには内在する論点が残っていた．「斯ノ道」が「皇運扶翼」を含む点で協議会は同意するものの，吉田等はなお第二段（個別・人倫道徳）重視であり，他方は第一段（肇国の精神，「歴史的事実」）重視であった．それ故，吉田は「前節を通じてお示しになつた皇国の道であつて」と「斯ノ道」を皇国の道と表現しているが「皇国の道だけではわからん」と批判する[27]．

　「斯ノ道」が一節（第一段と第二段）全体を含む皇国の道概念の包括性によって，小山のいう大日本主義の肥大化が進行することになる．「皇祖皇宗の大御心の奉体」という用語によって「斯ノ道」は「皇国ノ道」となり一節全体を指すとする勅語の解釈変更は導き出されたことになる．この勅語解釈が決戦体制下の教育理念になるわけで，ただし第一段を指すとの直接的表現はさけ間接的とするあいまいさを残しているが，協議会での「斯ノ道」の述義変更の意味は大きい．議論の内実の検討が求められる．

第2節 「聖訓ノ述義ニ関スル協議会報告」の検討

　1931 (昭和6) 年から37 (昭和12) 年以降の「ファシズム教育」の最終局面としての決戦体制に即応する戦時教育令の位置づけという評価に対して，戦時教育令は「ファシズム教育」の質的変更を伴うものであったのではないか．戦時教育令を天皇制教育の歴史的展開過程に位置づけるとすれば，その「ファシズム教育」の質を問う必要があるのではないか．それにかかわる先行研究を整理して唐澤・海後の教科書史研究が提示する国定四期修身教科書と国定五期修身教科書の「断絶性」の問題，小山の国体主義の肥大化に伴う教育勅語の天皇教の教典としての変遷，佐藤の学校管理方式に伴うファシズム教育の質的変化の指摘は，なおいかなる教育理念（教育勅語解釈）の変容を伴うものであったかを突き詰めていないのではないか．その変容の歴史的ターニングポイントが，1939年の「聖訓ノ述義ニ関スル協議会」であり，転換のキーワードが「大御心の奉体」概念であったのではないかと指摘した．ここでは，協議会報告を検討し，「天壌無窮の皇運扶翼」と「大御心の奉体」をめぐる論議を確認しておきたい．

2-1 「聖訓ノ述義ニ関スル協議会」とは

　この協議会は文部省（文部省図書局）が「我が国教育の本義を発揚しなければならない時に」[28]従来の述義に検討を加え，教科用図書編纂の参考に資するために設けた協議会で，文部省図書局，教学局を中心とした文部官僚6名と哲学・倫理学・漢学・国文学・教育学の研究者等15名で構成された（附表参照）．1939年10月から12月にかけ，7回の協議会が開催され，1939年12月に文部大臣に報告書を提出し，1940年2月文部省図書局は「青少年学徒に賜はりたる勅語の述義につき成案を得ると共に，<u>教育に関する勅語につきても其の基準を明確ならしめ</u>，こゝに教科用図書編纂上有力な指針を得た．依つて右協議会の報告書議事録要録並びに参考資料を取纏めて輯録し，執務上の参考たらしめ

第2節 「聖訓ノ述義ニ関スル協議会報告」の検討

ることとした．」[29]と報告書を作成する．ただし「本印刷物ハ非公開ニツキ公ノ論議ノ用ニ供スル等ノコトハ堅ク差控ヘラルヽ様含ミ願度」[30]と「秘」扱いであった．

文部省図書局が用意した検討すべき「教育勅語の疑義」は次の箇所であった．

> 一．段落について，全文を三段に切るか，二段に切るか．
> 一．「深厚ナリ」で切れるか否か．
> 一．「国体ノ精華」の意義如何．
> 一．「斯ノ道」の解釈如何．
> 一．「子孫臣民」の解釈如何．
> 一．「徳ヲ一ニセン」の解釈如何．

これに亘理章三郎の提案で「一旦緩急アレハ」が加えられ7ヶ条であった[31]．中心的課題は「斯ノ道」の解釈をめぐってであった．第5回（1939年11月28日）と第6回（1939年12月5日）で議論となる．

2-2 「「斯ノ道」の解釈如何」の論点

現行の文部省の公定解釈が議論となる．まず，吉田熊次が勅語の英・漢・仏・独訳および国定教科書の述義作成の経緯について説明を求める．幹事の図書監修官の加藤将之は，国定教科書の述義作成について次のようにのべる．

> 国定修身書の方は三十七年に編纂実施せられ，その時尋常科四学年用，高等科第二学年用及四学年用書に勅語の本分を奉掲した．第二回の四十一年からの修正編纂に際し，巻六に勅語の本文の外にその述義を奉掲することになり，この書物が四十三年に実施せられた．記事は今日のものと大体同じで，殆ど手を加へてゐない[32]．

ここでは，国定二期尋常小学修身書巻六（1911（明治44）年12月刊）に掲載された述義について説明し，今日まで内容上の変化はないとのべている．この述義では「斯ノ道」は「第二段に示されたる道」と第二段全体を指すとして

いる．しかし，「斯ノ道」の解釈検討に際して，冒頭で吉田は，記憶を申し上げるとして次のように文部省の解釈について説明をする．

> 「斯ノ道」は「古今ニ通シテ謬ラス，中外ニ施シテ悖ラス」である．而して天壌無窮の皇運扶翼といふことは外国に通じない．<u>勅語の各綱目は皇運扶翼に帰一するのだから</u>，実質に於いては天壌無窮の皇運が「斯ノ道」に入るわけだが，それ自身の徳で考へると，そこに入らんといふ論があつた．そして「斯ノ道」が全体を受けるとの説もあつたが，結局当時の委員会では教科書のやうになつた．個人としては全体でもよいのだが，教科書では全体ではないことになつた．森岡さんそうでしたね[33]．

そして後の発言で，「現行の教科書に，『「斯ノ道」とは「父母ニ孝ニ」より「義勇公ニ奉シ」までを指す．』とあるのも」と特定しており，国定三期高等小学修身書巻二（1931年3月刊）の掲載述義を指すと説明している[34]．

さらに吉田は先の加藤幹事の述義作成の経緯に加えて，当事者として次のようにのべている．1908（明治41）年，第二期国定教科書作成のため教科用図書調査委員会が発足し，第一部（修身）につき主査委員会（森岡常蔵，三宅米吉，吉田熊次，渡部薫之介）が設けられ，述義作成にかかわったこと．「勅語の述義を入れることが問題となつたのは明治四十三年以降かと思ふ．義務年限が四年から六年になり勅語を入れる所が六年の終でよいといふので取扱が楽になり今後は入れることにきめて委員会に提出した」[35]と．しかし，「斯ノ道」の定義が明示されるのは国定二期高等小学修身書巻二（1913年12月刊）であり，尋常小学修身書巻六は，第二段全体を指すとなっており，かつ「斯の道は古も今も変わることなく，又国の内外を問わずいずくにもよく行はれ得るなりと宣ひ」[36]と「中外ニ施シテ悖ラス」と解義している．このことは，巻六の述義が「第二段に示されたる道」と「斯ノ道」が全体を指すと明示しており，この時点では，吉田の指摘する「勅語の各綱目は皇運扶翼に帰一」する，つまり「皇運扶翼」が「斯ノ道」に入るとの理解が成立していたことを示しているといえよう．かつ，高等小学修身書巻二での「斯ノ道」の定義後も，尋常小学修身書巻六の記述は修正されていない点に留意したい．

第2節 「聖訓ノ述義ニ関スル協議会報告」の検討

　協議会で勅語に関する疑義として問題提起されたのは，高等小学修身書巻二であり，尋常小学修身書巻六ではなかった．しかし後述のごとく，この議論を受けて，巻六の述義は第五期初等科修身四「一　大御心の奉体」で大幅な修正を加えられることになる．つまり，「中外ニ施シテ悖ラス」の勅語の理念に即さないが故に「斯ノ道」は「皇運扶翼」は含まないと説明する吉田自身は全体（第二段）を指すと解する立場であった．「斯ノ道」が第二段全体を指す点で吉田も同意しており，「天壌無窮ノ皇運ヲ扶翼スヘシ」を含む点では，協議会はほぼ合意を形成していた．「斯ノ道」をめぐる論点は，そこに中心点があったのではなく第一段をも指すか否かであった[37]．第五期初等科修身四の述義修正は，この点にかかわるものであった．「我ガ皇祖皇宗……教育ノ淵源亦実ニ此ニ存ス」までの第一段を含むのか，「爾臣民父母ニ孝ニ……皇運ヲ扶翼スヘシ」の第二段とし，間接的に第一段を含むとするのかが論点となる．吉田熊次，森岡常蔵，諸橋轍次，宇野哲人，和辻哲郎，亘理章三郎等は，「道」と「歴史的事実」（肇国の精神）は区別して，道は第二段に限定すべきと主張する．近藤寿治，久松潜一，小川義章，井上赳，紀平正美，山田孝雄，小西重直，友枝高彦等は「斯ノ道」は第二節の冒頭にあるから第一節（第一段と第二段）全体を受ける．「道」と「歴史的事実」は不可分であり，第一段を含めるべきと主張する．

　「斯ノ道」が「皇運扶翼」までを指す点で異論がなかった点を踏まえ，間接的に第一段を含む第一節全体を受ける点で合意できると吉田は楽観していた．「斯ノ道」について議論した1939年11月28日の第5回協議会の最後に「大体まとまりそうだ」[38]と発言している．この協議会を主宰する図書局長の近藤寿治は，吉田の発言の前に，「爾臣民からの忠のお示しは祖先の遺風，臣民からつとめあげる道である．こればかりが皇道ではない．それと同時に肇国以来の天皇の御事蹟，「深厚ナリ」の所も我が国の道だ．道はやはり広く解してよい，さうすれば「子孫」は皇祖皇宗の子孫であるからよろしい」[39]と第一段（肇国の精神）を含むべきと発言している．会長林博太郎は「近いやうだが相当離れてゐるから，この次までに考えていただくことにする」[40]と両者の距離が遠いことを認識していた．

　「我が国教育の本義を発揚しなければならない時に」，従来の教育勅語の述義

を検討することを課題とした協議会が念頭におかねばならなかったのが，天皇機関説問題を契機とする国体明徴運動に伴って作成された文部省の『国体の本義』（1937 年）であった．『国体の本義』は「我が憲法の祖述せられてある皇祖皇宗の御訓中，最も基礎的なものは，天壌無窮の神勅である．この神勅は万世一系の大御心であり」[41]と，大御心を「天壌無窮の神勅」すなわち「肇国の精神」と定義している．この定義をめぐる論点であると林は認識していたが故の発言であった．

2-3　皇運扶翼と大御心の奉体

　第 6 回協議会（12 月 5 日）で林の予想通り第一節全体を指すのか第二段のみを指すのかが論じられる．まず，小西重直は「「斯ノ道」は勅語の第二節の始にあるから第一節全部を受ける．どの点この点ではない．しかし意味の上からいへば，国体の精華，教育の淵源，「爾臣民」以下の努め，同時に忠孝両全，かやうな大切な部分を含んでゐる．即ち神ながらの大道である．尚遺訓と歴史的事実についてであるが，訓は大きく見れば大御心である．しかし生きた大御心が即ち事実であると解釈できる．［中略］文脈上からも，意味の上からも第一節全部を含むものと考へられる．これまでの文部省が考へてゐたような「斯ノ道」の内容はそれが大切なつとめであることは勿論だが，それの生じて来る所も「斯ノ道」に含ますべきである．この考は文部省の従来の立場を殺すものではない」[42]と口火を切る．つまり，小西は皇祖皇宗の遺訓，すなわち第二段は「大きくみれば大御心」であるが，その核心は生きた大御心である第一段の肇国の精神にあるとのべている．

　これを受けて吉田は「「斯ノ道」が第二節の冒頭にあるから，第一節を受けるのは尤もである．問題は第一節をどう受けるかである」[43]と課題を設定し，次のように論じる．

> 素直に行けばやはり天壌無窮を除くのはいけない．これは前回も皆さんから御意見が出たことであつて，文脈から見てもそうであると思ふ．さうすると，「天壌無窮ノ皇運」の扶翼には「国ヲ肇ムルコト宏遠ニ」も「徳ヲ樹ツルコト深厚ニ」も「国

第2節 「聖訓ノ述義ニ関スル協議会報告」の検討

> 体ノ精華」も入つてくると思ふ．そこで私は「斯ノ道」は「父母ニ孝」より「扶翼スベシ」迄を受けるとして，尚附け加へて<u>天壌無窮の皇運を扶翼することは皇祖皇宗の大御心を奉体する所以であり</u>，国体の精華を発揚する所以であるとしたら，前節全体を受けることになりはしないかと思ふ44).

　小西，吉田ともに「大御心（肇国の精神）の奉体」概念を媒介させることによって「斯ノ道」が一節全体を受けるとしている．しかし，吉田は「皇運扶翼」によって即ち「大御心の奉体」となり，「国体の精華」の発揚になると解している．対して小西は「第一節に国体の精華，君民一体の国柄が出てゐる．又終りの方に子孫臣民が出て居り，この子孫は天皇の子孫で，共に遵守すべき所と仰せられ，かやふに首尾一貫，日本の道を践まんとせられた所に有難い思召が拝せられる．このありがたい思召を汲まねばならぬ．「斯ノ道」は大きな道と考へたい」45)と「大御心（日本の道・大きな道＝肇国の精神）の奉体」としての「皇運扶翼」であると主張する．小西，久松，友枝，紀平，山田，近藤，井上，小川等は，「斯ノ道」を「大御心の奉体」と大きな道と解釈し，第二段の個別の徳目は第一段の「肇国の精神」にもとづくものとした．他方，吉田，和辻，森岡，諸橋，亘理，宇野等は，「「斯ノ道」は間接的には第一段を受けるが，直接的には第二段だ」46)と主張した．吉田は「「皇運ヲ扶翼スヘシ」迄を入れるといふ位にして，他は各人の解釈にまかせるがよい．」「私の今言つたやうに天壌無窮の所だけ入れるがよい，さうすれば困りはせぬ」47)と，「天壌無窮ノ皇運扶翼」を含む限定解釈の立場を繰り返す．

　とはいえ，吉田が第一段の肇国の精神を中外に施して悖ると認識していたわけではない．1925年の『国体と倫理』で「殊に古今東西に施して悖らざる所のものは何かと云ふ解釈に付いては，これは，文字の解釈としては国定教科書の中にある通りに，解釈するのが少なくとも最も確実な解釈であろうと考へるのであるが，<u>その事項は主として第二段に書現はされて，御示しになつて居所の項目が普遍妥当の真理であると云ふ解釈になつて居る</u>が，私は今日に於て考へると，ひとりそれのみならず更に進んで第一段の我国に於ける国民道徳の根本原理となつて居る所のものも，その精神に於ては矢張り古今東西に悖らざる根底をもち，学術的基礎を持って居るものと解釈することが出来ると云ふ考を

第Ⅱ章　天皇制公教育思想と「戦時教育令」

今日はもつて居るのである」[48]と述べ，小学修身書巻六のごとく「皇運扶翼」のみならず第一段の「国民道徳の根本原理」（肇国の精神）も「中外ニ施シテ悖ラス」と，その精神において解釈できると論じている．

しかし，その精神の解釈は多様であり，学者各人が研究解釈すべきで，それ故に「道」の意味は「父母ニ孝ニ」から「皇運扶翼」までとし，「皇運扶翼」が「大御心の奉体」「国体の精華」を内実とすれば大した異論も出ないのではないかとのべている[49]．「斯ノ道」を「大御心の奉体」と大きい道（肇国の精神）と考え，第一節全体を含む立場と，「皇運扶翼」することが「大御心の奉体」になると，第二段中心に考える立場の相違であった．

報告書では「「斯ノ道」前節を通じてお示しになつた皇国の道であつて，直接には「父母ニ孝ニ」以下「天壌無窮ノ皇運ヲ扶翼スヘシ」までを指す．」とまとめている．吉田は「皇国の道だけではわからん」と「斯ノ道」を「皇国の道」と第一節全体を含む幅広い概念で表記した点を批判する．他方，小西は原案に賛成し，山田は「これより他なし，「斯ノ道」は細かくならんと思ふ」と大御心の奉体を中核とする「大きな道」「肇国の精神」を皇国の道と表現したことをこれしかないと賛成している[50]．つまり，「斯ノ道」の解釈変更は「皇運扶翼」を含むことを超え，天皇の大御心（肇国の精神），第一節第一段を重視する教学刷新派の主導によりまとめられたといえよう．端的にいえば，「斯ノ道」が「天壌無窮皇運扶翼」を含む点で，合意するものの，皇祖皇宗の大御心の奉体にもとづく皇運扶翼か，皇運扶翼が大御心の奉体になるのかの違いを内在化しつつ，大御心の奉体を大きな道とする方向を示すものであった．

したがって，報告書は「段落について全文を三段に切るか，二段に切るか」の疑義について，「勅語の全文は「顕彰スルニ足ラン」までと「斯ノ道」よりの二節から成ると解し奉る．述義の便宜上，第一節を二段に分ち，或は更に細分することも差し支へないが，いきなり「勅語を三段に分つて拝誦すれば」等とある教科書の表現は考慮を要する」[51]と応えている．国定二期尋常小学修身書巻六の勅語述義は，三段に分け，「斯ノ道」は第二段に示された道と第一段を含まない限定的な解釈をとっており，四期まで変更はない．この報告書はその修正を求めるものであった．

なお，小山は「教育勅語の国体論化と大日本主義化——昭和五年以降」の項

第2節 「聖訓ノ述義ニ関スル協議会報告」の検討

で教育勅語の総論化について，協議会報告の「斯ノ道」の解釈変更に着目する．この報告は皇運扶翼という特殊日本的道徳とそれに総括される孝から義勇奉公までを「斯ノ道」とし，勅語の国体論化，大日本主義化を推進したと指摘する[52]．ただし個別徳目の「天壌無窮ノ皇運扶翼」への帰一が第一段の勅語総論に直結するものではなく，なお<u>「皇運扶翼」を限定的に解釈する吉田等の第一段は間接的に含まれるとする立場と，第一段の肇国の精神（大御心）に貫かれた，小西のいう「その生じて来る所」をこそ「斯ノ道」に含むべきとの相違は残していたといえよう</u>．それ故に，直接には「父母ニ孝」から「皇運扶翼」までと「斯ノ道」を限定することになったのではないか．報告が「斯ノ道」は前節が示す「皇国ノ道」とした，第一段と第二段の関係づけを説明しない，あいまいな解釈は，「大御心の奉体」（肇国の精神）にもとづく「皇運扶翼」を主張する，久松，紀平，山田，近藤，小川等には不満を残すことになったといえよう．彼等は，1937年文部省刊の『国体の本義』の編集委員，編纂調査嘱託でもあった．その『国体の本義』では，皇運扶翼と大御心の奉体の関係について次のように明示している．

> 「教育ニ関スル勅語」に「天壌無窮ノ皇運ヲ扶翼スヘシ」と仰せられてあるが，これは臣民各々が，皇祖皇宗の御遺訓を紹述し給ふ天皇に奉仕し，大御心を奉体し，よくその道を行ずるところに実現せられる[53]．

この違い，ズレがいかに修正されていくのかに留意したい．それは後述のごとく，国定五期初等科修身四（1943年2月8日刊）「一大御心の奉体」においてなされることになる．次に「大御心の奉体」概念による，報告書の述義変更があいまいさを残しつつ，国定四期から五期（修身），国定五期から六期（国史）教科書の内容構成にいかに反映し，「大御心の奉体」に一元化していくのかを検討する．

第Ⅱ章　天皇制公教育思想と「戦時教育令」

附表　聖訓ノ述義ニ関スル協議会委員

		1.	林博太郎（会長）	（教育学）	元東京帝大教授
①	㊀	2.	和辻哲郎	（倫理学）	東京帝大教授
①	㊀	3.	久松潜一	（国文学）	〃
	㊀	4.	森岡常蔵	（教育学）	東京文理科大学教授
	㊀	5.	友枝高彦	（倫理学）	〃
	㊀	6.	諸橋轍次	（漢文学）	〃
	㊀	7.	亘理章三郎	（倫理学）	東京高等師範学校教授
①	㊀	8.	紀平正美	（哲学）	国民精神文化研究所所員
	㊀	9.	宇野哲人	（哲学）	東京帝大名誉教授
		10.	永田秀次郎		貴族院議員
①	㊀	11.	吉田熊次	（教育学）	東京帝大名誉教授
	㊀	12.	小西重直	（教育学）	元京都帝大総長
		13.	野村益三		貴族院議員
		14.	深作安文	（倫理学）	
①	㊀	15.	山田孝雄	（国文学）	元東北帝大教授
②	㊀	16.	近藤寿治	（教育学）	文部省図書局長
		17.	藤本万治		教学局指導部長
		18.	宮崎謙太	（哲学）	文部書記官
		19.	坂井喚三		文部省督学官
	㊀	20.	井上赳		〃　図書監修官
②	㊀	21.	小川義章		教学局教学官

㊀は「斯ノ道」は第一節（第一段と第二段）を指す.
㊁は　〃　　第二段を指す（第一段は間接的）.
①は『国体ノ本義』の編纂委員
②は　　〃　　　編纂調査嘱託
久保義三『昭和教育史』pp. 504-505,『続・現代史資料9』pp. 358-359 より作成．一部，職名については筆者が追加している．

第3節　国定四期修身教科書

3-1　大御心（天皇の仁慈）と忠君愛国・皇運扶翼

　「忠良ナル日本臣民タル適切ナル道徳ノ要旨ヲ授ケ，以テ児童ノ徳性ヲ涵養シ，道徳ノ実践ヲ指導シ殊ニ国体観念ヲ明徴ナラシム」[54]編纂方針による国定四期修身教科書が1934年度から使用されている．その背景には1931年の「満洲事変」，1937年の「支那事変」に伴う準戦時態勢をめざした国民の思想的統合への動向があった．特に「蓋シ現代生活ノ要求ハ，億兆一心ノ共同生活ヲ全ウスルニアリ．是ヲ以テ心得ヲ授ケ実践ニ導クニ，共同生活観念ヲ基調トスル点ニ意ヲ用ヒタリ」[55]と，天祖の神勅にもとづく神国観念の明示と，それに伴う忠君愛国精神の涵養による「皇運扶翼」を中核とする国体観念の明徴によって，国民思想を統一しようとするものであった．

　それを象徴するのが，1938年度から使用の巻五「第一　我が国」の記述であった．国定三期巻五（1921年11月刊）「第一　我が国」では，簡潔に天照大神の孫，ニニギノ命の降臨とその曽孫が神武天皇であり，以後皇室を中心に我が国が栄えたこと，「御代々の天皇は我等臣民を子のようにおいつくしみになり，我等臣民は祖先以来，天皇を親のやうにしたひ奉つて，忠君愛国の道に尽しました」[56]と君臣一体が我が国の国体であるとのべ，最後に「我等はかやうなありがたい国に生まれ，かやうに尊い皇室をいたゞいてゐて，又かやうな美風をのこした臣民の子孫でございますから，あつぱれよい日本人となつて我が帝国のために尽さなければなりません」[57]と，臣民は「我が帝国」のために尽くすのが使命であるとのべている．「我が帝国」のためにと，愛国優位の忠君愛国主義の立場であった．

　四期巻五「第一　我が国」では，天祖の神勅の全文が掲載され「大日本帝国は天照大神の御子孫がお治めになり，皇位が天地と共に窮りなくお栄になることは，此の神勅のお示しになった通りであります」[58]と，神勅によって「肇国の精神」＝神国としての国体（万世一系の天皇の統治）が確定したと強調して

第Ⅱ章　天皇制公教育思想と「戦時教育令」

いる．と同時に，「御代々の天皇は，臣民を子のやうにおいつくしみになり，臣民は，祖先以来，天皇を親のやうにしたい奉り，心をあわせて，忠君愛国の道につくしました」[59]と，天皇の仁慈に伴う忠君愛国の道が確立したとのべる．そして臣民の使命について「あつぱれよい日本人になつて皇運を扶翼し奉り，我が国を益々盛んにしなければなりません．」[60]と，「皇運扶翼」が明示され，忠君優位の忠君愛国主義が強調されることになる．教師用書は「我が大日本帝国の国体を知らせて，皇国民たるの自覚を深らしめ，忠君愛国の志気を振起せしめるのを，本課の目的とする」[61]とし，「本課に於ける主要な教授事項」として，「我が大日本帝国は万世一系の天皇が皇祖天照大神の神勅を奉じて永遠に統治し給ふ国であつて，これが万古不易の国体であること．」「我が国は皇室を中心とし，国を挙げて一大家族の趣をなして栄え，君臣の間が恰も親子の如き一体の関係をなしてゐること」[62]と，神勅による万世一系の天皇統治と「皇室御歴代の御仁慈」による君臣一体が国体の核心であることを指示している．しかし，先の児童用教科書の記述のごとく，天皇の仁慈にもとづく忠君愛国を強調している点には留意しておきたい．

　四期国定修身教科書の特徴について，海後は「国家に対する道徳の割合が全道徳の三分の一を超えたことは，修身教科書の歴史においてはじめてのことである．また人間関係についての道徳が三分の一以下に減少したこともはじめてである．これによって，第四期の修身教科書が，いかに当時における国家主義的要請によって編成されたものであることを示している」[63]と指摘する．さらに国家に対する道徳でも「天皇・国体」に関する道徳の課が一期に対して倍増し，人間関係についての道徳が半減しているのが象徴的であり，特に国家に対する道徳でも増加したのは祝祭に関する教材であると指摘している[64]．「当時における国家主義的要請」とは三期修身教科書の愛国優位の忠君愛国主義が忠君優位の忠君愛国主義に移行しつつあることを示していよう[65]．四期修身教科書巻五（1938年）に日本の特殊な国体を明示する天祖の神勅が掲載された点に注目しておきたい．

　それを決定づけたのは美濃部達吉の憲法論を「天皇機関説」として，国体に悖るとした国体明徴運動の結果設けられた教学刷新評議会の答申（1936年10月29日）であったといえよう．答申は，「第二教学刷新ノ実施上必要ナル方

第3節　国定四期修身教科書

針」として,「(一) 我ガ国ニ於テハ祭祀ト政治ト教学ハ, ソノ根本ニオイテ一体不可分ニシテ三者相離レザルヲ以テ本旨トス」「(二) 国体・日本精神ノ真義ノ闡明ハ天祖ノ神勅, 歴代詔勅並ニ教育ニ関スル勅語ヲ初メトシ明治以降屢屢下シ給ヘル聖勅ヲ本旨トシ」[66]と, 教学の根本は祭政教一致にあり, 天祖の神勅に始まる国体主義にもとづくことを求めていた. 繰り返しになるが, 四期修身教科書巻五「第一　我が国」は, 天壌無窮の皇運は神勅によって定まっており, 臣民は「皇運扶翼」を使命としなければならない. その尊い国体に伴い忠君愛国の精神涵養につとめ, 皇運扶翼に尽くす奉体の歴史を踏まえ「国体観念の明徴」と「共同生活観念」を徹底するのが, 四期修身教科書の課題となる.

　三期巻六「第五　忠君愛国」の教師用書(「談話要領」)は,「このありがたき聖旨はやがて歴代天皇が我等臣民の幸福を御軫念あらせらるゝ大御心なり. 我等臣民は祖先以来かゝる御仁慈にまします皇室を戴き奉りて, 世々忠君愛国の大義を発揮せり」[67]と天皇の大御心(御仁慈)に対して忠君愛国の大義を発揮してきたとのべている. 四期巻五「第一　我が国」では先にのべたように, 神勅を掲載し, 神国を明示したにもかかわらず, 忠君愛国については三期同様に天皇の仁慈に対する報恩としての道であるとのべている. 教師用書が本課と関連して教授すべきとした巻四「第一　明治天皇」でも「明治天皇は臣民を子のようにおいつくしみになり, いつも臣民と苦楽を共にあそばされました.」[68]と仁慈に満ちた天皇として描かれている. 神勅による万世一系の天皇統治の絶対性は, 実態としては「天皇の御仁慈」と説明している.

　四期巻五「第二十二　忠君愛国」では, 忠君愛国の精神を一層深からしめる教材として, 吉田松陰が取り上げられる. 教師用書(教授事項)で「松陰が万世一系, 君臣一体, 忠孝一致の国柄をよくよく弁ふべきことを唱へたこと」[69], そして「本課は教授する際, 松陰が尊王愛国の大義を唱へることを以て己が任とし, 至誠躬行を以てまず郷党の間に綱常を扶植しようとしたことは, いつ如何なる世に処しても適切で力強い愛国の道であることを諭すこと」[70]を指示している. 教授要領は, 松陰が「士規七則」で「我が国は万世一系の天皇がお治めになる国であつて, 我等は祖先以来天皇の臣民である. 天皇は皇祖皇宗の大御心のまゝに臣民をいつくしませ給ふ, 臣民は祖先の志を継いで, 天皇に忠義を尽くして来た. 天皇と臣民とは一体をなし, 忠と孝とが一致している. これ

87

が我が国が万国にすぐれた所である」[71]と説き,「やがて之を全国に及して,忠君愛国の精神を振るひ起こさせようと決心しました」[72]と説明している.松陰が尊王(忠義)を支点に愛国を,つまりは大御心の仁慈に対する尊王(忠義)によって忠君愛国の精神を発揮しうるし,かつそれは「祖先の志」を継続することになると主張した点を強調している.

さらに巻五「第二十四 父母」では,松陰の父母を取り上げている.父は読書に励み,祖先を祀り,氏神を崇敬し,母は夫を助け,姑につかえ,共に我が子の教育に力をつくし,松陰をして「よく尊王愛国の道に尽させました」と,その根底には家に「尊王の志」の家風があってのこととのべている.家の祖先への祭祀,氏神への崇敬を通じて,天祖の神勅(肇国の精神)への信仰・奉仕(尊皇)につながり,「国体観念の明徴」は,家・地域の伝統的習俗を忠君愛国・皇運扶翼の国民道徳として統合していくことになる.

なお,国定五期では「大御心の奉体」(肇国の精神)が強調され,天皇への絶対的帰一に伴って「忠君愛国」の課名は姿を消し,松陰は少年大次郎として初等科修身四「四 父と子」の課に登場する.内容も「臣民としての道を守り,命をささげて陛下の御ためにつくすのが,ほんたうの日本国民だと,玉木のをぢ様が教へてくださいました」[73]と仁慈を介することなく直截に天皇に随順奉仕する忠君主義が強調されることになる.

3-2 祭政教一致と祝日・大祭日——神国観念と忠君愛国

次に四期の特徴である「天皇・国体」に関する教材,とりわけ祝祭に関する教材増加の意味を見ておこう.新たに設けられた課は次のようになる.巻一「第二 天長節」「第二十 お正月」,巻二「第十三 氏神様」「第二十二 紀元節」,巻三「第十六 明治節」の課である.教師用書の目的規定では「天長節の佳節に因み,天皇陛下の御事を教へて,忠君の念を養はせるを本課の目的とする」[74]「紀元節の由来を教へて,我が国体の尊さを弁へさせ,忠君愛国の精神を養はせるのを本課の目的とする」[75]「明治節の由来を教へて,我が国運発展の基づく所を知らせ,益々忠君愛国の精神を深くさせるを,本課の目的とする」[76]と,天長節,紀元節,明治節で系統的に忠君,国体の尊厳,国運の発展

第3節　国定四期修身教科書

を踏まえ忠君愛国の精神涵養を求めることになる．巻三「第十六　明治節」の教師用書は「是等祝日は臣民が天皇陛下・皇后陛下の大御恵の厚いことを思つて，其の万分の一に報い奉るやうに心掛けなければなりません」[77]と，天皇の大御恵・仁慈に対する忠君愛国の精神涵養の場であると説明している．

　しかし，この祝祭の意味について，巻四「第十七　祝日・大祭日」の課は「私たち臣民は，祝日・大祭日が我が国がらの尊いことを思ひ，忠君愛国の精神を深くしなければなりません．こうして其の日には，国旗を立てて真心をあらわさなければなりません」[78]と「我が国柄の尊さ」を学び忠君愛国の真心を示すことを目的とするとのべている．その「我が国柄の尊さ」について，教師用書は「我が家には誕生の祝，祖先の祭があり，我が郷土には氏神の祭礼があるように，我が国には国の祝祭があります．我が国の祝祭は我が国体に淵源してゐて，政事も徳教も皆祝祭と一致して離れない関係にあります．これ，我が国が神国たる所以であります」[79]とのべる．しかし，ここでは「国体の淵源」についての説明はない．

　すでに巻三「第二十一　皇大神宮」の教授要領で「皇大神宮は天皇陛下のごせんぞ天照大神をおまつり申してある，もつともたふといお宮でございます．御代々の天皇はこのお宮をあつくおうやまひになりました．」[80]にかかわって，天照大神の神勅によって万世一系の天皇による無窮の統治という国体の大本が定まり，「皇祖奉斎の大道も昭らかになつたのでございます」[81]と説明することを求めている．つまり，我が国の尊さの根源は神国にあり，皇祖への祭祀によって「崇敬の念」を涵養しなければならないとのべている．他方，「皇室ニ関スル教材ノ総括トシテ新ニ設ケ」[82]られた巻六「第二　皇室」の教師用書の教授要領で「我等が現御神と仰ぎ奉る天皇は，皇祖天照大神の一系の御子として皇位に即かせられ，皇祖の御心を御心として我国を御統治になります」[83]と「天祖の神勅」にもとづき，万世一系の天皇統治が確立したこと．その統治の内実が「御歴代の天皇が常に臣民を子のやうにおいつくしみになり，恰も太陽の万物を照らすやうに広大深厚な御仁慈を垂れさせられることは，まことに有難く畏き極みでございます」[84]と天皇の御仁慈があってのこととのべている．四期修身教科書では，天皇統治の絶対性（天祖の神勅）と天皇の仁慈が並立していたといえよう．というより，国体の明徴は，万世一系の天皇統治はその実

89

質において，天皇の仁慈，大御心にあり，それに対する忠君愛国主義として展開されていた．

と同時に政治も徳教も祝祭に一致する神国観念の形成にかかわって，祝祭日儀式と家・祖先の祭祀と氏神の祭礼を重ねていく．巻二「第十三　氏神様」の新設について，編纂趣意書は「敬神ノ念ヲ養ハシムル材料ヲ増加シタシトノ世ノ希望ニ副ハンガタメ，児童ノ生活関係深キ氏神様ヲ以テ題目トシタルナリ」[85]と敬神の念の涵養にかかわって氏神の祭礼を取り上げたと説明している．また，祖先あっての家であり家の祭祀を大切にするのが「自然の人情であり，我が国古来の美風」[86]（巻六「第五　祖先と家」）と，家の祭祀を厚くすることは祖先の遺風（忠君愛国の精神）を高めることになるという．子どもの日常生活意識や伝統的家意識に重ね，敬神の念を介して神国観念を深化させようとする．そこには教学刷新派の祭祀と道徳観が表現されている．「我が国の神に対する崇敬は，肇国の精神にもとづく国民的信仰であつて，天や天国や彼岸に於ける超越的な神の信仰ではなく，歴史的国民生活から流露する奉仕の心である」[87]と，肇国の精神（天祖の神勅）に対する信仰奉仕が敬神であり，その観念涵養の場が祝祭であるとした．

3-3　「神勅」と教育勅語

ただこの四期では巻二「第二十二　紀元節」の教授要領で「天皇は大和の橿原の地を都とお定めになり，此処に宮殿を営なんで始めて厳かな即位の御儀式を挙げさせられました」[88]と，神武天皇の即位と以後「皇室の大御恵に浴して幸福に暮らすことの出来るのは，まことに有難い極みであります」[89]と君臣一体，忠孝一致の家族国家の美しい国柄として発展した今日のある事に感謝しなければならないとのべるにとどまっている．天祖の神勅（大御心）に「八紘一宇」の皇化の伸展で答えようとする記述はない．もちろん先述のごとく，天皇による天祖の神勅の祭祀による奉体と，その天皇の大御心に基づく統治，つまり神国たる国体の尊さの故に，敬神の念を介して「肇国の精神」を臣民の使命とする意識づけの方向は示されている．ただし，すでに指摘したように，その実質的内実は，万世一系の天皇の仁慈に伴う忠君愛国の道であった．つまり忠

第3節　国定四期修身教科書

君愛国の精神の涵養において万世一系の天皇の仁慈に伴う忠臣一体，忠孝一致が強調され，天祖の神勅による国体主義の肥大化（天皇への絶対的帰一）が，個人道徳，社会道徳を圧倒するまでに至っていない．すなわち，四期修身教科書は，神勅による国体観念の明徴を図るが，教育勅語の述義にあっては三期を引きついでいる．「斯ノ道」は三期同様に「前の第二段におさとしになつた道」すなわち「天地と共に窮りない皇位の御盛運をお助け申し上げるのが，我等臣民の務めであります」[90]と皇運扶翼にとどまり，第一段の「肇国の精神」の述義に神勅は登場していない．

　1939年12月5日の「聖訓ノ述義ニ関スル協議会」で，「斯ノ道」が第一段をも指示するか否かの協議の際，紀平正美は，「斯ノ道」の解釈変更には余程重大な理由がなければならないという和辻哲郎の意見に対して，「非常に重大だ．重大だから変へたいのだ．今迄狭く解釈してゐたから天壌無窮の神勅も「斯ノ道」に入らないことになる．修理固成の詔も入れられんのだ」[91]と，四期尋常小学修身書巻六（1939年度から使用）の教育勅語述義の「斯ノ道」が第二段中心で，第一段にかかわる「天祖の神勅」を取り上げていない点を批判する．教科書では神勅による国体の明徴化が図られるが，教育勅語の述義では，天皇の仁慈に伴う忠君愛国主義であり，神国ゆえの天皇統治の絶対性が徹底していない点を問題とする．皇運扶翼は，第一段の天皇統治の絶対性（肇国の精神）に伴って意味を持つとする教学刷新派の立場からの批判であった．この結果，協議会報告の勅語通釈で，「天壌無窮ノ皇運ヲ扶翼スヘシ」について，「……かくして神勅のまにまに天地と共に窮まりなき宝祚の御栄を助け奉れ」[92]と神勅が位置づけられることになる．

　四期にあっては，「児童ノ徳性ヲ涵養シ道徳ノ実践ヲ指導シ」と修身教育にあって，「徳性ノ涵養」が「実践」に先行していた．「人間関係の道徳」が三分の一以下に減少したとはいえ，個人道徳は三期と同水準の割合であり，もちろん佐久間艇長の話が第三期では「沈勇」（巻六第八課）であったが，四期では「職分」（巻六第十一課）と，個人の徳性は国家への職責として課名変更になっているが，人倫道徳としての個別徳目に即した徳性の涵養を課題とする修身教育の役割は残っていたといえよう．ちなみに，四期小学修身書に登場する西洋人は三期と同じく，フランクリン（公益），ナイチンゲール（博愛），ジェンナ

ー（発明），ソクラテス（国法を重んぜよ），コロンブス（自信）であり，「国体観念の明徴」（国体主義の肥大化）が排外思想として強く作用していなかったといえよう．第四期修身教科書で，国家に対する道徳は全体の35％を占め，「天皇・国体」に関する道徳は20％であった[93]．「天皇・国体」に関する道徳は国家に対する道徳の約60％であり，未だ圧倒する程ではなかった．

第4節　国定五期修身教科書

4-1　教育勅語の実践的奉体

　1941年4月に発足する国民学校は，「皇国ノ道ニ則リテ初等普通教育ヲ施シ国民ノ基礎的錬成ヲ為スヲ以テ」を目的とした．先に見たごとく，「皇国ノ道」は教育勅語の「斯ノ道」であるとし，教育勅語が勅令たる学校令に合法的根拠を与えられることになる．その目的達成の中核教科として国民科（修身・国語・国史・地理）が創設され，「特に国体の精華を明らかにし，国民精神を涵養し皇国の使命を自覚せしめる点において重要な任務を有する」[94]ことになる．国民学校令施行規則第三条は，「国民科修身ハ教育ニ関スル勅語ノ旨趣ニ基キテ国民道徳ノ実践ヲ指導シ児童ノ徳性ヲ養ヒ皇国ノ道義的使命ヲ自覚セシムルモノトス」と，国民科修身の目的を定めている．

　まず教育勅語にもとづく国民道徳の実践によって「皇国ノ道義的使命ヲ自覚セシムルモノトス」と実践に中心がおかれている．教師用書では「かくして国民学校に於ける修身指導は，<u>教育に関する勅語の観念的奉体をしりぞけて，実践的奉体をなさしめるといふところまで徹底すべきである</u>」[95]と指示する．次に国民道徳の概念について，「皇国臣民としての道徳は，教育に関する勅語に拝誦し奉ることのできるやうに，すべて天壌無窮の皇運を扶翼し奉らんとするところに帰着するものでなければならない．孝も友も和も信も博愛もその朝宗するところは忠であり，天皇を中心とし奉ることによつて天壌無窮の皇運を扶翼すべきものである．随つて善隣相扶・協同奉仕等のいわゆる社会道徳即ち市町村民として随ふべき道も亦忠を以て大本となし，国民道徳のうちに包含され

ることは当然である」[96]と勅語の示す国民道徳は，天皇への忠一本にしぼりこまれることになる．

その実践的指導にかかわって，教師用書が第一に指導の重点に上げたのは，「第一に，祭祀の意義を明らかにし，敬神の念を涵養することにつとめなければならない」[97]であった．天皇は天祖（神）への祭祀によって神と一体となり，徳を高め現御神として神国を治める．臣民は天皇の御心を承けて「敬神の念」を通じて肇国の精神を奉体し，私を捨てて天皇に帰一する．つまり，「天皇の神に奉仕せられることと臣民の敬神とはいづれもその源を同じうし，天皇は祭祀によつて弥々君徳を篤くし給ひ，<u>臣民は敬神によつて弥々その分を尽くすの覚悟を固くする</u>」[98]と，臣民は敬神の念の涵養によって，「肇国の精神」に帰一し，天皇への絶対的忠の精神を形成し，「我が国民道徳の基礎」が定まると指摘している．

しかも「皇国ノ道」＝「斯ノ道」について，次のようにのべる．「「斯ノ道」は皇祖皇宗の御遺訓であり皇祖皇宗の宏遠なる肇国，深厚なる極徳を始め奉り，国史的事実に基づいての道であるから，こうした国史的事実に即して皇国発展の相を明らかにし，皇国の大生命を感得せしめることによって，皇国の道を学ばしめることが大切であり」[99]と，肇国の精神にもとづく「国史的事実」としての発展の歴史を語り，歴史の無窮性を感じさせねばならないという．肇国の精神に発現する「八紘為宇」＝現実の戦争遂行への使命を，国民科修身は，体系的にかつ実践的に天皇への絶対的帰一として説いていくことになる．

それ故に，唐澤，海後，小山は，四期とは断絶した五期教科書であり，それは修身教育の本来の使命（勅語にもとづく具体的な道徳教育）を切り捨て，「ゆがめられた歴史教育の全き代行者」「戦いを通じて国民が参加しなければならない心構えを教える教材」「天皇教の教典としての勅語教育」へと質を転換したと指摘している．その断絶，質の転換の内実について，次に考えてみたい．

4-2 「大御心の奉体」

まず，国定五期初等科修身四（1943年2月8日刊）「一大御心の奉体」に着目したい．教育勅語は国定二期以降四期までは，最終六学年の最終三課で，三

段に分けて述義し全体のまとめとしている．二期の公定解釈（高等小学校修身書巻二）で「斯ノ道」は「義勇公ニ奉シ」までを指し，「皇運ヲ扶翼スヘシ」は含まない点を受けて，二期から四期までの修身教科書巻六は「斯ノ道」は「前の第二段におさとしになつた道は……」と第一段の肇国の精神を包含する解釈になっていない．そのことはすでに述べた．四期修身教科書巻五「第一　我が国」では，天祖の神勅を掲載し肇国の精神を明示したにもかかわらず，勅語の解釈では三期を継承し，「斯ノ道」は第二段を受けるとの述義を変更していない．

「聖訓ノ述義ニ関スル協議会報告」は，「斯ノ道」の述義について，「「斯ノ道」前節を通じてお示しになつた皇国の道であつて，直接には「父母ニ孝ニ」以下「天壌無窮ノ皇運ヲ扶翼スヘシ」までを指す」と前節（第一段と第二段）を包含するとした．したがって段落構成について「勅語の全文は「顕彰スルニ足ラン」までと「斯ノ道」よりの二節から成ると解し奉る．述義の便宜上，第一節を二段に分ち，或は更に細分化することも差支へないが，いきなり「勅語を三段に分つて拝誦すれば」等とある教科書の表現は考慮を要する．」と結論づけている．つまり「斯ノ道」が前節（第一段と第二段）を指すことは，直接には第二段の「皇運扶翼」までとしながら，第一段の皇祖皇宗の大御心（神勅＝肇国の精神）の奉体にもとづく「皇運扶翼」であることを示していた．

国定五期初等科修身書四「一　大御心の奉体」は，この報告にもとづく述義の変更を示している．この述義では，三段構成ではなく，「勅語のはじめには」，「勅語は次に」，「勅語は最後に」と区分され，「斯ノ道」は「右に示された「皇国の道は……」と説明され，一段と二段は，「はじめに」「次に」と連続して捉へられ，<u>第一段重視，「大御心の奉体」（肇国の精神）にもとづく「皇運扶翼」が明示されることになる</u>．同時に，第一段の述義について「皇祖の神勅を奉体され」と神勅にもとづくことも明示されることになる．

協議会では「斯ノ道」は第二段の「皇運扶翼」までとし第一段（肇国の精神）は間接的に含むとする立場と，第一段の大御心の奉体（肇国の精神）こそ根本であり，大御心の奉体にもとづく第二段（皇運扶翼）とする立場をふまえ，報告は，前節を指すとしつつ，直接には「父母ニ孝ニ」以下「天壌無窮ノ皇運扶翼スヘシ」を指すとあいまいさを残していた．しかし，この五期初等科修身

四「一　大御心の奉体」で，「斯ノ道」は大御心（神勅＝肇国の精神）の奉体にもとづく，天皇への絶対的随順奉仕に一元化されることになる．「大御心の奉体」が全ての前提であり神勅を祭祀によって拝承する天皇もそれに重なり，その天皇の御心（肇国の精神）に敬神の念の涵養による随順奉仕と，「皇国発展の相を明らかにし，皇国の大生命を感得せしめる」ことによって，臣民は天皇に絶対的に随順奉仕する．それが「大御心の奉体」の意味するところであった．

4-3　「神国」と「八紘為宇」

そのために五期修身教科書は「神国観念」と「八紘為宇」を肇国の精神＝皇国の道の核心として強調し，勅語解釈について第一段を重視することになる．まず未分化空想的段階にある低学年にあっては『ヨイコドモ　下』「十九　日本ノ国」では「日本ヨイ国キヨイ国　世界ニ一ツノ神ノ国　日本ヨイ国強イ国　世界ニカガヤクエライ国」と，神の国であり世界に輝く（他国に優越する）イメージを描かせる．未分化空想的段階から分化合理的段階への移行期にあたる三学年では，神話物語によって歴史に即したイメージを豊かにし，「特に国民的世界観の素地に培ふ」[100]ことをねらいとしている．初等科修身一「一　み国のはじめ」では，国生みの物語と天照大神の出現の神話で神国誕生の物語が語られている．同「九　大神のお使」では大国主命の国譲りの神話が語られ，「君臣の分について考へさせ，臣民は永遠に皇室に対し奉つて絶対の忠誠を誓わねばならないことを示すものである」[101]と教師用書は指示している．

初等科修身二以降になると教育勅語の内容に即した説明が展開されている．編纂趣旨は，初等科修身二「六　日本は神の国」の課で「冒頭の箇所について，わからせ得る程度の解説を求め，更に『明治天皇の御徳』という秋の半ばに取扱うべき課に至りまして，教育に関する勅語が明治天皇の下し賜つたところであつて，私ども国民の日夜奉戴すべき御教へであることを諭すやうに定めてあるのであります」[102]と教育勅語の「冒頭の個所」，第一段の肇国の精神について，「わからせ得る程度」の解説を求めている．

次に初等科修身三「一　大日本」の課で，「「わが大日本は，万世一系の天皇

第Ⅱ章　天皇制公教育思想と「戦時教育令」

のお治めになる国であります．」といふ所から，第二頁の「大日本の世界に類のないところであります．」までを取扱つて，その際，教育に関する勅語冒頭に関する一通りの理会を得しめるやう，工夫していただきたいのであります．」[103]と編纂趣旨はのべ，教師用書は「初等科修身四「一　大御心の奉体」へ連絡せしめるやう考慮することが大切である．」[104]と指示している．「大御心の奉体」の教育勅語冒頭の述義は「ここには，我が皇室の御先祖のかたがたが，国をおはじめになるにあたつて，<u>皇祖の神勅を奉体され</u>，規模まことに広大で，いつまでもうごかないやうになされたこと，更に御徳をお積みになり，臣民をおいつくしみになつたことをおのべになつてゐます」[105]と「皇祖の神勅」による万世一系の神国の確定と大御親としての仁慈に伴う忠孝一致の大道の確立についてのべている．協議会報告書の述義では，「神勅のまにまに天地と共に窮まりなき宝祚の御栄をたすけ奉れ」と神勅は「天壌無窮の皇運」の根拠に使用されているが，初等科修身四「一　大御心の奉体」では，第一段冒頭の「肇国の精神」全体にかかわる詔として位置づけられている．この修正には留意しておきたい．

　ただし，教師用書は「指導に当たるものは，「大日本帝国憲法に「大日本帝国ハ万世一系ノ天皇之ヲ統治ス」としてあるゆゑんについて，十分弁へてゐなければならない」（「教材の趣旨」）[106]と指示する．つまり「わが国の大本は<u>万世一系の天皇が皇祖の神勅を奉じて統治し給ふ万古不易の国体に発する．しかも皇国の臣民は億兆一心以て聖旨を奉体し，古今の歴史を一貫して克く忠孝一体の大道を履践し来つた</u>」（「教材の趣旨」）[107]と説明する．あくまで「わが国の大本」は「万世一系の天皇の統治」であり，その天皇の聖旨を奉体しての忠孝の道であると説明する．忠君愛国の精神は天皇の仁慈に伴うとした四期修身教科書の視点から，「万世一系の天皇統治」の絶対性に国体の中心を置くことを示していよう．初等科修身一「九　大神のお使」で，先にのべたように，大国主命の神話によって，「臣民は永遠に皇室に対し奉つて絶対の忠誠を誓わねばならない」とした認識に連続していることを示している．

　初等科修身三「十七　よもの海」では，「神武天皇は，大和の橿原に都をおさだめになつた時，「八紘を掩ひて宇と為む」と仰せになつて，皇祖天照大神の大御心をおひろめになりました．御代御代の天皇は，この大御心のもと，皇

化をあまねく，四海にしくやうに，大みわざをおたてになつたのであります．[中略] 大東亜戦争は，そのあらわれであります．」[108]と，「大東亜戦争」は「皇祖の大御心」にもとづくものであり，それ故に「大御心を安んじたてまつるため」断固として戦い抜かねばならないとのべている．同「二十　昔から今まで」は，「昭和十六年十二月八日，宣戦のみことのりをいただいてから，皇国の臣民は，一すじに大御心を奉体し，君のため国のためにつくそうと，かたく決心したのであります．太平洋や南の海には，すでに新しい日本の国生みが行はれました．[中略] 私たちは，これからも日々おこなひをつつしんで，りつぱな国史をつくりあげるようにつとめませう」[109]と，「大東亜戦争」は新しい国生みという「大御心の奉体」であり無窮の国史の歩みに加わることになるのだという．そして，先に見た初等科修身四「一　大御心の奉体」に連続していくことになる．そこで，「私たちは，日夜この勅語を奉体して，大御心にそひたてまつるようにつとめなければなりません」とまとめている．同最後の「二十　新しい世界」で具体的有様として「身命をなげうつて皇国のために奮闘努力しようとするこのををしさこそ，いちばん大切なものであります」[110]と，皇国臣民の使命について結論づけている．

4-4　「大御心の奉体」と実践主体

　国定五期修身教科書は，国民道徳は「皇運扶翼」に帰一し，すべては忠に帰着するとした．そして「皇運扶翼」は「大御心の奉体」（肇国の精神）にもとづくとされ，第一段の述義は体系的に構成され神国観念・八紘為宇がその核心におかれることをみてきた．この「大御心の奉体」という天皇への絶対的帰一と忠一本の道徳観は，他の個別的，社会的徳目と如何なる関係性を持つことになるのかを見ておきたい．

　その典型的な事例が二宮金次郎の初等科修身一「十三　一つぶの米」であろう．四期修身教科書巻三で二宮金次郎は「四　かうかう」「五　しごとにはげめ」「六　がくもん」で取り上げられる．孝行，勤勉，学問にはげみ，家のため世のために尽くした勤勉力行の模範的人物として描かれている．五期では「家をおこし，国をさかんにするには，心をゆるめないではたらかなければな

らない」と，金次郎の勤勉力行が家のため国のための思いがあって持続した点を強調する教材となっている．さらに，教師用書は次のように指示している．「本教材は勤労・分度・推譲つらぬくに至誠を以てした二宮尊徳の金次郎少年時代の略伝を述べることによつて「故道に積る木の葉をかき分けて天照大神の足跡を見ん」といふ尊徳の歌にうかゞふことのできる皇国開闢の大道について児童の理解し得る程度で触れさせ，忠孝一本という道徳的理論構成の方向に向かはしめようとするところに根本の趣旨がある」[111]と孝行・勤勉の徳目の根底は「天照大神の足跡」にもとづくものであり，忠孝一本＝忠へと帰一させる点が肝要とのべている．これは，『国体の本義』の「皇祖の親しく成業をさづけ給ひ［中略］尊徳に於ては一円融合の理，報徳の道を説き，勤労・分度・推譲を主張し，これを天地の大法に合致する大道とし，皇国本源の道を示現するものとして説いた」[112]の記述を受けてのことであったといえよう．つまり，「報徳の道」は「肇国の精神」に発するものであったと意味づけている．

　また，学問研究観について，初等科修身二「十四　雅澄の研究」で，教師用書は「「学ヲ修メ業ヲ習ヒ……以テ天壌無窮ノ皇運ヲ扶翼スヘシ」と宣はせられた聖旨について十分に理会させるべき教材である．およそ，わが国の学問はその究極を国体に見い出すとともに，また皇運を扶翼し奉る臣民の道に立つてのことであつたといひ得る」[113]と，学問研究は国体に対する国民的自覚の熾烈であることによって意味を持つことを理解させるべきとしている．このように，学問も日常的徳目も「大御心の奉体」（肇国の精神）に生きる心身の修練によらねばならないとした．

　国民学校令施行規則で，国民科修身は「児童ノ徳性」の涵養を掲げるが，教師用書は，「徳とは即ち道に随ふことによつて生ずるものであり，皇国の道の修練によつて体得されるものが徳である」[114]と，皇国の道の修練＝「大御心ノ奉体」によって生じるものであり，学問も日々の活動もそこに帰一しなければならないとのべる．この皇国の道の修練＝大御心の奉体による徳の体得にかかわって，五期修身の教師用書は国民学校令施行規則に「「国民道徳ノ実践ヲ指導シ児童ノ徳性ヲ養ヒ」とあつて，旧小学校令に於けるものと順序が逆転せることを，思ひあわせて見なければならない」[115]と指摘する．徳性の涵養によって実践へと具体化するのではなく，実践によって徳性を養うと逆転している．

第4節　国定五期修身教科書

観念的な人倫道徳としての徳目概念では実践に導くことはできない．「大御心の奉体」という包括的概念，つまりは「国史的事実」としての天皇への絶対的随順の修練による体得としての児童の実践的判断によらねばならないとした．児童が自らの覚悟を決断することを求めることになる．教師用書は次のように実践についての教材を説明する．

　「この「三」（初等科修身―引用者注）では，特に児童と時代を同じうする人々に取材した「軍神のおもかげ」の加藤建夫少将，ないしは「特別攻撃隊」，「飯沼飛行士」といふ如き教材が目立つてゐる．これといふのも，児童に極めて新鮮な感じを与へるとともに，また思考させ感動させるといふだけでなく，結局のところ児童自身の実践といふことに修身指導の力点を求めてゐる故である」116)と五期修身教科書は「大御心の奉体」による実践主体としての臣民を形成しようとした．教師用書はその方法として「大御心の奉体といふことから，日常の行為について反省せしめ登校下校の際奉安所に向かつて最敬礼をなすこと，宮城遥拝のこと，大東亜戦争下いかにして自己の本務をつくすべきか．などについて，具体的な指導を徹底せしめる．」117)ことを求めていた．

4-5　「承詔必謹」と「誠の心」

　唐澤・海後・小山の国定五期教科書が「歴史教育の代行者」「国運の発展に戦いを通じて国民が参加しなければならない心構えを教える教材」「勅語が天皇教の経典となる」との四期との断絶・異質性の指摘は正鵠を射ている．付け加えるとしたら，既に4-2「大御心の奉体」でのべたように，1940年の「聖訓ノ述義ニ関スル協議会報告」で「斯ノ道」が「皇運扶翼」を含み「皇運扶翼」は「皇祖皇宗の大御心」（肇国の精神）の奉体による，あるいは「奉体になる」と一節全体を指し，それを「皇国ノ道」と概念化した点が一つの画期になっていること．その「皇運扶翼」と「大御心の奉体」の関係性が明示されたのが，初等科修身四「一　大御心の奉体」での勅語述義であったといえよう．『国体の本義』は，明解に「大御心の奉体」による皇運扶翼であるとのべている．

　「「教育ニ関スル勅語」に「天壌無窮ノ皇運ヲ扶翼スヘシ」と仰せられてあるが，これは臣民各々が皇祖皇宗の御遺訓を紹述し給フ天皇に奉仕し，大御心を

奉戴し，よくその道を行ずるところに実現せられる．」[118]

つまり，国定五期修身四「一　大御心の奉体」は『国体の本義』に即したもので，教師用書は「天壌無窮の皇運を扶翼し奉るためには，教育に関する勅語の御趣旨を奉体して実践躬行につとめなければならない．」[119]と指示し第一節（第一段と第二段）全体を奉体実践することが重視されることになる．1943年段階で「大御心の奉体」（肇国の精神）概念が，天皇への絶対的帰一とその実践化を求めることになったといえよう．「大御心の奉体」とは「皇祖皇宗の御遺訓を紹述し給ふ天皇に奉仕し，大御心を奉体すること」，すなわち「万世一系の大御心である神勅」にもとづく「承詔必謹」に尽きることになる．小山も1937年の『国体の本義』によって皇国としての大日本主義化は明確になり「昭和十六年の国民学校令の時期になると，国定五期小学修身書で示された昭和十八年の教育勅語の国定解釈も，この大日本主義的対欧米意識を示すに至る」[120]と国定五期初等科修身四「一　大御心の奉体」の def義に着目している．

それゆえ，教師用書は，「本課取扱に際しては，まづ以て承詔必謹の態度をこそ，根本的に育成しなければならない．［中略］実に明き浄き直き誠の心こそ，天皇に随順奉仕する臣民の道の根本であつて，ここに始めてわれらはみこともちの自覚へと徹することができる．本課の指導に当たる場合には，特にこの点に留意して置かなければならない」[121]と指摘する．<u>「大御心の奉体」とは「承詔必謹の態度に終始して至誠一貫聖旨を奉体すべきこと」[122]と定義され，それは臣民の誠の心にもとづく天皇への随順によって具体化されると説明している．この「大御心の奉体」概念が，勅語の観念的奉体から実践的奉体への内実を構成することになる．</u>

ちなみに，国家に対する道徳は，全体の54％をしめるが，大部分は天皇と国体に関する内容で占められ，全体の43％であった．国家に対する道徳の80％であり，「大御心の奉体」が皇国民の道徳を統括していたといえよう[123]．

なお，教師用書は重要な論点にかかわって，『国体の本義』の文章をそのまま引いている点にも注目しておきたい．

「天皇の神に奉仕せられることと臣民の敬神とはいづれもその源を同じうし，天皇は祭祀によつて弥々君徳を篤くし給ひ，臣民は敬神によつて弥々その分を尽す覚

悟を固くする」124).（『ヨイコドモ　上　教師用』）

「天皇の神に奉仕せらるることと臣民の敬神とはいづれもその源を同じうし，天皇は祭祀によつて弥々君徳を篤くし給ひ，臣民は敬神によつて弥々その分を竭くすの覚悟を堅くする」125).（『国体の本義』）

「我が国の学問は，その究極を国体に見い出すとともに，また皇運扶翼といふことを以てその任務としている．」126)（『初等科修身二　教師用』）

「我が国のあらゆる学問は，その究極を国体に見い出すと共に，皇運扶翼を以てその任務とする」127).（『国体の本義』）

第5節　国定五期歴史教科書
──『小学国史尋常科用』上（1940年2月），下（1941年3月）

　国史の四期から五期への修正について，編纂趣意書には「近く国民学校国民科国史教科書の編纂を企図すれども，現行教科書の修正も亦忽にすべからざるものなれば，今回周密なる再検討のもとに従来の尋常小学国史上巻並に高等小学国史上巻に大修正を加へ，昭和15年度より使用せしむることゝせり」128)とあり，国民科国史教科書編纂までのつなぎとしての修正であった．

　修正の根本方針として，「今回の国史教科書修正の根本方針も，現下の国運の進展並びに最近頓に深められたる国民精神の自覚に即して国体明徴の透徹を図るべく，主として左の諸点に照らして旧教科書の不備不徹底なる点を修正せるものなり」129)と，上にあっては次の三点を重視している．

第一　皇室中心の態度を徹底せしめ，国体観念を愈々明徴ならしむこと．
第二　敬神崇祖に関する教材の増補を図ること．
第三　日本文化の特質たる自主性・包容性の強調に力め，外国文化を摂取醇化せる跡を明らかにすること130).

　下については，「下巻には近世史，現代史を含む関係上，対外的交渉の史実多きを以て，特にこの方面に関する叙述に留意し，わが国の歴史的使命の自覚を促すことに努めたり」131)と，次の4点を加えている．

第Ⅱ章　天皇制公教育思想と「戦時教育令」

第四　現代の世界情勢の由つて来たるところを明らかにすること．
第五　わが国の一貫せる外交方針を明らかにし，その自主的態度を強調すること．
第六　わが国の東亜並びに世界に於ける指導的地位の自覚を促すこと．
第七　挙国一致皇運扶翼の精神を強調すること132)．

5-1　神勅と皇運扶翼

　まず，天祖の神勅が新たに目録の次の冒頭に掲げられた点である．神勅にもとづく肇国の精神の顕現としての国史観を明確にしている．それに対応して，最終課「第五十　国民の覚悟」は，「さればわれら国民は，世界に比なきわが国体の尊さをよく弁へ，忠誠なる祖先にまさる立派な日本臣民となり，それ〴〵自分の業にはげみ億兆心を一にして，皇運の隆昌を扶翼し奉り，国史にいつそう光輝をそえなければならない．」133)と，「皇運扶翼」を明示している．三期では「第五十二　今上天皇」の課の最後の九行が"国民の覚悟"のまとめであり，「これ実に御歴代天皇の御盛徳と国民世々の忠誠によれり．さればわれ等国民はよく国運発展の由来をつまびらかにし，おの〳〵其の業に励み，一致共同してます〳〵国家の富強をはかり，進んで世界平和の為に力を尽し，以てわが国史に一層の光輝を加へざるべからず．」134)と，「天皇の御盛徳」とそれに対する「国民の忠誠」による国運発展の歴史をふまえ，国民個々の励みによる国家富強をとまとめている．四期では課として「五十四　国民の覚悟」と独立する．

　そこでは，「歴代天皇の御盛徳」「国民世々の忠誠」「文化の発達国運の進歩」の頭注の下，詳述され「さればわれ等国民は，よくわが国体の尊さを弁へて，朝廷に忠誠をお尽くし申し，すぐれた人々にならつて修養をつみ，りつぱな国民とならねばならぬ．それとともに，今まで国運が開けてきたわけをふり返つて見て，それ〴〵自分の業にはげみ，一致共同してます〳〵国家の富強をはかり，その上で，進んで世界の平和にも力を入れて，栄光なわが国史にいつそう光輝を増すやうにつとむべきである．」135)と，最終的なまとめは，ほぼ三期を引きついでいる．もちろん，天祖の神勅による皇国の無窮性の確立は記述されるが，神勅を受けた歴代天皇の「御盛徳」が強調され，それに対する国民の

第5節　国定五期歴史教科書

「忠誠」に「国体の尊さ」を求めている．

編纂趣意書は，主要修正箇所について新旧両教科書対照表に修正趣旨を略記している．そこでは五期「第五十　国民の覚悟」では，「全般的ニ叙述修正．聖徳太子・後醍醐天皇・孝明天皇ノ御事増補．国民ノ挙国一致奉公ノ事増補」[136]となっている．聖徳太子（政治の革新），後醍醐天皇（建武の中興），孝明天皇（皇政維新）が，国運の進展にかかわって増補される．先に引いたごとく，「世界に比なきわが国体の尊さをよく弁へ，忠誠なる祖先にまさる立派な日本臣民となり，それへ〜自分の業にはげみ億兆心を一にして，皇運の隆昌を扶翼し奉り」と，その「忠誠なる祖先」の事例が具体的にのべられている．

ただし，三期・四期と同様に，天皇と国民の関係性は「天皇の御盛徳」に対する「国民の忠誠」と，とらえられている点に修正はない．

5-2　皇室中心の態度の徹底

国体観念明徴のため，修正方針は，第一に皇室中心の態度の徹底を図ることになる．四期上巻は32課の構成で，28課が修正となり，「修正方針第一ノ趣旨」にもとづくのは，11課に及んでいる．なお五期「第二十二　後醍醐天皇」での「天皇ノ隠岐遷幸ノ叙述省略」も「修正方針第一ノ趣旨」と解することにした[137]．

まず，四期「第七　天智天皇と藤原鎌足」「第八　天智天皇と藤原鎌足（つづき）」は，五期では「第七　大化の改新」と課名を修正し「鎌足ノ功績ノ叙述ヲ簡略ニス．中大兄皇子ノ御言葉ヲ増補シ御革新ノ意義ヲ明ラカニス」と中大兄皇子を中心にした改革であったと修正する．次に五期「第十二　菅原道真」の課では，「道真ノ左遷ニ関スル叙述ノ修正」となり，四期では，時平は「道真を天皇にいろいろあしざまに申し上げた．これがため，道真は官職をおとされて，筑前の大宰府にうつされた」[138]と天皇の意志を介在させる記述になっている．五期は，時平は「これをおとしいれてしまった」[139]と，時平の行為として記述している．四期「第十四　藤原氏の専横」では「ところが工事がまだ出来上らないうちに，道長が病にかかったので，その子頼道は命令を出して，「朝廷のことは後回しにしても，法成寺の御用は決して怠らないやうに」とい

第Ⅱ章　天皇制公教育思想と「戦時教育令」

ひつけた」[140]と記述している．五期では，「第十三　藤原氏の栄華」と課名を修正し，「やがて道長が病気になると，子の頼道は工事を急ぐあまりに，公の税を後まわしにさせて，木材や石などをさし出させるというやうな，全く公私をわきまえぬ気ままなことをあへてした」と[141]，朝廷を直接的に無視した表現を「公私をわきまえぬ」わがままと修正している．そして栄華の名残として宇治平等院の建物を評価し，紫式部，清少納言の活躍で国文学が発達した点を増補修正している．次の課「第十四　後三条天皇」では「教通ニ関スル叙述修正」となる．四期では教通の「天皇の御心にそむく」行いが具体的に記述されていたが，五期では「たび〳〵天皇の御心にそむくこともあつたが」と簡略に修正され，天皇の御心に感じてわがままをつつしむようになったと改められている[142]．

　五期「第十六　平氏の勃興」も「保元・平治ノ乱ノ叙述修正」となる．四期では保元の乱により，「おそれ多くも上皇は讃岐におうつされになり」[143]と，また平治の乱にかかわって「義朝らはおそれ多くも上皇の御所をやき，上皇と天皇とを皇居におしこめ申した」[144]と記述している．五期では天皇の尊厳にかかわるこれらの記述は削除されている．四期「第十九　武家政治の起」は，五期では「第十八　源氏の再興」と「第十九　武家政治の起」となり，五期「第十八　源氏の再興」では，四期の「安徳天皇崩御ノ記事削除」となる．また「第十九　武家政治の起」では「頼朝ノ政治ノ叙述修正」となる．四期では「頼朝は征夷大将軍に任ぜられて，とうとう天下の政治をとり行ふことになつた」[145]であったが，五期では「頼朝は征夷大将軍に任ぜられ，政治を行ふことになつたが，どこまでも武臣としての政治であつた」[146]と，あくまで政治の全般は朝廷にあったと修正している．

　以後承久の変，南北朝期の皇室の尊厳にかかわる記述の修正が続く．五期「第二十　後鳥羽上皇」では，「順徳上皇崩御ニ関スル叙述修正」とあり，四期の「順徳上皇は，あけくれ御涙にくれておいでになつたが，三年の後には，御みずから御食事を断つて，お隠れになつた」[147]の記述は，五期では「順徳上皇も，あけくれのお嘆きのうちに，やがておかくれになつた」と修正している．五期「第二十二　後醍醐天皇」では，四期の頭注「天皇が隠岐におうつされになつた」は「笠置山をお出ましになる」と修正し，「まもなく，天皇は賊兵に

第 5 節　国定五期歴史教科書

捕らはれて，隠岐の島におうつされになつた」は削除となる[148]．五期「第二十三　楠木正成」では，「護良親王ノ御事及ビ正成ノ献策ニ関スル叙述」が修正されている．護良親王について，四期では「かつて尊氏に讒言され，これがため鎌倉におくられておしこめられたまうた」[149]であったが，五期では「かへつて尊氏のためにおとしいれられて，鎌倉におうつりになることになつた」[150]と修正される．また，尊氏の京都侵攻に対して，四期では「この時，正成は，しばらく賊の勢を避け，その勢が衰へるのを待つて，一度にうちほろぼそうという謀を建てたが，用ひられなかつた」[151]と正成の献策が用いられなかったと記述している．五期では，この正成の策については削除となる．五期「第二十四　新田義貞」では，「尊良親王・皇太子恒良親王ノ御最期ニ関スル記述削除．新田氏一族ノ忠誠ノ叙述修正増補」となる．皇室中心の態度の徹底のため，天皇（皇室）を中心にした国史の展開を基軸にした修正増補を行っている．天皇（皇室）の尊厳に反する叙述の修正によって，国体観念を明徴ならしめることを企図している．

　五期上巻の最終課「第三十　後奈良天皇」では，「国民ノ勤皇及ビ我国柄ノ尊サニ関スル記事増補」となる．「かやうに戦乱の世にあつても，皇室の御尊厳は少しもゆるがぬばかりでなく，外国にはみられぬうるわしい君臣の間がらがうかゞはれるのであつて，こゝに比類なきわが国柄のたふとさがあるのである．殊に天皇が御身の御困難をおいとひもなく，ひたすら万民をおめぐみになつた大御心のかたじけなさには，国民として誰一人感涙しないものがあろうか」[152]と，「比類なきわが国柄のたふとさ」は，「皇室の尊厳」と「天皇の御仁慈」（大御心）にもとづくものだとしめくくっている．

　四期下巻は22課の構成で全ての課が修正されている．「修正方針第一ノ趣旨」と明記されているのは，五期第三十五で「徳川家光」を「諸外国との交通」，第三十八「大石良雄と新井白石」への修正，第四十六で「武家政治の終」を「大政奉還」と改めたこと．また「西南の役」を明治維新の変革に伴う一波乱と略記した点のみであるが，それ以外の7課もそれに相当すると解した[153]．

　四期「第三十三　織田信長」の課は，五期「第三十一　織田信長」では「正親町天皇ノ仰」の項が修正となる．四期の「御料地の回復をおほせられた」が削除され，五期では「正親町天皇は，かねがね一日も早く世をしづめ，民の心

105

第Ⅱ章　天皇制公教育思想と「戦時教育令」

を安んじようとお考へになつていたので，信長の武名をお聞きになると，おそれ多くも勅使をもつてその大御心をお伝へになつた.」154)と修正している．四期「第三十四　豊臣秀吉」は五期「第三十二　豊臣秀吉」で「秀吉ノ政治ニツキ増補」となり，「秀吉は常に朝廷を敬ひ，大名をよくとりしまり，士民を憐んで，よい政治を行なつた」155)と，朝庭の威徳の下での政治であったと増補修正している．四期「第三十八　徳川家光」は，第五期では「第三十五　諸外国との交通」と課名を修正し，「幕府ノ勢威ニ関スル叙述」を削除し，諸外国との交流，国民の海外発展の記述を増補している．四期「第三十九　後光明天皇」は，五期「第三十六　後光明天皇」では，「後水尾天皇ガ幕府ノ我儘ヲ嘆キ給ヘル叙述」は省略となり，「皇室ノ御徳ニツキ」が増補となる．「御代々々の天皇は，こうした幕府のわがままをお戒めになると共に，常に国民をおいつくしみになり，学問を御奨励になつた.」と156)．四期「第四十一　大石良雄」「第四十二　新井白石」は，五期では「第三十八　大石良雄と新井白石」と課名を修正し，特に新井白石の尊王について，閑院宮家の創設，朝鮮使節の礼遇が勅使以上であった点を改めさせたことを増補している．五期「第三十九　徳川吉宗」では，「幕府中興ノ英主ノ記事削除」となる．四期「第四十九　孝明天皇」は，第五期「第四十五　孝明天皇」で「全般的ニ叙述ヲ修正シテ天皇ノ御盛徳ヲ一層明ラカニス」と，全般的修正となる．尊王と攘夷論が対立する中で「朝廷の下に幕府も国民も力を合わせて，事に当たらなければならないとお考へになつた」157)と，天皇が主体的に国民を導いたと記述する．四期での「家茂がなくなると，慶喜が後をついで第十五代将軍となつた」との記述は，五期では「慶喜を将軍家茂の後見役として，政治を一新するやうにお命じになつた」「家茂のあとをついで，慶喜が第十五代将軍に任ぜられた」158)と修正している．「天皇ノ御盛徳」が詳述されている．

四期「第五十　武家政治の終」を五期では「第四十六　大政奉還」と修正し，「松平容保，榎本武揚等ニ対スル皇室ノ御仁慈」を増補する．「後朝廷では容保がかつて京都を守護して，忠謹にはげんだことを思し召され，その罪をおゆるしになつた上，正三位をお授けになつた．武揚もまもなく許されて，後，重く用ひられた」159)と修正している．四期「第五十一　明治天皇」の課の「二　西南の役」は，五期では「第四十七　明治天皇」の「一　明治維新」に維新変革

106

の一波乱と略述される．ただし，「後，明治二十二年憲法発布の日，明治天皇は隆盛が維新の際につくした功を思し召され，賊名をお除きになつた上，正三位をお贈りになつた」[160]と，四期に引き続き天皇の「御仁慈」は明示している．四期「第五十二　大正天皇」は五期「第四十八　大正天皇」で「天皇ノ御盛徳ニ関スル叙述修正」となり，四期「第五十三　今上天皇の即位」は五期「四十九　昭和の大御代」となり，「天皇陛下ノ御仁慈ニ関スル事」等の記事増補となる．

　下巻にあっても，天皇中心に国史が展開したことを，特に「天皇の御盛徳」「天皇の御仁慈」に即して，四期教科書の修正，増補をおこなっている．

5-3　神国観念と国威の発揚

　五期では神勅による神国観念を国体の中核とする点が史的に強調されることとなる．五期「第四　神功皇后」では，「御敬神ノ御徳ニツキ増補．新羅王降伏ノ叙述修正」となる．前者については「皇后は御船出に先だち，「神々のお助けと汝らの力によつて，新羅をうち従へたい」と兵士どもに仰せになつた」[161]と増補説明する．後者については，「皇后の御てがら」を「朝廷の御威徳になびいたので……」[162]と，朝廷の「御威徳」に感じいっての降服であったと修正している．五期「第二十一　北条時宗」では「戦勝ノ原因ニ関スル叙述修正」がおこなわれる．元寇（弘安の役）の勝利にかかわって，三期では「大風にはかに起りて……」であったが，四期では「神風がふきおこつて」となり，五期では文中の記述ではなく頭注に「神風」と特記している．この「神風」について，「国民はすべて一体となつて奮ひたつた．天照大神のお助けと，上下一心，長期にわたつてよくこの強敵に当つたので，つひにこれを追いはらつてわが国土を守ることができた」[163]と戦勝の原因を修正している．「神風」は「天照大神のお助け」と説明される．さらに四期「第二十五　北畠親房と楠木正行」では「神皇正統記をあらはし，天照大神から後村上天皇に至るまでの御血統の由来を述べて，君臣の大義を明らかにした」[164]であったが，五期では「神皇正統記を書き，我が国が神国であることを説き，天照大神から後村上天皇に至るまでの皇統が一系にましますの由来を述べ，国体を明らかにした」[165]と

修正している．

　皇室中心の態度の徹底と神国観念を明徴にするため，修正方針第二に「敬神崇祖に関する教材の増補を図ること」を指示している．その具体化をみておこう．皇室にかかわる神社が五期で増補されている．出雲大社（大国主命），橿原神宮（神武天皇），熱田神宮（日本武尊），近江神宮（天智天皇），水無瀬神宮（後鳥羽上皇・土御門天皇・順徳天皇），吉野神宮（後醍醐天皇）等である．

　この四期から五期への修正は，国体の優越性のゆえに，国威発揚と海外への展開の道を歩んできたと強調する．四期「第四　神功皇后」では百済から王仁という学者や機織・鍛冶などの職人が渡来し，「わが国はますます開けた．」と記述する．五期では「朝廷の御威徳」の頭注の下，「百済から王仁といふ学者などが来て学問を伝へ，機織や鍛冶などの職人もつぎつぎに渡つて来た．かうしてわが国の勢は海外までひろがり，ますます国が開けるようになつた．」[166]と修正される．つまり，「朝廷の御威徳」になびき朝鮮から文化・技術がもたらされ，我が国の勢は海外にもひろがり，栄えることになったと，国体の優越性と海外発展の文脈に置きかえられている．また元寇について四期「第二十一　北条時宗」では「博多湾の海岸に石壘を築き，敵軍が攻めてくれば，いつでも迎へうてるやうに用意させた」とあった点を五期では「博多湾の海岸に石壘を築いて敵軍にそなえると共に，進んで敵地に攻め入る計画をも立てた．」[167]と，防戦のみでなく積極的に海外への展開を計画していたと修正している．

　五期「第三十三　豊臣秀吉（つづき）」では，「国威発揚ノ記事増補」となり，秀吉の朝鮮出兵の意味について「秀吉の志は，かやうにしてはたされなかつたが，わが国威は遠く海外に及び，国民の意気も大いにあがつた．したがつて，遠く国外へ貿易に出かけるものがたいそう多くなつた」[168]と補足される．また四期「第三十八　徳川家光」は，五期では「第三十五　諸外国との交通」と課名を修正し，「国民ノ海外発展ノ記事増補」となり，山田長政がシャムに日本人町を開き活躍したことなどが記述される．四期「第四十八　攘夷と開港（つづき）」での，渡辺崋山，高野長英が開国論を唱え幕府から罰せられたとの記述は，五期「第四十三　攘夷と開港」では「やがて本多利明や佐藤信淵などのやうに，開港の急を説き，進んで海外に植民地を開拓し，国力を伸ばさなければならないと主張する学者があらわれた」[169]と前記2名の開港論に加え，海外

第5節　国定五期歴史教科書

植民地の開拓が幕末期に主張されたと強調している．

　現代史にあっては，四期の「第五十一　明治天皇」の「五　条約改正」の「まづ英国に談判して条約改正の同意を得た」の記述は，五期「第四十七　明治天皇」の「四　条約改正」では「まづイギリスと談判して条約改正に同意させた．」170)と，日本の積極的な交渉によるものであったと記述を修正している．下巻の修正方針第五「わが国の一貫せる外交方針を明らかにし，その自主的態度を強調する」方針にもとづくものであった．四期「第五十一　明治天皇」の「七　韓国併合」は五期「第四十七　明治天皇」の「五　明治三十七八年戦役」で「内鮮一体となる」の項に略述付記となる．下巻の修正方針第六「わが国の東亜並に世界に於ける指導的地位の自覚を促すこと」をうけてのことであった．日露戦争の勝利は「かくてわが国は，一躍世界の一大強国たることを諸外国に認めさせるに至つたが同時に，これまでの欧米諸国に圧迫されてゐた，東亜諸国の自覚を促すことも多かつたのである」171)と増補修正し，「内鮮一体」は我が国の指導的地位に対する東亜諸国の自覚と東洋平和を求めてのことであったと位置づけることになる．

　四期「第五十三　今上天皇の即位」は，五期では「第四十九　昭和の大御代」と課名を修正し，日・満・支一体による東洋平和を願う我が国に対して，「支那」は欧米の協力を得て，「満州国」の発展を妨げようとしたため，「支那事変」になったと記述する．つまり，最後の課である「第五十　国民の覚悟」で「大正天皇・今上天皇の御稜威の下，国運はいよいよ発展し，今や我が国は大東亜の新たな秩序の建設に邁進して，世界平和のために，重要な使命を担ふやうになつたのである」172)と，国体に即した国運発展の歩みであると増補修正している．

　国定五期小学国史は，従前の編纂方針を踏まえ，神勅による「国体明徴を透徹」するため，四期小学国史の「不備・不徹底な点」（皇室の尊厳・天皇の「御盛徳」・敬神崇祖・国威の発揚）にかかわる修正増補を図り，明治維新後の日本外交の「自主性」と「東亜並に世界に於ける指導的地位の自覚を促す」ため，1937年「支那事変」以降の情況にもとづき，四期の増補修正を図ったものであった．ただし，天皇と国民の関係は天皇の「御盛徳」に応じた国民の「忠誠」を基本とし，かつ神武天皇の「八紘為宇」の詔は掲載されず，「八紘為

宇」（日本の国体の特殊性）的世界観にもとづく説明は登場していない．

第6節　国定六期歴史教科書
　　　──『初等科国史』上（1943年2月），下（1943年3月）

6-1　「肇国の精神」の発展としての国史

　1943年に，国民学校の国民科歴史教科書，初等科国史上・下が刊行となる．この初等科国史は，従前の歴史教科書と断絶した構想にもとづく体系的教科書であり，「大東亜戦争」完遂のための全面的動員を課題とするものであった．教師用書は，その点を「かくて初等科国史は，国民科の諸科目及び他の諸教科との連絡を保ちながらも，国史独自の体系を樹立して，国民科の一分野を開拓するものである」[173]とのべる．国史独自の体系の樹立とは何を意味するのであろうか．

　「国民科国史の指導目標は，[中略] 皇国の歴史的使命を感得してこれが遂行の覚悟に導くにある．随つて「我ガ国ノ歴史ニ付テ其ノ大要ヲ会得セシメ」るのも，ただ徒らに史実を羅列してこれを記憶させるのいひではなく，どこまでも肇国の精神の発展として一貫した国史の要諦を明らかにすることでなくてはならない」[174]と，「肇国の精神の発展として一貫した国史」が独自の体系の骨格であるとしている．しかも史実の羅列的記憶ではなく，「この使命の遂行を期せしめんがためには，常に現実の生活に歴史を認めしめ，歴史の中に自己を思い出させしめることが肝要である」[175]と児童自身が現実生活に「肇国の精神」を認識し，かつ「肇国の精神」との一体化によって皇国の歴史的使命の遂行は現実化するとのべている．それ故に，指導上の注意として，「肇国の精神を具体的に感得・把握せしむること」[176]を指示している．

　そこで編纂方針として「初等科第五・六学年に於いては，肇国の故事，天業の恢弘，敬神崇祖，政治の改新，対外関係，国民の忠誠，国威の発揚等の事項について，これを重点的に排列し，皇国発展の跡を明らかにし，国民的自覚に培ふ」[177]を掲げている．体系的とはこれら事象について，時系列をふまえて重点的に排列・組織することであり，重点的とは国民的感動を深からしめるため

第6節　国定六期歴史教科書

だという．「教材の重点的な排列の方途として，従来は，いはゆる人物本位の体系に拠つた．[中略]しかしながら，国史の教育では人物本位なる体系の採用に，おのずから限界が存すべきである．即ち，<u>君臣の分を明らかにし，大義名分を正すことを根本義とする国史の教育に於いて</u>[中略]よしんば忠良賢哲の人傑であつても，臣子の分際にある民草を，大君と同列の形式で課の題目に掲げるのでは，失当の難をまぬかれない」[178]と，旧来の人物本位の編纂ではなく，「皇国発展の跡を回想せしめるに適切重要な題目を選び，これを体系の骨子としたのであり，その数はおのずからして十五となつた」[179]と15の題目を大単元とし，それぞれに2ないし3の分節（小節）を設けることになる．

この重要な皇国発展回想の題目選択の基準について，「特に選択の基準とした要綱は，<u>内に大義名分を明かにし，外には海外発展の気宇を盛んならしめる</u>．この二大眼目に適切な史実を採りあげることであつた」[180]と，重点排列の基準を説明している．その15の題目は，以下の通りであった．

「第一　神国」,「第二　大和の国原」,「第三　奈良の都」,「第四　京都と地方」,「第五　鎌倉武士」,「第六　吉野山」,「第七　八重の潮路」,「第八　御代のしづめ」,「第九　江戸と長崎」,「第十　御恵みのもと」,「第十一　うつりゆく世」,「第十二　のびゆく日本」,「第十三　東亜のまもり」,「第十四　世界のうごき」,「第十五　昭和の大御代」

しかも児童が肇国の精神と一体化しうるように，「上の巻には国史物語の色彩が濃厚で，あたかも国民科国語の延長の感が強く，下の巻にはいると，その傾向を保ちながらも，その間に，史実の現実的な取扱が解釈の深化とともに，次第に目だつて来るやうになつてゐる．[中略]全体を通じて，史話から史説へ，これを児童の側からいへば，史的感動から史的理解へ進むよう考慮してある」[181]と，児童の心身の発達をふまえた編纂方針をとったと説明している．特に，肇国の精神との一体化について，つまり歴史と現実との関連について，教師用書は，「歴史の回顧は，常に未来への展望と結びついて，現実に対する反省を切実ならしめるものでなければならない[中略]しかも児童は，回顧よりも展望を好み，「ある」ことよりも「なる」こと，更に「生む」ことに興味を

感じる．かくて，初等科国史に於ては，国史指導の意義と児童の意欲とに鑑み，特に教材の表現に留意して，歴史の現実感を豊かならしめることにつとめたのである」[182)]と，現実を踏まえ，「なる」「生む」という未来志向の中に歴史を認識し，いまを自覚させるのが国史教育なのだとのべている．

6-2　神国観念と大義名分

「国史の本質に鑑み，御代中心の観念をいよいよ明徴ならしめることに，特に意を用いた．神勅並びに御歴代表を巻頭に即ち目録の前に奉掲したのも，かかる意図の現れに外ならない．」[183)]と，初等科国史は神勅（肇国の精神）にもとづく万世一系の天皇の威徳が国体の根基であることを強調している．「第一　神国」の「一　高千穂の峯」で，皇国の礎は天照大神の出現によって定まり，まずは君臣の分を明らかにしたと大国主命の「国譲り」の物語によって説明する．五期「第一　天照大神」では「「この葦原の中つ国は，わが子孫の治むべき所である」とおさとしになつて，その治めてゐる国をさし出すやうにお命じになつた」とあるが，六期では「大神は，御使ひをおつかわせになつて君臣の分をお示しになり，国土の奉還をおさとしになりました」[184)]と「君臣の分」にもとづいての奉還であったと強調する．それにもとづき皇孫が降臨し，統治することになり，国体の根基は定まったとする．「この国を神生みたまひ，この国を神しろしめす．この国を神まもります」（『初等科国語』五，「一　大八州」）の国体のイメージを歴史的に認識させようとする．

特に大国主命の国土奉還の来歴を前駆として，国の初めから君臣の分が定まり，臣民は天皇に随従することが絶対的価値となっている点が世界に類のない尊いことだと説明する．したがって初等科国史は「大義名分を正すことを根本義」とすることになる．摂関政治，武門の政治など一時の変則的事態はあったが，いつの世も天皇が総覧し，国体は微動だにしなかった国史の明徴のため，御代御代の天皇中心の時代観念に刷新しなければならないとした．「第一　神国」の「一　高千穂の峯」で神国観念と君臣の分が明示される．

6-3 「八紘為宇」と「皇化の伸展」

　六期「第一　神国」の「二　橿原の宮居」で「この都を中心にして大神の御心をひろめようと思し召し，かしこくも「八紘を掩ひて宇と為む」と仰せになりました．さうして，この橿原の宮居で即位の礼をおごそかにおあげになつて第一代の御位におつきになりました」[185]と神武天皇の「八紘為宇」の詔を記している．教師用書は，「特に「八紘為宇」のくだりを記し奉つたのは，もとよりこの聖旨が，皇祖の大御心に発し，その後の国史を貫ぬいて昭和の大御代に発揚されつつあるからである」[186]と説明し，「八紘為宇」の精神は皇祖の大御心の発現であり，国史を貫き現代に輝きをもたらしているのだとした．「第一神国」の「三　五十鈴川」は，神功皇后の新羅鎮撫により国威発揚と神国日本の現実的基礎が固められたことを記述する．「日本のすぐれた国がらをしたつて，その後，半島から渡つて来る人々がしだいに多くなりました．このやうに，国内がしづまり，皇威が半島にまで及んだのは，ひとえに，神々のおまもりと皇室の御恵みによるものであります」[187]と，「指導上の留意事項」として，「国運の進展における半島服属の意義を明らかならしめるとともに，思ひを現実に致し，八紘為宇の精神を奉体せしめて，第一章神国の結びとするよう指導すること」[188]と，教師用書は指示している．新羅鎮撫は「八紘為宇」＝皇化の伸展という天照大神の大御心に応えるものであり，現実の「大東亜戦争」が八紘為宇の精神の奉体であることに通底するのだと指示する．以後，八紘為宇の精神にもとづく国威の発揚・海外発展の国史が語られていく．

　遣唐使を送り威風を示し，使節の立派な態度は日本の国がらを高めたこと．応仁の乱後，八幡船が，朝鮮・支那・南洋まで進出し，消極的ながら「皇国と東亜及び世界」の主題が国史に登場したこと．「第八　御代のしづめ」の「三　扇面の地図」で秀吉の朝鮮出兵は成功しなかったが，「日本を中心とする大東亜を建設しようといふ大きな望みでありました．」[189]と秀吉の大東亜経綸の抱負を記している．「第九　江戸と長崎」の「二　日本町」では，日本人の海外発展心は江戸初期にあって力強く，南方に日本人町を形成する程であったことなどが記述されている．

　さらに，「第十二　のびゆく日本」「第十三　東亜のまもり」「第十四　世界

の動き」「第十五　昭和の大御代」と現代の国史が語られていく．教師用書は「第十二　のびゆく日本」で「維新の精神は［中略］即ち，神武天皇御創業の古に復させ給ふ大御心は，天業の御恢弘，八紘為宇の大精神に基づかせられるところと拝し奉る」[190)]と，「八紘為宇の大精神」に基づき，鎖国（尊王攘夷）から開国（皇国の世界史発展）を指針とすることになったと説明し，「第十三　東亜のまもり」では，帝国の防衛上東洋の保全をめざす道義のため，日清・日露戦役に勝利したこと．「第十四　世界のうごき」では，米英が中国と結び，日本の東洋の平和を願う動きに反対を鮮明にしたこと，「第十五　昭和の大御代」で，「大東亜戦争」は「八紘為宇の大御心」に根ざす営みという歴史的現実であることを詳述する．

6-4　楠公父子桜井の訣別と靖国の子

　国史は「肇国の精神の発展としての国史の要諦」を明らかにし，かつ知識の羅列ではなく，<u>大御心の奉体」として実践すること</u>を求めるものであった．君臣の名分と八紘為宇を核心とする国史が，御代御代の天皇を中心とした時代認識によって語られていく．そして，現実と歴史をリンクさせ，生活の中に歴史を求め，歴史の中に自己を認識する実践的理解を求めることになる．その点について，国定六期初等科国史は，「第六　吉野山」の「二　大義の光」で，建武の中興にかかわって楠木父子を中心に天皇への忠義とその死，その後の祭祀による神としての再生を語り，現実の明治維新，「大東亜戦争」へのかかわりを歴史的に通底するものと叙述している．

　教師用書では，「本章のごときは，教材の内容が知的に理解させるべきではなく，国民的感動を通じて，教材の精神を把握せしめなければならないのであり，随つてその表現が特に重視されるのである」[191)]と，まずは史的感動を重視する．それによって「諸忠臣の奮闘とその壮絶な最期とを録して大義の光を宣揚し，以て七生報国の精神を涵養せしめようとするものである」[192)]と説明している．

　「二　大義の光」の指導上の留意事項として，「三　楠公父子の訣別のくだりは，<u>歴史の実践的意義に於いて，大東亜戦争下の現実と緊密に関係する場面で</u>

第6節　国定六期歴史教科書

あり，よつて初等科国史上・下を通じての結びとしてあるほどであるから，取扱に当つては特に力を注ぐ必要がある．四．正成兄弟の湊川の七生報国の誓ひも，前項同様の重大性をもつものであるからこれが取扱の際，その忠魂が後の世に甦つて尊王思想の原動力となる脈略に，あらかじめ触れておく方がよい．［中略］十．結びのくだりに於いては諸忠臣の位階と，これを祭る神社とを，それぞれ補説し，敬神崇祖の念を深からしめるよう，指導する必要がある」[193]と教師用書は指示している．

楠公父子の訣別のくだりは，「大東亜戦争」下の現実と緊密に関係すると指摘する．その前提として，明治維新と建武の中興との繋がりについて，教師用書は「第十二　のびゆく日本」の「一　明治維新」にかかわって，「明治天皇が敬神の御心深くましましたことは，申すもかしこし，その御高徳をしのび奉るよすがとして，招魂社の創建，吉野諸忠臣の奉祀のことを記し，以て節の結びたらしめてある．しかも，これによつて維新の将士と吉野の忠臣との繋がり，明治維新と建武の中興との脈略も明らかとなり，かく児童は古くて新しい皇国の姿，国史を貫く伝統の力を感得して維新に対する理解を深めるであろう．」[194]と，維新の将士と吉野の忠臣が，共に神社に祭られる共通性に歴史の一貫性を感じさせ，敬神崇祖の観念を深く認識させようとする．

「八紘為宇」の大御心の帰結としての「大東亜戦争」の遂行にかかわって，初等科国史全体の結びとなる「第十五　昭和の大御代」の最後の節「三　大御代の御栄え」で，従来の結びの節は国史の回顧と国民の覚悟としてまとめられ，一般的抽象的に示され実践的でなかった．そこで児童が自らの覚悟を決断しうるように，楠公父子の場面を描いている．教師用書は，「よつて初等科国史では，まづこれを「私どもの覚悟」といつた風に，児童を主体として叙述を進め，子供ながらの覚悟を盛りあげさせるやう工夫したのである．これに楠公父子桜井訣別の場面を配したのは，かかる趣旨に基づくものであり，特にこれが，大東亜戦争下，御国のための父子の別れ，靖国のわすれがたみも多い世に，児童の感激と発奮とを導き出す最も適切な題材と考えたからに外ならない．挿画として，靖国神社の社頭を掲げこれに「天皇陛下の御ために」との説明を附したのも，さらに児童の感激を切実たらしめようとの意図に基づく．国史の回顧も，かかる感激を通じて，始めて真に生きたものとなるのである」[195]と解説する．

第Ⅱ章　天皇制公教育思想と「戦時教育令」

「三　大御代の御栄え」の最後は，桜井の里での正成の正行へのことば「今度の合戦，天下の安否を思えば，今生にて汝が顔を見んこと，これを限りに思ふなり［中略］．敵寄せ来らば，命にかけて忠を全うすべし．これぞ汝が第一の孝行なる」196)を引き，「私たちは，一生けんめい勉強して，正行のやうな，りつぱな臣民となり，天皇陛下の御ために，おつくし申しあげなければなりません」197)としめくくっている．教師用書は，この部分について次のように説明する．「錬成の本義に適ふ正成の庭訓は，これを刻下の現実に結びつけると，悲惨に過ぎるといふ人があるかも知れない．しかし，それは大人心の感傷であり，昭和の子どもは靖国に祀られる日を喜びの夢にゑがいて，ををしくたくましく伸びてゆくであろう．」198)と八紘為宇の大御心と一体化することが新たな国生みであり価値あること，とりわけ児童は「ある」より「なる」さらに「生む」ことに興味を持つ存在だと，国体史観に基づく特殊な児童観にもとづき，そこに希望を見出し，「靖国に祀られる日を喜びの夢」に描いているのだと．文部省図書監修官，中村一良は，「初等科国史上・下の編纂趣旨」で，「私たちは翼賛の大道をただ一筋に，<u>靖国神社に祭られる子を強く鍛へ明るくはぐくまなければなりません</u>．これが初等科国史を一貫する精神であります」199)と記している．

国民科修身では，教育勅語にもとづく国民道徳論が国民科歴史に重なって論じられる．特に正行の行為を理想とする天皇への忠義，そして「大東亜戦争」への没入という価値と教育勅語的価値は，如何に重なることになるのだろうか．初等科修身四の「一　大御心の奉体」との関係を見ておこう．初等科国史「第十二　のびゆく日本」の「二　憲法と勅語」で教育勅語は取り上げられる．教師用書は「憲法教育勅語ともに，皇祖皇宗の御遺訓に基づかせ給ふ御のりであり御をしえである旨を記したのは，さきに述べたやうに，これが国史を貫ぬく千古不磨の大典・聖訓であることをあきらかにするためであり，しかもその内容の記述を欠くのは，国民科修身との連絡を考慮したからに外ならない」200)と，内容の説述は国民科修身にもとづくとのべている．ただし，その説述のポイントについて，「皇祖皇宗の御遺訓に則とらせ給ふ御教へが，古今中外に通じて不易であるゆゑんを体得せしめることに，力点を置くべきである」201)とし，初等科修身四の「一　大御心の奉体」と連絡して取り扱うことと指示している．

すでに検討したように，そこでは「天壌無窮の皇運扶翼」は「古今中外に通じて不易」とされ，さらに皇運扶翼の実践は「大御心の奉体」にもとづくとされた．神勅＝肇国の精神を中核とする「大御心の奉体」は，「承詔必謹を根本的態度」とし，奉体する側に主体的に自らの行為をそれに照らして自省する「誠の心」を求めるものであった．この天皇への絶対的帰一を価値基準とする道徳的枠組みは，国史教育にあっては，国史的「事実」（肇国の精神）と「現実」（「大東亜戦争」）の交錯する内容構成によって，児童に実践的判断をせまるものであった．楠公父子の忠義と死，その後の祭祀による再生，靖国への祭祀による死の再生という国体史的空間を設定することによって，児童の戦争への動員が「大御心の奉体」として歴史を通底し，国史的に意味あるものとしていた．

　こうして天皇制教育は，「大御心の奉体」という概念によって，戦時教育令に伴う決戦態勢に学校・児童をくみこんでいくことになる．

第7節　おわりに
――「大御心の奉体」と戦時教育令

　1940年2月の「聖訓ノ述義ニ関スル協議会報告」での議論を検討し，「斯ノ道」が「皇運扶翼」を含み，教育勅語の第一節（第一段と第二段）を内容とする「皇国ノ道」と定義されたこと．それによって，第一段重視の述義の方向性――神勅（肇国の精神）を大御心の内実とする――が提示された点を，ファシズム教育の質的転換を導きだすことになったと指摘した．ただし，それ以前の国定の四期尋常小学修身書は，「神勅」を掲載するもなお，天皇の仁慈を大御心とし，それに応える忠君愛国主義が強調されており，国定五期小学国史も，皇室の尊厳と天皇の仁慈を基本とする歴史観に伴う修正であった．ファシズム教育の質的転換は，1943年刊の国定五期初等科修身四「一　大御心の奉体」としての述義の掲載で，「神勅（肇国の精神）」にもとづく大御心の実践が明示され，国定六期初等科国史での人物本位主義の編成原理に替わる「大義名分論」（君臣の分の明示）と「八紘為宇」（海外発展の気宇）による歴史構成によって具体化されることを見てきた．

　「満洲事変」「支那事変」へと中国大陸への侵略行為は拡大し，それに対応す

第Ⅱ章　天皇制公教育思想と「戦時教育令」

る国内の思想統制は，『国体の本義』にもとづく教学刷新として教育政策をめぐって展開していた．1935年2月の帝国議会での美濃部達吉の憲法論を国体に反するとした天皇機関説問題を契機に，国体明徴運動が展開され，1935年10月28日に「我ガ国教学ノ現状ニ鑑ミ其ノ刷新振興ヲ図ル方策如何」[202)]を検討課題に教学刷新評議会が設置された．1936年10月29日に「教学刷新ニ関スル答申」を出している．その答申冒頭で「大日本帝国ハ万世一系ノ天皇天祖ノ神勅ヲ奉ジテ永遠ニコレヲ統治シ給フ．コレ我ガ万古不易ノ国体ナリ．而シテコノ大義ニ基キ一大家族国家トシテ億兆一心聖旨ヲ奉体シ克ク忠孝ノ美徳ヲ発揮ス．コレ我ガ国体ノ精華トスルトコロニシテソノ尊厳ナル所以ナリ．我ガ教学ハ源ヲ国体ニ発シ，日本精神ヲ以テ核心トナシ，コレヲ基トシテ世局ノ進運ニ膺リ人文ノ発展ニ随ヒ，生々不息ノ発展ヲ遂ゲ皇運隆昌ノタメニ竭スヲソノ本義トス．」[203)]と国体を定義し，それに竭すことが我が国教学の根本だとのべている．

　1937年3月，文部省は『国体の本義』を発行し，「国体史観の原型」を提示する．その「第一　大日本国体」，「一　肇国」の冒頭はこの教学刷新評議会の定義を引き継ぎ，「大日本帝国は，万世一系の天皇皇祖の神勅を奉じて永遠にこれを統治し給ふ．これ，我が万古不易の国体である．而してこの大義に基づき一大家族国家として億兆一心聖旨を奉体して，克く忠孝の美徳を発揮する．これ我が国体の精華とするところである．この国体は，我が国永遠不変の大本であり，国史を貫いて炳として輝いてゐる」[204)]と国体の本義を定義している．

　「聖訓ノ述義ニ関スル協議会」で「国体の精華」が議論になった時，亘理章三郎（東京高等師範学校教授）は，「文部省の『国体の本義』にある国体の解釈と修身書の解釈と矛盾してゐないか，検討を加へて之を改める必要があると思ふ」[205)]と発言．亘理は『国体の本義』が神勅による天皇の統治の絶対性を「万古不易の国体」と強調するのに対して，四期修身教科書は天皇の仁慈に伴う忠君愛国主義をのべる「矛盾」を指摘する．『国体の本義』の編纂にかかわった小川義章（教学局教学官）は「憲法第一条には政治的性質はよく出てゐるが，文化的・道徳的な性格は余り出てゐないと考へられるし，教育勅語の「国体ノ精華ニシテ」までの御言葉は歴史的・道徳的・宗教的性格はよく出てゐるが，政治的性格がはっきりしない．それで苦心して憲法第一条と教育勅語とを

第7節　おわりに

併せて考へて定義したのである．国体も国体の精華も同意に用ひてゐる」[206]と説明している．吉田熊次も「従来，国体は万世一系のことのみならず広くおつかひになつてゐるから，皇祖皇宗の肇国樹徳を除いて国体もなく，又臣民克忠克孝を除いても国体なしと委員会で考へてゐた」[207]と発言している．林会長は「神勅による万古不易の国体」とそれにもとづく「国体ノ精華」を区別せず，総てを合わせて国体の精華と考えたいとまとめている．

小川がのべる政治的性格としての国体論と道徳的・宗教的・文化的性格としての国体論をいかに総合的認識として理解させるのかの課題は残されていることになる．そこで協議会で論点となる「皇運扶翼」（勅語の第二段）と「大御心の奉体」（勅語の第一段・神勅＝肇国の精神）の関係性が問われることになる．協議会報告では，その点はあいまいさを残していた．しかし，既にのべたように『国体の本義』は，その点を明解に次のようにのべている．

「「教育ニ関スル勅語」に「天壌無窮ノ皇運ヲ扶翼スベシ」と仰せられてあるが，これは臣民各々が皇祖皇宗の御遺訓を紹述し給ふ天皇に奉仕し，<u>大御心を奉戴しよくその道を行ずるところに実現せられる</u>」[208]．

「大御心の奉体」（肇国の精神）によって，臣民は忠孝の美徳・皇運扶翼の実践的奉体になると説明している．つまり，神勅による天皇の統治の永遠性と「忠孝の美徳」の「国体の精華」の総合的認識が「大御心の奉体」によって一体化されるのは，1943年の国定五期初等科修身四「一　大御心の奉体」の課においてであった．ここでは『国体の本義』の定義，「大御心の奉体」にもとづく「皇運扶翼」が明示され，教育勅語第一段（皇祖の神勅＝肇国の精神）を重視する述義が確定する．

教師用書は，「かくして国民学校に於ける修身指導は，教育に関する勅語の観念的奉体をしりぞけて，実践的奉体をなさしめるといふところまで徹底すべきである」と指示する．「皇運扶翼」という観念的奉体ではなく，「大御心を奉戴し，よくその道を行ずるところ」と，「大御心の奉体」すなわち敬神による肇国の精神に対する随順奉仕と皇国の大生命の感得としての，実践的奉体にまで高めなければならないという．教師用書は，更に実践的に「大御心の奉体」概念を単純・明快に定義する．

「本課取扱に際しては，まづ以て承詔必謹の態度こそ根本的に育成しなけれ

第Ⅱ章　天皇制公教育思想と「戦時教育令」

ばならない．［中略］実に明き浄き直き誠の心こそ，天皇に随順奉仕する臣民の道の根本であつて，ここに始めてわれらはみこともちの自覚へと徹することができる．本課の指導に当る場合には，特にこの点に留意しなければならない」209)と，「大御心の奉体」とは「承詔必謹の態度に終始して至誠一貫聖旨を奉体すべきこと」，それは臣民の誠の心にもとづく随順奉仕によって実践化できると説明している．初等科修身四の最終課「二十　新しき世界」で「身命をなげうつて皇国のために奮闘努力しようとするこのををしさこそ，一番大切なものであります」と総括することになる．初等科国史下の最終課の「三　大御代の御栄え」は「私たちは，一生けんめいに勉強して，正行のやうな，りつぱな臣民となり，天皇陛下の御ためにお尽くし申し上げなければなりません．」としめくくっている．教師用書は「肇国の精神を具体的に感得・把握せしむること．」210)を国史指導上の注意として第一に指摘している．

　初等科修身四（1943年2月），初等科国史上（1943年2月），下（1943年3月）は1943年の刊行であった．国史の叙述は「一応昭和十七年の前半期に止め」211)と未だ開戦当初の戦果を誇りうる段階であった．太平洋戦争の戦局は1942年6月のミッドウェー海戦での敗北を契機に，1943年2月のガダルカナル島からの撤退，5月のアッツ島の大敗北と大きな転換の局面を迎えていた．1944年7月サイパンの米軍占領，10月レイテ島での敗北．1945年3月の硫黄島での敗北と後退を重ね，勤労動員は1944年2月の「決戦非常措置要綱」（閣議決定）で中等学校程度以上の学生生徒の動員期間は，一年間の常時動員となり，学校教育は本来の機能を喪失しつつあった．本土空襲の日常化と沖縄決戦を前に，本土決戦の作戦準備が具体化していった．1945年3月18日「決戦教育措置要綱」（閣議決定）で，国民学校初等科を除き授業停止となり，学校・学徒の戦時動員が徹底されることになる．1945年5月22日に「戦時教育令」（勅令第320号）によって，「決戦教育措置要綱」は法制化され，学校は学徒隊を組織し，6月30日には「国民義勇戦闘隊」への転移準備を始めることになる212)．

　この「戦時教育令」には，上諭が附され「格別の重味」をもつものとして公布された．上諭の内容と国定五期（修身）と国定六期（国史）の内容を構成した「大御心の奉体」概念との関連をみておきたい．

第7節　おわりに

> 上諭
> 皇祖考曩ニ国体ノ精華ニ基キ教育ノ大本ヲ明ニシ一旦緩急ノ際義勇奉公ノ節ヲ効サンコトヲ諭シ給ヘリ今ヤ戦局ノ危急ニ臨ミ朕ハ忠誠純真ナル青少年学徒ノ奮起ヲ嘉シ愈其ノ使命ヲ達成セシメンガ為枢密院顧問ノ諮詢ヲ経テ戦時教育令ヲ裁下シ茲ニ之ヲ公布セシム213)

　上諭は，教育勅語によって，ただし，既にのべたように「国体ノ精華」は忠孝の価値を超えた「大御心の奉体」（神勅＝肇国の精神）概念を示しており，教育の大本が「一旦緩急ノ際義勇奉公ノ節ヲ効サンコト」にあるとのべてきたが，今，戦局の危急に臨み，その使命を果たすべき時であり，戦時教育令を公布するとのべている．「義勇奉公ノ節」として第三条は「食糧増産，軍需生産，防空防衛，重要研究等戦時ニ緊切ナル要務ニ挺身セシムルト共ニ戦時ニ緊要ナル教育訓練ヲ行フ為学校毎ニ教職員及学徒ヲ以テ学徒隊ヲ組織シ……」と，「戦時ニ緊切ナル要務ニ挺身」させるため学徒隊に編成するとしている．かつ「戦時ニ緊要ナル教育訓練」（軍事訓練）まで実施するとしている．

　国定五期初等科修身四「一　大御心の奉体」にかかわって，教師用書は「大御心の奉体」とは「承詔必謹の態度」であり，それは「明き浄き直き誠の心」にもとづくものだと説いていた．『国体の本義』には「まことを本質とする明浄正直の心は，単なる情操的方面に止まらず，明治天皇の御製に，しきしまの大和心のをゝしさはことある時ぞあらはれにける，と仰せられてある如く，よく義勇奉公の精神として発現する」214)と，無私なる誠の心による絶対的随順奉仕（大御心の奉体）があって「義勇奉公の精神」は発現するとのべている．戦時教育令が，教育の大本を皇国のために身命をなげうつ「をゝしさ」＝「義勇奉公ノ節」におき戦時に緊切緊要なる要務に挺身する学徒隊の編成を命じたことは，1943年段階で，国定五期初等科修身，国定六期初等科国史を規定する「大御心の奉体」概念に連続するものであった．

　1945年5月22日，文部省訓令第二号で太田耕造文相は次のようにその徹底についてのべている．

第Ⅱ章　天皇制公教育思想と「戦時教育令」

> 戦時教育令ヲ御制定アラセラレ戦時ニ於ケル教育ノ目標並ニ教職員及学徒ノ使命ヲ詔示シ給フ畏キ大御心ヲ拝シ教職員及学徒ハ固ヨリ苟モ文教ニ携ハル者ニシテ恐懼感激一死ヲ以テ大任ヲ遂行シ［中略］本令ニ則リ速カニ学徒隊ヲ編成シ若キ学徒ノ総力ヲ茲ニ結集シテ国難突破ニ一路邁進セザルベカラズ［中略］抑々我ガ国学制頒布以来茲ニ七十有余年今ヤ戦局ノ危急ニ際シ教育史上未曽有ノ転換ヲ敵前ニ断行セントス此事若シ成ラズンバ教育ノ精華遂ニ空シク泥土ニ委スルニ至ラン 215)

戦時教育令は戦時における教育目標及び教職員・学徒の使命について，大御心を示されたもので，学徒隊の編成と運営に「恐懼感激一死ヲ以テ大任ヲ遂行」しなければならない．しかも，学徒隊の編成・運営は学制以来「未曽有ノ転換」であるが，教育の大本たる「義勇奉公ノ節」に応えるものであり，それを果たせないことは教育勅語の「承詔必謹」に反し，「教育の精華」を泥土にまみれさすことになるとのべている．その目標・使命の達成について次のように奮起を促している．

> 皇国ノ安危ハ正ニ学徒ノ雙肩ニ在リ今ニシテ奮起セズンバ皇国ノ必勝ヲ念ジ後ニ続ク者アルヲ信ジテ散華セル幾多ノ勇士ノ忠霊ニ応フルノ道ナキヲ奈何セン若キ熱血ヲ打ツテ滅敵ノ一丸タラシメ特別攻撃隊諸勇士ニ後ルルコトナカラシムルヤウ学徒隊ノ組織及運営ニ渾身ノ力ヲ竭シ万遺憾ナキヲ期スヘシ 216)

特別攻撃隊勇士に後れることなく，学徒隊の組織の運営に尽くすべきと，しめくくっている．「大御心の奉体」は，「承詔必謹」＝「まことを本質とする明浄正直の心にもとづく天皇への絶対的随順奉仕」にしぼりこまれ，戦時教育令は，初等科修身書が「身命をなげうつて皇国のために奮闘努力しようとするこのををしさこそ，いちばん大切なものであります．」と総括する，この「ををしさ」を内実とする「義勇奉公の節」に全てを焦点化することになる．そこに具体化されたのが「特別攻撃隊諸勇士」であった．天皇制ファシズム教育の確立は，教育勅語理念の変容（「未曽有ノ転換」）を伴う戦時教育令においてであったと考えられる．国民学校令による「教育勅語の拘束力が合法性根拠」を持つことが「確立」ではなく，「教育の大本」を「義勇奉公の節」と軍事動員に焦点化

122

第 7 節　おわりに

し，その「承詔必謹」を「大御心の奉体」とした戦時教育令による理念変容を伴って「確立」したといえるのではなかろうか．逸見は，戦時教育令に至るファシズム教育の崩壊は教育の名による教育の否定であり，戦争完遂のための措置であり「天皇制公教育の最高度の達成と呼ぶことこそふさわしい」[217]と指摘する．「天皇制公教育の最高度の達成」とは「天皇制ファシズム教育の確立」を意味することになるのではなかろうか．

終戦の詔書（1945年8月14日御前会議，8月15日「玉音放送」）を受けて，橋田邦彦元文相は，1945年8月16日の朝日新聞で「皇国興隆の礎石　承詔必謹」の見出しで次のように語っている．

> 「承詔必謹」この精神が幾多の特攻隊により実現せられ「必謹」の具現が滅死の姿となつたのだ．われらはこの大御いくさに従ひ奉つたが，この「必謹」といふ姿にどれだけ徹し得たであろう，他を顧みず他を言ふことなくしていま静かに果たして大みことのりを承けては必ず謹むといふそのことを果たして悔いなく踏み行ひ得たであろうかを反省しなければならない[218]．

大御心の奉体＝「承詔必謹の精神」の不徹底に反省を求め，「承詔必謹」あっての「国体護持」「国家の再建」であるとのべている．太田耕造文相は1945年8月15日の文部省訓令第五号で「大詔ヲ渙発総力ヲ将来ノ建設ニ傾ケムコトヲ懇諭シ給フ誠ニ恐懼ニ堪ヘズ［中略］是レ偏ニ我等匪躬ノ誠足ラず報国ノ力乏シクシテ皇国教学ノ神髄ヲ発揚スルニ未ダシモノ有リシニ由ルコトヲ反省シ此ノ痛恨ヲ心肝ニ刻ミ臣子タル責務ノ完遂ヲ今後ニ誓ハザルベカラズ［中略］各位ハ深ク此ノ大詔ノ聖旨ヲ体シ奉リ国体護持ノ一念ニ徹シ教育ニ従事スル者ヲシテ克ク学徒ヲ薫化啓導シ［中略］深遠ナル聖慮ニ応ヘ奉ラシメムコトヲ期スベシ」[219]と橋田と同じく，「大御心の奉体」の不十分さを反省し，「皇国教学ノ神髄」＝承詔必謹の精神を発揚し国体護持に向かわなければならないとのべている．

戦争に国民を駆りたて「承詔必謹」の実践を特別攻撃隊に求めた「大御心の奉体」は，ポツダム宣言受諾，敗戦にかかわって，なお，「承詔必謹」（天皇への帰一）の徹底を求め，「国体護持」に国民を動員・統制する用語として多用

第Ⅱ章　天皇制公教育思想と「戦時教育令」

されることになる．ただし，そこでは大御心は天皇の仁慈に満ちた「思召」として意味づけられている．9月5日の東久邇内閣の「終戦終結ニ至ル経緯並ニ施政方針演説」は，「此ノ度ノ終戦ハ一ニ有難キ御仁慈ノ大御心ニ出デタルモノデアリマス，［中略］臣子トシテ，宏大無辺ノ大御心ノ有難サニ，是程ノ感激ヲ覚エタコトハナイノデアリマス．［中略］<u>大御心ニ対シ，我々国民ハ御仁慈ノ程ヲ深ク肝ニ銘ジテ自粛自省シナケレバナラナイト思ヒマス</u>」220)と，特別攻撃隊の精神を「義勇奉公の節」とした「大御心の奉体」から大転換した内容として提示している．戦時教育令で神国観念にもとづく「肇国の精神」への絶対的随順奉仕を内容とした「大御心の奉体」概念は，天皇の仁慈にもとづく「大御心」へと内実を換骨奪胎して再登場して，国民に「承詔必謹」を求めることになる．

天皇が天皇と国民の関係は「終始相互ノ信頼ト敬愛ニ依リテ結バレ」と仁慈を賞賛し，五箇条の御誓文の擁護者（平和主義・文化主義者）として「国体護持」を明示した1941年1月1日の「新日本建設ニ関スル詔書」（「人間宣言」）は，「「旧来の弊習」にわずかに触れたものの，祖父の時代に根をおろし，自らの治世を特徴づけた抑圧と凶悪な天皇主義の国民教化について無視をした」221)と，ジョン・ダワーは指摘する．

1) 国立教育研究所編『日本近代教育百年史——教育政策2』第2巻（教育研究所振興会，1974年）p. 289. 等.
2) 久保義三『新版 昭和教育史——天皇制と教育の史的展開』（東信堂，2006年）.
3) 同上書，p. 439.
4) 森川輝紀『増補版 教育勅語への道』（三元社，2011年）pp. 9-12.
5) 久保義三前掲『新版 昭和教育史』p. 435.
6) 同上書，p. 439.
7) 同上書，p. 613.
8) 同上書，p. 445.
9) 唐澤富太郎『教科書の歴史』（創文社，1956年）.
10) 同上書，pp. 487-488.
11) 海後宗臣編『日本教科書体系　近代編　第三巻　修身（三）』（講談社，1962年），同「道徳教材の100年」（1967年）（『海後宗臣著作集　第六巻』東京書籍，

第 II 章　注

1981 年所収).
12)　前掲『海後宗臣著作集　第六巻』pp. 692-693.
13)　前掲『教科書の歴史』pp. 7-8.
14)　海後宗臣編前掲『日本教科書体系　近代編　第三巻　修身（三）』pp. 501, 503.
15)　佐藤秀夫「天皇制公教育の形成史序説」(『季刊現代史』第 8 号，1976 年，同『教育の文化史 1』阿吽社，2004 年所収).
16)　佐藤秀夫前掲『教育の文化史 1』p. 169.
17)　佐藤秀夫編『続・現代史資料 9』(みすず書房，1996 年)，p. 44. 以後，「聖訓ノ述義ニ関スル協議会報告」に関する引用は，この『続・現代史資料 9』による.
18)　小山常美『天皇機関説と国民教育』アカデミア出版，1989 年，p. 9.
19)　同上書，p. 10.
20)　同上書，p. 11.
21)　同上書，p. 113.
22)　高橋陽一「小山常美『天皇機関説と国民教育』を読んで」『日本教育史研究』第 10 号，1991 年，p. 101.
23)　前掲『天皇機関説と国民教育』，p. 140.
24)　高橋陽一「「皇国ノ道」概念の機能と矛盾——吉田熊次教育学と教育勅語解釈の転変」(『日本教育史研究』第 16 号，1997 年，同『共通教化と教育勅語』東京大学出版会，2019 年所収).
25)　前掲『続・現代史資料 9』p. 357.
26)　同上書，p. 395.
27)　同上書，p. 401.
28)　同上書，p. 360.
29)　同上書，p. 353.
30)　同上書，p. 353.
31)　同上書，pp. 384-385.
32)　同上書，p. 385.
33)　同上書，p. 392.
34)　同上書，p. 395. なお，国定四期高等小学修身書は第三期に発行されたものが使用されたと考えられる（海後宗臣編前掲『日本教科書体系　近代編　第三巻　修身（三）』p. 500).
35)　佐藤秀夫前掲『続・現代史資料 9』p. 396.
36)　海後宗臣編前掲『日本教科書体系　近代編　第三巻　修身（三）』p. 123.
37)　森川輝紀『国民道徳論の道』(三元社，2003 年) pp. 214-215.

第II章　天皇制公教育思想と「戦時教育令」

38) 佐藤秀夫前掲『続・現代史資料9』p. 394.
39) 同上書, p. 393.
40) 同上書, p. 394.
41) 文部省『国体の本義』(1937年) p. 132.
42) 佐藤秀夫前掲『続・現代史資料9』, p. 394-5.
43) 同上書, p. 395.
44) 同上書, p. 395.
45) 同上書, p. 399.
46) 同上書, p. 393.
47) 同上書, p. 400.
48) 森川輝紀前掲『国民道徳論の道』pp. 193-194.
49) 佐藤秀夫前掲『続・現代史資料9』p. 397.
50) 同上書, p. 401.
51) 同上書, p. 357.
52) 小山常美『天皇機関説と国民教育』(アカデミア出版, 1989年) p. 139.
53) 文部省前掲『国体の本義』p. 17.
54) 仲新他編『近代日本教科書教授法資料集成』第十一巻, 編纂趣意書1 (東京書籍, 1982年) p. 138.
55) 同上書, p. 139.
56) 海後宗臣編前掲『日本教科書体系　近代編　第三巻　修身（三）』p. 171.
57) 同上書, p. 171.
58) 同上書, p. 295.
59) 同上書, p. 295.
60) 同上書, p. 295.
61) 文部省『尋常小学修身書巻五　教師用』(1938年) p. 1.
62) 同上書, p. 7.
63) 海後宗臣編前掲『日本教科書体系　近代編　第三巻　修身（三）』p. 641.
64) 同上書, pp. 641-642.
65) 小山は小学修身教科書分析表（小山常美前掲『天皇機関説と国民教育』p. 482）で，国定三期では愛国が9.2%，忠君が7.9%，国定四期では愛国が9%，忠君が9.7%を占めると指摘している。
66) 近代日本教育制度史料編纂会編『近代日本教育制度史料』第十四巻（講談社，1957年）p. 438.
67) 仲新他編『近代日本教科書教授法資料集成』第五巻, 教師用書1修身篇（東京

第Ⅱ章　注

書籍, 1982 年) p. 328.
68) 海後宗臣編前掲『日本教科書体系　近代編　第三巻　修身（三）』p. 268.
69) 仲新他編前掲『近代日本教科書教授法資料集成』第五巻, 教師用書1修身篇, p. 431.
70) 同上書, p. 431.
71) 同上書, p. 430.
72) 同上書, p. 430.
73) 海後宗臣編前掲『日本教科書体系　近代編　第三巻　修身（三）』p. 468.
74) 仲新他編前掲『近代日本教科書教授法資料集成』第五巻, 教師用書1修身篇, p. 356.
75) 同上書, p. 389.
76) 同上書, p. 400.
77) 同上書, p. 401.
78) 海後宗臣編前掲『日本教科書体系　近代編　第三巻　修身（三）』p. 283.
79) 文部省『尋常小学修身書巻四　教師用』(1937 年) p. 117.
80) 海後宗臣編前掲『日本教科書体系　近代編　第三巻　修身（三）』p. 262.
81) 仲新他編前掲『近代日本教科書教授法資料集成』第五巻　教師用書1修身篇, p. 404.
82) 仲新他編前掲『近代日本教科書教授法資料集成』第十一巻, 編纂趣意書1, p. 183.
83) 仲新他編前掲『近代日本教科書教授法資料集成』第五巻, 教師用書1修身篇, p. 433.
84) 同上書, p. 433.
85) 仲新他編前掲『近代日本教科書教授法資料集成』第十一巻, 編纂趣意書1, p. 148.
86) 海後宗臣編前掲『日本教科書体系　近代編　第三巻　修身（三）』p. 333.
87) 文部省前掲『国体の本義』p. 107.
88) 仲新他編前掲『近代日本教科書教授法資料集成』第五巻　教師用書1修身篇, p. 390.
89) 同上書, p. 390.
90) 海後宗臣編前掲『日本教科書体系　近代編　第三巻　修身（三）』p. 358.
91) 佐藤秀夫編前掲『続・現代史資料9』p. 400.
92) 同上書, p. 356.
93) 海後宗臣編前掲『日本教科書体系　近代編　第三巻　修身（三）』pp. 623, 641.

第Ⅱ章　天皇制公教育思想と「戦時教育令」

94) 仲新他編前掲『近代日本教科書教授法資料集成』第五巻，教師用書1修身篇 p. 453.
95) 同上書, p. 458.
96) 同上書, pp. 458-459.
97) 同上書, p. 459.
98) 同上書, p. 460.
99) 同上書, p. 454.
100) 同上書, p. 516.
101) 同上書, p. 532.
102) 仲新他編前掲『近代日本教科書教授法資料集成』第十一巻，編纂趣意書1, p. 214.
103) 同上書, p. 224.
104) 仲新他編前掲『近代日本教科書教授法資料集成』第五巻　教師用書1修身篇, p. 582.
105) 海後宗臣編前掲『日本教科書体系　近代編　第三巻　修身（三）』p. 462.
106) 仲新他編前掲『近代日本教科書教授法資料集成』第五巻　教師用書1修身篇, p. 580.
107) 同上書, p. 580.
108) 海後宗臣編前掲『日本教科書体系　近代編　第三巻　修身（三）』p. 455.
109) 同上書, p. 461.
110) 同上書, p. 492.
111) 文部省『初等科修身一　教師用』（1943年）p. 99.
112) 文部省前掲『国体の本義』pp. 136-137.
113) 仲新他編前掲『近代日本教科書教授法資料集成』第五巻，教師用書1修身篇, pp. 561-562.
114) 同上書, p. 459.
115) 同上書, p. 574.
116) 同上書, p. 573.
117) 同上書, p. 612.
118) 文部省前掲『国体の本義』p. 17.
119) 仲新他編前掲『近代日本教科書教授法資料集成』第五巻　教師用書1修身篇, p. 608.
120) 小山常美前掲『天皇機関説と国民教育』p. 397.
121) 仲新他編前掲『近代日本教科書教授法資料集成』第五巻，教師用書1修身篇,

第Ⅱ章　注

- 　　　p. 609.
- 122)　同上書，p. 610.
- 123)　海後宗臣他前掲『日本教科書体系　近代編　第三巻　修身（三）』pp. 645-646.
- 124)　仲新他編前掲『近代日本教科書教授法資料集成』第五巻，教師用書1修身篇，p. 460.
- 125)　文部省前掲『国体の本義』pp. 103-104.
- 126)　仲新他編前掲『近代日本教科書教授法資料集成』第五巻，教師用書1修身篇，p. 562.
- 127)　文部省前掲『国体の本義』p. 118.
- 128)　仲新他編前掲『近代日本教科書教授法資料集成』第十一巻，編纂趣意書1，p. 689.
- 129)　同上書，p. 689.
- 130)　同上書，p. 689.
- 131)　同上書，p. 697.
- 132)　同上書，p. 697.
- 133)　海後宗臣編『日本教科書体系　近代編　第二〇巻　歴史（三）』（講談社，1957年）pp. 235-236.
- 134)　海後宗臣編『日本教科書体系　近代編　第一九巻　歴史（二）』（講談社，1963年）p. 732.
- 135)　海後宗臣編前掲『日本教科書体系　近代編　第二〇巻　歴史（三）』p. 121.
- 136)　仲新他編前掲『近代日本教科書教授法資料集成』第十一巻，編纂趣意書1，p. 701.
- 137)　同上書，pp. 691-694.
- 138)　海後宗臣編前掲『日本教科書体系　近代編　第二〇巻　歴史（三）』p. 24.
- 139)　同上書，p. 142.
- 140)　同上書，p. 26.
- 141)　同上書，p. 144.
- 142)　同上書，p. 145.
- 143)　同上書，p. 32.
- 144)　同上書，p. 33.
- 145)　同上書，p. 39.
- 146)　同上書，p. 154.
- 147)　同上書，p. 41.
- 148)　同上書，p. 159.

149) 同上書, p. 47.
150) 同上書, p. 162.
151) 同上書, p. 48.
152) 同上書, pp. 175-176.
153) 仲新他編前掲『近代日本教科書教授法資料集成』第十一巻, 編纂趣意書1, pp. 698-701.
154) 海後宗臣編前掲『日本教科書体系　近代編　第二〇巻　歴史（三）』pp. 181-182.
155) 同上書, p. 185.
156) 同上書, p. 192.
157) 同上書, p. 207.
158) 同上書, p. 207.
159) 同上書, p. 211.
160) 同上書, p. 214.
161) 同上書, p. 132.
162) 同上書, p. 132.
163) 同上書, p. 158.
164) 同上書, p. 51.
165) 同上書, pp. 165-166.
166) 同上書, p. 132.
167) 同上書, p. 157.
168) 同上書, p. 187.
169) 同上書, p. 205.
170) 同上書, p. 220.
171) 同上書, p. 223.
172) 同上書, p. 235.
173) 仲新他編『近代日本教科書教授法資料集成』第七巻, 教師用書3, 歴史・地理篇（東京書籍, 1983年) p. 337.
174) 同上書, p. 333.
175) 同上書, p. 334.
176) 同上書, p. 335.
177) 同上書, p. 336.
178) 同上書, p. 338.
179) 同上書, p. 338.

第Ⅱ章　注

180) 同上書, p. 339-340.
181) 同上書, p. 339.
182) 同上書, p. 344.
183) 同上書, p. 334.
184) 海後宗臣編前掲『日本教科書体系　近代編　第二〇巻　歴史（三）』p. 248.
185) 同上書, p. 251.
186) 仲新他編前掲『近代日本教科書教授法資料集成』第七巻教師用書 3, 歴史・地理篇, p. 353.
187) 前掲『日本教科書体系　近代編　第二〇巻　歴史（三）』p. 255.
188) 仲新他編前掲『近代日本教科書教授法資料集成』第七巻教師用書 3, 歴史・地理篇, p. 360.
189) 前掲『日本教科書体系　近代編　第二〇巻　歴史（三）』p. 317.
190) 仲新他編前掲『近代日本教科書教授法資料集成』第七巻教師用書 3, 歴史・地理篇, p. 441.
191) 同上書, p. 386.
192) 同上書, p. 387.
193) 同上書, p. 389.
194) 同上書, p. 444-445.
195) 同上書, p. 472.
196) 前掲『日本教科書体系　近代編　第二〇巻　歴史（三）』p. 375.
197) 同上書, p. 375.
198) 仲新他編前掲『近代日本教科書教授法資料集成』第七巻教師用書 3, 歴史・地理篇, p. 473.
199) 仲新他編前掲『近代日本教科書教授法資料集成』第十一巻編纂趣意書 1, p. 716.
200) 仲新他編前掲『近代日本教科書教授法資料集成』第七巻教師用書 3, 歴史・地理篇, p. 451.
201) 同上書, p. 452.
202) 近代日本教育制度史料編纂会編前掲『近代日本教育制度史料』第 14 巻, p. 257.
203) 同上書, p. 436.
204) 文部省前掲『国体の本義』p. 9.
205) 佐藤秀夫編前掲『続・現代史資料 9』p. 388.
206) 同上書, p. 388.
207) 同上書, p. 389.

第Ⅱ章　天皇制公教育思想と「戦時教育令」

208) 文部省前掲『国体の本義』p. 17.
209) 仲新他編前掲『近代日本教科書教授法資料集成』第五巻，教師用書1修身篇，p. 609.
210) 仲新他編前掲『近代日本教科書教授法資料集成』第七巻，教師用書3歴史・地理篇，p. 335.
211) 同上書，p. 468.
212) 斉藤利彦『国民義勇戦闘隊と学徒隊』(朝日新聞出版，2021年) p. 176.
213) 『官報』第5504号，昭和20年5月22日．
214) 文部省前掲『国体の本義』p. 94.
215) 前掲『官報』第5504号，昭和20年5月22日．
216) 同上．
217) 逸見勝亮「ファシズム教育の崩壊」(『講座　日本教育史』第4巻，第一法規出版，1984年) p. 176.
218) 「朝日新聞クロスサーチ」(昭和20年8月16日)．
219) 『官報』第5581号，昭和20年8月20日．
220) 「官報　号外　第八十八回帝国議会衆議院速記録第二号」昭和二十年九月六日　第88回帝国議会　衆議院本会議第2号　昭和20年9月5日．帝国議会会議録検索システム https://teikokugikai-i.ndl.go.jp/minutes/api/emp/v1/detailPDF/img/008813242X00219450905
221) ジョン・ダワー，三浦陽一・高杉忠明・田村泰子訳『増補版　敗北を抱きしめて　下』(岩波書店，2004年) p. 55. 小森陽一は『天皇の玉音放送』(五月書房，2003年，「第二章「玉音放送」を読み直す」)で「終戦の詔書」をこの視点から詳述している．

第Ⅲ章

学徒勤労動員政策の破綻
岩手県立水沢高等女学校1942年度入学生の事例を中心として

逸 見 勝 亮

はじめに

　本章の第一の課題は，政府の労務動員計画の一環である学徒勤労動員政策が，「国家総動員法」下で，「国民勤労報国協力令」「学徒勤労令」「決戦教育措置要綱」「戦時教育令」として具体化し，且つ破滅的に展開した過程を整理することである．

　管見の限り，学徒勤労動員に関する文献の多くは，「学徒勤労令」「決戦教育措置要綱」「戦時教育令」に言及している．しかし，それらの制定過程や労務動員計画に言及している研究は稀である．

　例えば，神辺靖光「学徒勤労動員の行政措置――中等学校を中心に」（1976年）は，以下のように述べている．

>　学徒勤労動員は1944年2月25日の閣議決定「決戦非常措置要綱」によって発動されたが，これを命じた勅令「学徒勤労令」は第1次動員が完了した同年8月23日に公布された．「措置要綱」にもとづく文部・厚生・軍需3次官通牒「学徒勤労動員実施要綱ニ関スル件」（'44年4月27日）は「学徒動員ノ法的措置ニ就イテハ目下考究中ナルモ差当リ国民勤労報国協力令ニ依ルモノトシ右ニ依リ得ザリシモノニ関シテハ学徒ノ勤労協力ニ関スル随時ノ通牒ノ趣旨ニ依ルコト」としている．即ち学徒勤労動員は法令が整わぬまま，緊急措置としてとりあえず「国民勤労報国協力令」によって発動されたのである[1]．

　以下「法令が整わぬまま，緊急措置としてとりあえず「国民勤労報国協力令」によって発動された」との記述を検討する．

　「総動員業務ニ付協力セシムルコトヲ得」との「国家総動員法」第5条にもとづく「国民勤労報国協力令」（勅令第995号，1941年12月1日施行）第5条は，「国民勤労報国隊ニ依ル協力ヲ受ケントスル者ハ［中略］厚生大臣又ハ地方長官ニ之ヲ請求又ハ申請スベシ」と，第6条は厚生大臣又は地方長官は必要と認めた場合に「学校長ニ対シ協力ヲ受クベキ者，作業ノ種類，協力ヲ為ス

134

はじめに

ベキ場所及期間並ニ所要人員数其ノ他必要ナル事項ヲ指定シテ国民勤労報国隊ニ依ル協力ニ関シ必要ナル措置ヲ命ズルモノトス」と定めていた．その上で第14条は「学校在学者ノ国民勤労報国隊ニ依ル協力」に関し必要措置を命ずるのは文部大臣・厚生大臣，第15条は「本令ニ於テ学徒ト称スルハ［中略］文部大臣ノ所轄ニ属スル学校ノ学徒ヲ謂ヒ学校ト称スルハ文部大臣ノ所轄ニ属スル学校ヲ謂ヒ学校長ト称スルハ文部大臣ノ所轄ニ属スル学校ノ長ヲ謂フ」と規定した．「学校在学者ノ国民勤労報国隊」は学校報国隊である．

1941年11月17日付「国民勤労報国協力令」閣議請議案には，「内閣総理大臣文部拓務厚生三大臣請議国民勤労報国協力令制定ノ件」[2]とあった．学生生徒の総動員業務への動員を包含している勅令に，文部省が関与するのは当然である．

「国民勤労報国協力令施行規則」(1941年12月1日厚生文部省令第1号) 全19条中第2条から19条が学校報国隊の勤労動員にかかわる規定である．第18条を以下に示す．

> 常時隊組織ノ編成アル市町村其ノ他ノ団体又ハ学校ニ関シテハ本規則中国民勤労報国隊編成令書又ハ学校報国隊出動令書トシ本規則ノ適用ニ付其ノ隊組織ヲ以テ国民勤労報国隊ト見做ス

同規則第4条から6条にかかわる「様式第一号　国民勤労報国隊協力申請（請求）書」の「備考　十」には以下のようにあった．

> 「其ノ必要ナル事項」欄ニハ所用人員ノ年齢範囲，特殊技能ノ要否，特別ノ条件ヲ必要トスルトキハ其ノ内容（学生生徒ニ依ル協力ヲ希望スルトキハ其ノ学校ノ程度及種類別）等其ノ他国民勤労報国隊ノ編成ニ付参考トナルベキ事項ヲ記載スルコト

また，同規則第7〜10条にかかわる「様式　第二号　国民勤労報国隊編成令書」の「備考　七」には以下のようにあった．

第Ⅲ章　学徒勤労動員政策の破綻

> 学校報国隊ノ隊組織ノ編成アル学校ニ関シテハ「国民勤労報国隊ヲ編成」トアルハ「学校報国隊ヲ出動」トスルコト3)

　「学徒勤労令」制定以前の学徒勤労動員は,「国家総動員法」「国民勤労報国協力令」「国民勤労報国協力令施行規則」にもとづいていた.
　神辺論文は,「国民動員実施計画」「国民勤労報国協力令」と「学徒勤労令」「決戦教育措置要綱」「戦時教育令」との関連,そして学徒勤労動員の「法的措置」を改めて検討する必要を示唆している4).
　第二の課題は,岩手県立水沢高等女学校(以後水沢高女と略記する場合がある.水沢高女は,現岩手県立水沢高等学校)1942年度入学生の東京航空計器株式会社(川崎市中原区木月,以後「東京航空計器」と略記する場合がある.東京航空計器株式会社は現東京航空計器株式会社,東京都町田市)への学徒勤労動員(1945年2月25日～4月27日)を対象とし,破局的に展開した1944年から45年の学徒勤労動員の一端を明らかにすることである.
　水沢高等女学校1942年度入学生の東京航空計器への学徒勤労動員を対象としたのは,『こころに生きる六十日——水沢高女東航学徒動員の記』(水沢高等女学校第二十・二十一回卒業生編・発行,1986年,以後『こころに生きる六十日』と略記する場合がある)の刊行意図——押切郁は,同級会(1985年6月9日～10日)において,勤労動員引率教員菊池誠之から自身が記録していた「動員日誌」は敗戦後に焼却されたと聴き,水沢高等学校に勤労動員記録がないのなら,「私たちの手で,記録を作る」5)と述べている——に惹かれたからである.
　1942年度入学生119人中身体検査等の結果21人が除かれ,98人が川崎へ出動した6).
　『こころに生きる六十日』は,引率教員の回想,1942年度入学生59人(出動者53人,出動者遺族1人,出動しなかった生徒5人)の回想,日記・書簡,帰水乗車券手配者との面談記録等を載せている.
　『岩手近代教育史』第2巻は,学校沿革史を典拠として,8高等女学校(高田・釜石・大槌・山田・宮古・岩谷堂・福岡・一戸)の動員期間,学年,動員

先，進級・卒業後の動員を一覧表にして載せているが，水沢高女は載っていない[7]．かような公刊史書における欠落が，私にとって水沢高女1942年度入学生の勤労動員を対象とする端緒であった．

管見の限り，水沢高等女学校の勤労動員に関する岩手県公文書・水沢高等学校文書は見当たらない．水沢高等学校沿革史における勤労動員に関する記述は，回想・写真・座談会に依拠した記述となっている[8]．

私は，水高60年史編集委員会編『水高60年史』（岩手県立水沢高等学校，1970年）が依拠した資料——例えば，同書73頁に写真が載っている「鈴木万吉先生資料」——等を確認すべく2023年8月23日に水沢高等学校を訪問した．副校長によれば，「鈴木万吉先生資料」，1944～45年当時の「学校日誌」「学籍簿」は保管されていないとのことであった．

また，『岩手近代教育史』第3巻は，「終戦直後の県当局の教育に対する対応は，その資料が皆無であり，実態は不明である」と述べている[9]．

資料上の困難を所与の条件としながらも，私は『こころに生きる六十日』を編まずにはいられなかった水沢高女1942年度入学生の勤労動員の足跡をたどりたい．私は，「私たちの手」で動員の記録をつくるという意思に学びたい[10]．

第1節　1944・1945年の労務動員計画と通年勤労動員

1-1　「昭和十八年度国民動員実施計画」

1943年5月1日，企画院総裁鈴木貞一は内閣総理大臣東條英機宛に「機密　昭和十八年度国民動員実施計画策定ニ関スル件（案）」（企M国〇〇二号（三）／昭和十八年五月一日／表紙共21葉／小番号152／企画院第三部）を添えて上申し，同5月3日閣議は上申どおり決定した．

「昭和十八年度国民動員実施計画策定ニ関スル件（案）」は，「昭和十八年度国民動員実施計画ハ大東亜戦争ノ現段階ニ即応シ労務給源拡充ニ強力ナル措置ヲ講ジ戦時生産ノ増強ニ必要ナル要員ヲ充足スルト共ニ勤労総力ノ最高度発揮ヲ図ルヲ目途」とすると，「第一　方針」において，以下のように記していた．

第 III 章　学徒勤労動員政策の破綻

> 一　軍需ノ充足其ノ他緊要物資ノ生産並ニ輸送ノ増強ニ重点ヲ置キ之ガ要員ノ確保ヲ図ル
> 二　労務給源ノ拡充並ニ之ガ適時的確ナル配置ヲ期スル為男子就業ノ禁止制限，不急学校ノ整理，配置転換ノ強制，国民徴用実施ノ強化等強力ナル動員ヲ行フ
> 三　産業整備ハ国民動員上ノ必要ヲ考慮シ迅速且強力ニ遂行スルト共ニ休廃止企業ノ従業者ニ付テハ国家ニ於テ計画的ニ重点企業ヘノ転換ヲ図ル
> 四　朝鮮人労働者ノ内地移入ハ概ネ前年度同様トスルモ内地在住朝鮮人，華人労務者，俘虜及刑務所在監者等ニ付テハ之ガ活用ヲ図リ国民動員計画ニ弾力性ヲ有セシム
> 五　農業労務者ニ付テハ戦時食糧生産ノ重要性ニ鑑ミ鉱工業労務者トノ調整ヲ考慮シ之ガ確保ヲ図ル
> 六　女子ニ付テハ其ノ特性ト民族力強化ノ必要トヲ勘案シ強力且積極的ナル動員ヲ行フ
> 七　生産増強勤労緊急対策（本年一月二十日閣議決定）ノ実効ヲ挙グルト共ニ労務ノ充足，勤労力高度発揮ノ阻害原因ヲ除ク為勤労者用物資ヲ確保シ収容施設ノ整備及通勤輸送ノ確保ヲ図ル[11)]

「第一　方針」には学徒生徒の動員に触れるところはない．しかし，「機密　昭和十八年度国民動員実施計画策定ニ関スル件（案）」の「第一表　国民動員需給計画（総括）」は，「常時要員」の新規需要（単位人）は総数 239 万 6300（男 152 万 6500，女 85 万 9800），供給は新規需要と同数を計上し，「臨時要員」の需要（単位，万人延人数）は総数 1 万 2374（男 8870，女 3504），供給は一般 9155（男 6296，女 2757），学生 3221（男 2474，女 745）と計上していた．

同じく「第五表　内地ニ於ケル臨時要員需給数」は，学生の需給総数（単位万人延人数）は 3221（軍需産業 209，生産拡充計画産業 58，同附帯産業 24，生活必需品産業 30，交通業 52，国防土木建築業 36，農業 2,731，公務要員 516）と計上していた[12)]．農業への動員は 2731 万人で全体の 71％ を占めたのに対して，軍需産業へのそれは 209 万人で 6％ であった．

農業への臨時要員動員については，「農業部門内ニ於ケル共助的ノモノヲ除キ他ヨリ供給ヲ受クベキモノノミヲ計上シ農業労務ノ現状ニ鑑ミ可及的多数ヲ

第1節　1944・1945年の労務動員計画と通年勤労動員

見込ム」との言及があった[13]．

　学徒生徒の動員は農業に重点があったことは，1943年6月25日閣議決定「学徒戦時動員体制確立要綱」が，「食糧増産作業」については，空閑地（耕作廃止畑・伐木跡地・河川敷・工場建設予定地等）に学校直営報国農場を設けて米・麦・大豆・馬鈴薯・甘藷を栽培する，既設学校報国農場・学校附属農業実習地・一般学校用地においても主要食糧・雑穀を栽培する，可耕荒廃地・開墾可能地の簡易開墾，湿地埋立，排水施設整備，耕地整理，牧野改良を行う等と，動員対象農作業を列挙していたことにも現れていた．その一方で，工場事業場における勤労動員は，「適当ナル計画ヲ得タル場合ハ通年常時循環シテ計画的ニ一定要員ヲ出動」させる，学校の専門技能を活用する，学校の実習場等において工場と連携して委託作業に従事させ，「実効ヲ収メシムル」と記して，「通年常時循環シテ計画的ニ一定要員ヲ出動」させる具体策を示すには至っていないかの如くであった[14]．

　1943年10月12日閣議決定「教育ニ関スル戦時非常措置方策」は，「施策ノ目標ヲ悠久ナル国運ノ発展ヲ考ヘツツ当面ノ戦争遂行力ノ増強ヲ図ルノ一事ニ集中スル」「学校教育ノ全般ニ亘リ決戦下ニ対処スベキ行学一体ノ本義ニ徹シ[中略]国防訓練ノ強化，勤労動員ノ積極且ツ徹底的実施」と説き，「教育実践ノ一環トシテ学徒ノ戦時勤労動員ヲ高度ニ強化シ在学期間中一年ニ付概ネ三分ノ一相当期間ニ於テ之ヲ実施ス」[15]と，動員期間延長を決定した．動員期間4ヶ月は臨時要員としての動員に見合っていたのであろう．

　1944年には動員先と動員期間は変容を遂げた．

　1944年1月18日閣議決定「緊急学徒動員方策要綱」は，特定部署に通年恒常循環的に動員すること，同一学徒の動員期間は1年につき概ね4ヶ月継続とし，学校・学科の種類により動員期間延長を考慮すると定めながら，「学徒動員ノ方法其ノ他必要ナル事項ニ付更ニ国家総動員法ニ基キ法的措置ヲ講ズル」と記している[16]．

　管見の限り，閣議決定中で学徒勤労動員の「法的措置」に言及した嚆矢である．

　同日の閣議決定「緊急国民勤労動員方策要綱」も，「学校在学者ノ勤労動員ヲ一層積極的ナラシムルモノトシ之ガ為講ズベキ措置ニ付テハ別ニ之ヲ定ム

第III章　学徒勤労動員政策の破綻

ル」と記している[17].

　しかし，企画院・閣議は，「法的措置」を欠いた状態で「臨時要員」に学生生徒を計上したわけではない．「国民勤労報国協力令」（1941年12月1日施行）が，第6条に国民勤労報国隊の協力を求められた厚生大臣・地方長官は，必要と認めた場合に，「学校長ニ対シ協力ヲ受クベキ者，作業ノ種類，協力ヲ為スベキ場所及期間並ニ所要人員数其ノ他必要ナル事項ヲ指定シテ国民勤労報国隊ニ依ル協力ニ関シ必要ナル措置ヲ命ズルモノトス」と定めていたことは先述した．

　1944年2月25日閣議決定「決戦非常措置要綱」は，「決戦ノ現段階ニ即応シ国民即戦士ノ覚悟ニ徹シ国ヲ挙ゲテ精進刻苦其ノ総力ヲ直接戦力増強ノ一点ニ集中シ当面ノ各緊要施策ノ急速徹底ヲ図ルノ外先ヅ左ノ非常措置ヲ講ズ」と謳い，「原則トシテ中等学校程度以上ノ学生生徒ハ総テ今後一年，常時之ヲ勤労其ノ他非常任務ニ出動セシメ得ル組織的態勢ニ置キ必要ニ応ジ随時活潑ナル動員ヲ実施ス」と，動員期間を4ヶ月から1年へと延長した．また，「学校校舎ハ必要ニ応ジ之ヲ軍需工場化シ又ハ軍用，非常倉庫用，非常病院用，避難住宅用其ノ他緊要ノ用途ニ転用ス」と定めた[18]．

　1944年3月7日閣議決定「決戦非常措置要綱ニ基ク学徒動員実施要綱」は，「決戦ノ現段階ニ即応シ学徒ノ動員ハ原則トシテ中等学校程度以上ニ付今後一年常時之ヲ勤労其ノ他非常任務ニ出動セシメ得ル組織的態勢ニ置キ［中略］必要ニ応ジ随時活発ナル動員ヲ実施ス」と，国民学校高等科・中等学校・大学高等専門学校（工学及理学・医学・農学・教員養成諸学校）毎に動員先作業種目を示した．

　高等女学校に関しては，「中学校，商業学校及高等女学校生徒ノ動員ハ土地ノ情況，勤労需給ノ情況ヲ勘案シ食糧増産，国防建設事業又ハ工場事業場（輸送ヲ含ム）等ノ作業ニ動員ス」とあった[19]．

　上記閣議決定にも「学徒ノ勤労動員ニ関シ速ニ法令上ノ措置ヲ講ズ」とあった[20]．

　1944年3月24日付地方長官宛文部次官通牒「決戦非常措置要綱ニ基ク中等学校教育内容ニ関スル措置要綱」は，「今後一年常時勤労其ノ他非常任務ニ出動セシメ得ル組織的態勢ニ置クト共ニ戦時下中堅国民タルノ資質ノ充実ヲ図リ

第1節　1944・1945年の労務動員計画と通年勤労動員

生産ト教育トヲ一体化シテ戦力ノ増強ニ力ムルモノトス」と記した．
「第一　方針」は以下の通りである．

> （一）「勤労動員ヲシテ教育ノ一環タラシメ勤労ト教育トノ融合ニ力メ学徒錬成ノ完キヲ期スルコト
> （二）休暇・日曜日等ノ休業ハ原則トシテ之ヲ廃シ勤労動員ト共ニ学力ノ充実向上ニ充ツルノ建前トスルモ生徒心身ノ休養ニ付適切ナル配慮ヲ為スコト
> （三）勤労動員ノ程度ニ応ジ「教育ニ関スル戦時非常措置要綱ニ基ク中等学校教育内容措置要綱」ニ示セル各学校ノ「教化及修練ニ関スル措置」ノ趣旨徹底ヲ期スルコト
> （四）学業ニ付テハ生徒ノ負担過重ニ陥ルヲ戒メ教材ヲ選択シ教授ノ方法ニ工夫ヲ加フル等教授ノ能率化ヲ図ルト共ニ自発的学習態度ノ育成ニ力ムルコト
> （五）教職員ハ勤労動員ガ実践教育タルノ本義ニ徹シ生徒ト共ニ率先垂範勤労ニ従事シ以テ生徒ノ錬成ニ力ムルコト[21)]

「第二　要領」の「（一）通年勤労動員ノアリタル場合」は，以下のように述べていた．

> （1）勤労動員ハ之ヲ修練トシテ実施シ左記事項ヲ基準トシテ適切ナル措置ヲ講ズル
> 　イ　日曜日又ハ作業ノ休日等ヲ利用シ学校ノ種類ニ応ジ軍事ニ関スル科学・救護実習・保育実習ノ実施ニ力ムルコト
> 　ロ　生徒ヲシテ常ニ学徒タルノ矜恃ヲ保チ現場ヲ道場トシテ国策ヲ完遂スルノ気魄ト態度トヲ涵養スルコト
> 　ハ　現場ニ於ケル訓育，輔導ノ根本方針ハ予メ学校ニ於テ之ヲ定メ現場ノ教育的環境ト勤労能率ノ向上トヲ考慮シ且具体的ニ実施スルコト
> 　ニ　受入側ニ於ケル生徒ノ勤務班別組織，仕事ノ分担，勤労当番等ヲ考慮シ生徒ノ個性，身体情況等ニ適合セシムルコト
> 　ホ　生徒ヲシテ自宅若ハ学校寮舎ヨリ直接現場ニ通ハシムルヲ本則トシ生徒ノ訓育ニ力ムルコト
> 　　　現場ニ於ケル寄宿舎等ニ入舎スル場合ニ在リテハ現場側ト協議ノ上学校職員ハ交代宿泊シ訓育ノ徹底ヲ期スルコト
> （2）教科教授ニ付テハ左記ヲ基準トシテ適切ナル措置ヲ講ズルコト

第III章　学徒勤労動員政策の破綻

> イ　勤労動員ノ程度・情況等ヲ勘案シカメテ現場ニ於ケル余暇ヲ活用シテ教科教授ト勤労作業トノ関聯ニ留意シ生徒ノ指導ヲ為スコト
> 　　尚情況ニ応ジ夜間授業ヲ行フヲ得ルコト
> ロ　職員ヲシテ生徒ノ家庭及寮舎等ニ於ケル自学自修ヲ指導セシムルト共ニ生活訓練ヲ徹底セシメ資質ノ向上ヲ図ルコト
> ハ　教科教授及自学自修ノ指導ニ当タリテハ教科科目ノ配分並ニ教科内容ニ付年間ヲ通ジ重点的取扱ヲ為シ得ル様計画実施スルコト
> ニ　集団的ニ勤労動員ノ配置ヲ行ハレザル場合ニ在リテモ適宜生徒ヲ集合セシムル等生徒ノ輔導ニ力ムルコト
> （二）［中略］
> （三）勤労動員ニ於ケル生徒ノ出席情況，勤労ノ態度・熱意，作業ノ種類・程度ヲ考慮シテ成績ヲ綜合評定シ具体的ニ概ネ一箇月毎ニ記録シ置クコト
> （四）〜（八）［省略］22)

「勤労動員ガ実践教育」であるなら，教員に「生徒ト共ニ率先垂範勤労ニ従事シ以テ生徒ノ錬成ニ力ムルコト」を求めて当然であるが，工場事業場は教育の場ではない工場への立入を歓迎するわけがない．教員には「生徒ノ出席情況，勤労ノ態度・熱意，作業ノ種類・程度ヲ考慮シテ成績ヲ綜合評定」することが課されたが，把握できるのはせいぜい出席状況だけであろう．勤労動員先における諸事項の具体的指示は，通牒の文言上において既に空論に堕していた．

1944年3月31日付地方長官・学校長宛文部次官通牒「決戦非常措置ニ基ク学徒動員実施要綱ニ依ル学校種別学徒動員基準ニ関スル件」中の「第三　女子ノ学校」を摘記する．

> 1　動員方針及動員期間，出動先
> 　イ　可及的学校設備ヲ工場化シ其ノ学校ノ生徒ヲ之ニ動員スルコト
> 　ロ　工場，事業場ニ対スル動員ハ前項ニ依ル動員ノ余力ニ付通年動員トシ高学年ヨリ順次之ヲ行ヒ作業種目等ニ依リ作業効率ヲ低下スルコトナキ場合ハ循環交替ヲ考慮スルコト
> 　ハ　工場，事業場ニ対シテ同時ニ動員シ得ル学徒数ハ差当リ概ネ全国生徒数ノ三分ノ一ヲ目途トシ必要ニ応ジ之ヲ変更スルコト〔墨による抹消〕

第1節　1944・1945年の労務動員計画と通年勤労動員

> ニ　出動ハ通勤ヲ立前トスルモ宿舎ノ完備セル場合ニ限リ教職員附添ヒノ上宿泊勤務セシムルコトヲ得ルコト
> ホ　国民学校初等科修了程度ヲ以テ入学資格トスル高等女学校ノ第二学年及第一学年ハ中学校第二学年及第一学年ニ準ジテ取扱フコト
> ヘ　[中略]
> 2　割当配置
> 専門学校程度ノモノノ割当配当ハ文部省ニ於テ其ノ他ノモノノ割当配当ハ地方庁ニ於テ行フヲ原則トシ必要ニ応ジ文部省又ハ地方行政協議会ニ於テ調整スルコト[23].

「ハ」の抹消は，動員生徒数を制限しないと変更したことを意味している．

上記通牒「決戦非常措置ニ基ク学徒動員実施要綱ニ依ル学校種別学徒動員基準ニ関スル件」を報じた1944年4月2日付『読売新聞』（朝刊）は，「学徒動員の法令的措置，報償の処分，工場側受入体制に対する要請，職場における教育とくに軍事教練をどう実施するかなどについてはできるだけ速かに指導要領を決定指示することになつてゐる」と報じた．

1944年4月27日付地方長官・鉱山監督局長・軍需管理部長宛文部次官・厚生次官・軍需次官連名通牒「学徒勤労動員実施要領ニ関スル件」は，学徒勤労動員運営の適否は「本年度ノ所期生産目標ヲ左右スルモノナルコトヲ充分徹底セシムルコト」と述べながら，「学徒ノ教育実践トシテ行フ勤労協力ナル理念」に徹し，作業場を「行学一体ノ道場」となし，「学徒ノ奉公精神，教養，規律ニ依リ作業場ヲ純真且明朗ナラシムル」と謳った．受入側には，「学徒勤労動員ノ勤労即教育タルノ本義」の理解を，教職員には「率先陣頭指揮」して，「学徒ノ勤労協力」と「訓育ノ徹底」を求めた．

報償については，「学徒個人ニ対スル労務ノ報酬ニ非ズシテ挺身奉公ノ協同業績ニ対スルモノナルヲ以テ一括学校報国隊長ニ之ヲ公布セシムル」とあった．

そして，「学徒動員ノ法的措置ニ就イテハ目下考究中ナルモ差当リ国民勤労報国協力令ニ依ルモノトシ右ニ依リ得ザルモノニ関シテハ学徒ノ勤労協力ニ関スル随時ノ通牒ノ趣旨ニ依ルコト」と述べていた[24].

1944年5月3日付文部省総務局長・厚生省勤労局長・軍需省総動員局長連名通牒「工場事業場等学徒勤労動員受入側措置要綱ニ関スル件」は，工場事業

143

第 III 章 学徒勤労動員政策の破綻

場に以下の措置を講ずるよう指示した．

- 学校報国隊の配当割当は「学校側ノ希望ヲ参酌シテ」行う．
- 「予メ配置スベキ作業」に関し，「詳細ナル且ツ具体的計画書」を作成しておく．
- 宿泊施設を準備しておく．
- 学校報国隊動員決定に際し，「学校当局ト緊密ニ事前連絡」を行う．
- 学校側との連絡者を特定し，学校との連絡に当たらせる．
- 事前連絡を要するのは，作業内容，勤務時間・食事給与・その他勤労条件，宿舎の状況，保健施設特に医療に関する設備，その他必要なる事項．
- 事前に係員を学校に派遣し，出動学徒に対し予備知識を与える[25]．

一方，1944年5月11日付地方長官・学校長宛文部省総務部長通牒「工場事業場等学徒勤労動員学校側措置要綱ニ関スル件」は，学校に出動前の措置を以下のように求めた．

- 学校報国隊出動下命後に，連絡者を特定し，「受入側ト緊密ニ事前連絡ヲ行フ」．
- 関係教職員に作業場・宿舎等を視察させ，受入側専任担当者と協力して出動隊員に作業の種類・内容等の予備知識を与え，所要の注意を行う．
- 予め身体検査を実施し，出動の適否・作業を決定すること．検査は出動後受入場所で実施しても差し支えない．
- 学校長は派遣責任教職員・補助教職員を選定する．
- 出動中は「学校報国隊」の標識を付けさせる[26]．

1944年6月7日付『朝日新聞』（朝刊，東京本社版，1面）は，第29回国家総動員審議会（6月6日開催）において「学徒の勤労協力に関する勅令案要綱」を含む「四勅令案要綱決る」と報じた[27]．1944年1月18日閣議決定「緊急学徒動員方策要綱」が「法的措置」の必要を述べてからほぼ5ヶ月が過ぎようとしていた．

第1節　1944・1945年の労務動員計画と通年勤労動員

　同紙（2面）は、「学徒動員に法的根拠　出動割当を適正化　受入態勢不備には出動除外」と見出しを掲げ、以下のように報じた。

> ［前略、学徒勤労動員は―引用者］国民勤労報国協力令に準拠実施されつゝあるが、学徒の動員は一般の勤労動員とは根本の指導精神において異るのみか、さらにその動員の方法、手続等実際に当つても現行の国民勤労報国協力令とは幾つかの食ひ違ひが生じた、即ち
> 一、学徒勤労動員は中等学校一年以上と定められ国民学校高等科も適用される。従つて年令は十二歳以上の生徒が動員されてゐるが、現行の勤労協力令では十四歳以上と定められてゐる
> 二、期間においても現行の勤労協力令では一箇年を通じて六十日間を原則とすとなつてゐるが、学徒は通年動員を原則としてゐる
> 三、学徒の勤労動員は勤労即教育の指導精神により教職員が中心になつて指導の第一線に立たねばならない、さらにその指導精神により学校報国隊の組織を根幹として活動するを建前としてゐるが現行の勤労協力令〔国民勤労報国協力令〕ではこの報国隊組織も教職の動員も規定されてゐない
> 　今回の勅令は国民徴用令の如き国家総動員法第六条に依らず第五条に基きあくまでも若き熱血とその教養とを戦時生産に献んとする学徒精神の発揮を主眼としてゐるねらひは見落としてはならない……28)

　「国民勤労報国協力令」に学校報国隊の字句はないのは事実である。しかし、「学校在学者ノ国民勤労報国隊ニ依ル協力」に関し必要措置を命ずるのは文部大臣・厚生大臣」（第14条）であり、校長が「学校在学者ノ国民勤労報国隊長」[29]であることに照らせば、「現行の勤労協力令ではこの報国隊組織も教職員の動員も規定されてゐない」との記述は作為である。
　同紙（3面）は、「［前略］学徒勤労動員は本格的軌道に乗りはじめた、既に円滑に能率をあげてゐる工場もある、かと思へば、学徒への労働が重過ぎてやり切れぬところもある、折角配置された若いはり切つた努力がなすところなくだぶついてゐるところもある」と「学徒側の肚を割つての話」（手記）を載せている。手記は「学徒の真の気持ちを知るため警視庁が匿名で学徒に、見たまゝ感じたまゝを書かせた感想文の抜粋」とある。

第III章　学徒勤労動員政策の破綻

> A君の話
> 　この工場は日本でも屈指の大工場であると聞いてゐるが，入つて見ると先づ第一に本当に作業する所は半分もない，そして真に梃子を持つて作業するものは全従業員の半分にもみたないのはどうしたことだらうか，自分たちの係で働いてゐるものは工員のうち三人である，あとのものは一日中本を読んだり雑談に耽つてゐる，仕事が余り暇なので再三工長のところへ他へ廻してくれと頼んでみても，工長は何も指導してくれなかつた
>
> B君の話
> 　自分たちは学業を捨てたとはいへ時間の余裕さへあれば勉強もしたいと思ふ気持に偽りはない，然し工場では働いてゐるのか遊んでゐるのか分らない時間が多いのは実に残念と思ふ，だが周囲がさうさせるやう仕向けるのである，国家に対して直接御奉公ができると喜んで来たのに，全く張切つた気持を挫かれてしまつた
> 　都内の某中学生四百六十五名が某軍需工場に進駐したのは四月二十四日であつた，挺身一箇月有余得たものは以上のやうな割切れない気持であつた[30].

　同紙2面には，東條英機首相が6月6日午後，大阪府高槻市湯浅蓄電池巡視後全従業員を前に「今や皇軍将兵は御稜威の下随所に壮烈なる戦闘を続けてゐる，昼夜の別なくあらゆる困難を突破し死生を超越して只管尽忠報国，驕慢なる敵に痛撃を浴せて居るのである，いふまでもなく前線将兵の心は我々国民の心でなければならない，……当工場においては生産責任者以下幹部を始め，年若き男女の工員に至る迄，一心同体，世の儀表となる成果を挙げて居ることを兼々承知して居り［後略］」と演説したとの記事を配した．見出しに「工場即戦場　東條首相　産業戦士を激励」とあった[31].

　これらの記事から，学徒勤労動員の年齢範囲と動員期間の現状を追認する勅令を制定して徴用との相違を明示し，匿名手記を曝して動員学徒の勤労意欲を讃えながら工場事業場の受入態勢の不備を指弾して，学徒勤労動員の問題点を糊塗し，学徒勤労動員を強化しようとしている政府の意図を看取できるだろう．

　1944年6月10日付地方長官宛［学徒動員本部］総務部長・第二部長通牒「学徒勤労ノ出動督励ニ関スル件」は，以下のように指示した．全文を引いておく．

第1節　1944・1945年の労務動員計画と通年勤労動員

> 決戦下生産増強ノ必要ノ為学徒勤労ノ効率ヲ急速且ツ最高度ニ発揮セシムルハ喫緊ノ要務ナル処第一四半期分中等学校以下ノ動員学徒ノ出動状況ニ照シ特ニ左記事項ニ付十分指導督励ヲ加ヘ学徒勤労運営上万遺憾ナキヲ期セラレ度此段及通牒候
> 　　　　　　　　　　　記
> 一　需要割当アリタル工場事業場ニ対シテハ急速ニ動員スベキ学校報国隊ノ配属ヲ決定シ速ニ出動スベキコトヲ指示スルコト
> 二　既ニ配属ヲ決定セル場合ハ直ニ工場事業場等学徒勤労動員学校側措置要綱ニ基キ出動準備ヲナサシメ急速ニ作業現場ニ出動スル様督励シ特別ノ事情ニ依リ直ニ出動シ得ザルモノト雖モ速ニ其ノ事情ヲ具シ貴官ノ指揮ヲ受ケシメ承認アリタル場合ニ限リ出動ノ延期スルヲ得シムルコト
> 三　出動後特別ノ事情ニ依リ学徒勤労ヲ停止スル要アリト認メラルル場合ト雖モ学校長ヨリ事情ヲ具シ貴官ノ指揮ヲ受ケシメ擅ニ作業現場ヲ離脱スル如キコトナカラシムルコト[32]

「機密　昭和十八年度国民動員実施計画策定ニ関スル件（案)」が,「臨時要員」に「一般」延べ9155万人,「学生」延べ3221万人と計上していたことは先述した．しかし，学徒勤労動員を,「国民徴用令」（1939年7月7日，勅令第451号）にもとづく徴用工と一括して「臨時要員」として計上しておけば済むことではなかったのである．

閣議決定・通牒等による通年勤労動員の実態が,「特別な身分」にふさわしい勅令の必要性を示していた．

「学徒の勤労協力に関する勅令案要綱」が「学徒勤労令」として制定をみるには，さらに時日を要した．その間にも学徒勤労動員に関する行政措置は具体化した．

1944年7月19日付地方長官・軍需管理部長宛文部次官・厚生次官・軍需次官通牒「学徒勤労ノ徹底強化ニ関スル件」は，学徒勤労動員の給源拡大・労働強化を企図して，国民学校高等科児童の継続動員，中等学校低学年の動員，勤務時間中の教育訓練時間（1週6時間）の停止，教育訓練は工場所定休日・始業前後・手待時間に実施，1日の勤労時間（10時間，残業2時間）の充実強化を図る，深夜就業は中等学校第3学年以上の男女に課し得る等と指示した[33]．

第 III 章　学徒勤労動員政策の破綻

いずれも動員先における「教育訓練」実施の余地を限りなく狭める措置であった．

1944年8月10日付地方長官宛文部省国民教育局長通牒「学徒勤労ノ強化ニ伴フ工場事業場等ニ於ケル中等学校教育ニ関スル件」は，「愈々中等学校生徒ヲシテ尽忠報国ノ至誠ヲ傾倒シテ戦力増強ニ挺身セシムルト共ニ皇国中堅学徒トシテ資質ノ錬成ニ力ムル様之ガ趣旨達成ニ万如何無キヲ期セラレ度」と述べた．その「第一　指導方針」に，「学徒勤労動員ヲシテ其ノ効率ヲ最高度ニ発揮セシメテ戦力ノ飛躍的増強」を期し，自学求道の精神を振起させ，「教職員ハ学徒動員ノ本義ニ徹シ率先垂範勤労ニ従事シ以テ学徒心身ノ錬成，養護ニ力ムルコト」を掲げた．

「第二　実施事項」中の「二　教科指導ニ関スル件」の「三　成績評定」は以下のようであった．

（一）授業時ヲ設ケ得ザルニ至リタル為勤労動員中ノ教科成績ノ評定困難トナリタル場合ハ其ノ期間中ノ該教科ノ成績ハ之ヲ評定セザルコトヲ得ルコト，此ノ場合ニ在リテハ既習ノ成績ヲ整理シ置クコト
（二）工業学校生徒ニ付テハ作業成績ヲ以テ実業科実習ノ成績トナシ得ルコト
（三）学籍簿ノ記入ニ当リ一年間ヲ通ジ成績資料ヲ欠ク教科ニ付テハ其ノ学年ノ成績ヲ記入セザルコト
　　此ノ場合ニ在リテハ学籍簿中ノ「概評」ノ記入ニアタリ教科及修練成績ノ取扱ニ付適宜斟酌ヲ加フルヲ得ルコト
（四）前二項ノ場合ニ在リテハ学籍簿中ノ「備考」欄ニ成ルベク具体的ニ其ノ事情ヲ記入シ置クコト[34]．

授業の有無にかかわりなく成績評価を記せとの指示は，在学中の学生生徒を勤労動員に従事させ「戦力増強ニ挺身セシムル」ためにも不可欠の措置であった．

1-2　「昭和十九年度国民動員計画」

1944年8月14日，軍需大臣藤原銀次郎・厚生大臣廣瀬久忠は，内閣総理大

第1節　1944・1945年の労務動員計画と通年勤労動員

臣小磯國昭宛に「昭和十九年度国民動員計画策定ニ関スル件」「昭和十九年度国民動員計画受給数」を請議し，8月16日請議どおり閣議決定をみた．

「昭和十九年度国民動員計画策定ニ関スル件」は，「昭和十九年度国民動員計画ハ決戦ノ現段階ニ即応シ戦時生産ノ急速ナル増強ヲ計ル為軍動員トノ関係ヲ考慮シ人的国力ノ完全動員ヲ期スルコトトシ左ノ要領ニ依リ之ヲ策定ス」と謳った．その「第一　方針」には以下のようにあった．

第一　方針
一　需要ニ付テハ最小要員ヲ以テ最大効率ヲ発揮セシムルヲ本旨トスルト共ニ緊急増産ノ要度ヲ考慮シ特ニ航空機，艦船，兵器，石炭，其ノ他主要基礎物資，輸送及国土建設ニ重点ヲ置ク
二　減耗補充要員ノ算定ニ付テハ特ニ軍動員ノ強化ヲ考慮ス
三　供給ニ付テハ国民戦意ノ昂揚ヲ基調トシ国民各層ノ完全動員ヲ行ヒ特ニ女子動員ノ強化，学徒ノ徹底動員，男子従業者ノ配置規制規正等ニ重点ヲ置ク
四　戦局ノ推移ニ伴フ生産事情ノ変化ニ即応シ動員ニ機動性ヲ発揮スルコトトシ勤労ノ全面的活用ヲ図ル

「第二　要領」の「一　需要」には「計画ノ対象タル業務及要員ノ範囲ハ概ネ前年度同様トスルモ常時要員及臨時要員ノ区別ヲ廃止ス」，「二　供給（三）」には「学徒ニ付テハ通年動員ヲ強化シ中等学校二年以下及国民学校高等科ヲモ動員ノ対象トス」とあった．

「第三　措置　八」には「学徒ノ通年動員実施ニ即応シ学校報国隊組織ニ依ル動員ヲ強化ス」，また「措置　九」には「国民学校高等科及中等学校低学年ヲ含ム学徒ノ動員強化ニ即応シ受入工場事業場ノ管理態勢ヲ整備充実スル」，「措置　一二」には「勤労動員ノ機動的処理ヲ図ル為新ニ法的措置ヲ講ズ」とあった[35]．

「昭和十九年度国民動員計画受給数」（単位人）は，「一　需要」において新規需要増加数・減耗補充要員数として総数454万2000（男255万6000，女198万6000）を計上し，「二　供給」において学校在学者を以下のように計上した．

学校在学者総数　　2,053,000（男1,133,000，女920,000）

第 III 章　学徒勤労動員政策の破綻

```
大学高専在学者        80,000（男　  20,000, 女　80,000）
  （理科系ヲ除ク）
中等学校 3 年以上    1,073,000（男　573,000, 女 500,000）
  （農業学校ヲ除キ
   各種学校ヲ含ム）
中等学校 2 年以下      900,000（男　500,000, 女 400,000）
及国民学校高等科
```

　この他の供給源は，国民学校修了者109万，有業者70万9000（企業整備による転業者14万3000，男子就業禁止による転職者1600，「予備員及商業従事者等の配置規正」による女子補充要員18万6000）であった[36]．計画では学校在学者205万3000は需要の45.2％（男は44.44％，女は46.33％）を占めた．

　1944年8月14日付地方長官宛文部省国民教育局長・厚生省勤労局長・軍需省総動員局長通牒「工場事業場ヘノ中等学校低学年生徒及国民学校高等科児童ノ勤労動員ニ関スル件」は，1944年7月19日付通牒「学徒勤労ノ徹底強化ニ関スル件」が示した国民学校高等科児童の継続動員，中等学校低学年の動員を行うとの方針を具体化するための指示である．

　1944年2月25日閣議決定「決戦非常措置要綱」以降の諸決定・通牒を経て学生生徒の勤労動員は，1944年には期間を1年間とし，動員先は農業から居住地以外の都府県に所在する軍需工場等への動員へと変容を遂げた．

　学徒勤労動員は，動員先の変容とともに「行学一体ノ本義」「教育実践ノ一環」（1943年10月12日閣議決定「教育ニ関スル戦時非常措置方策」），「勤労即教育タルノ本旨」（1944年4月27日付地方長官・鉱山監督局長・軍需管理部長宛文部次官・厚生次官・軍需次官連名通牒「学徒勤労動員実施要領ニ関スル件」），「学校ト工場事業場トヲ緊結」，「勤労動員ヲシテ教育ノ一環タラシメ勤労ト教育トノ融合」「勤労動員ガ実践教育」（1944年3月24日付地方長官宛文部次官通牒「決戦非常措置要綱ニ基ク中等学校教育内容ニ関スル措置要綱」）との如き様々な「理念」を伴って展開した．いずれも在学中の学生生徒を労働に従事させる学徒勤労動員は教育であると謳っている．いずれの学校においても入学・勉学・進級・卒業・進学は，授業の有無とかかわりなく勤労動員に従

第1節　1944・1945 年の労務動員計画と通年勤労動員

事しているが故に実現していた．

　労務動員は教育だとする文部省，労働力を希求した厚生省と工場事業場，授業が行われなくとも教育と見做さなければならない学校と教師，勉学・進級・卒業を前提にして勤労動員に従事した学生生徒，これらに共通していたのは，在学中の学生生徒を勤労動員に従事させた事実であった．帝国大学令以下諸学校令（勅令）にもとづく学校教育を否定する論理を見出すことは不可能であった．いかなる措置と説明をもってしても学徒勤労動員は在学を前提にして成り立っていた．

　政府・行政，工場事業場，学校と教師は，授業を受けられないまま勤労動員に直接相対した学生生徒に，勤労動員を教育の証しと甘受して耐えるよう強いた．

1-3 「学徒勤労令」の制定

　「学徒勤労ノ特殊性並ニ其ノ重要性ニ基キ特ニ学徒勤労ヲ一般国民勤労報国協力令ニ依ル協力ト切離シ一層学徒勤労体制ノ徹底強化ヲ図リ其ノ円滑ナル実施ヲ期セントスル趣旨ニ有之」（1944 年 8 月 24 日付地方長官・学校長宛文部・厚生・軍需次官連名通牒「学徒勤労令施行ニ関スル件」）[37]と説明がなされた勅令第 518 号「学徒勤労令」は，1944 年 8 月 23 日に公布・施行をみた．同日文部・厚生・軍需省は省令第一号「学徒勤労令施行規則」を発した．

　1944 年 8 月 9 日閣議決定「学徒勤労令ヲ定ム」（「公文類聚　第六十八編　昭和十九年　巻七十二　軍事門六　国家総動員四」）に綴じ込んである文書は以下の 9 点である．

① 1944 年 8 月 7 日起案（8 月 9 日裁可，8 月 23 日公布）「別紙　内務文部厚生軍需四大臣請議学徒勤労令制定ノ件」
② 1944 年 7 月 27 日付「発総八〇号　学徒勤労令制定ノ要ヲ別紙案ヲ具シ閣議ヲ請フ」
③「学徒勤労令」〔別紙案〕
④ 参照「国家総動員法」

151

第 III 章　学徒勤労動員政策の破綻

⑤参照「国民勤労報国協力令」
⑥「布令第百四十七号　台湾青年学校規則左ノ通改正ス」
⑦ 1944 年 6 月 6 日「国家総動員審議会ヨリ答申ニ関スル件」
⑧ 1944 年 6 月 6 日付内閣総理大臣東條英機・内務大臣内藤紀三郎・文部大臣岡部長景・厚生大臣小泉親彦宛国家総動員審議会総裁東條英機「学徒ノ勤労協力ニ関スル勅令案要綱」答申
⑨「諮問第百二号　学徒ノ勤労協力ニ関スル勅令案要綱」38)

これらを時系列にしたがって考察を試みる．
⑨「諮問第百二号　学徒ノ勤労協力ニ関スル勅令案要綱」（以下では「勅令案要綱」と略記する場合がある）は，「学徒勤労令」の素案である．作成時は，記載がないので 1944 年 6 月 6 日以前と記すほかはない．
全文は以下のようである．

諮問第百二号
　　　学徒ノ勤労協力ニ関スル勅令案要綱
第一　学徒（国民学校初等科児童及青年学校生徒ヲ除ク）ノ勤労協力及之ニ関聯スル教職員ノ勤労協力（以下学徒勤労ト総称ス）ハ原則トシテ教職員及学徒ヲ以テスル隊組織（学校報国隊）ニ依ルモノトスルモ命令ヲ以テ定ムル特別ノ場合ニ於テハ学徒ヲシテ隊組織ニ依ラズシテ学徒勤労ヲ為サシムルヲ得ルモノトスルコト
第二　学徒勤労ニ当リテハ勤労即教育タラシムル様カムルモノトスルコト
第三　学校報国隊ニ依ル学徒勤労ハ国，地方公共団体又ハ厚生大臣若ハ地方長官（東京都ニ在リテハ警視総監）ノ指定スル者ノ行フ命令ヲ以テ定ムル総動員業務ニ付之ヲ為サシムルモノトスルコト
第四　学校報国隊ニ依リ引続キ学徒勤労ヲ為サシムル期間ハ一年以内トスルコト
第五　学校報国隊ニ依ル学徒勤労ニ付出動ヲ求メントスル者ハ命令ノ定ムル所ニ依リ之ヲ文部大臣又ハ地方長官ニ請求又ハ申請スベキモノトスルコト
　　学校ノ校地，校舎等ヲ利用シテ為ス学校報国隊ニ依ル学徒勤労ニ付亦同ジキモノトス
　　前項ノ請求又ハ申請ハ厚生大臣又ハ地方長官（東京都ニ在リテハ警視総監）ガ割当テタル人員ノ範囲内ニ於テ之ヲ為スモノトスルコト但シ命令ヲ以テ定ムル特別ノ場合ニ於テハ此ノ限リニ在ラザルモノトスルコト

第1節　1944・1945年の労務動員計画と通年勤労動員

第六　文部大臣又ハ地方長官第五ノ請求又ハ申請アリタルトキハ特別ノ事情アル場合ヲ除クノ外学校長ニ対シ出動命令ヲ発スルモノトス

第七　第六ノ出動命令ヲ受ケタル学校長ハ命令ノ定ムル所ニ依リ学校報国隊ニ依ル学徒勤労ヲ為スベキ者ヲ選定シ其ノ選定アリタル旨ヲ本人ニ通知シ学徒勤労ニ関シ必要ナル事項ヲ指示スベキモノトス

第八　命令ヲ以テ定ムル特別ノ場合ニ於テハ第五ニ依ル請求又ハ申請ハ之ヲ当該学校ノ学校長ヲ為スモノトスルコト此ノ場合ニ於テハ学校長ハ特別ノ事情アル場合ヲ除クノ外直ニ第七ニ規定スル措置ヲ為スモノトスルコト

第九　第七又ハ第八ニ依リ通知ヲ受ケタル者ハ第八ニ依ル指示ニ従ヒ学校報国隊ニ依ル学徒勤労ヲ為スベキモノトスルコト

第十　文部大臣又ハ地方長官ハ特別ノ事情アル場合ニ於テハ学校報国隊ニ依ル学徒勤労ノ全部又ハ一部ノ停止ノ措置ヲ講ズルコトヲ得ルモノトスルコト

第十一　隊長タル学校長又ハ教職員ハ当該学校報国隊員ノ学徒勤労ニ関シ其ノ隊員ヲ指揮監督スルモノトスルコト

第十二　文部大臣又ハ地方長官ハ学校報国隊ニ依ル学徒勤労ヲ受クル工場事業所ノ職員ニ対シ学徒勤労ノ指導ニ関スル事務ヲ委嘱スルコトヲ得ルモノトスルコト

第十三　学校報国隊ニ依ル学徒勤労ニ要スル経費ハ命令ノ定ムル所ニ依リ特別ノ事情アル場合ヲ除クノ外其ノ学徒勤労ヲ受クル者之ヲ負担スルモノトスルコト

第十四　主務大臣又ハ地方長官（東京都ニ在リテハ警視総監ヲ含ム）必要アリト認ムルトキハ学校報国隊ニ依ル学徒勤労ヲ受クル者ニ対シ其ノ学徒勤労ヲ為ス者ノ使用又ハ従業条件ニ関シ必要ナル事項ヲ命ズルコトヲ得ルモノトスルコト

学校報国隊ニ依ル学徒勤労ヲ為ス者又ハ其ノ者ノ遺族ノ扶助ニ関シ必要ナル事項ハ命令ヲ以テ定ムルコトヲ得ルモノトスルコト

第十五　左ノ各号ノ一ニ該当スル者ハ学校報国隊ニ依ル学徒勤労ヲ為サシメザルモノトス

　一　陸海軍軍人ニシテ現役中ノモノハ（未ダ入営セザル者ヲ除ク）及召集中ノモノ（召集中ノ身分取扱ヲ受クル者ヲ含ム）

　二　徴用中ノ者

　三　陸軍大臣若ハ海軍大臣ノ所管スル官衙（部隊及学校ヲ含ム）又ハ厚生大臣ノ指定スル工場，事業所其ノ他ノ場所ニ於テ軍事上必要ナル総動員業務ニ従事スル者

　四　法令ニ依リ拘禁中ノ者

第十六　左ノ各号ノ一ニ該当スル者ハ志願ニ依ル場合ヲ除クノ外学徒勤労ヲ為サシメザルモノトス

第III章　学徒勤労動員政策の破綻

> 　　一　厚生大臣ノ指定スル総動員業務ニ従事スル者
> 　　二　其ノ他厚生大臣ノ指定スル者
> 第十七　文部大臣又ハ地方長官ハ学校報国隊ニ依ル学徒勤労ニ関シ学校長又ハ学校報国隊ニ依ル学徒勤労ヲ為ス者若ハ其ノ学徒勤労ヲ受クル者ヲ監督スルモノトスルコト
> 第十八　文部大臣ハ命令ノ定ムル所ニ依リ学校報国隊ニ依ル学徒勤労ニ関スル文部大臣ノ職権ノ一部ヲ地方行政協議会長（戦時行政職権特例第六条ノ都庁府県長官ヲ謂フ）ヲシテ行ハシムルコトヲ得ルモノトス
> 第十九　本要綱第三以下ニ定ムル事項ハ第一ニ依リ隊組織ニ依ラズシテ為ス学徒勤労ニ準用スルモノトスルコト
> 第二十　学徒勤労ニシテ本要綱ニ依ルベキモノニ付テハ国民勤労報国協力令ハ之ヲ適用セザルモノトスルコト
> 第二十一　本制度ハ必要ニ応ジ前各号ニ準ジ各外地ニモ之ヲ実施スルモノトスルコト

⑧「国家総動員審議会ヨリ答申ニ関スル通牒ノ件」は，1944年6月6日付で内閣総理大3臣東條英機・内務大臣安藤紀三郎・文部大臣岡部長景・厚生大臣小泉親彦宛の国家総動員審議会総裁東條英機名通牒で，諮問第百二号は「趣旨適当ナルモノト議決致候［中略］右答申候也」と諮問通り答申がなされた旨記してある．

⑦「国家総動員審議会ヨリ答申ニ関スル通牒ノ件」は，1944年6月6日付内閣総理・内務・文部・厚生大臣宛の内閣書記官長星野直樹名通牒で，「曩ニ国家総動員審議会ニ対シ左記諮問ノ処今般同会ヨリ別紙ノ通リ答申有之候ニ付テハ命ニ依リ及通牒候也」と諮問通り答申がなされた旨記してある．「別紙」は「諮問第百二号　学徒ノ勤労協力ニ関スル勅令案要綱」である．

ちなみに「国家総動員法」は国家総動員審議会につき以下のように定めていた．

> 第五十条　本法施行ニ関スル重要事項（軍機ニ関スルモノヲ除ク）ニ付政府ノ諮問ニ応ズル為国家総動員審議会ヲ置ク
> 国家総動員審議会ニ関スル規程ハ勅令ヲ以テ之ヲ定ム

第1節　1944・1945年の労務動員計画と通年勤労動員

　企画院研究会編『国家総動員法勅令解説』は，国家総動員審議会（「国家総動員審議会官制」勅令第315号，1938年5月5日）と「国家総動員法」発動としての勅令との関係について以下のように記している．

> 　国家総動員審議会は総動員法第五十条によって設置された委員会で，総動員法の施行に関する重要事項につき，政府の諮問に応ずる委員会である．昭和十三年設置され，同年八月十日第一回総会を総理大臣官邸に開催して以来，動員法が発動される度毎に，勅令案要綱の諮問に応じて政府に答申し，総動員法施行に重要な役割を演じてきた[39]．

　⑥「布令第百四十七号　台湾青年学校規則左ノ通改正ス」は，1944年4月1日改正「台湾青年学校規則」の全文（「大日本帝国政府」用紙，タイプ）である．
　⑤参照「国民勤労報国協力令」は，「国民勤労報国協力令」全文である[40]．
　④参照「国家総動員法」は，「大日本帝国政府」罫紙に「国家総動員法」第5・6条を朱書（インク・ペン書き）してある．
　③「学徒勤労令」〔別紙案〕は，法制局印を押した付箋・張紙による抹消と加筆を施した「学徒勤労令」（文部省用紙）である．付箋・張紙による抹消と加筆を施す以前の「学徒勤労令」〔別紙案〕を，1944年8月9日閣議決定「学徒勤労令ヲ定ム」の一連の文書に見出すことはできない．ただし，張紙を透かして抹消文言を確認可能な箇所はある．
　②1944年7月27日付「発総八〇号　学徒勤労令制定ノ要ヲ別紙案ヲ具シ閣議ヲ請フ」（文部省用紙）は閣議請議であり，以下のように記している．

発総八〇号
学徒勤労令制定ノ要ヲ認メ別紙案ヲ具シ閣議ヲ請フ
　　昭和十九年七月二十七日
　　　　　　　　　　　文部大臣　　二宮治重　　　公印
　　　　　　　　　　　内務大臣　　大達茂雄　　　公印

155

第 III 章　学徒勤労動員政策の破綻

```
                厚生大臣　黒瀬久忠　　公印
                軍需大臣　藤原銀次郎　公印

内閣総理大臣　小磯国昭殿
```

枠外に以下のような押印・書込がある．

```
・法制局文第三五号　昭和十九年八月四日（角印押捺，下線は書込）
・19.8.3　大臣官房　文書（丸印押捺，下線は書込）
・本案説明者　文部書記官　中根秀雄
　　　　　　　同　　　　西崎　恵
・再提出
```

　これらの押印・書込は，文部大臣以下4大臣は1944年7月27日付で「学徒勤労令」を閣議へ請議したこと，内閣法制局が8月4日に付箋・張紙を付して「学徒勤労令」〔別紙案〕を提示したこと，それを文部大臣以下4大臣が連名で再提出したことを示している．「本案説明者」2人は文部官僚であり，「学徒勤労令」制定を主導したのは文部省である．

　①1944年8月7日起案（8月9日裁可，8月23日公布）「別紙　内務文部厚生軍需四大臣請議学徒勤労令制定ノ件」は，勅令第518号「学徒勤労令」の閣議決定文書であり，以下のように述べている．

```
別紙内務文部厚生軍需四大臣請議学徒勤労令制定ノ件ヲ審査スルニ右ハ相当ノ儀ト
思考ス依テ請議ノ通閣議決定セラレ可然ト認ム
　　　勅令案
朕学徒勤労令ヲ裁可シ茲ニ之ヲ公布セシム
　　御名　御璽
　　　　昭和十九年八月二十二日
                                    内閣総理大臣
                                    内務大臣
```

第1節　1944・1945年の労務動員計画と通年勤労動員

>　　　　　　　　文部大臣
>　　　　　　　　厚生大臣
>　　　　　　　　軍需大臣

　「別紙内務文部厚生軍需四大臣請議学徒勤労令」は，③「学徒勤労令」〔別紙案〕，②1944年7月27日付「発総八〇号　学徒勤労令制定ノ要ヲ別紙案ヲ具シ閣議ヲ請フ」にある「別紙案」である．

　「学徒勤労令」全25条は以下のとおりである．

第一条　国家総動員法第五条ノ規定ニ基ク学徒（国民学校初等科及之ニ準ズルモノノ児童並ニ青年学校ノ生徒ヲ除ク）ノ勤労協力及之ニ関聯スル教職員ノ勤労協力（以下学徒勤労ト総称ス）ニ関スル命令並ニ同法第六条ノ規定ニ基ク学徒勤労ヲ為ス者ノ使用又ハ従業条件ニ関スル命令ニシテ学徒勤労ヲ得クル者ニ対スルモノニ付テハ当分ノ内本令ノ定ムル所ニ依ル

第二条　学徒勤労ハ教職員及学徒ヲ以テスル隊組織（以下学校報国隊ト称スル）ニ依ルモノトス但シ特別ノ場合ニ於テハ命令ノ定ムル所ニ依リ学校報国隊ニ依ラザルコトヲ得

第三条　学徒勤労ニ当リテハ勤労即教育タラシムル様カムルモノトス

第四条　学徒勤労ハ国，地方公共団体又ハ厚生大臣若ハ地方長官（東京都ニ在リテハ警視総監）ノ指定スル者ノ行フ命令ヲ以テ定ムル総動員業務ヲ為サシムルモノトス

第五条　引続キ学徒勤労ヲ為サシムル期間ハ一年以内トス

第六条　学校報国隊ニ依ル学徒勤労ニ付其ノ出動ヲ求メントスル者ハ命令ノ定ムル所ニ依リ文部大臣又ハ地方長官ニ之ヲ請求又ハ申請スベシ学校ノ校地，校舎，設備等ヲ利用シテ為ス学校報国隊ニ依ル学徒勤労ニ付亦同ジ

第七条　前条ノ規定ニ依ル請求又ハ申請ハ厚生大臣又ハ地方長官（東京都ニ在リテハ警視総監）ガ割当テタル人員ノ範囲内ニ於テ之ヲ為スモノトス但シ命令ヲ以テ定ムル特別ノ場合ニ於テハ此ノ限リニ在ラズ

第八条　文部大臣又ハ地方長官第六条ノ規定ニ依ル請求又ハ申請アリタルトキハ特別ノ事情アル場合ヲ除クノ外学校長ニ対シ学徒勤労ヲ受クベキ者，作業ノ種類，学徒勤労ヲ為スベキ場所及期間並ニ所要人員数其ノ他必要ナル事項ヲ指定シテ学校報国隊ノ出動ニ関シ必要ナル措置ヲ命ズルモノトス

第III章　学徒勤労動員政策の破綻

第九条　前条ノ措置ヲ命ゼラレタル学校長ハ命令ノ定ムル所ニ依リ学校報国隊ニ依ル学徒勤労ヲ為スベキ者ヲ選定シ其ノ選定アリタル旨ヲ本人ニ通知シ学徒勤労ニ関シ必要ナル事項ヲ指示スベシ

第十条　命令ヲ以テ定ムル特別ノ場合ニ於テハ第六条ノ規定ニ依ル請求又ハ申請ハ之ヲ当該学校長ニ為スモノトス

　前項ノ場合ニ於テ学校長ハ特別ノ事情アル場合ヲ除クノ外直ニ前条ニ規定スル措置ヲ為スモノトス

第十一条　前二条ノ規定ニ依ル通知ヲ受ケタル者ハ同条ノ規定ニ依ル指示ニ従ヒ学校報国隊ニ依ル学徒勤労ヲ為スベシ

第十二条　文部大臣又ハ地方長官ハ命令ノ定ムル所ニ依リ特別ノ事情アル場合ニ於テハ学校報国隊ニ依ル学徒勤労ノ全部又ハ一部ノ停止ニ関シ必要ナル措置ヲ為スコトヲ得

第十三条　隊長タル学校長又ハ教職員ハ当該学校報国隊ノ隊員ノ学徒勤労ニ関シ其ノ隊員ヲ指揮監督ス

第十四条　文部大臣又ハ地方長官ハ学徒勤労ヲ受クル工場，事業所等ノ職員ニ対シ学徒勤労ノ指導ニ関スル事務ヲ嘱託スルコトヲ得

第十五条　学徒勤労ニ要スル経費ハ命令ノ定ムル所ニ依リ特別ノ事情アル場合ヲ除クノ外学徒勤労ヲ受クル者之ヲ負担スルモノトス

第十六条　厚生大臣（軍需省所管企業ニ於ケル勤労管理及給与ニ関スル事項ニ付テハ軍需大臣）及文部大臣又ハ地方長官（東京都ニ在リテハ警視総監ヲ含ム）必要アリト認ムルトキハ国家総動員法第六条ノ規定ニ基キ学徒勤労ヲ受クル事業主ニ対シ学徒勤労ヲ為ス者ノ使用又ハ従業条件ニ関シ必要ナル命令ヲ為スコトヲ得

　学徒勤労ヲ為ス者ガ業務上負傷シ，疾病ニ罹リ又ハ死亡シタル場合ニ於ケル本人又ハ其ノ遺族ノ扶助ニ関シ必要ナル事項ハ命令ヲ以テ之ヲ定ム

第十七条　左ノ各号ノ一ニ該当スル者ハ学徒勤労ヲ為サシメザルモノトス但シ学徒勤労ヲ為ス者ニシテ第三号ニ該当スルニ至リタルモノハ此ノ限リニ在ラズ

　一　陸海軍軍人ニシテ現役中ノモノハ（未ダ入営セザル者ヲ除ク）及召集中ノモノ（召集中ノ身分取扱ヲ受クル者ヲ含ム）

　二　徴用中ノ者

　三　陸軍大臣若ハ海軍大臣ノ所管スル官衙（部隊及学校ヲ含ム）又ハ厚生大臣ノ指定スル工場，事業所其ノ他ノ場所ニ於テ軍事上必要ナル総動員業務ニ従事スル者

　四　法令ニ依リ拘禁中ノ者

第十八条　左ノ各号ノ一ニ該当スル者ハ志願ニ依ル場合ヲ除クノ外学徒勤労ヲ為サ

第1節　1944・1945年の労務動員計画と通年勤労動員

　シメザルモノトス
　一　厚生大臣ノ指定スル総動員業務ニ従事スル者
　二　其ノ他厚生大臣ノ指定スル者
第十九条　文部大臣又ハ地方長官ハ命令ノ定ムル所ニ依リ学徒勤労ニ関シ学校長又ハ学徒勤労ヲ為ス者若ハ学徒勤労ヲ受クル事業主ヲ監督ス
第二十条　第六条乃至第十二条ノ規定ハ学校報国隊ニ依ラズシテ為ス学徒勤労ニ之ヲ適用ス
第二十一条　第十六条及第十九条ノ規定ハ事業主タル国及都道府県ニハ之ヲ適用セズ
第二十二条　本令ニ於テ学徒ト称スルハ文部大臣ノ所轄ニ属スル学校ノ学徒ヲ謂ヒ学校ト称スルハ第十七条第三号ノ場合ヲ除クノ外文部大臣ノ所轄ニ属スル学校ヲ謂ヒ学校長ト称スルハ文部大臣ノ所轄ニ属スル学校ノ長ヲ謂フ
第二十三条　前条ノ規定ハ朝鮮及台湾ニハ之ヲ適用セズ
　　第六条，第八条，第十二条及第十四条中文部大臣トアルハ朝鮮ニ在ル学校ノ学徒ニ関シテハ朝鮮総督，台湾ニ在ル学校ノ学徒ニ関シテハ台湾総督トシ地方長官トアルハ朝鮮ニ在ル学校ノ学徒ニ関シテハ道知事，台湾ニ在ル学校ノ学徒ニ関シテハ州知事又ハ庁長トス
　　前項ノ場合ヲ除クノ外本令中厚生大臣トアリ又ハ文部大臣トアルハ朝鮮ニ在リテハ朝鮮総督，台湾ニ在リテハ台湾総督トシ地方長官トアルハ朝鮮ニ在リテハ道知事，台湾ニ在リテハ州知事又ハ庁長トス
　　本令中都道府県トアルハ朝鮮ニ在リテハ道，台湾ニ在リテハ州又ハ庁トス
第二十四条　学徒勤労ニハ国民勤労報国協力令ハ之ヲ適用セズ
第二十五条　本令ニ規定スルモノノ外学徒勤労ニ関シ必要ナル事項ハ命令ヲ以テ之ヲ定ム
　　　附則
本令ハ公布ノ日ヨリ施行スルモノトス
本令施行ノ際現ニ国民勤労報国協力令ニ依リテ為ス学校在学者ノ国民勤労報国隊ニ依ル協力ハ之ヲ本令ニ依ル学徒勤労ト看做ス
　　　理由
学徒ノ勤労動員強化ニ伴ヒ学徒勤労ニ関スル規定ヲ整備スルノ要アルニ依ル

第 III 章　学徒勤労動員政策の破綻

1-4　「学徒勤労令」の特徴

1-4-1　「勅令案要綱」と「学徒勤労令」との相違

「学徒勤労令」はどのように「規定ヲ整備」したのであろうか．

文部省以下 4 省・内閣法制局は，閣議決定を経る間に「勅令案要綱」に勅令条文たる体裁を整え，以下のような変更を加えた．

- 「第一」を第 1 条・第 2 条に分割して規定した．
- 「第十四　主務大臣又ハ地方長官……」を，第 16 条に「厚生大臣（軍需省所管企業ニ於ケル勤労管理及給与ニ関スル事項ニ付テハ軍需大臣）及文部大臣又ハ地方長官（東京都ニ在リテハ警視総監ヲ含ム）……」と変更した．
- 「第十八　……学校報国隊ニ依ル学徒勤労ニ関スル文部大臣ノ職権ノ一部ヲ地方行政協議会長（戦時行政職権特例第六条ノ都庁府県長官ヲ謂フ）ヲシテ行ハシムルコトヲ得ルモノトスル」を削除した．
- 学徒・学校・学校長は文部大臣所轄のものとする第 22 条を加えた．これは先述した「国民勤労報国協力令」第 15 条（「本令ニ於テ学徒ト称スルハ……文部大臣ノ所轄ニ属スル学校ノ学徒ヲ謂ヒ学校ト称スルハ文部大臣ノ所轄ニ属スル学校ヲ謂ヒ学校長ト称スルハ文部大臣ノ所轄ニ属スル学校ノ長ヲ謂フ」）とほぼ同文である．

1-4-2　「学徒勤労令」制定の趣旨

1944 年 8 月 24 日付地方長官・学校長宛文部・厚生・軍需次官通牒「学徒勤労令施行ニ関スル件」は，「学徒勤労令」制定の趣旨を以下のように述べている．

緊迫セル戦局ノ推移ニ対処シ決戦完遂上学徒ノ勤労動員ヲ徹底強化シ軍需生産等ヲ最高度ニ増強スルノ必要ニ依リ今般新ニ法制的措置トシテ学徒勤労令制定セラルルコト相成八月二十三日勅令第五百十八号ヲ以テ公布施行セラレ之ニ伴ヒ文部，厚生，軍需省令ヲ以テ同令施行規則同日施行相成タル処右ハ学徒勤労ノ特殊性並ニ其ノ重要性ニ基キ特ニ学徒勤労ヲ一般国民勤労報国協力令ニ依ル協力ト切断シ一層学

第 1 節　1944・1945 年の労務動員計画と通年勤労動員

徒勤労体制ノ徹底強化ヲ図リ其ノ円滑ナル実施ヲ期セントスル趣旨ニ有之[41]

　通牒は,「勤労動員ヲ徹底強化」して軍需生産を「最高度ニ増強」するためと謳い,「学徒勤労ノ特殊性」にもとづき「国民勤労報国協力令ニ依ル協力ト切断」する「法制的措置」と説明した.

　「国民勤労報国協力令」第 5 条には,学校報国隊の出動請求申請先は「厚生大臣又は地方長官」とあったが,「学徒勤労令」第 6 条は「文部大臣又ハ地方長官」へと変えた[42].

　「学徒勤労令施行規則」が定めた「様式第一号　学校報国隊出動申請（請求）書」には,「国民勤労報国協力令施行規則」下の「様式第一号　学校報国隊出動申請（請求）書」にはなかった「夜勤残業ノ有無」なる項目が加えられた.夜勤残業による労働時間の延長は,「最高度ニ増強」するための明確な措置である.

　寺中作雄は,「学徒勤労令」制定意図と時間を要した事情を以下のように記している.

> ［前略］一般国民勤労報国隊の場合は家業に於ける余裕の時間を活用し,家業とは全く性質を異にする国家総動員業務に挺身せしめ短期に勤労報国目的に協力させようとするのである.然るに学徒の場合は学徒の本分,使命である学業目的を棄て丶一時勤労報国に協力すると言ふのではなく,飽くまで勤労の中に学徒の本分である学業を見出し,勤労する事その事が教育たり学業たることを目的とする.それゆえそれは既に協力の域を脱して勤労其のものに於て,学徒の本分と国家奉公目的とを同時に達成しようと言ふのである.斯の意味で一般国民勤労報国隊と全然其の性質目的の別な学徒勤労の本質を明にし学徒勤労発動の手続方法をはつきりきめる学徒勤労動員体制を法的に措置することが必要である.これは通年動員の開始と共に加速された.かかる必要から学徒勤労令の制定は本年三月七日決戦非常措置に基く学徒動員実施要綱策定以来の懸案として今日に至つた.学徒通年動員実施については先ずその実施運営上の諸準備並に諸基準を定めるに日を追はれ,其の法制的根拠の設定は後回しにされた感があつて荏苒今日に至つた[43].

　寺中作雄が学徒勤労動員と対比した一般国民勤労報国隊は,勅令第 515 号

「国民勤労報国協力令改正」(1943年6月18日) 第3条に動員年齢を男子は14年以上50年未満，女子は14年以上25歳未満(未婚)と，第4条に動員期間を60日と定めていた[44]．

　寺中作雄が「一般国民勤労報国隊の場合は家業に於ける余裕の時間を活用し，家業とは全く性質を異にする国家総動員業務に挺身せしめ短期に勤労報国目的に協力させようとするのである」と述べたのは，文部省が所掌している在学中の学生生徒を，労務動員の主務省である厚生省が差配していること，就業者の転用・未就業者の労務動員(徴用)との区別がなされていないという学徒勤労動員の隘路打開にかかわっていた．文部省は，徴用と学徒勤労動員との区別を求めたのである．

　寺中作雄は，「勤労の中に学徒の本分である学業を見出し，勤労する事その事が教育たり学業たることを目的とする」と解説した．文部省は，学徒勤労動員の「法的措置」を求めるにふさわしい，「勤労即教育」――従来は，学校教育の範疇として「行学一体ノ義」「教育実践ノ一環」「勤労即教育ノ本旨」「学校ト工場事業場トヲ緊結」「勤労動員ヲシ教育ノ一環タラシメ勤労ト教育トノ融合」「勤労動員ガ実践教育」などと表していたこと先述した――なる理念に到達したのである．

　さらに「勤労即教育」が「学徒勤労を運営するに当つて其の根本的指導方針」だとし，「それぞれの立場」における意味を説明した．それらを要約・摘記しよう．

受入側　　「学徒の勤労を単なる労務の提供の如き概念で迎へる事なく，学徒の矜恃を失はしめぬ様に，之に対して充分温情あり誠意ある待遇」を与える．
教職員側　「勤労を通じて学徒を教育する事」を意味する．
　　　　・「皇国勤労観に徹せしむる無二の好機会」である．
　　　　・「実験教育のよき機会」であり，「勤労の現場に於ては教職員の教育方式に関する創意と工夫と努力とによつて，従来教室の教育では〔偏知的形式的に陥り〕完全でなかつた実験教育を理想的に実施し得る環境」にある．

第1節　1944・1945年の労務動員計画と通年勤労動員

・「勤労は師弟同行，率先垂範の教育の実践場」である．教師は「学徒を率ゐて躬ら先づ勤労を実践し，身を以て勤労の範を示す．其処に師弟間の緊密な薫化教導関係が確立し，真に学徒をして教師の人格に感応せしめ，其の総てを捧げて教師と共に喜んで死地につかうとするまで信服し感激させる機会」が得られる．

学徒側　「学徒にとつて勤労即教育とは勤労を通じ勤労の場に於て自ら錬磨，学習修養する事」を意味する．
・「自学求道の修練場であり且，専攻の学理が生産の実際に如何に応用せられるるかを考察玩味させる最もよい実習場」であり，学徒の「徳性錬磨，精神陶冶の上にも亦大きな研磨剤」となる．
・「学徒が学徒の矜恃を以て自ら修め自ら習ふ態度は自然真剣となり……一般工員をも感化し，生産効率の上昇，戦力の増強に貢献する事は尠くない．勤労即教育は右の様な深遠な意味」がある．

　労務動員一般を所掌する厚生省を学徒勤労動員業務から除外した瞬間に，「教師と共に喜んで死地につかうとするまで信服し感激させる」という教育目標が鮮明になった．とはいえ，「それぞれの立場」に掲げた課題は，勤労に徹してこそ達成可能との構図である．途方もない，敢えて記せば机上の空論である．
　「学徒通年動員実施については先づその実施運営上の諸準備並に諸基準を定めるに日を追はれ，其の法制的根拠の設定は後回しにされた感があつて荏苒今日に至つた」とも記した．政府部内就中厚生省から「学徒勤労発動の手続方法」変更の了解を得るのに時間を要したのではないか．

1-4-3　学徒勤労動員は「勤労即教育」（第3条）

　「学徒勤労令」は，第3条で「学徒勤労ニ当リテハ勤労即教育タラシムル様力ムルモノトス」と規定した．学徒勤労動員は「学徒の本分」であり，「家業に於ける余裕の時間を活用」する勤労協力が本分である他の労務動員とは異なるとの謂である．
　「勤労即教育」は，「学徒勤労発動の手続方法」変更と表裏をなし，文部省の

第Ⅲ章　学徒勤労動員政策の破綻

学徒勤労動員遂行責任はいや増しに増し，学校長・地方学務部署への行政措置は一層強力になった．

ところが，中根秀雄「学徒勤労の反省」は，「学徒勤労の成果は［中略］先ず以つて皇国教育の勝利であつたと云つても手前味噌ではないと信ずる」と述べた一方で，「勤労即教育」実現は容易ではないと，以下のように記している．

> ［前略］決戦段階に即して「勤労即教育」となつた時，学校教育の態様は完全に転換した．教室と塗板と教科書には頼り切れなくなつた．教育から離れた勤労は学徒に関する限り今までもあり得なかつたが，同時に「勤労」と対立した「教育」はなくなつたと考ふべきである．学徒の勤労を含む全生活が教育の対象である．教授要目からは必ずしも割り出せない教育活動が要請されて居るのである．勤労即教育の具顕は容易ではない[45]．

「学徒勤労令」は，「勤労即教育タラシムル様力ムルモノトス」と曖昧に規定せざるを得なかった．不足している労働力の補塡を求めた工場事業場にとって，学生生徒は労働力であり，労働の現場において「勤労即教育タラシムル」ことを求められても応じようがなかった．「勤労即教育」と謳ってみても，学徒勤労動員は「国家総動員法」にもとづく労務動員政策であった．「勤労即教育タラシムル様力ムルモノトス」は，在学者を供給源とした学徒勤労動員につきまとった避けがたい矛盾を象徴している．

中根秀雄は以下のようにも記している．

> 此の一年は一切のものを叩き込み，一切の施策が勝つことに凝集されねばならぬ．夫から先のことには何等の期待をも待たぬことが必勝の要諦である．しかし其のことを妥当ならしむる為にこそ，将来に於ける学力の補強が施策さるべきであらう[46]．

「将来に於ける学力の補強」が要ると，問わず語りに勤労動員は文字通り勤労であると述べてしまった．

佐藤得二「勤労学徒を視察して」は，学徒勤労動員により「製品合格率」が

第1節　1944・1945年の労務動員計画と通年勤労動員

「上昇」し，生産は2倍半あるいは4から5倍の増強を見たと記している．さらに「労働力のみならず技術力に於て，現下決戦生産の中枢」になりつつあり，「重要工場の最重要で最危険な而もひとの嫌がる仕事が，三分の一近く学徒の手に移りつゝある．この〔1944年〕秋には三分の二が学徒の手に移り及び辺縁的な作業が工員又は応徴士の負担となるだろう」とまで述べた[47]．その一方で，「飲料水不足，食物粗乏，労働過重に加へて蚤がゐる南京虫がゐる蠅がゐる，といふ寄宿舎」，「学徒が非協力的だと県当局に陳情」，「学徒が工場の印の帽子を被らず学帽を被るといふ類の理由で非国民とか反国家思想とか甚だしい悪名をおつ被せ云々」，「中には，とてもこんな所に辛抱で出来ないから私は一週間で帰らして貰ひます，などと云ふ先生もある」と，工場事業場・引率教員への批判を述べたてた[48]．しかも，「今や学徒は現実に国運を双肩に荷なうて，窮乏の裡にも必死の努力を続けてゐる．しがひのある仕事を一杯与へて呉れ，といふのが今日の青少年学徒の衷心からの願である」[49]と，学徒勤労動員の担い手の心情を掲げて工場事業場と引率教員に迫った．

1-4-4　「学徒勤労ノ全部又ハ一部ノ停止」（第12条）

　第12条では「文部大臣又ハ地方長官ハ命令ノ定ムル所ニ依リ特別ノ事情アル場合ニ於テハテ学校報国隊ニ依ル学徒勤労ノ全部又ハ一部ノ停止ニ関シ必要ナル措置ヲ為スコトヲ得」と定めた．

　第12条の運用は，「学徒勤労令施行規則」に定めた．関係する条文は以下のとおりである．

第9条　左ノ各号ノ一ニ該当スル場合ハ文部大臣又ハ地方長官ハ令第十二条ノ規定ニ依リ学校長ニ対シ必要ナル措置ヲ命ズルコトヲ得
　一　勤労要員過剰トナリ学徒勤労ヲ継続スルノ要ナシト認メラルル場合
　二　使用又ハ従業条件適正ヲ欠キ学徒勤労ノ本旨ニ悖ルト認メラルル場合
　前項各号ノ場合ニ関スル認定ハ文部大臣又ハ地方長官関係官庁ト協議ノ上之ヲ為スモノトス
第10条　前条第一項ノ規定ニ依ル措置ヲ為サシメントスルトキハ予メ学徒勤労ノ停止ヲ為スベキ時期及隊員数ニ関シ事由ヲ附シ当該学校報国隊ニ依ル学徒勤労ヲ

第III章　学徒勤労動員政策の破綻

> 受クル者ニ之ヲ通報スルコトヲ要ス50)

さらに文部・厚生・軍需次官通牒「学徒勤労令施行ニ関スル件」の十二項が以下のように指示していた．

> 十二　令第十二条及規則第九条ノ規定ニ依リ学徒勤労ヲ停止スベキ場合ニ関シテハ左ニ依リ取扱ノ慎重ヲ期スルコト
> 　（イ）規則第九条第二項ノ規定ニ依ル関係官庁トノ協議ニ関シテハ追ツテ指示スベキモ地方長官之ガ措置ヲ必要ト認ムル場合ハ其ノ状況ニ付詳細監督官庁ニ報告シ其ノ指示ヲ待ツベキコト
> 　（ロ）一般ニ学校長ハ独断ヲ以テ学徒勤労ヲ停止セシムルコトヲ得ザル義ニ付学校長之ガ措置ノ必要ヲ認メタルトキハ（イ）ニ準ジ其ノ状況ヲ詳細監督官庁ニ具情スルコト
> 令第十条ノ規定ニ依リ学校長ガ学校報国隊ノ出動ヲ指示シタル場合ニ於テモ亦同ジ51)

これらは，文部大臣または地方長官は，「勤労要員過剰トナリ学徒勤労ヲ継続スルノ要ナシ」，あるいは「使用又ハ従業条件適正ヲ欠キ学徒勤労ノ本旨ニ悖ル」と判断した場合には，「学徒勤労ノ全部又ハ一部ノ停止ニ関シ必要ナル措置」を取り得るとの定めである．

上記措置は，文部・内務・厚生・軍需各省が，学徒勤労動員先工場事業場の労務動員配置の問題点就中「勤労要員過剰」を予想し危惧したというよりは，通年勤労動員開始当初から実情を把握していたことを示唆している．

「学徒勤労令」は，政府が必要だと繰り返し表明していた「法的措置」である．それは，学徒勤労動員が徴用と同様に「国家総動員法」の発動によって実施されていたにもかかわらず，学徒に限定して規定することで徴用との違いを示し，勅令の重みによって在学中の学生生徒の勤労動員を徹底するための措置であった．

それとても「学徒勤労ノ全部又ハ一部ノ停止ニ関シ必要ナル措置」を掲げておかなければならなかった．

「学徒勤労令」は制定と同時に危殆に瀕していた．

第 1 節　1944・1945 年の労務動員計画と通年勤労動員

　1945 年 3 月 5 日，勅令第 96 号「学徒勤労令中改正」が公布（1945 年 3 月 10 日施行）をみた．改正箇所は，第 6 条から第 11 条・第 23・24 条におよぶ．
　主な改正は第 11 条に「機動配置」について以下のように規定したことである．

> 第 11 条　文部大臣又ハ地方長官学校報国隊ニ付機動配置ヲ為ス為必要アルトキハ命令ノ定ムル所ニ依リ学校長ニ対シ機動配置ヲ受クベキ者，機動配置ニ依リ従事セシムベキ作業ノ種類，事業場及期間並ニ機動配置セラルベキ人員数其ノ他必要ナル事項ヲ指定シテ機動配置ニ関シ必要ナル措置ヲ命ズルモノトス[52]

　機動配置は，学生生徒を動員先から別の工場事業場へ配置転換する措置のことである．
　時間を遡るが，1944 年 10 月 6 日付『読売新聞』（朝刊）は，「学徒動員に機動性／配置転換は地方長官の命令で／短期労務は申請無用」と，機動配置について以下のように報じた．

> 派遣または配置転換の方法としては，隊組織による集団配置が原則であるが，ただ動員期間が短いとき，派遣工場と受入工場が近距離ならば一学級，一学科を数班に分けて派遣または配置転換をする［中略］事業主間の協議によって学徒報国隊の融通を希望するときは両者連署で所轄地方長官に申請，地方長官の勘案により下命する

　「一学級，一学科を数班に分けて派遣または配置転換をする」なら，学校報国隊は配置転換先においては無論のこと，当初の動員先においても解体しかねない．「学校報国隊の融通」は工場事業場と地方長官が決定するなら，文部省は機動配置にかかわりを有しない．
　政府は，上記措置を勅令第 96 号「学徒勤労令中改正」に盛り込んだのである．

1-5 「決戦教育措置要綱」と「昭和二十年度第一四半期物資動員実施計画」

1945年3月18日,閣議は「決戦教育措置要綱」を決定した.その全文は以下のとおりである.

第一　方針
　現下緊迫セル事態ニ即応スル為学徒ヲシテ国民防衛ノ一翼タラシムルト共ニ真摯生産ノ中核タラシムル為左ノ措置ヲ講ズルモノトス
第二　措置
　一,全学徒ヲ食糧増産,軍需生産,防空防衛,重要研究其ノ他直接決戦ニ緊要ナル業務ニ総動員ス
　二,右目的達成ノ為国民学校初等科ヲ除キ学校ニ於ケル授業ハ昭和二十年四月一日　ヨリ昭和二十一年三月三一日ニ至ル期間原則トシテ之ヲ停止ス
　　国民学校初等科ニシテ特定ノ地域ニ在ルモノニ対シテハ昭和二十年三月九日閣議決定学童疎開強化要綱ノ趣旨ニ依リ措置ス
　三,学徒ノ動員ハ教職員及学徒ヲ打ツテ一丸トスル学徒隊ノ組織ヲ以テ之ニ当リ其ノ編成ニ付テハ所要ノ措置ヲ講ズ但シ戦時重要研究ニ従事スル者ハ研究ニ専念セシム
　四,動員中ノ学徒ニ対シテハ農村ニ在ルカ工場事業場等ニ就業スルカニ応ジ労作ト緊密ニ連繋シテ学徒ノ勉学修養ヲ適切ニ指導スルモノトス
　五,進級ハ之ヲ認ムルモ,進学ニ付テハ別ニ之ヲ定ム
　六,戦争完遂ノ為特ニ緊要ナル専攻学科ヲ修メシムルヲ要スル学徒ニ対シテハ学校ニ於ケル授業モ亦之ヲ継続実施スルモノトス但シ此ノ場合ニ在リテハ能フ限リ短期間ニ之ヲ完了セシムル措置ヲ講ズ
　七,本要綱実施ノ為速ニ戦時教育令（仮称）ヲ制定スルモノトス
　備考
　　一,文部省所管以外ノ学校,養成所等モ亦本要綱ニ準ジ之ヲ措置スルモノトス
　　二,第二項ハ第一項ノ動員下令アリタルモノヨリ逐次之ヲ適用ス
　　三,学校ニ於テ授業ヲ停止スルモノニ在リテハ授業料ハ之ヲ徴収セズ
　　　学徒隊費其ノ他学校経営維持ニ要スル経費ニ付テハ別途措置スルモノトシ必要ニ応ジ国庫負担ニ依リ支弁セシムルモノトス[53]

第1節　1944・1945年の労務動員計画と通年勤労動員

「学徒ヲシテ国民防衛ノ一翼タラシムル」ことはともかく,「真摯生産ノ中核タラシムル」ことは到底なしうることではない．1945年度の授業は停止するとしながら，勤労動員中は「労作ト緊密ニ連繋シテ学徒ノ勉学修養ヲ適切ニ指導スル」と謳った．「就業」とも記してある．「勤労即教育」は「勤労即就業」へと変容を遂げたのであろうか．「勤労即教育」は，授業停止状況下で揺らいでいた．

「本要綱実施ノ為速ニ戦時教育令（仮称）ヲ制定スルモノトス」とは，閣議決定時に決定を「実施」するために勅令「戦時教育令」制定を考えていたことになる．

他方，1945年4月20日，閣議は4月19日付「別紙軍需大臣請議　昭和二十年度第一，四半期物動実施計画要旨」を請議通り決定した．

同要旨冒頭の「方針」は以下のように述べている．

> 戦局ノ現状ト今後ノ推移ヲ勘案シ食糧不足補填ノ為満洲雑穀類並ニ大陸塩ノ取得ニ対シ最優先配船スルト共ニ敵ノ本土上陸ニ備ヘ最少限ノ戦備ヲ整フル為一部ノ軍需生産ヲ続行スルモノトス
> 之ガ為主要主食糧ノ配給ヲ若干規制スルト共ニ重要産業ハ概ネ前年ノ五割程度ニ稼働セシム[54]

「一部ノ軍需生産」続行，「重要産業ハ概ネ前年ノ五割程度ニ稼働」，これが1945年4月19日の軍需大臣の，4月20日の閣議の状況認識と判断である．1945年度第1四半期計画は，現状追認であったかどうかさえ疑わしい．

1-6　「戦時教育令」と学徒勤労動員

1945年3月18日閣議決定「決戦教育措置要綱」が「速ニ戦時教育令（仮称）ヲ制定スル」と述べていたとおり，勅令第320号「戦時教育令」が1945年5月22日に公布をみた．

「戦時教育令」に関する一件書類である「戦時教育令ヲ定ム」(「公文類聚」第六十九編・昭和二十年・巻五十七・学事門・大学・中等学校・雑載，類

第Ⅲ章　学徒勤労動員政策の破綻

941100，国立公文書館所蔵）には，以下の諸文書が含まれている．

> ①「戦時教育令」裁可奏請に関する閣議決定（1945年5月9日起案，5月11日閣議決定，5月12日裁可，5月22日公布）
> ②1945年5月9日付枢密院議長平沼騏一郎名「上奏」
> 　「勅令第三百二十号　戦時教育令」（タイプ）添付
> ③1945年4月〔日付空欄〕日付閣議決定「別紙内務文部大東亜三大臣請議戦時教育令制定ノ件」
> ④1945年4月18日付内閣総理大臣鈴木貫太郎宛文部大臣太田耕造・内務大臣安部源基・大東亜大臣東郷茂徳連名「閣議請議書」
> 　枢密院「諮詢案」，「戦時教育令」，「決戦教育措置要綱」〔昭和二〇．三．一八　閣議決定〕添付
> ⑤1945年5月〔日付空欄〕日付内閣総理大臣鈴木貫太郎宛枢密院議長平沼騏一郎名「通牒」
> ⑥1945年5月〔日付空欄〕日付枢密院議長平沼騏一郎名「上奏」
> 　「戦時教育令」添付

これらを時系列にしたがって並べ替えたうえで考察を試みる．

　③1945年4月〔日付空欄〕日閣議決定「別紙内務文部大東亜三大臣請議戦時教育令制定ノ件」は，「戦時教育令」を枢密院審査に付すための閣議決定であり，以下のように記している．

> 別紙内務文部大東亜大臣請議戦時教育令制定ノ件ヲ審査スルニ右ハ相当ノ儀ト思考ス依テ請議ノ通閣議決定セラレ可然ト認ム
> 追テ本件ハ枢密院官制第六条第八号ノ勅令ナルヲ以テ枢密院ニ御諮詢相可然ト認ム
> 　勅令案
> 　　呈案附箋ノ通

　欄外には「御覧済内閣へ御下付　昭和二十年四月二十三日御下付」との押捺と書込があり，閣議決定に先立って「戦時教育令」について天皇へ説明していたことがわかる．
　閣議決定日は記載がないが，4月23日以降である．

170

第1節　1944・1945年の労務動員計画と通年勤労動員

なお，「呈案附箋ノ通」とある「附箋」は，④1945年4月18日付内閣総理大臣鈴木貫太郎宛文部大臣太田耕造・内務大臣安部源基・大東亜大臣東郷茂徳連名閣議請議書である．

④1945年4月18日付内閣総理大臣鈴木貫太郎宛文部大臣太田耕造・内務大臣安部源基・大東亜大臣東郷茂徳連名閣議「請議書」は，枢密院へ示す「諮詢案」にかかわる閣議決定を求めた文書で，以下のように記してある．

発総二一号
昭和二十年三月十八日閣議決定「決戦教育措置要綱」実施ノ為戦時教育令制定ノ要ヲ認メ別紙案ヲ具シ請議ヲ請フ
　　昭和二十年四月十八日
　　　　　　　　　　　　　　　　　文部大臣　　太田耕造　公印
　　　　　　　　　　　　　　　　　内務大臣　　安部源基　公印
　　　　　　　　　　　　　　　　　大東亜大臣　東郷茂徳　公印
　　　　　　　　　　　内閣総理大臣　男爵　鈴木貫太郎殿

「請議書」枠外には，「法制局文第三四号／昭和二十年四月十九日」とのゴム印（「文」「三四」はペン書き）押捺，「本案説明者」として文部書記官中島秀雄・西島恵を確認できる．

請議書には「諮詢案」「戦時教育令」「決戦教育措置要綱　昭和二〇.三.一八 閣議決定」を添付してある．

「諮詢案」には，以下のようにある．

皇祖考嚢ニ国体ノ精華ニ基キテ教育ノ大本ヲ明ニシ一旦緩急ノ際義勇奉公ノ節ヲ効サンコトヲ諭シ給ヘリ今ヤ戦局ノ危急ニ臨ミ朕ハ忠誠純真ナル青少年学徒ノ奮起ヲ嘉シ愈其ノ使命ヲ達成セシメンガ為枢密顧問ノ諮詢ヲ経テ戦時教育令ヲ裁可シ茲ニ之ヲ公布セシム
　御　名　御　璽
　　昭和　　　年　　　月　　　日
　　　　　　　　　　　　内閣総理大臣

171

第III章　学徒勤労動員政策の破綻

> 　　　　　　　　　文部大臣
> 　　　　　　　　　内務大臣
> 　　　　　　　　　大東亜大臣

　「戦時教育令」(全6条，文部省用紙4頁，タイプ)の勅令番号は空欄である．
　天皇は，「諮詢案」において，「教育ニ関スル勅語」中の「一旦緩急アレハ義勇公ニ奉シ天壌無窮ノ皇運ヲ扶翼スヘシ」を，「一旦緩急アレハ義勇公ニ奉シ効サンコト」と言い換えて，「今ヤ戦局ノ危急ニ臨ミ朕ハ忠誠純真ナル青少年学徒ノ奮起ヲ嘉シ愈其ノ使命ヲ達成セシメン」と述べた．当面している「戦局ノ危急」こそが「一旦緩急」そのものであった．

　「戦時教育令」は文部省用紙を用いており，作成したのは文部省である．この「戦時教育令」には，内閣法制局が張紙・朱書による修正を加えてあるが，本章では立ちいらない．しかしながら，「理由」には「大東亜戦争ノ現段階教員及学徒ノ使命ヲ闡明シ並ニ学校教育ニ関シ戦局ノ推移ニ即応スル特別ノ措置ヲ講ズルノ要アルニ依ル」とあることは，書き留めておこう．

　「決戦　教育措置要綱　昭和二〇，三，一八　閣議決定」(洋紙2枚・袋綴じ，タイプ)は，「戦時教育令」が，1945年3月18日閣議決定「決戦教育措置要綱実施ノ為」の措置であることの再確認である．

　⑥1945年5月〔日付空欄〕日付枢密議長平沼騏一郎名「上奏」(枢密院罫紙)は，以下のように記してある．

> 臣等戦時教育令諮詢ノ命ヲ恪ミ本月〔日付空欄〕日ヲ以テ審議ヲ尽シ之ヲ可決セリ
> 乃チ謹テ
> 上奏シ
> 聖明ノ採択ヲ仰ク
> 　　　昭和二十年五月〔日付空欄〕日
> 　　　　　　　　枢密院議長男爵臣平沼騏一郎

　⑥は，②1945年5月9日付枢密院議長平沼騏一郎名「上奏」の草案である．
　⑤1945年5月〔日付空欄〕日付内閣総理大臣鈴木貫太郎宛枢密院議長平沼

第1節　1944・1945年の労務動員計画と通年勤労動員

騏一郎名「通牒」(枢密院罫紙)は，以下のように記してある．

一　戦時教育令
　右別紙ノ通本院ニ於テ決議上奏候条此段及通牒候也
　　　　昭和二十年五月〔日付空欄〕日
　　　　　　枢密院議長平沼騏一郎
　　内閣総理大臣男爵鈴木貫太郎殿

添付資料「戦時教育令」(タイプ)は，勅令番号は空欄である．
① 1945年5月9日起案，5月11日閣議決定，5月12日裁可，5月22日公布「戦時教育令」(内閣用紙)には以下のようにある．

戦時教育令
右枢密院ノ御諮詢ヲ経テ御下付ニ付同院上奏ノ通裁可ヲ奏請セラレ然ルベシト認ム
　　上諭案
皇祖考曩ニ国体ノ精華ニ基キテ教育ノ大本ヲ明ニシ一旦緩急ノ際義勇奉公ノ節ヲ效サンコトヲ諭シ給ヘリ今ヤ戦局ノ危急ニ臨ミ朕ハ忠誠純真ナル青少年学徒ノ奮起ヲ嘉シ愈其ノ使命ヲ達成セシメンガ為枢密顧問ノ諮詢ヲ経テ戦時教育令ヲ裁可シ茲ニ之ヲ公布セシム
　　　御　名　御　璽
　　　　昭和二十年五月二十一日
　　　　　　　　　　　　　　　　　　内閣総理大臣
　　　　　　　　　　　　　　　　　　内務大臣
　　　　　　　　　　　　　　　　　　文部大臣
　　　　　　　　　　　　　　　　　　大東亜大臣

(枢密院上奏ノ通)

上記文書の起案は1945年5月9日だが，「上諭」は④にあった「諮詢案」と同一である．「諮詢案」は，1945年4月18日起案の「内閣総理大臣鈴木貫太郎宛文部大臣太田耕造・内務大臣安部源基・大東亜大臣東郷茂徳連名閣議請議書」に含まれていたことを勘案すれば，詳細は不詳だが「諮詢案」作成は4月

第 III 章　学徒勤労動員政策の破綻

18 日以前である．

②1945 年 5 月 9 日付枢密院議長平沼騏一郎名「上奏」（枢密院罫紙）は，枢密院審査を終えた「戦時教育令」を勅令として公布するために「聖明ノ採択ヲ仰」いだ上奏である．

⑥1945 年 5 月〔日付空欄〕日付枢密院議長平沼騏一郎名「上奏」（枢密院罫紙）と同一の文書に，墨筆で日付を加筆してある．

添付してある「戦時教育令」は「勅令第三百二十号」との勅令番号を記した全 6 条（洋紙 3 頁，タイプ）で，公布・施行「戦時教育令」と同一である．

以下では，1945 年 5 月 3 日開催枢密院審査委員会の記録である「戦時教育令外一件審査委員会」から，学徒勤労動員にかかわる枢密顧問官と文部省との応答を摘記する．

南弘顧問官　学徒隊ノ配置ヲ適正ナラシムル為当局ニ於テ考究スル所

藤野恵文部次官　従来ノ学徒勤労ニ付テハ往々配置ノ適正ヲ欠キタル嫌アリタルガ学徒隊ノ結成ト同時ニ学校ト近距離ニ在リテ学徒ノ年齢性別ニ適スル工場トノ間ニ特定連携ノ関係ヲ持タシメンコトヲ期シツツアル〔旨答弁アリ〕

奈良武次顧問官　本案ニ参照ノ決戦教育措置要綱（昭和二〇，三，一八閣議決定）ニ依レバ学校ノ授業ハ一年間原則トシテ之ヲ停止スル旨ヲ定メタルガ之ガ措置如何

藤野恵文部次官　動員下令ニ基ク学徒隊ノ出動ニ依リ当然授業停止ノ事実ヲ発生スルヲ以テ特ニ本案第四条（戦局ノ推移ニ即応スル学校教育ノ運営ノ為特ニ必要アルトキハ文部大臣ハ其ノ定ムル所ニ依リ教科目及授業時数ニ付特例ヲ設ケ其ノ他学校教育ノ実施ニ関シ特別ノ措置ヲ為スコトヲ得）ヲ発動シ授業ノ停止命令ヲ出スニ及バザル〔旨答弁アリ〕

林頼三郎顧問官　学徒ノ勤労管理ニ付改善ノ要アリトシトウキヨクノ対策〔ヲ問ウタ〕

永井浩文部省総務局長　将来ハ学校ト工場トノ連携ヲ強化シ工場内ニ学徒勤労指導本部ト謂フガ如キモノヲ設ケ学校教職員ト工場幹部トノ接触ヲ多クシ工場ノ幹部ヲシテ学徒ノ指導ニハ一層ノ関心ヲ持タシメ牽テ学徒ノ勤労管理ニ遺憾ナカラシメン〔トスル旨答弁アリ〕55)

どの発言も隔靴掻痒の域を出ないが，林頼三郎だけは「学徒ノ勤労管理ニ付

改善」の対策如何をと核心を衝いた．永井浩の答弁は，如何にしても文部省の権能は工場事業場には及ばない現状を糊塗した以上の何物でもない．敢えて記せば虚偽である．

1945年5月22日公布文部省令第9号「戦時教育令施行規則」全11条は，学徒隊編成とそれらの責任者の充当に重点があるようにみえる．

「学徒勤労令」第13条には「隊長タル学校長又ハ教職員ハ当該学校報国隊ノ隊員ノ学徒勤労ニ関シ其ノ隊員ヲ指揮監督ス」とあったが，「戦時教育令施行規則」第6条は，「学徒隊ハ其ノ挺身スル要務ノ遂行ニ関シテハ当該職場ノ責任者ノ指示ヲ受クルモノトス」と規定していた．「挺身スル要務」は，「戦時教育令」第3条の「食糧増産，軍需生産，防空防衛，重要研究等戦時ニ緊要ナル要務」である[56]．

学徒勤労動員は，今や「敵ノ本土上陸ニ備ヘ最少限ノ戦備ヲ整フル一部ノ軍需生産ヲ続行」それも「重要産業ハ概ネ前年ノ五割程度ニ稼働セシム」（「昭和二十年度第一四半期物資動員実施計画」）るための措置でしかなかった．

第2節　岩手県立水沢高等女学校1942年度入学生の東京航空計器株式会社への動員

2-1　東京航空計器株式会社の概要

水沢高女1942年度入学生の動員先となった東京航空計器は，株式会社東京計器製作所（東京都大田区）が1937年に川崎市中原区木月に分離設置した航空計器製造会社である．

東京計器製造所編・発行『東京計器略史――65年の足跡』（1961年，以下『東京計器略史』と略記する場合がある）によれば，「航空計器の需要は急速に増加し，既にオートパイロットまで製造していた我が社は，航空工業の大発展を予測し，昭和12年3月12日資本金300万円の東京航空計器株式会社の設立登記を完了した．神奈川県川崎市木月に敷地50,000平方米を買収して工場の建設に着手し，同年秋我が社の航空部門中の航法計器を移譲」して発足した．その後，隣接土地を買収して12万平米に拡充し，狛江には4600平米の「素人

175

第 III 章　学徒勤労動員政策の破綻

工養成所と分工場を建設し，戦時最盛期の従業員は 16,000 名に達する程であった」という．取締役社長以下の経営陣は東京航空計器製作所経営陣の兼任であった[57]．

「主要製品種目」は，水平儀，定針儀，旋回指示器，昇降度計，高度計，速度計，傾斜計，油量計，航空計器盤並防振装置，自動操縦装置，その他一般航空計器類であった[58]．

東京計器製作所は，1941 年に錦製作所（神奈川県茅ヶ崎）を買収して茅ヶ崎分工場として海軍用エンジン・スターター専用工場とし，蒲田工場エンジン・スターター工場を陸軍用に充てた．最盛期には両工場で 6000 台のエンジン・スターターを月産した[59]．同年陸海軍指定工場となった[60]．

1942 年 4 月には，東京航空計器と共同で川崎市中丸子所在の鋼板株式会社の経営権を取得し東京兵器株式会社と改称し，探照灯・聴音機・探信儀・機雷落下指示装置などを製造した．最盛期の従業員は約 4500 人を擁した[61]．1943 年 7 月には東京航空計器と共同で静岡県草薙〔安部郡有度村，現清水区〕の光紡績株式会社の株式を取得して光航空工業株式会社を設立し，エンジン・スターター製造を企図した[62]．1944 年末には，三鷹町千代田精工株式会社の株式を取得して協力会社とし陸軍用エンジン・スターター増産を企図した[63]．

この他に，東京航空製造株式会社に直属する分工場・出張所を設置した．表 1「東京航空製造所の分工場・出張所」はそれらの一覧表である[64]．

表 1　東京航空計器製造所の分工場・出張所

名称	所在地	設立時期	目的
萩中磁気試験場	蒲田区萩中	1939	磁気羅針儀の研究・検査
鹿島炭山	福島県相馬郡上真野村	1941	亜炭自給
矢向鋳造工場	鶴見区矢向	1941	多種少量非鉄金属自給
横須賀・呉・舞鶴・佐世保		1943	営業連絡
六郷工場	蒲田区六郷	1944	磁気羅針儀増産
秋谷試験場	横須賀市秋谷	1944	KMX 綜合検査
池袋工場	豊島区池袋 6 丁目	1944	木工増産
蒲田学校工場	蒲田区蒲田高等女学校	1945	圧力計増産
群馬県出張所	群馬県山田郡相生村（小倉製作所内）	1945	ヴェンツ噴射ポンプ用水調了弁製作

第2節　岩手県立水沢高等女学校1942年度入学生の東京航空計器株式会社への動員

八王子出張所	元八王子西川工業KK内	1945	圧力計増産
西条工場	広島県賀茂郡西条町	1945	本土分断に備えた関西以西の兵器製造
岩手製材所		1945	木材自給

出典　『東京計器略史』29頁.

1945年2月以降，東京航空計器は長野県への工場疎開を図った．疎開先は表2「東京航空計器製造所の疎開工場（長野支部）」のとおりである．

表2　東京航空計器製造所の疎開工場（長野支部）

名称	所在地	設立時期	目的
小諸工場	小諸町㋹製糸工場	1945・2	航空ポンプ類製作
小諸学校工場	県立小諸工業学校	1945・2	陸軍スターター用モーター製作
丸子工場	小県郡丸子旵製糸工場	1945・5	陸軍用スターター製作
同上	小県郡丸子第一製糸工場	1945・5	同上
長野学校工場	長野市県立長野中学校	1945・6	KMX・97式偏流測定器製作
中込工場	南佐久郡中込町木内酒造会社倉庫	1945・8	小型ジャイロ・コンパス製作
望月工場	小県郡望月村組合立中学校		指圧機製作
地下工場	小県郡冨士山村		

出典　『東京計器略史』29頁.

表2の「備考」には以下のようにあった．

> 望月工場
> 　組合立中学校は工場建設途中陸軍士官学校がこれを使用することとなり，我が社はその代りとして同村鹿曲川川岸の巖窟を半地下工場として利用することになったが，道路建設中終戦となり中止した．
> 地下工場
> 　地下工場は地主との交渉が妥結し，土地の測量を始め火薬その他の資材申請中に終戦となった．

望月村組合立中学校の学校工場化は，陸軍士官学校疎開が優先して変更を余儀なくされたことは注視に値するだろう．

第 III 章　学徒勤労動員政策の破綻

　1924年に東京計器製作所に入社し，後に東京航空計器に転属し敗戦まで勤務したというある従業員は，工場疎開について以下のように回想している．

> 　和田社長直轄の総務・経理担当をしていましたが，戦局の激化にともない一部工場疎開が行われ，疎開先工場の業務指導にも当たりました．静岡の草薙駅前にあった三光精機（株）や，川崎の工場が被災した時には，山形県の鶴岡にいました（山形県の長井女子校舎が工場に転換され）．また米沢にも工場を置き，現地の女子高生は，そこで勤労奉仕生として働いていました．さらに鶴岡の絹糸工場も子会社として利用され，そこでも業務指導に当たりました65)．

　上記回想は，『東京計器略史』に記載がない三光精機・鶴岡・長井女子高（山形県立長井高等女学校）・米沢・鶴岡の絹糸工場に言及している．東京航空計器は空襲で壊滅しただけではなかった．
　『東京計器略史』には，その後の東京航空計器に関する記述はないが，米軍空襲下の東京航空計器製造所に関する記述は，東京航空計器の状況にも共通するであろう．

> 　アッツ島の玉砕，ガダルカナル島の撤退，更にサイパン島の喪失に及び敵機B29の来襲は次第にその回数と機数を増し工作機，材料食糧の入手は極度に悪化してきたが，これを克服して一致団結生産の増強に邁進した．東京地区にも空襲の危険がせまったので工場を長野県方面其の他に疎開中昭和20年4月15日の京浜工業地帯の大空襲により蒲田本社工場はほとんど全焼し，以後生産は分工場と疎開工場で続行してきたが，8月15日の終戦に依り，一切の生産活動は終りを告げた66)．

　先の従業員は，「木月の工場は，主として海軍専用機の計器類を製造」67)と回想しているが，東京航空計器の製造工程，納入先企業等は未詳である．ちなみに，海軍零式艦上戦闘機52型操縦席の計器盤の計器は，水平器・旋回計・排気温度計・航空時計・速度計・昇降度計・油圧計・燃料圧力計・回転計・航路計・高度計・筒温計・油温計・吸入圧力計・酸素調節器・酸素計・オイル調節器シャター開閉ハンドル・A.M.C.（空気燃料比調節装置）の18種類である68)．

第 2 節　岩手県立水沢高等女学校 1942 年度入学生の東京航空計器株式会社への動員

東京航空計器株式会社は，米軍空襲（1945 年 4 月 15 日）により全壊した．工場跡地は川崎市中原平和公園・川崎市平和館・関東労災病院・神奈川県立住吉高等学校等となっている．

2-2　東京航空計器株式会社に動員された学校

2-2-1　神奈川県内の学校

東京航空計器に動員された神奈川県内の学校は，「神奈川県下の中等学校・師範学校等，学徒勤労動員一覧　昭和 19 年以降」（笹谷幸司『神奈川の学徒勤労動員』（資料 1〜資料 5，資料 7〜資料 15）から摘記すれば以下のようである．学校名・学年は同書の表記にしたがった．＊を付した学校は『神奈川の学徒勤労動員』の本文，あるいは他の文献によっている．

> 川崎市立高等家政，小田原女子商業，浅野綜合中学，武相中学，横浜高等工業学校 2 年[69]，神奈川師範学校女子部[70]，菊名女子商業[71]，大西高等女学校[72]．

2-2-2　神奈川県外の学校

「神奈川県外から動員された中等学校生・専門学校生一覧表　昭和 19 年以降」（『神奈川の学徒勤労動員』資料 7〜資料 15）から摘記すれば以下のようである．＊を付した学校は『神奈川の学徒勤労動員』の本文によっている．

> 弘前中学 4 年，水沢高女 3 年，岩谷堂高女 3 年，県立銚子高女 4 年，身延中学 3 年，沼津商業，浜松高専，蒲田高女 4 年，牛込高女，慶応大学，日本女子高等学院，花巻中学＊，摺沢家政女学校＊，鍬ヶ崎女子青年学校[73]．

総数 22 校（神奈川県内 8 校，神奈川県外 14 校）となる．20 校あるいは 28 校との回想もあり，にわかには特定し難い．動員学生生徒数は未詳である．

第 III 章　学徒勤労動員政策の破綻

2-3　学校沿革史等における東京航空計器動員に関する記述

　同時代の資料は参照されておらず，記憶にもとづいて記されているとの制約を前提に，いくつかの学校沿革史から東京航空計器動員に関する記述を摘記する．

2-3-1　弘前中学校
　（記念誌作成委員会編『鏡ヶ岡百年史』弘高創立100周年記念事業協賛会，1983年）

- 社寮は自由が丘に在り二箇所に分宿．
- 作業は事務系や飛行機各部品の製造・検査・魚雷の製作等各科に分かれたが，徴用された男女工員や東京都内・岩手県などの高女生が大部分で，働き盛りの姿はほとんど見られなかった．
- 四月末，東京西部から川崎一帯にかけて大規模な空襲に見舞われた．……空襲直後は電車も不通になり，工場まで何里もあるいて行かねばならなかった．
- 工場は大部分が焼け落ち作業の継続は不可能に思えたので，皆はすぐにでも帰宅できるのではないかと期待した．〔期待は実現せず，厳格すぎる営業部長を胴上げしようとしたが，憲兵は非国民の廉で逮捕しようとした〕．……五月中旬になってから，全員帰省がかなったのである（pp. 296-298）．

　宿舎所在地は「自由が丘」・空襲と帰省時日は漠然としている．

2-3-2　県立銚子高等女学校
　（千葉県立銚子高等学校六十周年記念誌編集委員会編『六十周年記念誌』千葉県立銚子高等学校，1972年）

- 八月三十日出発．四年生在籍者百七十七名のうち，厳重な身体検査をへた百四十四名が〔中略〕東京航空計器株式会社へ出動した．

第 2 節　岩手県立水沢高等女学校 1942 年度入学生の東京航空計器株式会社への動員

- 生徒は慣れない手つきで，部品作りに精を出した．カーキ色（国防色）のナッパ服をつけ，神風と書いた日の丸の鉢巻きをしめ，計器の目盛塗りや，ボルトやナット作りの仕事に，懸命に取り組んだ．〔3 月 9 日，空襲で校舎焼失，動員中の 1 人の生徒家族全員が焼死した．3 月末に動員先から帰銚して卒業式を挙行したが，就職者以外は挺身隊として川崎へ再出動したという．〕（pp. 175-178）
- しごとは航空計器つくり．女生徒には適したしごとであった．東京航空計器は，東横線「元住吉」駅で下車，徒歩七分ほどのところ，会社の寮〔3 棟それぞれナンバーがあった〕は東京都目黒区中根町にあり，同線「都立高校」（現在の「学芸大学」）で下車．徒歩六分ほどであった．
- 工場には派遣教官連絡会議というのがあった．この日〔前後に「五月の空」「五月の太陽」とある〕私たち十数名の派遣教官だけが焼け残った工場の片隅の教官室に集まった．

　　この事態〔1945 年 4 月，3 分の 1 ほどの進学者を引率して工場へ出動したが，材料・仕事はない状況〕になって生徒を危険にさらしながら工場に残しておくことはできない．直ちに引きあげるべきだ——これが満場一致の結論だった．私たち四人が代表にえらばれ，会社の責任者と交渉することとした．こういうこともあるかと思い，私は事前に学校側と連絡してあった．会社側は難色を示した．一応翌日の回答ということになったが，私たちの考えは既に決まっていた．

　　私は早速渋谷駅に飛び，直ちに工場からの引上げの手続きを完了した．生徒たちは歓声を挙げて喜んだ（宮内水哉「白い落日——ある勤労動員派遣教員の手記」pp. 332-336）．

　宿舎所在地は「目黒区中野町」とのみ記してあり，引揚時日の記載も漠然としている．「教官室」「派遣教官連絡会議」は，他の文献には見当たらない重要な記載である．

2-3-3　岩谷堂高等女学校

（岩谷堂高等学校創立七十周年記念事業協賛会七十年史編集刊行部編『岩谷

第 III 章　学徒勤労動員政策の破綻

堂高等学校創立七十周年史』岩谷堂高等学校創立七十周年記念事業協賛会，1991 年）

- 名簿では二十九名だが，残った生徒がいると思われるので，動員生徒は二〇数名であろう．［中略］落ち着き先は元住吉の会社寮だったようである．仕事は，材料も不足しており多くの生徒がこなすだけの内容はなかったとも言われている．さまざまな仕事があり，主として計器の部品造りで，旋盤の仕事が大変だったようである．
- 〔1945 年 4 月 15 日空襲で工場が破壊され〕仕事が無くなり空襲のため危険だというので，四校〔水沢高女，鍬ヶ崎女子青年学校，花巻中学，岩谷堂高女〕の先生が相談の上，県にはあとで相談することにし逃げるように帰って来た（p. 78）．
- 私は事務に回されたので，機械の油にまみれることもなく，またお腹をすかせることもなかったので，親から食糧を送ってもらうことはしなかったのですが，工場で食べるご飯は全く食べられるものではなく，籾の被った米の中から白いご飯を一粒一粒拾って食べているうちに「空襲警報」となり避難するという有様でした（遠藤セイ子「思い出」p. 111）．
- はたして造った計器，ベンチレーター〔ベンチレース〕という小さい卓上旋盤で部品造りをしたんだけど，いつも不良品だけで満足なもの造らないうちに帰って来たような次第（座談会「終戦前後のすべてを語る」p. 120）．

作業は計器の部品製造という以上には明らかにはならないが，材料不足と不良品だけは確かである．宿舎は「元住吉の会社の寮」とある．

2-3-4　花巻中学校

（桜雲臺六十年史編集員会編『岩手県立花巻北高等学校桜雲臺六十年史』岩手県立花巻北高等学校創立六十周年記念事業協賛会，1992 年）

- 〔1945 年〕二月二十三日，〔3 年生〕七十数名の同級生は［中略］夜行列車で花巻を出発した．

第 2 節　岩手県立水沢高等女学校 1942 年度入学生の東京航空計器株式会社への動員

- 我々の働く「東京航空計器（株）」は，航空機のメーター類の製作が主で，他に「人間魚雷」の製造も行なわれていたやに聞いていた．
- 従業員四千人，動員学徒数は二十八校から五千人という大工場で，全員が寮に入り，寮から徒歩で約二十分位の道のりを，四列縦隊で通ったものである．
- 工場は全くその機能を停止してしまい，生命が失われる危険から，四月末に急遽脱走も似た帰校が断行され，命からがら全員無事に郷里に辿り着くことができたのは，今にして思えば奇跡であったかも知れない（松原脩「激動の流れの中にあった青春」pp. 98-99）．

作業内容は記載がない．動員された中等学校は 28 校．宿舎は工場から「徒歩で約二十分位」とある．

2-3-5 「東京航空計器学徒勤労動員と横浜大空襲の思い出——神奈川女子師範学校生だった鈴木京子さんの戦争体験」

（『日吉台地下壕保存の会会報』第 134 号，2018 年 5 月 14 日）

　1 年生〔1944 年に高等女学校を 2 年で中退して神奈川師範学校女子部予科に入学し，東京航空計器動員時は予科 1 年生〕1 月ですね．東京航空計器という所へ勤労動員で行くことになったんです．その当時は軍国少女ですから，一生懸命出です．元住吉の駅を降りて，みんな足並みそろえて，パッパッとね．下駄でカチカチと歩いて，守衛さんのところで「頭（かしら）左」って号令かけちゃったんですよね．本当に軍国少女だったなと今，われながらびっくりしますよね．
　東京航空計器では何をやっていたかというと，飛行機の心臓部の，水平儀っていうんですね．飛行機が水平に飛んでいるかどうかを見る機械なんですね．それを作っていたんですけど，なかなか合格しないんですよね．ハンダの重さが違ったり，ヤスリのかけ方がまずかったりして不合格品ばかりだったんですよ．工員さんも一生懸命，教えてくれるんですけどね．何しろ若い工員さんは，みんな兵隊さんで行っちゃいましたでしょう．ですから工員さんが少なかったですね．学徒動員の人たちがたくさんいても面倒見切れない．指導する人は大変でしたね．ですから，下手くそな私でも何とかオシャカ（不良品）を作らないように，兵隊さんの大事なもの

だからってヤスリをかけたり，ハンダをやったり，バランスを取ったりでやりましたけど，今考えると無理なことをやってたんだなと思います．でも，お国のためなのだから，めちゃくちゃ言わないでやらなきゃと思って，毎日通ってました．……川崎空襲のときかしら，私の家から赤い煙か，炎かがパーッと，ものすごい火事で，焼夷弾でやられた様子が目に入ったんですね．翌日，会社に行ってみましたら，工場はすっかり焼けて機械だけがニョッキリと，立派な機械が焼けて茶色くなっていました．

　こんなになっちゃったんだから，これからどうするんだと思いましたら，学校の先生がやって来られて，「動員先を変える．皆さんのいた所はこんなになってしまったから，これからは京浜急行の富岡の付近，八津坂の大日本兵器へ動員変え」と決まって，そこへ行きました．そこでは，兵器ですから鉄砲の弾やなんか，兵隊さんが扱うものを作るんでしょうけど，材料箱は空っぽでした．「どうしたの．お兄さん教えてよ．あたしたち動員に来たのよ」って言ったら，「材料がないんですよ」って．動員に来た甲斐がないです．軍隊に物資がなかったんですね[74]．

　上記回想は，不熟練労働を打開できないままに推移している学徒勤労動員の破局的状況そのものであった．また，「動員に来た甲斐がない」と述懐した彼女は，佐藤得二が「しがひのある仕事を一杯与へて呉れ，といふのが今日の青少年学徒の衷心からの願である」と述べた学生生徒のひとりであった．

第3節　『こころに生きる六十日──水沢高女東航学徒動員の記』にみる勤労動員作業

3-1　編纂経緯

　『水高60年史』は，水沢高女1942年度入学生の東京航空計器への勤労動員に関し，注9に引例した箇所の他には，押切郁「学徒動員の思い出」（p. 73）を載せ，「略年表」（p. 142）の1944年11月17日の条に「第3学年に動員内示」，1945年2月20日の条に「第3学年動員令到着」，2月25日の条に「第3学年学徒動員隊出動（97〔人〕）　統導教諭菊池誠之　島崎寿美子」と記してあるに過ぎない．水高八十年史編集委員会編『水高八十年史』（岩手県立水沢高

第 3 節 『こころに生きる六十日——水沢高女東航学徒動員の記』にみる勤労動員作業

等学校，1991 年），水沢高等学校記念誌編集委員会編『岩手県立水沢高等学校創立百周年記念誌』（岩手県立水沢高等学校，2011 年）も同様である[75]．

水沢高女 1942 年度入学生が『こころに生きる六十日』を編んだ事情を，編集委員長押切郁は「戦時中の貴重な歴史として，また，二度とあの時代を繰返さないためにも，これを記録し語りつぎたいという思いは，昨年六月，思い出の地綱島（当時会社の寮があった）でのクラス会〔1985 年 6 月 9 日～10 日〕を機に具体化した」[76]と記している．

押切郁は「記録集をつくるに至った経緯」では，以下のように述べている．

……私たちが空襲のさ中，〔子どもが〕川崎の工場に学徒動員で行った頃の年齢になってくると，親としての立場から，戦争のこと，学徒動員のことを考えるようになりました．そして，その当時の先生方——特に統轄なさった菊池誠之先生——や，両親の気持など察しられ，二度と再びあのような時代にならないようにという願いが深まり，また，同級生と逢う度に，動員時代の思い出が，話だけにで終わってしまうことが残念に思われ，私たちの手で，動員の記録をつくっては……という思いがつのってきました．

　しかし，このことを実行にうつせなかった第一の理由は，水沢に帰ってきた時に特別な事情があったからです．会社は空襲で焼失，連日連夜の空襲で，私たち九十八名の生命が危ぶまれる状況になり，先生は水沢に帰ることを再三，会社に願い出たが許可されず，やむなく先生の決断で帰らざるを得なかったというしきさつがあり，幸い，私たちは無事帰ったもののその後の菊池先生の立場は大変な苦境に立たされていたことは，生徒の私たちにも察しがつきましたし，動員の記録を書き残すことによって，大恩ある菊池先生に，ご迷惑をおかけしてはならないと考えたからです．

　〔昭和〕五八年六月に開催された同級会のとき，菊池先生は，はじめて，御自身から水沢に帰るときの経緯をお話になりました．戦後三十八年たって，ようやくあの時の真相を語りあえる時期がきたのだと感慨深く伺ったのですが，同時に長年こころにあたためていた記録をつくることについても一歩踏み出す時期がきたと思い，同級会のあとで，はじめて先生に伺ってみましたところ，次のようなお返事をいただきました．

　　「……動員の思い出文集をつくることは，とてもよい企画です．私もお手伝いしたいと思いますが，次のような困った事情があります．

第 III 章　学徒勤労動員政策の破綻

> （一）動員中は，動員日記を作って，詳しく書いていました．帰校後，学校長に提出しましたが，返してもらわない内に，占領軍が進駐するということになって，すべて，軍事，戦争に関したものは焼却され，動員日誌も焼かれてしまいました．
> （二）水高の校史を作るとき，菊池万吉先生（注　動員当時，水沢高女の校長）から，動員記録を書いてくれといわれ，第一の資料を失ったが，いろいろ苦労してまとめて送りました．この原稿は未だ戻らず，第二の資料も失ないました．
> 　そこで，お願いですが，学校に聞いてみて，校史に原稿が入っているなら，校史を分けてもらってきて下さい．これを資料にして，文集に書いて協力したいと思います．……」
> このお手紙を読んで，私は，はじめて水高に私たちの資料が何も無かった理由がわかったのです．〔その後水沢高等学校を訪い，校長から原稿は膨大で掲載できなかった，校史には表紙の写真があるのみで，原稿は学校にはないとの説明を受けた．菊池万吉遺族へも問い合わせたが自宅には見当たらないとのことであった．〕
> 　以上のことを菊池先生に報告しましたところ，
> 「……動員日誌といい，原稿といい，共に無くなってしまうとは不運でした──無念です」とのお返事．
> 　私は，先生の無念さがひしひしと伝わる思いでした．本当に無念だと思いました．
> 　私たちには，貴重な体験であっても，戦後四十年近くも経過してしまえば，第三者にとっては，さほど重大事ではないのでしょうか．戦争の風化現象が身近な問題として迫っているのを思う時，私たちの手で，記録を作ることが今，必要なのだと思いました．
> 　それから二年後六十年六月〔9日〜10日〕，動員の思い出の地，綱島で同級会が開かれた時，……「思い出の文集」を作ることが決まりました[77]．

菊池誠之は，「水沢高女学徒動員について」の「後記」──押切郁が「お手紙」から引いた内容と重なるが──に，自身が作成した動員記録について以下のように述べている．

> 　統導教官を命ぜられた時，学校には日誌というものがある．それに準ずるものが動員先にもあるべきだろうと思い，別段命ぜられたわけではなかったけれども，勝手に動員日誌と名づけたものを作り，毎日の見聞動静出来事を一切書き込んで置い

た．帰校後，それを報告書に添えて校長に提出した．

その後終戦となり，連合軍が進駐すると，文部省から，戦争軍事に関する文書図書絵画写真等を一切焼却せよ，焼却不可能なものは該当個所に墨塗りせよ，という通達が来た．あわてた学校は文書類を焼却し，教科書学校図書の墨塗りをした．その時わたしの動員日誌も焼却されてしまった．早く手を打たなかったわたしの失敗である．

それで，こういう場合の第一次資料はなくなってしまった．それからずっと後になって，水高の記念誌の為に求められ，苦労して動員のことを書いて提出した．ところが分量が多過ぎるとかで没にされ，その原稿さえなくなってしまったという．こういうわけで第二の資料もなくなってしまった[78]．

『水高60年史』（73頁）には，「鈴木万吉先生資料」表紙の写真が載っていることは先述した．

3-2 菊池誠之の回想「水沢高女学徒動員について」から

菊池誠之は，「水沢高女学徒動員について」において，水沢高女1942年度入学生の東京航空計器への勤労動員について，内示・水沢駅出立から宿泊先に着くまでを以下のように記している．

……〔1944年〕十二月県から，三年生も改めて川崎に動員される内報があったが，翌二十年二月遂に正式に，川崎市木月の東京航空計器株式会社に動員された．精密検査の結果，三年生甲乙二学級の在籍生徒百十九名中，出動可能人員は九十八名と判定され，県に報告された．後，父兄会会社からの説明会社行式があって，二月二十五日午前一時水沢発の汽車で任地に向かい出発した．（最初の出発予定は二十四日水沢発九時五十分であったが，東京方面空襲のため大幅に遅れた）．出動者九十八名中一名は都合によって赴任が遅れることになり，この日出発した者は九十七名であった．統導教官は私と島崎（女）教諭と二名．菊池万吉校長も同道した．途中で空襲警報があったが，東京に近づくと，闇夜に1面が火の海みとなっていた．暗い車中から，初めて焼夷弾攻撃なるものの物凄さを見た．……

二十五日午後十一時，東横線綱島駅で下車，二十年ぶりとかいう大雪をこぎ，暗い夜道を迷い迷い，やっと横浜市港北区綱島の会社寮に辿り着き，それぞれの部屋

> に落ち着いた．本館三室五十五名，新館二室十四名，里の家五室二十八名，寮には舎監夫妻と，雑用を掌る寮母が住んでいた[79]．

1945 年 4 月 15 日の米軍空襲で動員先が全壊した後に，帰水した事情については，以下のように記している[80]．

> ……この際一旦帰校させ，家族に無事な姿もみせ，着替えもさせなければならぬと思い，四月二十日島崎教諭に帰校してもらい，阿部校長に生徒と会社の状況を報告し，当方の考えを伝え，父兄会にも報告してもらった．そして，校長から「会社の許可を得て帰校せよ」という指示を与えられて，戻って来た．そこで早速会社に一旦帰校の件を願い出てみた．ところが会社はなかなかわかってくれず，時局を弁えない非国民だと散々どやされたが，とにかく最後には，では監督官庁である神奈川県学政課の許可をとってこい，というところまで漕ぎつけた．そこで会社の別な人と同道して神奈川県庁に出向き，いろいろ懇願してみたが，遂に許しは得られなかった．結局わたしの責任で帰校させる以外，手が無いものと悟った．〔4 月 25 日に切符を手配し，4 月 26 日に舎監に一旦帰校すると伝えて綱島を発ち，4 月 27 日に帰水した．5 月 11 日「正式に，工場罹災のため，動員を解除する旨の通知」を受けた．5 月 24 日に寮に残してあった荷物を引き取りに出向き，6 月 18 日に生徒の手元にもどった．〕[81]

空襲で工場が全壊した状況は，「勤労要員過剰トナリ学徒勤労ヲ継続スルノ要ナシト認メラルル場合」「使用又ハ従業条件適正ヲ欠キ学徒勤労ノ本旨ニ悖ルト認メラルル場合」（「学徒勤労令施行規則」第 9 条）そのものであり，校長はただちに岩手県に動員先変更を求めて然るべきであり，「会社の許可を得て帰校せよ」との校長の指示は菊池誠之の回想通りだとすれば論外の対応である[82]．

3-3 水沢高女 1942 年度入学生の宿泊先

東京航空計器への動員を命じられた水沢高女 1942 年度入学生の宿泊先は，横浜市港北区に所在していた「東京園」「里の家」であった．

第3節 『こころに生きる六十日──水沢高女東航学徒動員の記』にみる勤労動員作業

　菊池誠之は，生徒は午前7時30分に寮を出発し，東横線綱島駅で乗車し元住吉駅で下車して東京航空計器へ通い，午前8時に朝食を摂り，夕食後午後5時に帰寮した．休日は第1・第3日曜日，月1回の定例身体検査，入浴は週2回（実行されなかった）と述べている[83]．

　部屋割りは，「室名とメンバー」には，東京園本館56人（一室23人，二室27人，三室6人）・東京園新館14人（四室7人，五室7人），里の家28人（六室6人，七室5人，八室5人，九室6人，十室6人，特別室5人）とある．特別室の5人は，健康上の理由で東京園本館一室から4人，東京園新館五室から1人を移したという事情によっている[84]．

　東京園（本館）の住所は，「中村忠右衛門」（『大衆人事録　第14版　北海道・奥羽・関東・中部篇』帝国秘密探偵社編・発行，1943年，91頁）に，「国際産業（株）代表　綱島温泉組合長　東京園旅館業　港北区南綱島町九〇七　電綱島一〇〇　〔閲歴〕長野県正治郎二男明治十四年三月二日同県上伊那郡に生る同四十二年上京教員検定試験に合格渋谷本所四谷深川区小学校訓導歴職昭和七年現地開業す」とある[85]．

　東京園（本館）の東航綱島寮の番号を知りうる資料は見当たらない．

　「手紙を書きやすい様」にと父親が「横浜市　港北区南綱島町九〇七　東航綱島第五寮」と印刷した葉書を送ってくれたと回想[86]した生徒の部屋は，「室名とメンバー」には「新館五室」とあり，「東航綱島第五寮」は東京園新館である．

　里の家の住所は，家族宛の書簡に「寮住所　横浜市港北区南綱島九〇七／東航綱島第六寮第七号室」と添えてあった[87]．書簡発信生徒の部屋は「室名とメンバー」には，「里の家七室」とあり，「東航綱島第六寮」は里の家である．

　東京園・新館・里の家の住所は同一であった．家族・親類の寮訪問，食料品の送付，書簡交換，教員の往来は行われており，多くの関係者が知っていた寮住所の記録は上記2編であった．管見の限り，東京航空計器に動員された学生生徒の寮の住所を記した記録は，『こころに生きる六十日』以外には見当たらなかった．寮住所など些事ではあろうが，菊池誠之は「寮の跡さえ，定かにはわからず，爆撃機に追われて逃げまどうた〔鶴見川の〕土手だけが昔のままであった」と「水沢高女学徒動員について」を了えている．

第 III 章　学徒勤労動員政策の破綻

「図　東京航空計器工場・東航綱島寮の所在地」

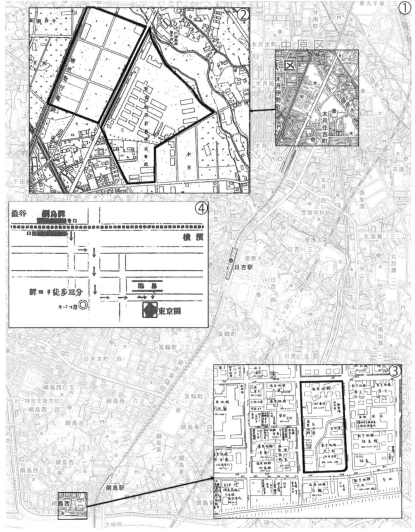

注　①は国土地理院『2万5千分1地形図　川崎』から作成した．②は川崎市土木部都市計画課編・発行「木月　三千分之一川崎地形図第二十六号」1958年（注記には，原図は1942年12月調整の「一万分ノ一　矢口ノ三号」とある）から作成した．太線内が工場である．③は『港北区東部明細地図』（経済地図社，1961年，47頁）から作成した．太線内が東京園である．その左に里乃家（里の家）がある．④は「東京園営業案内」（1936年？）の複写から作成した．東京園は梅島館西側にあった．③④から東京園は太線内と判断した．

なお，③④は大倉精神文化研究所図書館長平井誠二氏の御厚意によっている．

第3節 『こころに生きる六十日――水沢高女東航学徒動員の記』にみる勤労動員作業

東横線綱島駅と東京園（本館）・新館・里の家，東京航空計器の位置を「図 東航綱島寮・東横線綱島駅と東京航空計器・東横線元住吉駅」に示した[88]．

吉田律人「京浜の奥座敷――綱島温泉の誕生」は，戦時下の綱島温泉の変転を以下のように述べている．

> 昭和12年7月に始まった日中戦争の影響で物資等の統制が強まると，温泉組合は方針を転換，工業化が進む横浜市を支援するため，温泉旅館は労働者の健康を維持する施設に変わっていく*．さらに状況は日米開戦によって悪化，ある旅館経営者は新聞の取材に，「綱島温泉と言っても石炭が御存知の通りで，仮にあったとしても運搬が出来ず，温泉を沸かすのさえ不自由です」と，経営状況を語っている*．客足が遠のくなか，昭和18年10月，温泉組合は旅館の一斉廃業を決定，残った施設は労働者の宿舎に充てられることになった．また，玄関口である綱島温泉駅も一年後に「綱島駅」に名称変更を迫られるなど，戦争が綱島温泉の運命を左右していった[89]．

3-4 勤労動員作業の記憶

菊池誠之は，東京航空計器における精密検査（1945年2月27日）の結果2人が動員解除になり，作業部署の配属は仕上部25人，旋盤部45人，検査部10人，事務部14人となったと記している[90]．動員生徒の回想（アンケート）には同じ数字を掲げながら，「記憶が不確実でくわしくまとめることが出来なかった」[91]とある．

回想（アンケート）が「仕事の内容」としてまとめた結果を引いておく．

> 仕上部
> ・部品の鑢かけ，ねじ等の鑢かけ．
> ・航空計器を入れるジュラルミンのボックスの仕上げ．
> ・計器の数字に夜光塗料を塗る．
> ・計器の部品を薬品で腐蝕する．
> ・飛行機の部品のような物の組み立て．
> ・ボール盤での穴あけ．
> ・資材がなくて何も出来なかった．

第 III 章　学徒勤労動員政策の破綻

旋盤部
　・旋盤のかけ方を手に取って教わった．
　・ノギス・マイクロメータの見方，使い方を教わった．
　・ミーリング盤（小さい機械）を使って仕事をしたが慣れなくてオシャカを出した．
　・ジュラルミンの棒を4～5cmに切った．
　・時々講義もあり，徴用工らしい人に随分しごかれた．

検査部
　・出来上がった製品を大きな金属製のかごに入れ薬品につける．
　・計器を震動させて誤差を読む．
　・飛行機の水平を見る計器の検査．
　・直径5cm位の時計のような計器をノギスで計ったり，機械にかけて周りのいびつを検査した．
　・マイクロメーターを使って，1mmの1000分台迄計る仕事．
　・あまり難しい仕事ではなかった．

事務部
　・帳簿整理．
　・地下の資材倉庫での点検・在庫を調査．
　・名簿・座席表の清書．
　・ソロバン計算．
　・配給のお知らせ．
　・大きな紙に定規で線を引いたりした[92]．

個々の回想から作業内容に関する記述を摘記する．

　・〔旋盤部配属〕直径二糎長さ四十糎ほどの金属の丸棒を少し細めに削って小さく切り落す仕事でした．ノギスに当てますが指定の目盛り通りはいきませんでした[93]．
　・計器を入れるジュラルミンのボックスを仕上げていた[94]．
　・旋盤工として……働き何回も「オシャカ」を作り係長さんに叱られました[95]．
　・飛行機の部品の計器に夜光塗料で数字を書く仕事……[96]．
　・ナットを作るためミリメートルの何分の一とかいうノギスを使って寸分狂いの

第 3 節 『こころに生きる六十日——水沢高女東航学徒動員の記』にみる勤労動員作業

ないものを旋盤で削って仕上げた97).
・油を使っての製品テスト……98).
・所属は事務（生産総務課）でした．仕事の内容など仲仲思い出すことが出来なくて残念……99).
・資材課に係に配属された．……仕事らしい仕事はなく，会社の便箋にイタズラ書きする毎日……100).

これらが「勤労即教育」の「勤労」にかかわる動員生徒の記憶である．

3-5 「動員日記」が記録した勤労動員作業

「動員日記」（1945 年 2 月 25 日～4 月 26 日）から勤労作業にかかわる記述を要約・摘記する101).

2 月 25 日（日曜日，雪）本当は昨日の午後 9 時 50 分発の予定だったが，汽車が遅れたために 25 日の午前 2 時頃の出発になった．上野に近くなったら，昼の空襲でやられたらしい所が真赤になって何か所となく見られた．
〔2 月 26 日～28 日は記載がない．〕
3 月 1 日（木曜日，晴）会社では水平儀こしらえている事，絶対会社の事は話さない事，第一待避の時は会社の壕に，第二待避の時は井田山に走る等，防空の話があった．
3 月 2 日（金曜日，雨）略
3 月 3 日（土曜日，晴）略
3 月 4 日（日曜日，みぞれ）午前 7 時頃警戒警報，会社で赤坂先生の錬成の話．
3 月 5 日（月曜日，曇）作業についてからの注意．
3 月 6 日（火曜日，雨）休日
3 月 7 日（水曜日，曇）検査に配属．I さんからの便りに 2 年生は学校が工場にされ，海軍の仕事をしているそうだ．
3 月 8 日（木曜日，晴）張り切っていたのに今日は仕事がなくつまらなかった．
3 月 9 日（金曜日，晴）たいして忙しくもなかった．

3月10日（土曜日，曇）昨夜はたいした空襲だった．
3月11日（日曜日，晴）仕事はなし．
3月12日（月曜日，風）検査の仕事はなく，午後から事務のような仕事をさせられた．
3月13日（火曜日，曇）休日
3月14日（水曜日，曇）仕事があってよかった．
3月16日（金曜日，曇）午前中は仕事があったが，午後から仕事がなくなった．
3月17日（土曜日，曇）一日仕事があった．
3月18日（日曜日，晴）午後すこし仕事があっただけでひまだった．
3月19日（月曜日，日本晴）仕事は今日もそんなになかった．仕事をしていないところに先生が廻ってきた．
3月20日（火曜日，曇り後晴　休日）略
3月21日（水曜日，日本晴）午後からは仕事がなくてつまらなかった．旋盤か何かの方につけばよかった．
3月22日（木曜日，晴後風）一日中仕事がなくてつまらなかった．忙しい仕事ならどんなによいだろう．
3月23日（金曜日，晴）〔休日？〕
3月24日（土曜日，晴）午前中仕事があったが，午後からなくて遊んでいたら先生が廻ってきた．
3月25日（日曜日，晴）午前中に仕事があったが，午後仕事がなくて遊んでしまった．毎日毎日つまらないなぁ．明日からは8時から5時までだ．そんなに長い時間ぼんやりしているのかと思うとうんざりする．今度は検査の仕方が大分きびしくなったようだ．折角来た製品もおしゃかが多い．
3月26日（月曜日，晴）一日仕事がなくてつまらなかった．5時までぼんやり待っているのはなかなか辛い．
3月27日（火曜日，晴）校長来訪し〔いすゞ自動車鶴見工場出動中の水沢高女4年生の卒業祝賀会[102]に参加するのが〕遅くなった．
3月28日（水曜日，上天気）今日は大体仕事もあった．
3月29日（木曜日　ぽかぽか上天気）今日は一日中仕事があり張合いがあっ

第3節 『こころに生きる六十日——水沢高女東航学徒動員の記』にみる勤労動員作業

てよかった．
3月30日（金曜日，花曇り）仕事はいくらかあった．
4月1日（日曜日，上天気）午前中は仕事があった．午後からはなくてつまらなかった．
4月2日（月曜日，上天気）今日も仕事はそんなにない．今日みんなこの工場が疎開するとか言っていた．
4月3日（火曜日，晴）休日
4月4日（水曜日，雨）電車が不通，雨の中を急いだ．日吉にも落とされ燃えていた．会社では午前中電気がこなかった．
4月5日（木曜日，雲）仕事は午前中少しあった．
4月6日（金曜日，雲）今日も仕事がない．何としたことだろう．職場をとりかえてもらいたい．
4月7日（土曜日，晴）午前中だめになってしまい午後から仕事をした．
4月8日（日曜日，晴）一日仕事があってよかった．5時まで．
4月9日（月曜日，雨）午前中仕事があったが午後からなかった．
4月10日（火曜日，春雨，休み返上）仕事は少ししかなかった．やりきれない．先生に話して変えてもらおうかな．
4月11日（水曜日，晴）仕事は少しあっただけ．
4月12日（木曜日，晴）仕事がない．いやになってしまう．
4月13日（金曜日，晴）仕事がなかった．夕方先生に話したら，まず指導部に話してみるとのこと．
4月14日（土曜日，晴）仕事がない．〔職場変更は学徒指導部では許すが小隊長の許諾が要る．小隊長は20日過ぎまで留守〕国の為と精一杯張り切って来たのに．
4月15日（日曜日，晴）少し仕事があっただけ．
4月16日（月曜日，晴，大空襲）昨夜はひどい空襲だった．朝は電車不通，歩いて出勤．会社も焼けていた．学徒指導部，水電工場など全焼．
4月17日（火曜日，晴）今日は臨時出勤，テクシーで行った．朝おにぎり1個だけもらって焼跡かたづけ．機械が焼けて見るかげがない．午前中かたづけ方をして職場にもどった．私達のところはなんでもなかった．仕事が来て

195

いた．

4月18日（水曜日，晴風あり）今日は電車も不通だし，皆疲れているので休み．Oさんが具合悪くなった．

4月19日（木曜日，晴後雨）今日は学校別の仕事で，兵隊引率のもと指導本部の方の資材片付け，午後4時まで作業．

4月20日（金曜日，雨）雨でかたづけ方が出来ないので10時頃帰寮．

4月21日（土曜日，晴）焼跡かたづけ．

4月22日（日曜日，晴）学徒指導部のかたづけ方．

4月23日（月曜日，晴）今日も学指の方のかたづけ．

4月24日（火曜日，晴）校長・小林・島崎教諭来訪．

4月25日（水曜日，晴）父兄来訪．

4月26日（金曜日，晴，帰郷）

　検査部に配属された浜田麗子は，毎日のように仕事がないことへの不満を，4月17日以降は米軍空襲で壊滅した工場の後片付けに終始したことを記した．検査部の労働密度は，航空計器の完成品の多寡に左右される．「動員日記」に頻出する「仕事がない」との記述は，生産工程全体がほぼ麻痺していたことを物語っている．これが水沢高女1942年度入学生が記録していた「勤労即教育」の実際である．

　先述した勤労動員作業の記憶と同時代の記録とが重なっていることに多言を要すまい．

　3月1日の条からは，会社から「水平儀」を製造している旨説明があったことがわかる．『こころに生きる六十日』中唯一製造している航空計器名を記している箇所である．

　4月2日の条からは，動員生徒間で「表2」に示した長野県への工場疎開が話題になったことがわかる．

　4月13日・14日・19日・22日の条にある指導部・学徒指導部・指導本部（おそらくは学徒指導本部）は，東京航空計器における学徒勤労動員の全般的管理を所掌する部署であろう．菊池誠之が相談すると述べたとの記述から，動員学徒の配置を司っていたことは確かである．

第3節 『こころに生きる六十日――水沢高女東航学徒動員の記』にみる勤労動員作業

　3月27日・4月24日の条には，校長来訪の記事がある．菊池誠之「水沢高女学徒動員について」は，校長来訪に触れるところがない．

　引例しなかったが，3月30日の条には，「夜，Ｉさんの兄さんが戦死したので部屋にかざっておがんだ．死んだ兄さんを思いだして悲しくなった」とある．

　回想には，「叔父を筆頭に兄三人が出征し，師範学校在学中の姉も学徒動員で川崎へ出て，〔中略〕あとには年老いた両親と兄嫁と三才の甥の四人だけとなりました」「〔自身の送別に家族親類が会同したのは〕兄が出征する時に似ていました」「若いうちにつれあいに先立たれ，幼児4人を，ようやく育てあげる頃，長男は出征」「〔3月に，形見にと万年筆を置いていった叔父は〕七月半ば太平洋上で砲撃をうけ軍艦と共に帰らぬ人となった」[103]と，家族・親類の徴兵・戦死への言及がある．

　これも引例しなかったが，3月1日の条には「きたそうそうから室長をいいつかってなかなか忙しい」，3月3日の条には「室長を一週間交替にしてもらうことにした」とある．

　学校沿革史に記載はないが，水沢高女に学校報国隊があったことは疑う余地はない．しかし，東京航空計器へ出動後は，寮の割り振りは部屋の大小に，工場での配属先は需要と適性に関する工場の判断にしたがう他はなかった．

　「室名とメンバー」によれば，浜田麗子は東京会館（本館第二室，27人）に割り振られていた．交代制の室長は，本館第二室以外は不詳だが，寮に学校報国隊組織を持ち込めなかったことを示している．学校報国隊の末端組織は，約10人で1分隊，3～5分隊で1小隊，2～5小隊で1中隊を編成する定めである．仮に学校報国隊組織を持ち込めたとすれば，分隊長以外に室長を配する必要はない．むろん，分隊長の交代制はあり得ない[104]．

　「学徒勤労ハ教職員及学徒ヲ以テスル隊組織（以下学校報国隊ト称スル）ニ依ルモノトス但シ特別ノ場合ニ於テハ命令ノ定ムル所ニ依リ学校報国隊ニ依ラザルコトヲ得」（「学徒勤労令」第2条）との規定は，東京航空計器においては動員当初から画餅ですらなかった．もし但し書きにしたがったとすれば，「学徒勤労令」は不要であったこととなるだけのことである．

むすび

　私は，学徒勤労動員の「法的措置」究明に徹し，水沢高女 1942 年度入学生の東京航空計器動員を事例として勤労動員作業の破綻を証した．

　「国民勤労報国協力令」適用から「学徒勤労令」にいたる過程は整理できたであろう．

　「学徒勤労令」は第 3 条で，「学徒勤労ニ当リテハ勤労即教育タラシムル様力ムルモノトス」と規定したが，勤労動員を命じた政府・行政，受け入れた工場事業場，就中当事者としての学生生徒は，当時も帰水後の長い時間を経た後の回想においても，学徒勤労動員が「教育」であったと了解していたとは考えにくい．もし，このような判断が許されるなら「勤労即教育」は成り立たっていなかったこととなる．「勤労即教育」は，在学者を学徒勤労動員に駆り立てるうえで効果があったあやうい旗印であった．

　私には，閣議決定「決戦教育措置要綱」を実行するために勅令「戦時教育令」を制定した事情は不分明である．「戦時教育令」に付した「上諭」は，「決戦教育措置要綱」を実行するうえで「教育ニ関スル勅語」に新たな役割を課した．水沢高女 1942 年度入学生の東京航空計器動員における勤労作業の実態を踏まえるならば，生徒は「義勇公ニ奉ズル」用意を備えていたにもかかわらず，それを実現する条件が東京航空計器にはなかったこととなろう．「教育ニ関スル勅語」の達成に確信があるなら，政府は明治天皇が下した「教育ニ関スル勅語」があるのに，「現人神」の「上諭」を付した勅令を制定する必要はなかった．

　水沢高女 1942 年度入学生が，東京航空計器から帰水後の勤労動員を記して「むすび」を終えよう．

　水沢高女 3 年生は東京航空計器へ出動中に 4 年生に進級していた．

　1945 年 4 月 21 日付『新岩手日報』は，「郷土の兵器廠へ　勤労学徒，転換動員」と見出しを掲げて以下のように報じた．

むすび

> 敵撃滅に若き学徒の闘魂をたぎらせて京浜地方に勤労動員中の本県下の男女中等校の学徒たちは憎みても余りある空襲によって工場を，寮を失ひ相次いで母校に休暇帰省中であるが県教学課では勤労学徒を再び京浜地方工場事業場に再動員せず県内の疎開工場事業場等に五月末までに配置転換を行ふ事になり具体策を研究中である県内配置転換については五月一日宮城県庁で開かれる東北六県学徒勤労動員改善実施協議会で東北六県歩調を揃へて進展することになり神崎内政部長濱田教学課長が出席するが本県としては県内動員を原則とし他県との事情を考慮して協議会関係各県にも若干動員する筈で動員に当つては学徒の技能に即応せしめるため女子中等学校生徒は原則として縫製作業方面に，また男子中等学校は機械工業方面に動員し農林学校生徒は食糧増産，松根油乾溜作業に，また水産学校は漁業増産事業に動員することになつてゐる

弥縫策的方針転換である．

『水高60年史』(p.72) は，「殆ど連夜の空襲に脅かされつつも戦闘機の計器製作に励んでいたが，4月15日の空襲によって工場が破壊され，4月末に帰校．そのまゝ町内の中島飛行機工場に動員，終戦を迎えた」と記している．「連夜の空襲に脅かされ」ていたのは事実であり，「戦闘機の計器製作に励んでいた」ことを証する資料は見当たらない．では，「町内の中島飛行機工場」とはどこのことか．

高柳昌久「中島飛行機三鷹研究所――その疎開と終焉」によれば，軍需省が1945年3月30日付で作成した「岩手秋田地区建設の大綱（案）」には「現戦局に鑑み三鷹研究所における設計・試作関係部隊を速やかに岩手秋田地区に分散し，1945年度末にはキ-87月産100機の生産体制を確立する生産の立上りを促進するため取敢えずキ-115を生産させることを方針とする」と記してあるという[105]．

「岩手秋田地区建設の大綱（案）」では，水沢では板金部品を製造すべく，商業学校・公会堂・劇場・岩手航空等の約1330坪におよぶ既存施設を利用し，採用人員1270人（内現地採用1190人）を予定していた[106]．

高柳昌久は，岩手県側は「岩手県における工業の現状は原料生産および素材工業に比べ完成品工業が低位であり，これは決戦下の国土計画的見地からして

第III章　学徒勤労動員政策の破綻

も遺憾であるので許容範囲内において積極的に疎開工場を受け入れ，総合的有機的工業力の伸長を期する」との方針にもとづき，1945年1月30日から工場受入体制整備を進めていたと記している[107]．

水沢への疎開予定の詳細は以下のようであった．

高柳昌久は水沢における板金部品〔機体骨組部品〕製造は，東北神180工場（扶桑第189工場）として，水沢商業学校，漁網会社工場，佐倉河国民学校大講堂，岩手銘醸会社などで行われたと記している[108]．

4年生になったある水沢高女1942年度入学生は，帰水後の勤労動員先への出勤途中に米軍機による機銃掃射攻撃を回想している．

> 日にちは忘れましたが，終戦も間近になった或る日，胆沢地方もアメリカ軍の空襲を受けました．その頃水沢に疎開していた中島飛行機工場（名称についてははっきりしませんが）に動員されていました．
> 朝，一番列車で出動すべく前沢駅に行ったら，警戒警報が発令されました．わたしたちは非常事態に備え動員されていない下級生は家に帰し，わたしたち4年生だけは列車に乗り込みました．そして，折居浜駅少し手前まで行ったとき，飛行機のグーンと急降下する爆音がしたな，と思ったとたん，列車が止まりバラバラバラッと機銃掃射の音，みんな肝をつぶす思いで，椅子を窓側に立て，頭をかかえて小さくなりました[109]．

以下は押切郁の回想である．

> 〔帰水の〕其の後，食糧増産に一役荷なうものと思っていたら，再び，水沢に疎開していた中島飛行機の工場に動員された．ここでも資材は乏しく，飛行機をつくる仕事にどれ程役立ったかは疑問である．
> そして8月15日，その工場で，終戦の詔勅を聞き，私たちの動員生活に終止符が打たれた[110]．

ある生徒の回想には「無事帰られて間もなく学校でストライキが起こりました」とあった[111]．

第 III 章　注

1) 神辺靖光「学徒勤労動員の行政措置――中等学校を中心に」(『明星大学教育学研究紀要』第 11 号，1976 年 3 月) p. 16.
2) 「公文類聚」第 65 編・昭和 16 年・第 111 巻・軍事 5・国家総動員 4，請求番号：類 02520100，国立公文書館所蔵.
3) 1941 年 12 月 1 日公布厚生文部省令第 3 号「国民勤労報国協力令施行規則」(『官報』第 4470 号，1941 年 12 月 1 日) pp. 6-8.
4) 拙著『師範学校制度史研究――15 年戦争下の教師教育』(北海道大学図書刊行会，1991 年，pp. 263-397) では，師範学校生徒の軍需工場への通年動員を論じたが，政府の労務動員計画における学生生徒の動員数を計上するにとどまり，「学徒勤労令」制定に踏み込むには至らなかった．「法的措置」についても言及していない．

　　福島寛之「教育の戦時――学徒勤労動員と教育の存亡」(『史学雑誌』第 114 編 3 号，2005 年 3 月，pp. 1-2) は，「近代日本における教育については，もっぱら教育学教育史研究として展開されてきた．そこでは教育をそもそもの関心の出発点とするため，教育は近代日本の社会を根柢から規定したものとして描かれる．しかし，特に教育から関心を出発させない者からすれば，教育の実際の機能は教育史が強調するほどのものではないだろうとされ，言及すらされなくなっていく．この原因は要するに，教育を近代日本を構成する一制度として扱ってこなかったことに求められる．言い換えれば，教育がどのような政策領域として存在していたか，これまで検討されたことはなかったのである」と断定する．

　　その上で，以下のように記す．

　　［前略］太平洋戦争末期に展開された学徒動員については，一般に教育の崩壊過程として描かれ，今日では概説の類で触れられるか，あるいは政策分析よりも実態面での追究に関心が移行している．そこでの図式を簡潔に述べれば，学徒動員の推進はファナティックな戦時日本教育の当然の帰結であると同時に，自らをも崩壊させていく矛盾した政策であった，というものである．この枠組みに従えば，学徒動員を推進した文部省は，いわば自滅する存在として描かれる．

　　しかしいかに戦時とはいえ，自らの存在意義を否定するような政策を率先して推進することがあるだろうか．

　　福島寛之の所論を引いたのは，「教育をそもそもの関心の出発点」とした私に，相対すべきは「特に教育から関心を出発させない」人々であることを課題として課すためである．

　　ついでながら記せば，牛田守彦は参考文献に上記拙著を挙げ，「教育が生産活動

第 III 章　学徒勤労動員政策の破綻

に従属したという一般にも流布している学徒勤労動員の捉え方に対して，逸見はあくまでも学徒勤労動員が教育政策として展開されたことに注意を向けた」と述べている（「高良真木の学徒勤労動員体験について」『高良真木『戦争期少女日記——自由学園・自由画教育・中島飛行機』教育史料出版会，2020 年，p. 505）．

5)　水沢高等女学校第二十・二十一回卒業生編・発行『こころに生きる六十日』（1986 年）p. 10．駒野剛「多事奏論」（『朝日新聞』2022 年 8 月 24 日付朝刊）は，「学徒動員から帰校　命が第一，自ら考えて行動」と見出しを付して『こころに生きる六十日』を紹介している．

　　駒野剛は「まさに戦場に飛び込んだのだ」と記すが，私は水沢高女 1942 年度入学生の回想を外側から強い言葉で概括して評することに違和感を覚える．

6)　「岩手県立水沢高等女学校学徒勤労動員　出動者名簿　東京航空計器株式会社」「宿舎部屋別名簿」（それぞれ，『こころに生きる六十日』pp. 21, 32-34）は，出動者 98 人の氏名を載せている．

7)　岩手県教育委員会編・発行『岩手近代教育史』（第 2 巻　大正・昭和 I 編，1981 年）pp. 1056, 1050-1051．

8)　水沢高等女学校 3 年生が入学した 1942 年 4 月以降の水沢高等女学校における勤労動員の諸相を，水高 60 年史編集委員会編『水高 60 年史』（岩手県立水沢高等学校，1970 年）によって確かめておく．

　　1942 年　男子を戦場に駆り出された農村の労力不足に対処して，昭和 17 年からは全校総動員で，農繁期の農村奉仕が行なわれた．水沢・真城・佐倉河・姉帯・白山・前沢・小山・南都田〔いずれも岩手県胆沢郡内の町村〕の町村農会と連絡をとり，予め生徒の居住地を勘案の上分担を決め，統導教官を配属して出動した．遠い所で前沢の大袋地区等は宿泊して奉仕を続けた（p. 68）．

　　1943 年　昭和 18 年ともなると食糧事情は相当逼迫し，学校の校庭や競馬場など隙間なく耕されていた．そこで目をつけられたのが北上川の河原で，町内の中等学校で区画して開墾することになった．

　　　本校は小谷木橋の南約 500 m の所，中州と右岸を全校生徒で開墾した．地積は 30 アール，生い茂る茅を刈り倒し，その根を掘り起こし，ソバを蒔いた．土は肥えていて相当の収穫をあげたが，北上川流域地帯には，この年のうちにもう開墾の余地はないありさまであった．［中略］本県では 7 月 19 日，学校報国隊の勤労協力実施要綱を決定，内政・警察両部長名で各校に通牒が発せられた．その内容は，7 月 26 日より 8 月 20 日までの夏期休業期間中の動員出動ということで，本校では薬工品作業，農会協力各 5 日間，計 300 名であった．さらに 8 月には秋

第Ⅲ章　注

期動員計画が発表され，秋麦播種一斉運動として9月25日より20日間の出動が展開された（p.70）．

1944-45年　戦局の進展・激化に伴って，生徒の勤労動員は急速に拡大強化されていった．19年2月閣議決定の「決戦非常措置要項」は，中等学校以上の学徒を「今後一年，常時之ヲ勤労其ノ他非常勤務ニ出動セシメ得ル組織体制ニ置く」ことを定め，以来生徒は学業を中断し，食糧増産・軍需生産に従事することとなった．

こうして19年も秋を迎え，稲刈り作業に出動中の9月23日，4年生に対する動員令が発せられ，10月5日，いすゞヂーゼル自動車鶴見工場に97名の生徒が出動，軍用自動車の部品製造に取り組んだのであった．期間は来春3月までとする通年動員であったが，実際には更に延長され，20年3月19日，動員先で卒業式を挙行，4月末，空襲によって向上の機能が停止するに及んでようやく帰還できたのであった．［中略］20年2月には3年生への動員命令が下り，25日川崎市東京航空計器工場へ95名が出動した．本土空襲は愈々激化，殆ど連夜の空襲に脅かされつつも戦闘機の計器製作に励んでいたが，4月15日の空襲によって工場が破壊され，4月末に帰校．そのまゝ町内の中島飛行機工場に動員，終戦を迎えた（p.72）．

9) 岩手県教育委員会編・発行『岩手近代教育史』（第3巻　昭和Ⅱ編，1982年）p.1192.

10) 私見では，『こころに生きる六十日』は，数多存在する学徒勤労動員関連文献——自治体史・自治体教育史・学校沿革史等の検索は未着手だが，国立国会図書館では964点の関連文献を見出せる（2024年5月4日現在）——のなかでは，母校に関連資料を見出せなかった事態への異議申し立てでもあるという点で際立っている．

類を見ない『少女のころのわたし——学徒勤労動員の思い出』（池田市昭和国民学校高等科2年5組・担任編・発行，1990年，全38頁）を所蔵する図書館は見当たらない．

文学作品を視野に含めるなら，別の広がりを見出すことが可能である．例えば，川崎航空機明石工場に動員された県立和歌山中学校生徒の集団脱走を主題とした津本陽「嵐の日々」「昭和二十年一月十九日」（『嵐の日々』徳間文庫，1987年，所収）である．

和中開校百年桐蔭三十周年記念誌刊行委員会編『和中開校百年桐蔭三十周年　記念誌』（和歌山県立桐蔭高等学校，1978年）は，「和歌山中学校の沿革」の1944年

第 III 章　学徒勤労動員政策の破綻

6月の事項として「戦局の激化に伴い，中学生も学業を放棄して，工場に動員されるようになった．4，5年生は明石の川崎航空に，また下級生も本州化学や等の工場へ動員され，校舎も一部兵舎に転用された」（p. 81）と述べるのみである．

他方で，高橋宏明「和中時代の思い出」，堀内嘉二「"あゝ，紅の血は燃ゆる"」，中村丁生「思い出を永遠に」が，集団脱走に言及している．いずれも執筆者は当時の5年生である．高橋宏明「和中時代の思い出」の集団脱走関連箇所を摘記する．

　和中5年間のうち，何と言っても明石の動員生活は特記すべきであり，殊に昭和19年秋の脱走事件は秀逸であった．あまりにも印象的な，歴史的事件であったので，詳しい物語として書き残したいと思った時期もあったが，果たさないうちに今は過去の中に没してしまった．当時17才前後の我々であったから，特に深い考えがあってやったわけではない．然し子供ながらに物事の矛盾を鋭く感じとり，それに対して思い切った行動をしたのが秀逸なのである．［中略］私は特に何をしたというわけでもないが，代表的立場にあったので，脱寮の決断には関与した．その瞬間に，国家総動員法とかいうものによって監獄へ入らねばならぬと思った．青い囚人服を着た自分の姿を想像した．幸いそのような事にはならなかったが，以後暫くは工場の監督官とか，兵庫県と和歌山県の名にし負う「特高」にきびしい取調べを受け，子供ながらに中々うまく切り抜けた．この事件はその後の私の人生にとって大きな自信となっている（p. 150）．

津本陽が，脱走の「指揮者は五年級長の高田や」，「高田は和中きっての秀才で，他の級長とは異なった指導力を備えていた」（p. 52）と描出した「高田」とは，高橋宏明である．

『嵐の日々』の「解説」（小川和佑執筆）が，「徴兵と同じような拘束力で徴兵適齢以前の少年ばかりでなく，女子専門学校や高等女学校の女生徒たちも工場に送り込まれました」（p. 282）と記している．

「陸軍刑法」（1942年2月19日改正・公布）「第七章　逃亡ノ罪」第75条には，「故ナク職役ヲ離レ又ハ職役ニ就カサル者」が「敵前ナルトキハ死刑，無期若ハ五年以上ノ懲役又ハ禁錮ニ処ス」，「戦時，軍中又ハ戒厳地境ニ在リテ三日ヲ過キタルトキハ六月以上七年以下ノ懲役又ハ禁錮ニ処ス」，「其ノ他ノ場合ニ於テ六日ヲ過キタルトキハ五年以下ノ懲役又ハ禁錮ニ処ス」（『官報』第4533号，1942年2月20日）と定めていた．

学徒勤労動員を「徴兵と同じような拘束力」と記す「解説」は解説たり得ず，学徒勤労動員を主題とした小説をそれとして理解するうえでは十全ではない．

第Ⅲ章　注

　学徒勤労動員に関連する膨大な文献を概括するのは私の手に余るので，衝撃を受けた文献を記しておく．

・佐藤明夫が著した「航空機工場における動員学徒の実像——中島飛行機半田製作所の学徒たち」(『歴史教育・社会科教育年報』1994 年) など，愛知県下の勤労動員にかかわるの一連の論文と『哀惜　一〇〇〇人の青春——勤労学徒・死者の記録』(風媒社，2004 年)．
・笹谷幸司『神奈川の学徒勤労動員　県内・県外動員学校　三百校の記録　亡くなった百五名の学徒教職員の記録』(陽光台 OA プラザ，1998 年)．
・齊藤勉『東京都学徒勤労動員の研究』(のんぶる舎，1999 年)．
・福島の学徒勤労動員を記録する会編・発行『福島の学徒勤労動員の全て』(2010 年)．
・加藤昭雄『学校から授業が消えた！——岩手の学徒勤労動員』(ツーワンライフ，2013 年)．

　それぞれ愛知県・神奈川県・東京都・福島県・岩手県における通年勤労動員の総攬を企図した著作である．
　大内寛隆・福島の学徒勤労動員を記録する会代表は，笹谷幸司・齊藤勉との交流を，以下のように記して刺激的である．

　1998 年 3 月〔15 日〕に，『地下秘密工場——中島飛行機浅川工場』(1990〔年〕)『新聞にみる東京都女子挺身隊の記録』(1997)の著者齋藤勉氏の紹介で，「神奈川の学徒勤労動員を記録する会」(代表：笹谷幸司) 主催の「学徒勤労動員研究者交流会」に参加した．そこでは，神奈川県が，県内ばかりでなく，関東・甲信越ならびに北海道・東北からの動員状況を調査の対象にしていた．それならば，この際，送出県としても動員状況の全貌を調査し記録する必要があると痛感した．動員状況の掘り起こしは，取りも直さず戦時下の教育の実体を明らかにすることであり，動員体験世代の少年少女たちの青春にスポットを当てることにもなるであろうと，考えた．〔中略〕8 月〔23 日〕に，神奈川の記録する会の呼びかけによる「福島の集い」を福島市内で開催した．同会の席上，筆者が提案して「福島の学徒勤労動員を記録する会」を発足させた (『福島の学徒勤労動員の全て』p. 17)．

11) 「㊙　昭和十八年度国民動員実施計画策定ニ関スル件 (案)」(企計 M 國〇〇二号 (三)／昭和十八年五月一日／表紙共 21 葉／小番号 152／企画院第三部)(「閣甲一二二号　昭和十八年度国家総動員実施計画策定ニ関スル件」(「昭和十八年　公

205

第III章　学徒勤労動員政策の破綻

文別録　国家総動員計画及物資動員計画関係書類　一」国立公文書館所蔵，請求番号：00265100-00400，添付資料）1葉）．

「生産増強勤労緊急対策（本年一月二十日閣議決定）」は，「国民徴用制度ノ刷新強化」を謳っていた（「公文類聚　第67編・昭和18年第117巻・産業13・漁業・展覧会・雑載」国立公文書館所蔵，請求番号：類2785100-00600）．

12)「第一表　国民動員需給計画（総括）」「第五表　内地ニ於ケル臨時要員需給」は，それぞれ「機密　昭和十八年度国民動員実施計画策定ニ関スル件（案）」5葉・11〜12葉．

管見の限りでは，これら国民動員需給数算定経緯を示す資料は見当たらないが，「閣甲一二二号　昭和十八年度国家総動員実施計画策定ニ関スル件」には，「参考」（朱印）と捺した『一部軍資秘　極秘　昭和十八年度第一種工場事業場労務実施計画　企画院』を綴じ込んである．表紙には調整年月日・昭和十八年四月三十日，文書番号・企計M國〇〇一号（二），部数及一連番号・五〇〇部中（空欄）号，枚数・表紙共七六枚とある．「152」とのゴム印を捺してあるのは，五〇〇部中152号の謂いであろう．

内容は索引（沖縄県以外の道府県別頁数）（pp. 1-3）と140頁におよぶ〔工場事業場〕番号，〔金属工業，機械器具工業，化学工業，紡績工業，運輸通信業，鉱山等〕産業別，〔陸監，海監等〕種別，会社工場事業場名，所在地，現在員数（男，女，計），新規需要員数（男，女，計），同上査定員数（男，女，計），備考からなる一覧表である．新規需要人数・新規需要人数の査定は，学生生徒動員数計上の根拠となったのかどうかは不詳だが，このような統計を作成していたことは興味深い．少なくとも労働力不足を反映した数字ではある．なお，最初の〔工場事業場〕番号は286，最後の番号は2865である．

13)「機密　昭和十八年度国民動員実施計画策定ニ関スル件（案）」3葉．

14)　学徒動員本部総務部編・発行『昭和十九年五月　学徒動員必携──閣議決定・法令・諸通牒集』第一輯，pp. 5-7．表紙には「秘」の朱印が捺してある．以後『学徒動員必携』第一輯と略記する．

「学徒戦時動員体制確立要綱」が即応すべきとした1943年6月4日閣議決定「食糧増産応急対策要綱」（『学徒動員必携』第一輯，4頁）は，「国民生活確保ノ絶対的要請ニ応ジ食糧自給態勢ノ確立ヲ期シ之ガ達成ニ寄与シ得ベキ有ユル方途ヲ講ズルノ要緊切」だとして，「耕作廃止畑ハ勿論伐木跡地，河川敷，荒地，工場建設予定地其ノ他有ユル休閑地ヲ動員シ各方面ノ労力ヲ動員シテ麦，粟，大豆，稗，玉蜀黍等ノ雑穀又ハ南瓜等各地方ニ適シタル食糧農作物ノ作付ヲ行フト共ニ果樹園，桑園，瓜類，其ノ他ノ作付地ニ付地方ノ実情ニ応ジ大豆ノ周囲作又ハ間作ヲ行ヒ又

第Ⅲ章　注

輪作方法ノ改善ニ依リ蕎麦等ノ作付ニ努ムルコト」と例示していた．また，「労力補給ニ関スル措置」としては「一般学徒就中農学校生徒ノ動員ハ極力之ヲ実施スルコト」としていた．

　『学徒動員必携』第一輯によれば，1943年度の農業への動員にかかわる通牒は24件に達する．

15)　1943年10月12日閣議決定「教育ニ関スル戦時非常措置方策」，「教育ニ関スル戦時非常措置方策ヲ定ム」(「公文類聚」第67編・昭和18年・第101巻・学事一・学制・教育費, 9)，アジア歴史資料センター，A03010140800．

16)　1944年1月18日閣議決定「緊急学徒勤労動員方策要綱」(「公文類聚」第68編・昭和19年・第74巻・学事二・国民学校・雑載，国立公文書館所蔵，請求番号：類02872100-002000)．

17)　『学徒動員必携』第一輯，pp. 13-14．

18)　『学徒動員必携』第一輯，p. 17．

19)　『学徒動員必携』第一輯，pp. 24-27．

　「国民勤労報国協力令」第3条は，勤労報国協力を課せるのは年齢14年以上の帝国臣民男女としており，中等学校低学年生徒・国民学校高等科児童は動員対象外と定めていた．

　にもかかわらず，1943年10月22日付学校長宛文部省体育局長通牒「麦作完遂学徒勤労動員ニ関スル件」は「国民学校初等科第四学年以上ノ児童」を動員すると規定（『学徒動員必携』第一輯，p. 155）し，「麦手入完遂学徒勤労動員実施要項」（1944年2月22日付文部省体育局長・農商務省農政局長通牒「食糧増産ニ関スル学徒動員ニ関スル件」）は農業への「動員範囲」に「国民学校初等科第四学年以上ノ児童（簡易ナル作業ニ付テハ低学年児童）」を加えている（『学徒動員必携』第一輯，p. 164）．

20)　「決戦非常措置要綱ニ基ク学徒動員実施要綱」には，「学徒ノ動員ニ関聯シ軍幹部要員，技術要員，科学研究要員タルノ教育錬成トノ調整ヲ図ル」と規定していたが，1944年4月28日付都道府県教学課長宛学徒動員本部第二部長通牒「学徒勤労動員ニ関スル件」は，事情は詳らかではないものの軍将校要員教育・確保と勤労動員との調整がつかないまま事態が進行していたことを物語っている．以下は通牒の全文である．

　今般某県ヨリ標記ノ件ニ関シ左記甲号ノ通照会有之右ニ対シ乙号ノ通回答到シタルニ付御了知相成度

記

第 III 章　学徒勤労動員政策の破綻

（甲号）

今般某師団兵務部長ヨリ学徒動員ニ関シ将校生徒志願者ヲ特別ニ取扱ハレ度旨依頼越有之候ニ就テハ之ガ処置ニ関シ何分ノ御指示相賜リ度此段及照会候

　追而本県ニハ既ニ四五〇名余ノ中等学校生徒ガ通年動員トシテ各工場ニ配属中ニテ之ガ中ニハ陸軍士官学校及海軍兵学校受験ノ者モ多数含マレ居候ニ就テハ至急御回報願上候

（乙号）

本月二十一日教号外ヲ以テ貴県教学課長ヨリ標記ノ件ニ関シ照会有之タル処中等学校生徒ノ上級学校入学者選抜ニ付テハ学徒ノ通年動員ノ実施ヲ充分考慮ノ上其ノ適当ナル方法ヲ近ク正式発表ノ見込ナルモ上級学校入学志願者ニ付其ノ志願ノ故ヲ以テ学徒勤労動員上他ノ生徒ト差別スルガ如キハ適当ナラザルモノト御了知相成度

　追而本件ハ陸軍当局ト協議済ニ付為念（『学徒動員必携』第一輯, pp. 120-121）

科学研究要員については，さらに時期を下る 1944 年 8 月 23 日付学校長宛科学局長・第一部長通牒「科学研究要員トシテノ学徒ニ対シ勤労動員除外ノ件」において，大学・専門学校第 2 学年以上の理科系学徒のうち，「戦時研究員ノ補助員トシテ必要ナル学徒」「文部省科学研究動員下重要研究課題ノ研究補助員トシテ必要ナル学徒」「将来科学研究者タラントスル学徒ニシテ成績優秀ナル者」は，「勤労動員ヨリ除外シ専ラ研究ニ従事」させ，「現ニ出動中ノ学徒モ之ヲ中止セシムル」と指示した（学徒動員本部編・発行『昭和十九年十月　学徒動員必携』第二輯，1944 年，pp. 109-110）．以下では『学徒動員必携』第二輯，と略記する．

21)　『学徒動員必携』第一輯, p. 83.

　引例中の「教育ニ関スル戦時非常措置要綱ニ基ク中等学校教育内容措置要綱」は，1943 年 12 月 20 日付地方長官宛文部次官通牒である．同通牒は 1943 年『学徒動員必携』第一輯（79 頁）は通牒本文のみを載せ，「別紙要綱（略）」と記してある．通牒全文は，日本放送協会編『文部省　教育ニ関スル戦時非常措置方策ニ基ク中等学校教育内容臨時措置要綱解説』（日本放送出版協会，1944 年，国立国会図書館デジタルコレクション）を参照した．

　1943 年の中等教育制度改革については，枢密院における修業年限短縮がもたらす学力低下問題をめぐる議論を扶った橋口菊「1943 年中等学校令の成立過程と大東亜建設審議会」（『教育学研究』第 56 巻 2 号，1989 年 2 月）を参照した．

22)　『学徒動員必携』第一輯, p. 86, pp. 83-86.

23)　『学徒動員必携』第一輯, p. 86, pp. 93-94.

　文部次官通牒「決戦非常措置ニ基ク学徒動員実施要綱ニ依ル学校種別学徒動員基

第III章 注

準ニ関スル件」引例箇所の墨による抹消箇所は，北海道大学所蔵『学徒動員必携』第一輯の当該箇所をスキャニングして作成したデジタル画像をPhotoshop（Adobe製ソフト）によって色調補正等を施し，それぞれ「(昭，十九，三，二六裁定)」(p. 86)，「ハ　工場，事業場ニ対シテ同時ニ動員シ得ル学徒数ハ差当リ概ネ全国生徒数ノ二分ノ一ヲ目途トシ必要ニ応ジ之ヲ変更スルコト」(pp. 93-94) と判読できた．

送付した通牒は未見だが，抹消箇所を削除した通牒の送付を疑う余地はない．次官通牒報道（1944年4月2日付『読売新聞』（朝刊））も，動員数の「目途」には触れていない．

発行・配布までは看過されていたが故に，墨による抹消の必要が生じた．編集上の錯誤は，取り敢えず墨による抹消によって糊塗し，ただちに抹消箇所を削除した版を作成して配布したであろう．

他大学所蔵本（複写）を確認したところ，『学徒動員必携』第一輯は，以下の3種類が現存していた．

　　①編集上の錯誤を含んだ版
　　②墨による抹消を施した版
　　③抹消箇所を削除した版

いずれの表紙にも「昭和十九年五月　学徒動員必携──閣議決定・法令・諸通牒集──　第一輯　学徒動員本部総務部」とあり，奥付を記していない．③の表紙は臙脂色である．

②における墨による抹消は，以下の2箇所にも施してあるので，念の為に記しておく．

・工場，事業場ニ対シテ同時ニ動員シ得ル学徒数ハ差当リ概ネ全国学徒数ノ二分ノ一ヲ目途トシ必要ニ応ジ之ヲ変更スルコト（「文化系学生生徒」の項，p. 90）
・工場，事業場ニ対シテ同時ニ動員シ得ル学徒数ハ差当リ概ネ全国生徒数ノ二分ノ一ヲ目途トシ必要ニ応ジ之ヲ変更スルコト（「中学校」の項，p. 91）

3種類の『学徒動員必携』第一輯の存在は，勤労動員が通年動員へと移行する過程が，滑らかな推移をたどったわけではないこと，むしろ勤労動員が闇雲で混迷に満ちた施策であったことの証左であった．

通牒作成過程を明示した「(昭，十九，三，二六裁定)」と記載して刊行したのは，類例を見ない拙劣で杜撰な公文書作成過程，あるいは学徒勤労動員政策の混迷を示唆している．

「ホ」は「国民学校初等科修了程度ヲ以テ入学資格トスル中学校第一学年及第二学年ノ生徒ハ土地ノ情況並ニ心身発達ヲ考慮シテ適当ナル作業ヲ選ビ出動セシムル

第 III 章　学徒勤労動員政策の破綻

コト」(pp. 92-93) との謂いである．
24)　1944 年 4 月 27 日付地方長官・鉱山監督局長・軍需管理部長宛文部次官・厚生次官・軍需次官連名通牒「学徒勤労動員実施要領ニ関スル件」(『学徒動員必携』第一輯, pp. 103-105).
25)　『学徒動員必携』第一輯, p. 122.
26)　『学徒動員必携』第一輯, pp. 145-146.
27)　1944 年 6 月 7 日付『朝日新聞』(朝刊, 東京本社版, 1 面). 1 面トップ記事は,「北仏に第二戦線／敵軍, 海空より侵入」「独軍, 猛烈に反撃中」「空挺隊の大半を殱滅」「邀撃戦速かに進捗」「敵奇襲ならず」と, 6 月 6 日に米英軍が開始した上陸作戦を些事であるかのように報じたことを書き留めておく．
28)　1944 年 6 月 7 日付『朝日新聞』(朝刊, 東京本社版) 2 面．
29)　1941 年 8 月 8 日付各学校長 (地方部ニ属セザルモノ) 地方長官宛文部次官通牒「学校報国団ノ隊組織確立並其ノ活動ニ関スル件」の「学校報国団ノ隊組織編成要領」には,「隊ハ校長ヲ中心トシ教職員及学生生徒全員一体トナリ指揮系統確立セル隊ヲ編成スルモノトス」(『文部時報』第 734 号, 1941 年 8 月 21 日, pp. 40-42) とあった．
30)　1944 年 6 月 7 日付『朝日新聞』(朝刊, 東京本社版), 3 面．
31)　1944 年 6 月 7 日付『朝日新聞』(朝刊, 東京本社版), 2 面．
　　伊藤隆・廣橋眞充・片島紀夫編『東條内閣総理大臣機密記録』(東京大学出版会, 1990 年) によれば, 東條英機は, 1944 年 6 月 6 日に大阪府高槻市湯浅蓄電池株式会社,「大阪駅付近にて車上より疎開地区の家屋取毀状況」を視察し, 甲陽園播半に投宿した. 6 月 7 日には滋賀県彦根市近江航空株式会社を視察した (pp. 447-448).
　　近江航空工業株式会社 (1943 年 1 月創立) の前身は, 近江絹絲紡績株式会社である (藤川和一編『オーミケンシ外史』近江絹絲紡績株式会社, 1967 年, pp. 47-55). いわゆる平和産業の軍需産業への転換事例のひとつである.「近江航空工業〇〇工場」(大日本産業報国会特別勤労動員本部編『企業転換の進路——転用済工場代表者座談会』(大日本産業報国会, 1943 年, pp. 51-63) も参照した．
32)　『学徒動員必携』第二輯, p. 39.
33)　『学徒動員必携』第二輯, pp. 42-44.
34)　『学徒動員必携』第二輯, pp. 138-140.
35)　1944 年 8 月 16 日「軍甲六七　昭和十九年度国民動員計画策定ニ関スル件」(「昭和十九年　公文別録　国家総動員計画及物資動員計画関係書類　昭和四年～昭和二十年・第三巻・昭和十九年」国立公文書館所蔵, 請求番号：00267100).

第 III 章　注

36)　1944 年 8 月 16 日「軍甲六八　昭和十九年度国民動員計画受給数閣議了解事項トシテ決定ノ件」(「昭和十九年　公文別録　国家総動員計画及物資動員計画関係書類　昭和四年～昭和二十年・第三巻・昭和十九年」国立公文書館所蔵，請求番号：別 0026710).
37)　『学徒動員必携』第二輯，pp. 13-14.
38)　「公文類聚　第 68 編　昭和 19 年　巻 72　軍事門 6　国家総動員 4」国立公文書館所蔵，請求番号：類 02870100.
39)　企画院研究会編『国家総動員法勅令解説』(新紀元社，1943 年) p. 27．古川隆久は，「国家総動員審議会をめぐって」(『日本歴史』第 481 号，1988 年 6 月) において，国家総動員審議会について以下のように述べている．

［前略］国家総動員法案は昭和一三年一月下旬に政府からその原案が公表されたが，この段階までには総動員法の運用について民間人を主体とした組織をつくることはまったく構想されていなかった．民間人を含んだ委員会設置の構想は，二月下旬，政民両党方面からの本案への修正構想の中にはじめてあらわれたのである．そしてこの構想は議会の現状維持派（政民主流，貴院など）の本案への反対論に対する譲歩策の一つとして近衛首相によってとりあげられ，本法第五〇条として国家総動員審議会の条項が加えられたのである（p. 63）．

　　古川隆久は，「東京大学法学部に昭和一六年六月の第一五回総会までの総会，特別委員会の議事録を所蔵している（但し，第一三回を除く）．同年七～八月の第一六～一七回総会についても新聞報道によって概略が判明する」(「国家総動員審議会をめぐって」p. 66）と記している．
　　また，国家総動員法に基づく勅令は「先ず各省庁によって立案され，企画院で検討，調整の後，総理大臣の監督下にある国家総動員法制委員会に送付され，ここで最終的に決定された要綱案が諮問され，承認されたものは内閣法制局で法文化され，勅令として公布，施行という段取りになっていた」(「同上」64～66 頁）と述べている．
　　国家総動員法制委員会は 1941 年 4 月 3 日に廃止となり，内閣は権限を強化し，企画院廃止（1943 年 10 月 31 日）後に，その傾向は一層強まった．
40)　法令集（未詳）の該当箇所を綴じ込んである．
41)　『学徒動員必携』第二輯，pp. 13-14.
42)　神辺靖光「学徒勤労動員の行政措置――中等学校を中心に」は，「学徒の労務申請先が厚生大臣と地方長官であることは旧と変りない」(p. 22）と述べている．

43）寺中作雄「学徒勤労令解説」(『文部時報』818号，1944年10月10日) p. 1.
44）勅令第915号「国民勤労報国協力令」(1941年11月22日) は，第3条に男子上限年齢を40年未満，第4条に動員期間を30日と定めていた．勅令第642号「国民勤労報国協力令中改正」(1944年11月18日) によって男子上限年齢を60歳未満に，女子のそれを40年未満に改めた．いずれも『官報』によった．
45）中根秀雄「学徒勤労の反省」(『文部時報』第817号，1944年9月10日) p. 4.
46）中根秀雄「学徒勤労の反省」p. 5.
47）佐藤得二「勤労学徒を視察して」(『文部時報』第817号) p. 7.
48）佐藤得二「勤労学徒を視察して」pp. 7-10.
49）佐藤得二「勤労学徒を視察して」p. 10. 佐藤得二は，1941年9月22日に第一高等学校生徒主事兼教授から文部省督学官 (1942年11月1日，教学官に改称) に転じた．
　　佐藤秀昭『教学の山河――佐藤得二の生涯』岩手県金ヶ崎町，1999年) は，関口隆克が記した以下のようなエピソードを引いている．出典の記載はない．

　戦時中に督学官は教学官に改名された．得さんは狂愕官ともじり，部屋の内扉に大書したが，自らはほとんど室にはいなかった．旅出の弁慶そのまゝ大型キスリングを頭の上高く背負い，コッフェル，水筒，鍋釜まで腰の廻りにつるし，登山靴で [中略] 全国の勤労学徒を慰問していた (p. 122).

50）『学徒動員必携』第二輯，p. 9.
51）『学徒動員必携』第二輯，pp. 16-17.
52）「学徒勤労令改正ノ件・御署名原本・昭和二十年・勅令第九六号，国立公文書館所蔵，請求番号：御28788100.
53）文甲一九号「決戦教育措置要綱」(「公文類聚」第69編・昭和20年・第57巻，学事・大学・中等学校・陸海軍諸学校生徒・雑載，国立公文書館所蔵，請求番号：類02941100).
　　「別紙　文部大臣請議　決戦教育措置要綱」は1945年3月17日付，起案・閣議決定は3月18日付である．
54）軍甲第三五号「別紙軍需大臣請議　昭和二十年度第一四半期物動実施計画要旨」(「公文別録　物資動員計画等関係書類」昭和四年～昭和二十年・第十四巻・昭和二十年，国立公文書館所蔵，請求番号：別00264100). 起案は1945年4月19日，閣議決定は4月20日，指令は4月20日．
55）「戦時教育令外一件審査委員会」(1945年5月3日) (「枢密院審査委員会録・昭

第 III 章　注

和二十年」国立公文書館所蔵，請求番号：枢 B0032100）．

56)　「戦時教育令」「戦時教育令施行規則」は，『官報』(第 5504 号，1945 年 5 月 22 日）によった．

57)　株式会社東京計器製造所編・発行『東京計器略史——65 年の足跡』(1961 年) pp. 25-26.

58)　東京航空計器製作所編『計器』(工業調査会，第 7 巻 2 号，1940 年 7 月) 裏表紙．前掲『東京計器略史』には，「昭和 9 年 3 月技術雑誌"計器"の創刊号が発行され，以来終戦まで年 4 回発行して斯界に貢献するところがあった」(p. 23) と記している．

59)　『東京計器略史』pp. 26-27.

60)　「沿革」(東京航空計器株式会社 HP, https://www.tkkiar.co.jp/company/profile.html) には，1941 年に「狛江工場が陸海軍共同管理工場に指定され，従業員 16,000 名の国内最大の航空機用航法計器メーカーとなる」と記してある（2024 年 6 月 27 日閲覧）．

61)　『東京計器略史』p. 27.

62)　『東京計器略史』p. 28.

63)　『東京計器略史』p. 28.

64)　『東京計器略史』p. 29.

65)　広瀬富三郎「東京航空計器に勤務して」(『東京計器略史』) p. 142.

66)　『東京計器略史』p. 35.

67)　広瀬富三郎前掲「東京航空計器に勤務して」p. 142.

68)　オフィス J. B. 編，原田敬至・栃林秀 CG 制作『零戦』(双葉社，2007 年) pp. 90-91.

69)　横浜国立大学工学部編・発行『横浜国立大学工学部五十年史』(1973 年, p. 278) は，「機械科 2 年生は 4 月初め勤労動員で，東京航空計器（新丸子）へ動員されたが同工場が 3 月に全焼したので，5 月日産，石川島航空発動機などへ動員され，そこで終戦を迎えた」と記してある．この記述は，東京航空計器と東京兵器株式会社とを取り違えているかも知れない．「3 月に全焼」というのも，東京航空計器は 1945 年 4 月 15 日の米軍空襲で全焼したが，東京兵器は「20％ 被災」(川崎中原の空襲・戦災を記録する会編・発行『川崎・中原の空襲の記録』2012 年, p. 50) とある．横浜高等工業学校の東京航空計器への動員は一旦留保する他なさそうである．

70)　横浜高等工業学校，神奈川師範学校女子部については，武相中学卒業生による座談会「青春の思い出」(武相学園編・発行『創立三十周年記念』1972 年, p. 32) に，「むかしの横浜高等工業学校——現在の横浜国大工学部の学生，それから

第Ⅲ章　学徒勤労動員政策の破綻

山梨県の身延中学［中略］職場にいた人たちの顔をおぼえてますね」「女子師範の生徒も来てた」との発言によっている．

神奈川師範学校女子部については，「東京航空計器学徒勤労動員と横浜大空襲の思い出——神奈川女子師範学校生だった鈴木京子さんの戦争体験」（日吉台地下壕保存の会『日吉台地下壕保存の会会報』第134号，2018年5月14日，pp. 3-7）も参照した．「東京航空計器学徒勤労動員と横浜大空襲の思い出——神奈川女子師範学校生だった鈴木京子さんの戦争体験」は，第3回日吉台地下壕保存の会ガイド養成講座（2018年3月10日）における「報告」の記録である．

71)　『こころに生きる六十日』（p. 80）には，工場で菊名女子商業生徒と一所に作業した旨の回想がある．

72)　金沢菊子「学徒指導係として」（川崎市編・発行『川崎空襲・戦災の記録——空襲・被災体験記録編』1974年，p. 773）は，預かっていた学徒50数人は「山形から，銚子・牛込そして大西，一五歳から一七歳の三年生から五年生」と記している．「大西」とは大西高等女学校（川崎市中原区）である．「学徒指導係」の詳細は不詳だが，1944年5月3日付通牒「工場事業場等学徒勤労動員受入側措置要綱ニ関スル件」の一環であろう．

73)　弘前中学4年，花巻中学，摺沢家政女学校については，それぞれ『神奈川の学徒勤労動員』（pp. 99, 106）の記述によっている．

なお，摺沢家政女学校については，「年表」（大東高等学校六十年史編集委員会編『大東高六十年史』岩手県立大東高等学校，1986年）における「1942年4月6日，摺沢家政女学校校舎は全焼し，摺沢女子青年学校と校名変更」「1948年4月，町村組合立岩手県摺沢高等学校を設立した」との記載も参照した．

岩谷堂高等学校創立七十周年記念事業協賛会編・発行『岩谷堂高等学校七十年史』（1991年，p. 78）は，「水沢高女（三年生），宮古の鍬ヶ崎女子青年学校，花巻中学校と共に同じ汽車に乗り同じ会社に動員されている」と記している．

74)　「東京航空計器学徒勤労動員と横浜大空襲の思い出——神奈川女子師範学校生だった鈴木京子さんの戦争体験」pp. 3-4.

75)　「学徒動員隊統導」として3年生を引率した菊池誠之は，「旧職員名簿」（水高八十年史編集委員会編『水高八十年史』岩手県立水沢高等学校，1991年，p. 311）には，着任時は1941年4月とあるが，離任時の記載がない．ちなみに，同名簿では島崎寿美子の在職期間は空欄である．

水沢高等学校記念誌編集委員会編『岩手県立水沢高等学校創立百周年記念誌』（岩手県立水沢高等学校，2011年）は，「座談会Ⅰ　女学校時代の思い出」（pp. 170-185）では，東京航空計器に出動した2名が参加し，「〔菊池誠之は〕いつの間にか

第Ⅲ章　注

いなくなって［後略］」(p. 182),「あの頃終戦後の教育界はちょっとごたごたがありましたしね．お別れの会もなにもしないでね」(p. 183) と発言している．発言者の1人は1946年3月卒業の20回生である．菊池誠之はそれまでの間に水沢高女を辞したこととなろう．

76) 押切郁「まえがき」(『こころに生きる六十日』) p. 2．
77) 押切郁「記録集をつくるに至った経緯」(『こころに生きる六十日』pp. 9-11)．
78) 菊池誠之「水沢高女動員について」(『こころに生きる六十日』pp. 19-20)．菊池誠之は「別段命ぜられたわけではなかった」と記しているが，1944年9月18日付地方長官・学校長宛第三部長名通牒「工場事業場ニ対スル派遣教職員ノ勤務ニ関スル件」(『学徒動員必携』第二輯, p. 58) は，「学徒動員日誌ヲ作成シ置キ毎日指導上重要ナル事項等ヲ記載スル」よう指示していた．同通牒には「「学校及受入側ノ協議決定事項ノ実施ノ徹底ヲ期スルト共ニ受入側ト絶エズ密接ナル連繋ヲ保チ学校長ヘノ報告並ニ学校長ヨリノ受命ニ付遺憾ナキヲ期スルコト」ともあり，統導教員の職務は容易ならざる激務であったはずである．

岩手県教育委員会編・発行『岩手近代教育史　昭和Ⅱ編』(第3巻，1982年，pp. 1183-1184) は，「敗戦による虚脱と混乱，連合国軍の進駐と占領という，わが国が初めて経験する異常事態」のもとで「文書資料は散逸してしまい，占領軍による指令も口頭伝達が多く，現在ではほとんど当時の関係者の記憶にたよるほかない状態になってしまった」と述べている．

『福島の学徒勤労動員の全て』(p. 210) は，「昭和十四年十月以降　伊達教育部桑折支会日記」から1945年12月12日開催の班内校長打会において，「班長より視学官指示の伝達」として，「戦時書類」(思想対策，陸海軍の志願，青少年団，学徒動員，授業案，地図掛図等の掲示物，動員署関係に関する文書) の焼却指示を挙げている．岩手県においても同様の措置がなされたとの推量は許されるであろう．菊池誠之が動員先で作成したという「動員日誌」処分の時期を特定はできない．埼玉県・海軍・長野県・宮崎県における文書焼却・隠匿指示について論じた小松芳郎「終戦時の文書廃棄」(『信濃』第55巻8号，2003年8月) も参照した．

79) 菊池誠之「水沢高女学徒動員について」p. 14．
80)「昭和二十年　消防年報（神奈川県消防課編）」(川崎市編・発行『川崎空襲・戦災の記録』資料編，1977年, p. 139) は，1945年4月15日の米軍200機（爆弾2548発，焼夷弾7万5747発）による「一般被害」は全焼5万2630戸，半焼137戸，全壊25戸，半壊70戸，死者972人，重症461人，軽症1751人と記している．「一般」は官衙との区別の謂いである．
81) 菊池誠之「水沢高女学徒動員について」p. 18．

第 III 章　学徒勤労動員政策の破綻

82)　拙著『師範学校制度史研究』(pp. 387-392) は，動員停止・引き揚げ・動員先変更などの事例を示してある．また同書に翻刻して掲載した「師範学校学徒出動先工場罹災状況調査」(一九四五年四月二五日調，pp. 465-466) も併せて参照されたい．
83)　菊池誠之「水沢高女学徒動員について」p. 15.
84)　「室名とメンバー」(『こころに生きる六十日』pp. 32-34) には部屋毎に氏名を記してある．
85)　帝国秘密探偵社編・発行『大衆人事録　第 14 版　北海道・奥羽・関東・中部篇』(1943 年) p. 91.
　　同書の複写は，大倉精神文化研究所理事長平井誠二氏の御厚意によっている．
86)　『こころに生きる六十日』p. 104.
87)　『こころに生きる六十日』p. 172.
88)　地図の複写は平井誠二氏の御厚意によっている．
89)　吉田律人「京浜の奥座敷──綱島温泉の誕生」(『横濱』第 60 号，神奈川新聞社，2016 年 4 月) p. 69. ＊は吉田律人が付した注記 (それぞれ 1941 年 8 月 7 日・1944 年 2 月 21 日付の『神奈川新聞』) の箇所である．同論文の複写は，平井誠二氏の御厚意によっている．
　　なお，「戦前は西口ヨーカドー付近にあった「東京園」，綱島温泉をめぐる 3 つの意外な歴史」(2024 年 5 月 7 日公開『横浜日吉新聞』) も参照されたい．
　　URL は下記のとおりである．
　　https://hiyosi.net/2024/05/07/tsunashima_history-11/
90)　菊池誠之「水沢高女学徒動員について」p. 15.
91)　『こころに生きる六十日』p. 29.
92)　『こころに生きる六十日』pp. 29-30.
93)　『こころに生きる六十日』p. 69.
94)　『こころに生きる六十日』p. 90.
95)　『こころに生きる六十日』p. 94.
96)　『こころに生きる六十日』p. 98.
97)　『こころに生きる六十日』p. 107.
98)　『こころに生きる六十日』p. 124.
99)　『こころに生きる六十日』p. 127.
100)　『こころに生きる六十日』p. 132.
101)　浜田麗子「動員日誌」(『こころに生きる六十日』pp. 149-181) から，その都度引例箇所を記すのはやや煩瑣なので，便宜的だが引用箇所提示は省略する．「動

第Ⅲ章　注

員日誌」は，押切郁氏の御厚意を得て前掲『「戦時教育令」と教育の崩壊過程に関する総合的研究』(pp. 393-404) に，押切郁「記録集をつくるに至った経緯」(pp. 388-399)，菊池誠之「水沢高女学徒動員について」(pp. 389-393) とともに翻刻した．

102) 卒業式（1945年3月19日）については，『水高60年史』(75頁) を参照した．
103) それぞれ『こころに生きる六十日』pp. 70, 79, 105, 124.
104) 1941年8月8日文部省訓令第27号「学校報国隊ノ体制確立方」(『学徒動員必携』第一集，pp. 37-40).
105) 高栁昌久「中島飛行機三鷹研究所——その疎開と終焉」(『国際基督教大学学報 Ⅲ-A　アジア文化研究』第37号，2011年) p. 68.
106) 「表1　機体部門の疎開計画」(高栁昌久「中島飛行機三鷹研究所—その疎開と終焉」) p. 68.
107) 高栁昌久「中島飛行機三鷹研究所」p. 69.
108) 高栁昌久「中島飛行機三鷹研究所」p. 72.『水沢市史』(p. 467) には，「水沢が板金部（元岩手銘醸会社にて）」とある．
109) 大沼ヒサ「恐ろしかった機銃掃射」『こころに生きる六十日』p. 54.
110) 押切郁「動員に思う——忘れ得ぬこと」『こころに生きる六十日』p. 61.
111) 『こころに生きる六十日』p. 119．「無事帰られて間もなく」とあるが，『岩手近代教育史』(第3巻) は，水沢高女のストライキは1946年3月16日と述べている (p. 1263).

第 IV 章
「戦時教育令」下における国民学校教育実践と教師

前田一男

はじめに

　戦時教育令は，アジア・太平洋戦争最末期の 1945（昭和 20）年 5 月 22 日に，勅令第 320 号をもって公布され同日に施行された．これより先の同年 3 月 18 日，政府は決戦教育措置要綱を閣議決定し，予測される本土決戦に備え全学徒の総動員と，国民学校初等科以外の学校における 1946 年 3 月 31 日までの授業の原則停止を指示していた．この決戦教育措置要綱では「本要綱実施ノ為速ニ戦時教育令（仮称）ヲ制定スルモノトス」と戦時教育令の公布がすでに示唆されていた．このことから，本章タイトルの「戦時教育令下」の対象時期も 3 月以降からを念頭において考えている．

　先行研究の多くは，それまでの学校での教育活動の成立要件が失われていく事実の進行を「崩壊過程」としてきた．たしかに学童疎開が注目されることはあっても，1945 年段階まで踏み込んだ教育実践にはほとんど言及されることはなかった．決戦教育措置要綱や戦時教育令は，本土決戦にどのように学校が対応するのか，教師はいかに処すべきかといった危急喫緊の現実的課題を示しつつ，「崩壊過程」の内実をさらに破局的に進行させていくことになったのである．さらに，戦時教育令が天皇からの上諭を伴って公布されていた点に注目しなければならない．つまり明治以降戦前における天皇制公教育の最終盤の理念が展開されていた点で，その理念と実態との矛盾や乖離を明らかにしておかなければ，戦前教育の総括と戦後教育への展望とを厳密な意味で位置づけることが出来ないのではないだろうか．このような認識のもと本章は，「学校日誌」を資料としながら 1945 年段階での教育実践を支えた理念とその実態に迫ろうとするものである．

　また本土決戦を想定しての教育現場は，ある意味で生死にかかわる状況を作り出していた．その中心に教師がいた．教師たちは，聖戦の大義のもとに「狂信的」ともいえる教育実践を展開していく．教師たちはなぜそのような教育実践が展開できたのであろうか．そこでの教師の意識は，何によって支えられ，いかなる特質を持つものであったのだろうか．戦時教育令下の教育実践を支え

はじめに

た教師の動向をあわせて考察していきたい．

　まず，先行研究を年代順に概観しておこう．決戦下の教育を論ずる先行研究においては1944年3月の決戦非常措置要綱までの記述が多く，学童疎開については一定の研究蓄積があるものの，多くは教育の「崩壊過程」として概括的に描かれているにすぎない．1945年以降の教育についても，その延長線上に想定されており，その実態は描き切れていない．戦時教育令についても個別研究はなく，多くは概説書の通史や辞書項目として解説されている程度である．さらに，上諭の意味について触れられていないものや事実誤認をしているものもある．

　文部省『学制八十年史』(1954年)では，上諭と教育勅語との関連を指摘しつつ「学徒に対しその最後の奉公を要請したものであった．[中略] もはや近代戦を遂行する戦力を喪失するにいたった．このような事態にあたり，戦時教育令のねらいは，学校報国隊を直接国土防衛に協力させることにあったかもしれない」[1]とした．上諭に注目したのは評価できるが，学校報国隊と学徒隊との関係が不分明である．ちなみに『学制百年史』(1972年)は，さすがに学校報国隊の記述を削除しているものの，『学制八十年史』の記述を継承しているにとどまっている[2]．さらに『学制百二十年史』(1993年)，『学制百五十年史』(2022年)に至っては「戦時教育令」への言及すらなくなっている．

　海老原治善は「『戦時教育令』がだされ，『我ガ国学制頒布以来茲ニ七十有余年今ヤ戦局ノ危急ニ際シ教育史上未曽有ノ転換ヲ敵前ニ断行セントス』と文部大臣訓令がだされた．児童・生徒をそのまま『国土防衛』の名において学校報国隊の組織がめざされた．だがすでに現実は戦争遂行の客観的・物質的基盤が失われていた」[3]とした．明治以降の総決算の意味合いを文部大臣訓令で示そうとしたことは重要だが，ここでも学校報国隊と学徒隊との関係が事実誤認されている．

　『日本近代教育百年史』では，決戦教育措置要綱をやや詳しく説明した後に「五月二十二日勅令『戦時教育令』により学校教育は玉砕的崩壊を来たしたのであった」[4]とのみ記している．崩壊を「玉砕的」と形容した点が注目されるものの，その内実についての検証はなされていない．

　久保義三の『昭和教育史　上』が，戦時教育令を昭和教育史のなかに位置づ

第IV章 「戦時教育令」下における国民学校教育実践と教師

けるべく，東京大空襲後に閣議決定された決戦教育措置要綱とセットにして戦時教育令を取り上げている．特に上諭に注目し，その解説を丁寧に行っている点はどの先行研究よりも際立っている．ただ，戦時教育令の第一条を取り上げ「なんと空疎で，矛盾撞着する規定ではないだろうか」「天皇制教育の自己矛盾と自己否定の具体的全姿をあらわにするもの」[5]と批判し，第三条の学徒隊も沖縄本島の「鉄血勤皇隊」に代表されて説明されているが，その内容の検討が限定的にとどまっており，戦時教育令の全体像を分析し評価するまでには至っていない．

他は辞書項目での解説である．『国史大辞典8』は，「暫定的に『国民学校初等科ヲ除キ学校ニ於ケル授業ハ［中略］原則トシテ之ヲ停止ス』としていたが，戦時教育令によって学校の授業は全面的に『戦時ニ緊切ナル要務』（同第一条）にとってかわられた」と評価し「『正規ノ期間在学セズ又ハ正規ノ試験ヲ受ケザル場合ト雖モ之ヲ卒業（之ニ準ズルモノヲ含ム）セシムルコトヲ得』とされるに至った（第5条）」[6]点に注目した．『日本史大事典4』は「すでに政府は，45年3月18日の『決戦教育措置要綱』で，全学徒を直接決戦に緊要な業務に総動員するために，国民学校初等科を除き学校における授業を同年4月1日から原則として停止することを決定していたから，本令によって大きな変化が起こったわけではない．しかしこの勅令には上諭が付せられ，上諭は教育勅語を引用して学徒に対し最後の奉公を求めたものであった．教育令という名による学校教育の放棄ないし否定であり，軍国主義教育政策の結末を劇的に示していると言えよう」[7]としている．上諭に触れている数少ない先行研究であるが，「本令によって大きな変化がおこったわけではない」としながらも「軍国主義教育政策の結末を劇的に示している」と，勅令の性格を評価している．『日本歴史大辞典2』では「文相には特別措置権限を与え，徴集，招集等を受けた学徒は正規期間在学しない場合等も卒業扱いとし，朝鮮・台湾の総督，満洲国駐箚特命全権大使，南洋庁長官も文相同様の権限をもつ．わずか全六条の短い法令だが，太平洋戦争末期の破局的状況を象徴する教育法令であった」[8]と，『国史大辞典8』と同じく学徒の正規期間在学しない場合でも卒業扱いにする点に注目しつつ，植民地や外地にも視野を広げ，「破局的状況を象徴する教育法令」という評価を下している．また『現代教育史辞典』では「『戦時教育令』は，

222

はじめに

授業停止をはじめとして，戦局の推移によってどのようにでも学校教育の運営全般を変更できることを改めて明確化したものだったといえる」[9]と，戦時教育令の内容面を検討するというよりはその運用面について言及している．『日本近代教育史事典』においては「全文六条からなり，決戦下における教育の基本方針，『学徒隊』の組織をはじめ，戦時生活と教育との関係などについて定めている．それは戦争の最後の時期において，教育そのものが事実上停止されるに至った状況を示している」[10]とほとんど内容に踏み込んでいない．

辞書項目にとどまっているため，たとえば文部大臣の訓令の解釈によって戦時教育令を明治以来の総決算として位置づけようとしている先行研究があるものの，その天皇制公教育の最終盤の理念の検討が不充分であり，天皇制公教育の本質への追及がまだ詰め切れていない．また，本当に「本令によって大きな変化がおこったわけではない」のだろうか．「授業停止をはじめとして，戦局の推移によってどのようにでも学校教育の運営全般を変更できることを改めて明確化した」という技術主義的な運用以上に，新たに理念的な再編を目指しつつ教育の動員機能を最大限に拡大しようとしたのではないだろうか．「玉砕的」「破局的状況」「学校教育の放棄ないし否定」といった言葉の検証が求められるところである．

戦時教育令と国民学校とのかかわりで，1945年7月7日に至って「戦時教育令ニ基ク国民学校教育実施ニ関スル件」（発国163号）が通牒されている．戦時教育令が公布されても，国民学校初等科は引き続き授業を継続させることになっていたので，その初等科に対し「教育訓練ニ関スル事項」「挺身ニ関スル事項」「就学ノ促進ニ関スル事項」など項目を立てて指示を与えたのである[11]．国民学校の教育実践を検討するうえで，この点についても先行研究（辞書項目）はまったく言及していないので，意識すべき視点であろう．

以上のように，戦時教育令に関する先行研究は乏しく，また戦時教育令とのかかわりで国民学校の教育実践に言及したものは皆無であった．1980年代後半に筆者らは戦時下教育研究会を組織し，共同研究の成果として『総力戦体制と教育——皇国民錬成の理念と方式』（1987年）を上梓したが，そこでも戦時教育令は真正面から対象にしていなかった．その意味で本章は，戦時教育令下における国民学校の教育実践を真正面に据えた基礎研究の端緒となるものであ

第Ⅳ章 「戦時教育令」下における国民学校教育実践と教師

ろう．

第1節　戦時教育令への対応とその実際——本土決戦への対応

　1945年5月22日に公布された戦時教育令が，どのように初等教育の学校現場に普及していくのか，決戦下で混乱し教育環境が悪化するばかりのなかで，現場はどのように戦時教育令を受け止め対応しようとしたのか．新聞紙上では上諭を伴っての公布が大きく取り上げられているものの，それがどのように学校現場に普及し浸透していくのか，その実際を物語る資料は必ずしも多くない．次節で「学校日誌」を活用しながらひとつの国民学校の事例を検討することになるが，ここでは新聞資料と文献資料とを利用しながら，長野県と富山県について，どのように戦時教育令が報道され周知されようとしていたのか，またいかに解釈され取り組まれようとしていたのかについて述べておきたい．

1-1　長野県における戦時教育令への対応とその実践

1-1-1　『信濃毎日新聞』の報道内容の検討

　戦時教育令を具体的に知る最大の媒体は新聞であろう．長野県においても，『信濃毎日新聞』が戦時教育令の内容を詳細に紹介している．5月22日に第一面を飾った「戦時教育令けふ公布　動員と教育一体化　使命達成に学徒隊結成」「学徒の尽忠を嘉し給ひ　優渥なる上諭を拝す」という大見出しが躍っている．小見出しとして「忠誠護国の大詔へ　結べ熱血の二千万　文部省訓令」「教育の大本厳然　こゝに清新なる戦力」「学徒隊　各校に組織　義勇隊の尖兵的役割」「青少年団は学徒隊へ移行」が続いている．5月23日は同じく第一面の「社説」で取り上げられ，「戦時教育令と学徒隊」が論評された．第二面では「上諭に応へ奉らん　生産は学徒の双肩に　教師も講壇教育を拋て　太田文相談」「矛盾は一掃された」という見出しが並び，長野工専校長の下村市郎と開智国民学校長の一志茂樹の二人の校長談話も紹介されている．すべてを紹介することはできないので，国民学校にかかわる部分を中心にして，何に力点を

第1節　戦時教育令への対応とその実際

置かれて報道されているかを紹介しておこう[12]．

「戦時教育令けふ公布　動員と教育一体化　使命達成に学徒隊結成」では，戦時教育令公布の意義が強調されている．まず「授業停止による学徒動員の徹底強化と，本土戦場化の苛烈な戦局に対応して，政府は教育の決戦態勢を確立するため，戦時教育令の御制定を仰ぐべく，枢密院に勅令案の御諮詢を奏請したが，去る九日の枢府本会議で政府原案通り可決したので，右案のお下渡しを乞ひ，十一日閣議決定ののち上奏御裁可を経て青少年学徒に賜りたる勅語奉戴記念日（昭和十四年五月二十二日御親謁に際し青少年に賜りたる勅語の奉戴記念日）の今二十二日これを公布即日施行した」と戦時教育令の制定過程を説明している．特に「政府は教育の決戦態勢を確立するため，戦時教育令の御制定」の部分の活字ポイントを大きくしてその意義を強調していた．続けて「この戦時教育令は決戦下における教育の目標ならびに教職員学徒の使命を明示するとともに，学校教育の機動的運営に関する諸般の法令的措置を規定したもので，まさに教育決戦の大号令ともすべきものであるが，天皇陛下におかせられてはこれが公布に際し畏くも異例の優渥な上諭を賜り，危急の戦局下における教育の大本を御教示あらせられるとともに，学徒の奮起を嘉し給うた，教育に寄せ給ふ御珍軫のほど，青少年学徒に対する御慈愛のほど，拝察するだに畏き極みである」として，ここでも「畏くも異例の優渥な上諭を賜り，危急の戦局下における教育の大本を御教示あらせられるとともに，学徒の奮起を嘉し給うた」という部分の活字ポイントを上げている．特に上諭について触れ，大日本帝国憲法以外に，臨時教育会議官制，教育審議会官制，臨時外交委調査委員会官制，枢密院官制及事務規程のみで今回で5回目となることの意義を強調している．他のどの記事にも，「異例の優渥なる上諭」が何らかの形で触れられ「恐懼感激」のなかで戦時教育令が丁寧に解説されている．

新たに組織される学徒隊については「各校に組織　義勇隊の尖兵的役割」の見出しで解説が加えられている．その解説では2つの性格が指摘されている．「第一に従来の学校報国隊や青少年団の如く学校教育の外につくられたいはゆる校外訓練組織ではなく，決戦下における教育方法としての組織であること，即ち平時的な学校教育組織としては学科，学年，学級といふ体系もあり，これはもちろん廃止されるわけではないが，学徒隊を以てさらに敢闘的教育組織に

整備強化するわけである．／第二に学徒隊は挺身組織であること，従つて独り学校につくられるのみでなく挺身に即応するやう地域的にも職場的にも結成されなければならぬ．／以上の性格によつて従来二元的であつた動員と教育とが学徒隊といふ組織に一体的に顕現されるわけである，即ち学徒動員は学校教育の外にあるものではなく学校教育そのものとなつた」としている．学徒隊は「教育方法としての組織」でもあり「挺身組織」でもあるという「教育」と「動員」との一体化をめざす組織であることが説明されている．

　学徒動員のなかに学校教育があるという発想は，動員の形式的な正当化と言わざるを得ないものである．しかし当時にあつてはその一体化に対して「一方に学徒の工具化を嘆ずるものがあるかと見れば，他方には学校閉鎖，勤労一本を強調する論者があるといつた」極論が交錯する状況であった．そのことを反映してか「工具はおろか学徒にすらも戦列脱落的傾向が看取される」と厳しく指摘された低迷する現実に，戦時教育令による改善克服が期待されていたのである（「社説　戦時教育令と学徒隊」）．大坪保雄長野県知事も「矛盾は一掃された」という談話を寄せ，従来の動員方法では「あるものは教室に残り，あるものは工場に敢闘する二つがあつたからである．また出勤しても軍の作業廠，民間の会社では国家的にも多大に差異があつてこゝにも矛盾があつた」と分析していた．それが今回戦時教育令によって「皇国の危機に直面し学徒に対して皇国護持の大任を果たすため更に新たな大きな道を明示されたことは洵に慶賀に堪へない，これによつて学徒諸君も勇躍難に赴く志を固めることが出来よう」と解釈していた．しかし実際上の矛盾は単純ではなく，その矛盾を実務的に解消するのではなく，上諭というより上位の理念によって精神的に克服しようという方策でしかなかった．これでは温存された矛盾がむしろ拡大していく可能性すらあったのである．

　一方太田耕造文部大臣は，「上諭に応へ奉らん　生産は学徒の双肩に　教師も講壇教育を抛て　太田文相談」のなかで，全国学徒隊長となった立場から，教職員に向けて次のように戦時教育令の意義を説明している．戦時教育令は「教職員のためにもその行き方をはつきりさせてゐる，自分は教師たる者，講壇の上から説教すべきではないと思ふ，身をもつて学徒とともに挺身するのである．従つて今回の勅令によつて講壇教育は完全に打破されたといふべきであ

第1節　戦時教育令への対応とその実際

らう」とした．戦時教育令の「第二条　教職員ハ率先垂範学徒ト共ニ戦時ニ緊切ナル要務ヲ挺身シ倶学倶進以テ学徒ノ薫化啓導ノ任ヲ全ウスベシ」に対応する太田文相の解釈だと思われるが，知識教授の役割は完全に否定されるだけでなく，動員対象として教職員も例外ではなくなったのである．

そのような戦時教育令に対して，教育現場からの談話が寄せられている．長野工専校長の下村市郎と開智国民学校長の一志茂樹の二人である．それぞれ「勤労が本分」（下村），「教育中心主義を捨てよ」（一志）と見出しをつけられているが，国民学校の立場から発言している後者の一志校長の談話を検討してみよう．一志は，

> 戦時教育令によつて動員と教育が一体不離のものとなり，教職員も学徒も共に行動態勢が昂揚されたところに一段の強みを感じる，食増隊に軍需生産隊にそしてまた危急の場合は戦闘隊に即応することが極めて円滑敏速に可能となつたが，こゝに留意せねばならぬと思ふことは青少年の指導は，従来のように学校運営の体系にのみこだはらず，戦局の推移に即応出来るといふ点が実に戦力の増強になる．
>
> 　ここで私は思ふ，国滅びてなんの教育ぞなどといふ思想こそ敗北思想で，これを逆に教育の有する限り国滅びずといふ皇国教育の信念に徹したい，「一旦緩急あれば義勇公に奉ずる」といふ皇国教育の立場が今や目前に迫つてきたことによつて，この度の戦時教育令の御精神を拝し奉ることができる，これによつて学徒隊受入側も今までの行き方を根本的に一新しなければならぬし，官庁方面もまた学徒の忠誠心を無駄にしないやう，勤労の管理にまた配置に一段の慎重さを要望する
>
> 　青少年団は近く発展的解消をするはずで，従来動もすれば学校教育中心主義のため，他府県に較べて行動的に遜色があり，昨今漸く軌道にのったといつてよく，本県の如きは新令の精神をよく体して校外生活の指導を徹底せしめ，学徒隊の中にこれを活かさせなければならぬと考へる，教職員もまたこの際畏き上諭を肝に銘じ戦ふ教育に徹し以て聖旨に応へ奉らねばならぬ

と述べていた．一志茂樹（1893～1985年）は，1927年に北安曇郡教育会郷土調査主任となり「北安曇郡郷土誌稿」の編纂に従事し，「長野県史」編纂会委員を歴任するなど著名な郷土史家であり，また信濃教育会幹事を務めるなど，長野県内にあって影響力のある校長であった．その一志が「動員と教育が一体

不離のもの」と新たな段階での教育観を確認し,「青少年の指導が学校運営の体系にのみこだはらず, 戦局の推移に即応出来るといふ点」に「戦力の増強」を認め, それを説いた上諭の精神は教育勅語の精神を徹底することで達成できるとしている解釈の論法は, この時期の典型的な理解であったといえよう. ただ, どのような文脈であれ「敗北」という言葉が登場してきていることには, 当時顕在化させてはならない極限状況を示唆していたともいえ留意しておきたい.

1-1-2　大日本教育会長野県支部『信濃教育』にみる長野県の戦時教育令への対応

1940 年以降, 政府の出版統制が強化されて教育雑誌の統合が進み, 地方教育会の機関誌は軒並み休刊に追い込まれていた. そのような中でも, 信州教育の伝統を象徴する『信濃教育』は頁数減, 数号の休刊や合併号をはさみながら, とにもかくにも刊行を継続させている. その刊行継続自体が重要な信州教育の意思表示と考えられる. と同時に, 後に見るように『信濃教育』の論調は, 戦時教育令を積極的に受けとめ実践していこうとする「熱誠」にあふれている. 1933 年の長野県教員赤化事件(「二・四事件」)以降, 信州教育の復権は国策への徹底した恭順によって償なわれようとしていたこともあり, その当時のもっとも国家主義的な教師たちの認識がそこに現れているといってよいであろう.

『信濃教育』に掲載された戦時教育令関係の論考は, 早くも第 702 号(1945 年 6 月 1 日)から見られる.「決戦下の教育について　下伊　土岐真司」や「編輯室より(上條茂)」が戦時教育令に触れて掲載されているのである. そして第 703 号(1945 年 7 月 1 日)では,「上諭」が大きな活字ポイントで 1 頁目に掲げられ, 続いて「戦時教育令」の条文が掲載されている. そして雑誌編集委員であった上條茂による「戦時教育令公布せらる」が巻頭論文を飾った. 第 704 号(1945 年 8 月 10 日)では県知事であった大坪保雄が「長野県支部長告辞」を寄せ, 西尾実「戦時教育令における教育訓練」と東野国民学校(下伊那郡)「わが校の戦時教育訓練」とが, 戦時教育令の解釈と実践事例という組み合わせで紙面を構成した. これほど積極的に戦時教育令を受け入れ普及させようとした雑誌媒体は他に例を見ない.

第1節　戦時教育令への対応とその実際

　最初に「決戦下の教育について」を執筆した土岐真司は下伊那郡松尾青年学校長の職にあり，その立場から「戦局の緊迫と共に学徒の勤労奉仕，学徒動員と次から次へ非常措置方策が実施されて来たにもかゝはらず，学校側が戦局の後を追ふの憾なし［中略］教育者がおよび腰であつた」と，学校や教師の姿勢を強く批判する．決戦教育措置要綱は「完全に近代教育と絶縁し決戦態勢に突入し得る」節目であり，「近々発布になるであらう戦時国民教育令」によって，教育はさらに「戦力の増強即ち兵器と食糧の増産に集注さるべき」であると熱狂的に主張した．明治以降の近代教育への徹底的な批判が戦時教育令の公布によって実現するという論法ながら，それが国民学校高等科以上の授業停止を伴うこととのかかわりについては言及されていなかった[13]．先の論考にもあったが，この段階で戦時教育令の公布については何らかの形で案内されていたと思われ，「編輯室より」の編集後記を執筆した上條茂も「来月号は近く公布せらるべき戦時教育令に基づく学校経営の企画について，広く寄稿を得て編輯をしたい予定である」[14]と予告をしていた．

　そして次の『信濃教育』（第703号）は，その予告どおりに戦時教育令を特集することになる．巻頭を飾ったのは「戦時教育令公布せらる」で，上條茂（1895～1954年）がその執筆を担当している．上條は当時，大町国民学校校長であり『信濃教育』の雑誌編集委員ではあったが，信濃教育会が解散した後の日本教育会長野支部の支部長が長野県知事であったので，教員を代表して戦時教育令を紹介しているかのように見える．戦時教育令の意義と学徒隊の取り組み，そしてそれを支える長野県教育者の覚悟を，次のように語っている[15]．「天皇陛下には畏くも忠誠純真なる青少年学徒の奮起を嘉し給ひ，愈々その使命達成に力むべきことを御論し遊ばされたのである」と「上諭」に対する恐懼感激を述べ，「学徒隊は学校報国隊と異り福利厚生，援護の組織でもなく，又学校報国隊や青少年団の如く学校教育と相並んでつくられた教育訓練の組織でもない．決戦下に於ける教育本来の組織であり，挺進実践の行動隊である」と，学徒隊を「教育本来の組織」「挺身実践の行動隊」と定義し「全県下四十万の教職員学徒熱鉄の一丸となつて忠誠護国の至念に燃え上下僚友堅き団結の下，求道研鑽挺身奉公息むことなく，日々夜々精進してこそ戦時教育令の本旨を達成することが出来るのである．由来国運の飛躍的発展に対処して教育制度の変

革せらるゝや何時もよく我が長野県の教育者は，その本旨達成に，信州教育者の真面目を発揮して努力て参つたのである」と「敵前に於て空前の教育決戦態勢の確立」を誓っている．大正期の川井訓導事件で「教権の独立」の立場から論陣を張っていた上條の教育観は，ここではみじんも表現されることはなかった．ここにも長野県教員赤化事件の贖罪意識が見え隠れしている．

　編集後記である「編輯室より（上條茂）」は，繰り返し「上諭を拝して戦時教育令が公布せられ」て「全国一千万の教職員学徒誰れか恐懼感激一死以て君国に奉ずるの大節を全うせんことを誓はざるものがあらうか」とし，そのために学徒隊が結成され「生産補給皇土防衛の飛躍的増強を図り，未曾有の国難突破に一路邁進せねばならぬのである．［中略］学徒隊の結成は将にかゝる国内態勢強化への一環である．教育の決戦態勢の確立である」と強調している．「来月号はこれが運営の実際についての記録を以て編輯したいと思つてゐる．一般の寄稿を希望する（後略）」[16]と次号の予告で終わっている．

　次号の8月10日に刊行された『信濃教育』（第704号）では，「長野県支部長告辞」としてここで県知事の大坪保雄が登場している．「一死もつて狂瀾を既倒に回さんことを誓はざる」覚悟を説き，「今こそ相率ゐて教育奉公以て長野県教育者の真面目を発揮せられ，敵前に本県教育の燦たる成果を顕現し全国に範たらんことを只管に希ふ次第であります」[17]と支部長自身が大号令をかけているのである．

　注目したい論考は，同号に掲載された西尾実「戦時教育令における教育訓練」である．西尾（1889～1979年）は，この当時すでに国語教育，国文学者として信州教育に多大な影響力を持つ人物であった．その西尾は「戦時教育令が公布せられた．現下教育の諸懸案が根本的解決を得ると共に，来るべき教育の方向を決定せられたものとして，極めて重大な意義を齎すものである」と戦時教育令の前提を確認したうえで，「要務挺身」と「教育訓練」との関係に注目した．そしてそれを「表裏一体」とみなした．それまでの「行」と「学」，「勤労」と「教育」とともすれば対立的に捉えられていた関係を，戦時の要請を受けて「表裏一体」と位置づけ，それゆえ「戦時教育令における教育訓練は，教育訓練のみを独立の対象として考察すべきものではなく，あくまで，要務挺身に即して考察しなくてはならぬものである．むしろ要務挺身を考察すること

第1節　戦時教育令への対応とその実際

において，あるべき教育訓練の真姿が見出されなくてはならぬ」としたのである．挺身すべき要務として求められた食糧増産，軍需生産，防空防衛，重要研究などを通して教育訓練を実現しようとしているのであり，睡眠，衣食住，言語動作にいたる「一切の日常生活が要務挺身の完遂を目ざして営まれなければならぬ」ことであった．「国民学校（特にその初等科）のみは，学校教育の全系統上における基礎的教育訓練期でなくてはならぬといふ，特殊な位置を占めてゐることも亦，見逃してはならぬ点であらう」と，さすがに国民学校初等科には留保をつけているものの，全面的に戦時教育令の履行を求めていたのである[18]．

なお，東野国民学校（下伊那郡）「わが校の戦時教育訓練」は，市部高等科単置校という性格上，進んで学校の工場化を図った国民学校の事例報告となっている．「編輯室より（上條茂）」では「東野国民学校に於ける学徒隊の教育訓練の実際は同校の学徒隊運営の極く一部を掲載したに過ぎないが，参考になる点が多いと思ふ，運営の十條（ママ）を期するには先づ企画の適切といふことが大切である」と評していた[19]．

1-2　富山県における戦時教育令への対応とその実践

1-2-1　『北日本新聞』の報道内容の検討

富山県における戦時教育令の周知も，県民にとっては新聞報道であろう．教師たちにとってみても同様であろう．その点で，『北日本新聞』において，戦時教育令がどのように紹介されているかを簡単に紹介しておこう．『北日本新聞』では，1945年5月22日に第一面において「戦時教育令　総て学徒隊に編成　けふの記念日に公布」「畏し異例の上諭」「二千万　学徒奮起の秋　文部省訓令を発す」という見出しがつけられている．5月23日第一面には社説的な位置づけで「学徒隊編成の意味　高木友三郎」，第二面では「上諭畏し戦はん哉　学徒の本懐，戦時教育令」として横田富山薬専校長談を載せている．さらに5月28日第一面に「『学徒隊』運営の焦点　学校即勤労隊組織　いざの場合戦闘隊へ」の記事が見受けられる．先の『信濃毎日新聞』に比べると，その情報量は少ないと言えるが，上諭や条文，訓令そのものと同時に，その意義がし

231

第IV章 「戦時教育令」下における国民学校教育実践と教師

っかりと伝えられている．以下，『信濃毎日新聞』との重複を避けつつ，『北日本新聞』の特徴的な記事ふたつを紹介しておこう．

まず「畏し異例の上論」では，戦時教育令の意義が再確認されている．つまり「戦時教育令の制定は明治五年学制発布以来各学校令の制定とともに我国教育史上まさに画期的の勅令制定であり，これにより現下の皇国危急に際し学徒をその本然の使命遂行に蹶起せしめるため国民義勇隊の組織に魁けて学徒の決戦即応体制が確立されたものである」と，教育理念だけでなく学校制度史上の展開に位置づけてその意義が語られていた．その論調は文部省訓令中の「わが国学制頒布以来ここに七十有余年，今や戦局は教育史上未曾有の転換を敵前に断行せんとする」を受けており，国民義勇隊と差別化しながら学徒隊の役割が述べられていた．

ついで「『学徒隊』運営の焦点　学校即勤労隊組織　いざの場合戦闘隊へ」の記事では，問答形式によって戦時教育令と学徒隊の理解を深めようとしている．その問答のいくつかを紹介しておきたい．いろいろな組織が矢継ぎ早に表れることで，その異同への理解が追いついていない状況を反映しているといえよう．

[問] 教育の本義に照し学業はあくまで放擲すべきものでないと思ふが如何
[答] 学業は教育令第三条にある如く，決戦教育にふさはしい手持時間の活用を円滑に行ひたい，これが従来旨く行かなかつた，これは工員への気兼ね，或ひは手持時間を与へるのは工場の面目を失墜するかの如き，つまらぬ考へから円滑を欠いてゐたもので，手持時間のない工場などはあり得る筈はない，この手持時間を教育に傾注する，即ち学徒を動員する要請なきときは，学業を重点的，集約的に行ふ
[問] 学徒隊が戦闘隊に転換する場合は
[答] 学徒隊自身が銃をとつて闘ふとまでは行かぬとしても，軍隊の指導命令により，後方勤務，即ち弾薬，軍需資材の運搬，兵站勤務等に配置されやう
[問] 最後に国民義勇隊との関係如何
[答] 一旦緩急の場合，直ちに戦闘組織に編制し活動する場合は国民義勇隊としてみられることになつてゐる，平時は学徒隊としこの組織を保つから，名称は異なるが，国民義勇隊と毫も変らぬ意義を有するわけだ

第1節　戦時教育令への対応とその実際

　最初の［問］に対する［答］にある学業の可能性については，［答］にあるような戦時教育令（第3条）「戦時ニ緊要ナル教育訓練ヲ行フ」に対応するものであろう．少なくとも法令上には「手持時間」なる用語は出てこない．ただ，授業時間が取れなくなったことへの弥縫策として，「手持時間」は当時よく話題にはされていた．いずれにしても，学業が放擲されることへの若干の抵抗を読み取ることが出来よう．しかし，それ以後の問答は，本土決戦に向けての緊迫した体制づくりであり，現実的には学業を放擲せざるを得ない破局的な状況が進行しつつあったのである．

1-2-2　富山師範学校女子部附属堀川国民学校における学徒隊の活動

　戦時教育令は，それぞれの国民学校にどのように通知され，それを踏まえていかに実践されようとしたのか．その国民学校の地域上の役割にもよるだろうが，どのような国民学校が戦時教育令の要請する学徒隊を編成できたのであろうか．これに関する資料はなかなか発見できないなかで，富山師範学校女子部附属堀川国民学校（現，富山市立堀川小学校）で，戦時教育令および学徒隊に関する資料が残されていた．堀川国民学校は 1945 年 8 月 2 日の富山大空襲で全焼することになるが，関係者が所持していた当時の資料が自覚的に集められ『昭和 20 年度記録　堀川小学校』などが残されている．堀川国民学校は，1915 年から富山師範学校女子部附属小学校代用になっていたことから，戦時教育令など県からの通知を意識的に受けとめていたものと思われる．

　戦時教育令および文部省訓令が，職員に配布されたものであろう，謄写版印刷で残されている．注意したいのは，それぞれ強く意識すべき個所に波線が引かれてあることである[20]．戦時教育令には第一条「学徒は尽忠以て国運を双肩に担ひ戦時に緊切なる要務に挺身し平素鍛錬せる教育の成果を遺憾なく発揮すると共に智能の錬磨に努むるを以て本分とすべし」に，文部省訓令にはちょうど中段の 7 行「惟ふに学徒隊運営の主眼とするところ，その一は教職員及び学徒の忠誠護国の至念なり［中略］行学一致，作業において人の範となり智能の錬磨において学徒の真髄を発揮するはもとより容易の業にあらず，よろしく師弟心を一にして寸陰を惜みて努力奮励倦まざるべし」に波線が引かれている．

第Ⅳ章　「戦時教育令」下における国民学校教育実践と教師

戦時教育令の要点を理解し，それに向かう教師の姿勢を再確認すべきところが強く意識されていたのである．

富山県ではこれを受けて，1945年7月8日に学徒隊の結成式を挙行している．上新川婦負国民学校・青年学校学徒隊長である打尾忠治（富山県書記官）が「訓辞」を以下のように述べている．「大詔奉戴日ノ本日ヲトシ茲ニ　学校学徒隊結成式ヲ挙行セラルハ洵ニ欣幸トスル所ニシテ此ノ際所感ノ一端ヲ陳ベ更ニ諸子ニ一段ノ奮起ヲ促サントス」から始まり，戦時教育令や文部省訓令を解説しつつ「宜シク心ヲ一ニシテ努力奮励学徒隊ノ真髄ヲ発揮シ以テ聖慮ニ応ヘ奉ルベキナリ，一言以テ訓辞トス」と締めくくっていた．その「訓辞」を書面にして配布していたのである[21]．

そのような動向を踏まえて，堀川国民学校では「非常事態下ノ教育（学徒隊トシテノ教育）」が構想され，実践されていく[22]．それによると，堀川国民学校では，まず行動隊となる「当校学徒隊機構」が組織された．隊長（立島校長），副隊長（1名），隊附（3名）がトップに位置し，その下に4つの大隊（高等科大隊・高学年大隊・中学年大隊・低学年大隊）が置かれ，その下に8つの中隊（高等科男子中隊・高等科女子中隊・初等科第六学年・初等科第五学年・初等科第四学年・初等科第三学年・初等科第二学年・初等科第一学年）が配置された．さらにその下に担任の教師が隊長になって，たとえば高等科男子中隊の下に川西隊・水上隊・鹿間隊という隊の編成がそれぞれになされた．そしてその川西隊の下に第一班から第四班まで班が置かれ，「各小隊四班構成トス　級長ヲ第一班長」と決められた．部落少年団は〇〇分隊と呼称し，担任の教師を〇〇隊長と呼称するになった．これは戦時教育令施行規則（第1条）の（ロ）「学徒隊ニ学徒隊長ヲ置キ学校長之ヲ以テ之ニ充ツ」（ハ）「学徒隊ハ必要ニ応ジ大隊，中隊，小隊，班等ニ之ヲ分チ其ノ長ハ教職員及ビ学徒ノ中ヨリ学徒隊長之ヲ命ズ」に忠実に沿って軍隊同様の組織編制がなされていることがわかる．教師全員がかかわり，学年ごと，地域ごとに行動隊が組織されたのである．

資料では加えて「『動キ』ハ現状ヲ移行」と書かれている．つまり学徒隊を機能させるうえで，従来の少年団活動をそのまま移行していくことが確認されているのである．

第1節　戦時教育令への対応とその実際

　戦時教育令が求める教育訓練については，「学徒隊（出動ヘノ）訓練」として，以下のように6点にわたって強化すべき項目があげられている．打尾忠治（富山県書記官）学徒隊長が先に「訓辞」で述べた項目を学徒隊に反映させつつも，堀川国民学校ならではの観点も盛り込まれていた．

　一，学徒隊（出動ヘノ）訓練
　・勤労指導‥‥軍ノ要務ニ挺身（輜重兵訓練）輸送任務ニ挺身
　・精神・生活訓練
　　┌忠誠護国ノ致念　責任感　　　　＼　幹部
　　├上下僚及熱鉄ノ如キ団結心　　　　／　規律　テノ必勝必誠信念
　　└共励切磋求道研鑽熄マザル志　　／　服従
　・学童守則
　・講和　──　修・史・地　一体ニシテ
　　・戦意昂揚　音楽・習字
　・防衛訓練
　　・学徒体操　特別措置要綱
　　・農耕増産
　　・教科修練‥‥（国語・理工・算・理・工図ヲ統合一体ニシテ）
　　　　（若シ許サルレバ）
　・教育ノ場（分散形態）
　　　　　　初一―二　──　部落神社　──　（当校デハ八箇所）
　　　　　　初三以上　──　辻教育（移動性）
　備　考
　　学徒隊トシテノ出動ヲ思慮スルニ固定性ハ初三以上ニハ予想シ得ズ
　　常ニ移動性ヲ持ツモノト思考ス　故ニ学徒隊トシテノ教育ハ機動性ヲ常ニ発揮シ，
　　所謂辻教育ヲナスヲ本体トス

　戦時教育令（第2条）が求める「食糧増産，軍需生産，防空防衛，重要研究等戦時ニ緊切ナル要務」に忠実に対応しようとしていると同時に，「戦時ニ緊要ナル教育訓練ヲ行フ」にも可能な限り働きかけようとしている．「防空訓練」には「特別措置要綱」と記されているが，これは「学徒体鍊特別措置要綱」（4月4日）と「学徒軍事教育特別措置要綱」（4月20日）に対応しており，学徒

第 IV 章　「戦時教育令」下における国民学校教育実践と教師

を対象に本土決戦を想定した戦闘力錬成を目的とした2つの「特別措置要綱」を意識したものであったと思われる．一方，戦闘力だけでなく，堀川国民学校独自の「学童守則」や講和や教科修練における教科統合の組み込みの工夫もなされていた．もっとも現実的な判断から「若シ許サルレバ」とその可能性の低さを想定はしているのだが，そのような姿勢のなかに国民学校としての動員と教育との一体化の実質を懸命に求めようとしていたのである．

　学徒隊を組織編成するにあたっては，前述したとおりの戦時教育令の求める大隊・中隊等の組織としつつも，その隊の在り方については堀川国民学校なりの教育的な工夫を凝らしていた．つまり，学徒隊として活動するうえで集団としての固定性にこだわらずに，移動に合わせた機動性を前提にして，そこで「辻教育」を本体にしようとしていたのである．地域の神社を活用し，さらに道端であってもそこに往来する児童を教育しようというのである．功を奏するかどうかは別問題として，教育訓練の場を自覚的にいかに用意することができるのかを教師たちは腐心しながら真剣に考えていたのである．

　そこで活用されたのが，「学童守則」であった[23]．堀川国民学校独自の訓育教育であった．「切迫せる時局は国内体制の一切に『強力』と『徹底』を要求してゐる」という認識のもとで，その趣旨は「躾訓練の徹底が教育の第一歩」という基本方針である．「躾訓練にかくも心労しかくも時間を費して而も猶且実効なきを嘆じてゐる現状」から具体的方針が導き出されていた．その着眼点ならびに留意点として5点あげられており，「あくまで本校独自の伝統を重んじ，亦現在の実状を検討し，更に時局の要請に鑑み，この三点融合の上に樹てられねばならぬ」「空襲下非常事態に於ける分団学習（当然団体躾訓練が重点となる）の指針たらしむ」「家庭教育の指針たらしむ」ことなどが述べられていた．具体化するために「学童守則を日常生活に浸透実践させ徹底する方策」が考えられており，「学童守則は毎日携帯せしめ修身教科書に対すると同じ態度を以て臨ましむ」ことが求められていた．その内容は「第一章　起床」から始まり，登校，朝礼，学習，休憩，運動，食事，清掃，終礼，下校，家庭，就寝，敬礼，言語，態度，服装，作業，大詔奉戴日・祝祭日・記念日，閲童分列，分団常会，防空，貯金，父兄参観日，幹部勤務と，実に24章を設け，それぞれに躾訓練の要点が複数示されているのである．教室での授業実践が望めない

時，生活の一場面一場面を躾訓練の機会とし，それを通じて堀川国民学校独自の教育を目指していたのである．例えば「食事の前には手を洗ひます」（食事），「学校は私たちの心身を磨き鍛へる道場です．真心こめて清めます」（清掃），「はげしい戦争の最中です．がんばつて戦力増強のために働きます」（家庭）といった行動規範の事細かな約束事が相当数並んでいる．緊迫する戦局のなかでそれでも何らかの教育機会を提供したいとする，ぎりぎりのせめぎ合いへの挑戦でもあったが，それは戦時教育令下において生活の場それ自体を皇国民錬成の場として機能させることに翼賛的に協力することにほかならなかった．

なお，「戦時教育令ニ基ク国民学校教育実施ニ関スル件」が7月7日に通牒され，授業が継続されている初等科に対して「教育訓練ニ関スル事項」「挺身ニ関スル事項」「就学ノ促進ニ関スル事項」などが指示されているのだが，富山県の学徒隊結成式が7月8日であったことから，通牒がどの程度反映されているかわからない．しかし，師範学校附属でもあった堀川国民学校は戦時教育令施行規則に忠実に準拠し独自の「非常事態下ノ教育（学徒隊トシテノ教育）」を実践していた戦時教育令下の典型的な国民学校であった．

第2節　1945年国民学校教育実践の諸相
　　　──『日新国民学校　昭和二十年』を手がかりに

2-1　資料としての「学校日誌」の有効性と限界

2-1-1　「学校日誌」への着目とその意味

　戦時教育令下の国民学校の教育現場とその実践を，どんな資料によって明らかにしていくのか．先行研究の記述が通り一遍の記述にとどまっているのは，空襲で資料が焼失してしまったこと以外にも，戦争責任にかかわる時期であり，戦後直後に焼却されたり隠匿されたりして，実証的な研究を進めるうえでの資料収集が困難であったという事情がある．そのような限界が予想されるなかで，戦時教育令下の国民学校の教育現場とその実践にアプローチしていくには，どのような資料が考えられるであろうか．

　ここでは発掘が難しい実践記録ではなく，学校に永く保存されていた「学校

日誌」に着目することにした．表紙には時に「永久保存」の印が押されているものもある．その「学校日誌」は，具体的に何を記録してきたのだろうか．「学校日誌」は各学校によって，形式も様式も異なっている．その日の数行の備忘録的な記述が大半を占める．その形式もさまざまで，1ページに校長確認印・日付・曜日・天気・風・温度・日直・記事・奉衛状況・宿直・児童出席状況・出席歩合などの欄によって構成されている．その記載内容は，人事異動，授業停止，教員の出張・病欠，在学児童の記録，行事儀式（大詔奉戴日・教育勅語，遠足，卒業式），決戦下にあっては，食糧増産，空襲警報の多発と空襲被害，軍隊の駐屯，出征教師の見送り，遺骨迎，慰問会，告別式，国民義勇隊の訓練，勤労動員，集団疎開，8月15日の受け止め，敗戦後の皇室関係行事等々，である[24]．

そのような「学校日誌」からわかることは何だろうか．あるいは，当時の教育実態をどこまで明らかにできるのだろうか．資料が決定的に不足している戦時教育令下の国民学校現場の実態を明らかにしていくうえでなるほど資料的価値は高いとはいえ，しかしながら「学校日誌」は従来，史実の解釈を補強する資料として部分的に援用されてきた程度である．それ以上に，「学校日誌」に記載された日々の項目から1945年度の教育実践をいかにして明らかにすることができるのだろうか．教育が「崩壊過程」のなかにあっても，国民学校の教師や児童は日々を無為に過ごしていたわけではなく，戦時教育令下の教育実践としてさまざまな活動を行っていたはずである．「学校日誌」に記載された断片的な項目を繋ぎながら，またそれらを再構成しながら，教師や児童の教育実践の実態を浮かび上がらせてみたい．実際，短い記述でも，そこに込められた情景を想像する時，決戦下に生きた教師や少国民の懸命な表情が思わず想起されてくる．そのうえで天皇制公教育の最末期がいかに批判的に評価されるべきかを考えたい．

2-1-2　事例としての北海道小清水村日新国民学校

ここでは，北海道斜里郡小清水村にあった日清国民学校の「学校日誌」[25]を事例にして，戦時教育令下における国民学校教育実践の特質に迫っていきたい．この国民学校を事例に取り上げる理由は，国民学校の「学校日誌」に戦時教育

第 2 節　1945 年国民学校教育実践の諸相

令に関する記述がどの学校にもみられるわけではないなかで，日新国民学校では戦時教育令が公布された 5 月 22 日当日の「学校日誌」にその記載がなされるなど，当時の動向に極めて自覚的に対応しようとしていたからである．そのような学校であれば，国民学校の特徴的な教育実践を導き出せるかもしれないと予想した．当然のことながら，北海道東北部の学校規模も中小規模の事例にしかすぎず，ひとつのモノグラフとしての意味合いしか持たないが，事例として取り上げるのには有効であろうと考えた．

　現在の小清水町は北海道の東北部，オホーツク海に面した斜里郡内にあり，郡内の西部に位置している．周囲は北が全面オホーツク海に面し，東は斜里町，清里町と，西は網走市，大空町と接している．オホーツク海の影響を受けるオホーツク海区型気候と内陸性気候に近い亜寒帯多雨気候区の 2 つの様相が連結混交する気候環境にあり，年間を通じて，降水量は少なく，日照率の高さは全国でも有数であるという．冬は積雪量が少ないものの，それでも 2 月から 3 月にかけては流氷が流れ着く地域である．

　小清水村（1958 年に町制を施行し小清水町となる）の概要は，1943 年段階での人口は 7359 人，戸数 1237（上斜里分村後）[26]で，各産業別生産高が判明する戦前統計の 1936 年段階では，農産（137.1 万円），畜産（4.3 万円），水産（4.2 万円），林業（45.1 万円），工業（22.4 万円）となっており，農業を主産業とする地域であった[27]．その農業だが，同じく 1936 年段階で「稲作五六町歩となり，小麦は春播六八二町歩，秋播一四五六町歩，計二一三八町歩［中略］馬鈴薯は一二七八町歩と増加し，薄荷は三二町歩」[28]という状況で，主に馬鈴薯，小麦の生産がなされていた地域であった．

　学校事情についても，少し触れておきたい．小清水村には 1932 年段階で，尋常高等小学校が 1 校，尋常小学校が 5 校，特別教授場が 5 校あった．小清水尋常高等小学校が 11 学級・児童数 655 名で最も大きい中心校で，事例に取りあげる日新尋常小学校は，3 学級・児童数 174 名と村では 3 番目に大きい小学校であった．村内 5 か所に特別教授場が 1〜2 学級で設けられていたように，広範囲に存在する村落に対応して小学校や特別教授場がおかれていた[29]．

　日新国民学校は，1923 年 9 月旭特別教授場と八線特別教授場を合併して，日新尋常小学校として昇格し，12 月に新校舎が落成した．1935 年には日新尋

第 IV 章 「戦時教育令」下における国民学校教育実践と教師

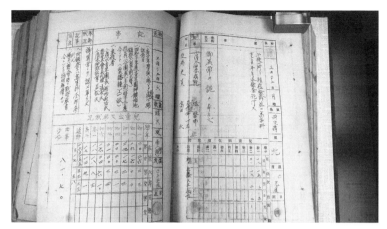

「小清水村立日新国民学校　学校日誌」1945 年 5 月 22 日（左頁）

常高等小学校に昇格，高等科を併設し，4 学級編成となり，翌年 9 月には校舎を新築している．1941 年に日新国民学校と改称，5 学級編成となった．（1944 年度から 6 学級編成）1945 年 4 月 1 日現在の児童数は，尋常科（6 学級・226 名），高等科（2 学級・64 名）併せて 8 学級・児童数 290 名であった．高等科も併設されて 1932 年段階よりも児童数も増加していた．始業式当日の出席歩合は 97.53% で，それ以降も概ね 90% を超えているが，時に 70% 台後半〜80% 台の日もあった．（1951 年に士別小学校と改称し，現在に至っている．）この時期の校長は徳江保で，1944 年 6 月から 1947 年 10 月までの在任期間であった[30]．

2-1-3 「学校日誌」の分析方法

　戦時教育令の予告は 3 月 18 日の決戦教育措置要綱においてすでになされていることから，日新国民学校の教育実践を検討するにあたっては，前述の通り，日新国民学校の「学校日誌」の 1945 年度，具体的には 4 月 1 日から 8 月 15 日までの記載項目を検討の対象にした．その項目件数は約 400 ほどあった．人事，調査報告，修繕，各種通知発送，来校者は原則として除いたが，全記載項目の 95% 以上は拾えていると思われる．それらの記載項目は断片的な記録に過ぎないのだが，それらを主に戦時教育令の視点からまとまりのある項目として整

第 2 節　1945 年国民学校教育実践の諸相

理し再構成することによって，この時期の教育実践の特質を浮かび上がらせていきたい．そのまとまり自身に日新国民学校の1945年度の特徴があると考えられるからである．「学校日誌」の特徴的な記載項目を適宜引用しながら，実際の活動が想起されるように教育実践を特徴づけていきたい．

2-2　日新国民学校における戦時教育令下の教育実践

　戦時教育令は第3条で「食糧増産，軍需生産，防空防衛，重要研究等戦時ニ緊切ナル要務ニ挺身セシムルト共ニ戦時ニ緊要ナル教育訓練ヲ行フ」と規定した．そのために学徒隊の結成を指示したのだが，それに対する国民学校の教育現場はどのように対応できたのであろうか，あるいはできなかったのであろうか．以下の5つの視点を立てて，具体的に検討していこう．

2-2-1　戦時教育令への積極的対応
①「学校日誌」にみる戦時教育令と学徒隊

　最初に，日新国民学校の戦時教育令に対する対応，およびその教育実践への反映のさせ方について，検討してみよう．国民学校レベルにおいて，戦時教育令の周知は，新聞報道や県報などで公開され府県の学務や視学などを通じて学校現場に伝達されたと思われるが，「学校日誌」からその事実を確認できる国民学校は少なかった．その点からして，日新国民学校の場合，戦時教育令が公布された当日の5月22日に「学校日誌」に「職員朝会時ニ戦時教育令ニツイテ説明解釈サル」という記述があるのには驚かされる．徳江校長の時局認識が鋭敏であったとしても，校長がどのようにして戦時教育令を知り解説したのか，おそらく新聞報道ではないかと思われるのだが，日新国民学校がいち早く戦時教育令に対応し，さらに校長が「説明解釈」を加えていることには注目したい．

　「学校日誌」に登場してくる戦時教育令，学徒隊および国民義勇隊の項目をすべて挙げておくと，以下の23件になる（下線は引用者．なお，引用の後に付されているのは「学校日誌」の日付である．赤字で書かれている項目については引用末尾に〔朱書〕と示した．判読不明の文字は□で示した．以下同じ）．

第Ⅳ章 「戦時教育令」下における国民学校教育実践と教師

- 国民義勇隊編成ニ関スル打合会ニ学校長出席（於役場別館午前九時）午後七時ヨリ市街渡辺村議宅ニ於テ義勇隊ノ件ニツキ協議会（5/18）
- 職員朝会時ニ戦時教育令ニツイテ説明解釈サル（5/22）
- 小清水国民義勇隊結成式（自午前十時）　学校長（中隊長）出席セラル（6/3）
- 常会（第五部落会）自午後一時　教頭出席　2 国民義勇隊其ノ他（6/4）
- 職員朝会ニテ於イテ校長常会協議事項ノ伝達アリ
  1. 国民義勇隊ニ関スル件（6/14）
- 戦時教育令ニ基ク学校経営　遠軽国民学校ノ実情ニツキ説明ス（朱書）（6/20）
- 学徒隊結成式挙行（三十日）（6/28）
- 明日学徒隊結成及ビ鶏卵集荷ノコト（6/29）
- 第一教時　学徒隊結成式挙行（6/30）
- 青年学校学徒隊編成報告（7/3）
- 八日ノ学徒隊参拝予告（7/7）
- 青年学徒隊稗畠除草出勤ス　自　午前六時ヨリ　至　午後五時マデ　出勤者　男七名　女二〇名　計二七名（7/18）
- 少年団（学徒隊）稗畠除草出動ス　自午後二時ヨリ　至午後四時半マデ　出動者数　初五以上九二名（7/18）
- 坑木積ミニ出動ス（市街）　学徒隊初等科五六年六二名　出発午前九時　解散午後一時（7/24）
- 援農ニ出動ス　宍戸信一郎氏宅ノ□草リ　学徒隊高一，二年　　名　出発午前九時　解散午後一時半（7/24）
- 坑木作業（7/25）
  学徒隊　高等科　男女三十二名　午前十一時半ヨリ　午後三時四十分まで
- 援農　牧野ミサ氏　大豆　デントコンの除草（7/25）
  学徒隊　初等科　五，六年　男女計五十九名　午前九時半ヨリ　十一時半マデ
- 援農　立花惣太郎氏　馬鈴薯除草　学徒隊初等科五年以上　男女計七十一名　午前十時ヨリ十一時半マデ（7/26）
- 坑木積ミ作業（嘉村先生）学徒隊初等五六年　計　　名（7/28）
- 戦時教育令関係集（8/2）
- 午後五時ヨリ青年常会　終ツテ青年学校学徒隊ヲ編成隊吾堂々神社参拝ヲナス（8/2）
- 朝会ニ於テ上諭奉読式ヲ行フ（8/3）
- 職員会議（8/4）
  1. 七月二十七日ノ校長会議事項伝達　2. 八月三日ノ村常会事項伝達　3. 戦時

第 2 節　1945 年国民学校教育実践の諸相

　　教育令研究協議　4．学徒隊編成協議決定　5．来ル八日ノ村葬ヲ当校ニ於テ執行
　　ノ打合セ
　・援農　坂口晴信氏　豆類ノ除草　学徒隊光生躍進分団計三四名
　　　　　新井直信氏　麦類ノ根草取リ
　　　　　佐々木忠四郎氏　ビート大豆ノ除草　学徒隊曙旭分団　計五九名（8/5）

　といった項目内容である．
　戦時教育令が 5 月 22 日に職員伝達されて以降，6 月 20 日には「戦時教育令ニ基ク学校経営　遠軽国民学校ノ実情ニツキ説明ス（6/30）」〔朱書〕と，戦時教育令を教育実践に反映させる学校経営案を検討し，先行実践していたと思われる遠軽国民学校の事例が紹介されている．そして 6 月 30 日に「学徒隊結成式挙行（6/28）」が行われた．「学校日誌」の項目を読むと，学徒隊は勤労作業に動員されている．7 月 18 日には「少年団（学徒隊）」という記載があることから，従来の少年団に学徒隊を当てはめようとしていたのかもしれないが，組織上の多少の混乱が読み取れる．その後の勤労作業の記載からは，学徒隊の組織が初等科・高等科の学年単位あるいは地域部落の分団単位になっている．
　注意したいのは，8 月 2 日に入って戦時教育令の関係集が再度取り上げられていることである．3 日には独自の項目として特に上諭の奉読式が記載されている．さらに 4 日には戦時教育令が研究協議の対象になっており，ここで改めて学徒隊編成の詳細が決定することになる．なぜこの段階で戦時教育令への対応を連日練り直しているのか詳細には分からないが，7 月中旬に直接空襲を受ける経験をしたことから，その後の教育実践の方向性を戦時教育令に求めようとしたとも考えられる．戦時教育令を再度理解し，従来からの組織との調整を図り，国民学校としての学徒隊を再編成しようとしたところで敗戦を迎えたということになる．いずれにしても，日新国民学校は積極的に戦時教育令を受容しようとし，上諭の理念とともに，極限状況のなかで求められる実践を懸命に実行しようとしていた姿勢がうかがわれるのである．

②学徒隊と国民義勇隊との関係
　学徒隊との関係で，国民義勇隊についても見ておこう．国民義勇隊は，地域

ごとの町内会・部落会を単位小隊とする市町村国民義勇隊（隊長は市町村長）として編成された，防空および空襲被害の復旧などに全国民を動員するために作られた郷土防衛隊組織で，本土決戦に備えるものであった．戦時教育令が公布される約2カ月前の3月23日「国民義勇隊組織ニ関スル件」として閣議決定された．小清水地域では，「国民義勇隊編成ニ関スル打合会ニ学校長出席（於役場別館午前九時）(5/18)」というようにその編成について役場や村会議員宅で協議が進められていた．6月3日には小清水国民義勇隊の結成式が挙行され，そこに校長が中隊長として出席している．そして翌日には，その国民義勇隊経緯が職員朝会で伝達されている．5月22日の戦時教育令が公布されて以降は，6月14日に職員朝会で校長から校長常会協議事項の筆頭項目として「国民義勇隊ニ関スル件」の伝達があるものの，その内容についての詳細がわからない．それ以降「学校日誌」に国民義勇隊は登場してこない．6月30日に学徒隊の結成式が挙行されていることから，地域の義勇隊から学校の学徒隊に動員単位が移行したとも考えられよう．ただ，6月23日に公布された義勇兵役法に対応して「国民義勇隊小清水戦闘隊」が8月7日に小清水国民学校で結成式が実施されていた．日新国民学校の「学校日誌」では，当日は児童血液検査や村葬準備が記されているものの，結成式のことは記されておらず校長の出張や出席も確認できなかった．この国民義勇隊小清水戦闘隊も「終戦のわずか一週間前のことであった．精神的な緊迫感のみが走り，実質的にはなんらなすところなく，敗戦とともに雲散霧消したのはいうまでもない」[31]ことであった．

　なお，青年学校と青年団の学徒隊についても「学校日誌」から指摘できることを挙げておこう．青年学校については，7月3日の「学校日誌」に学徒隊の編成が報告されている．戦時教育令施行規則では，青年学校と国民学校とが同じ学校段階の範疇として記載されており，「午後五時ヨリ青年常会　終ツテ青年学校学徒隊ヲ編成隊吾堂々神社参拝ヲナス (8/2)」とあるように，学徒隊を編成して神社参拝を行っていた．

　また，青年団と学徒隊との関係でいえば，5月の戦時教育令によって大日本青少年団は6月に解散，学徒隊編成に変わることが求められていたはずなのだが，「学校日誌」には7月になっても「青年団，稗除草作業ヲ行フ　午前五時

第 2 節　1945 年国民学校教育実践の諸相

ヨリ　出席者　男十六名，女十四名　計三十名（7/11）」「初，四，五年第一時教時ヨリ十二時迄　青年団稗畠除草ヲナス　百一名（7/27）」「青年団稗畠審査ノタメ来校　支庁ヨリ　上野属　小清水青年学校長　栃内友治氏（8/13）」といった項目が残っている．すぐに組織変更はできないので，移行期であったと思われる．青年団の活動の記載については，後述したい．

2-2-2　地域紐帯の中核としての校長の役割と機能

「学校日誌」で特徴的な第一は，校長の動静について逐一記載されていることである．校長がいつどのような会合に出席し，そこで誰に会っていたのかが記録されているのである．その事実を繋いでいくと，その人的交流は何を意味しているのか，そのネットワークのなかで，決戦下における国民学校校長が果たす役割は何であったのかが見えてくる．それらは教育の「崩壊」とは別のこの時期ならではの学校現場での「活動」であり「実践」であった．

①常会への頻繁な出席

日新国民学校の徳江保校長は，ほぼ毎日といってよいくらいに出張や会合に出かけている．そのなかで注目したいのは，常会への出席がやたら目につくことである．校長の動静についての記載は約 4 カ月半の間に 67 件あり，そのうち，常会関係だけでも 36 件に及ぶ．その常会にも，村常会，校長常会，各部落の常会，婦人常会と，実にさまざまな常会がある．常会とは「隣保組織（部落・隣組等）内の人々が毎月開く定例会合」であり「隣保相互の親睦融和を増進し，国民生活を充実し，上意下達・下意上達を図り，各種会合の整理統合を図る等，各職域々々に於て大政翼賛の実践を完遂する」ために設けられたものであった[32]．決戦下にあっても，この各種常会が熱心に開かれ地域のなかで機能していたのである．

たとえば村常会は 6 件あり「校長先生，村常会ノタメ小清水役場へ出張セラル（4/6）」「学校長　村常会及新旧村長歓送迎会出席ノタメ朝来小清水ニ出張セラル（5/3）」「村常会（午後一時ヨリ）　学校長出席セラル　自転車ニテ午前九時出発（6/3）」といった記載である．村常会は小清水役場で行われていたのである．校長常会も 5 件あり，ほぼ 1 カ月に 1 回の割合である．「校長常会

第Ⅳ章 「戦時教育令」下における国民学校教育実践と教師

（自午後一時）（於小清水校）学校長出席（自転車ニテ）（4/30）」「校長先生校長常会ニ出席セラル　自午前十一時　於小清水校（6/13）」「職員朝会ニテ於イテ校長常会協議事項ノ伝達アリ（6/14）」「校長先生，校長常会ノタメ小清水校ヘ出張セラル（7/27 金）」といった記載である．校長常会はこの地域の中心校である小清水国民学校で行われていた．またその校長常会で協議されたことが，すでに述べたように職員会議で職員に伝達されたのである．ひとつの情報伝達のネットワークである．

　その他，各部落の常会へも頻繁に顔を出していることがわかる．1941年4月に「小清水村町内会部落会設置規定」が定められ，この地域は41班に編成された．日新国民学校の属する部落班は6つほどあった[33]．たとえば「濤釣第一部落常会　校長先生出席セラル　自午後一時ヨリ（6/7）」「第二部落会（常会）午后一時ヨリ，校長先生出席セラル　四時半帰校（5/8）」「濤釣第三部落常会（自午前九時ヨリ）濤釣第五部落常会（自午後一時ヨリ）校長先生出席セラル（4/9）」「校長先生　濤釣第四部落常会ニ出席セラル（自午前八時ヨリ）（4/9）」「午後一時ヨリ第四部落常会ニ教頭出席　第三ニ学校長出席指導（8/6）」といった具合である．4月9日は1日3カ所の部落常会を掛け持ちし，校長が出席できない場合は教頭が代理で出席していた．婦人常会などにも「大日本婦人連合常会（4/3）」「第一部落婦人常会　九時ヨリ　於村上氏宅　校長先生出席セラル（4/5）」「止別町内会婦人常会（自午後一時）嘉村先生出席（4/7）」「萱野母親学校参列（4/11）」と，何れかの教員が出席している．校長を介して学校と地域とが密接に結びついていたのである．

②出張・接待・打ち合わせ

　校長の地域との渉外も，多方面にわたって頻繁に行われていた．逐一項目はあげないが，敗戦までの4カ月半の間，出張先としては網走支庁（4/2 5/15 6/17 6/19 6/22 7/12 7/23 7/30）に8回，北見（6/29）に1回，小清水村役場には，参与委員会（4/19），動員勤労家庭相談委員懇談会（6/11），防衛に関する会議（7/3），海軍志願兵徴募懇談会（7/5）（出席者は教頭）で4回出張している．要人の接待関係では，「村常会及新旧村長歓送迎会出席ノタメ朝来小清水ニ出張セラル（5/3）」「新村長川崎政雄氏午前十一時ノ上リ列車ニテ来校

第2節　1945年国民学校教育実践の諸相

セル（5/29）」「永田伍長挨拶ノタメ来校ス（6/9）」「寇敵撃滅祈願祭（自午前八時）教頭参列（校長先生代理トシテ）（6/15）」「熊部隊ヨリ製塩開始祝賀会ニ招待ヲ受ケ校長先生村役場助役高木氏ト共ニ止別市街ヘ赴カレル　午後六時ヨリ（7/24）」〔朱書〕「午前十一時六分着列車ニテ鯉登師団長閣下ヲ出迎ヘラレタリ（7/28）」「阿部隊幹部ヲ招待シ懇談会開催　午後五時ヨリ八時　校長住宅ニ於テ（8/4）」〔朱書〕「横道軍医転属ニツキ見送リヲナス　校長　教頭（8/14）」と，村行政のトップ，軍関係者との付き合いが記録されている．また，村内にあっては部落会長関係で「村上部落会長訪問，要談（4/17）」「村長サン平山サント共ニ町内会渡辺幸次宅訪問セラル（午後二時半）（5/29）」「午後渡辺後援会長訪問　学校防空施設其ノ他件　打合セヲナス（7/31）」と，たえず地域に入って打ち合わせが進められている．

　このように「学校日誌」から校長の足取りを追ってみると，学校内にいる方が短いのではないかと思えるほど，支庁や地域各方面と連絡を取り合いながら，そして多くは常会を活用しながら地域に入り込み指導的な役割を果たしていたことが理解できる．総力戦体制における学校を中核とした地域の紐帯の構図が，決戦下においてもこの校長の活動に端的に表れている．

③青年学校と青年団の活動

　地域との関連でいえば，「学校日誌」には，青年学校（6件），女子青年学校（4件），青年団（18件）について記載項目が見られる．このことは，国民学校との連携が意識されていたことの証左であろう．青年学校では，男女ともに卒業式の項目が記載されている．男子は「男子青年学校卒業式並びに修了式（於小清水国民学校）（4/13）」と予告の記載があり，「青年学校卒業式並ビニ修了式（於小清水国民学校）（4/15）」とある．場所は小清水国民学校であった．女子は「青年学校（女）卒業式　出席者二十一名（4/8）」がある．その他，女子に「十日午前六時ヨリ女子青年学校ヘ授業ノコト（7/9）」と予告があり，その内容が「女子青年学校現地教授訓練（自午前六時）小清水青年学校ヨリ佐藤美代子先生出張セラル（7/10）」と記されており，女子青年学校の充実が意図されていたことがうかがわれる．

　青年団については18件もの記載がある．「青少年団分団長会議　学校長・教

頭・岡先生各分団長多数出席（於小清水校）（4/15）」と地域全体で活動の方向を議論した後で，青年団は，「青年団総会及四月常会（自午後一時第二教室午後七時終了）（4/20）」「午前四時ヨリ男女青年団常会開催　出席ノ成績ヨロシカラズ（5/5）」「青年団定期常会（6/5）」「青年常会　自午前四時ヨリ至午前五時半（7/5）」というように毎月常会を開催している．ただ，5月の記載にあるように「出席ノ成績ヨロシカラズ」という状況であった．

そんななかで青年団の活動で注目されるのは，4月21日から5日間行われた網走青年屯田集団総蹶起土地改良動員出勤であった．3日目からは青年団総突撃運動と記載されるようになる．「第一日目　作業場所　千島美代由氏宅　出勤者七七名　欠席者四六名　計一二六名　現場視察　川守田拓殖課長（4/21）」「第二日　午後三時作業中止　演芸観賞（4/22）」「（第三日目）朝教頭巡視ス（午後十時半貴校）巡視午後（学校長，青年団暗渠排水視察ノタメ）（4/23）」「第四日目　青年特攻隊指導　午前校長，午後教頭出張ヲナス（4/24）」「第五日目　全職員土地改良動員ニ午後ヨリ参加ス　午後四時現場引揚ゲ修了式ヲ挙行ス（4/25）」という内容であった．初日に77名もの参加を得，拓殖課長が視察に訪れ，途中でリクリエーションを入れて，作業を学校関係者に巡視され，特攻隊指導が組み込まれ，修了式までもが予定されていた．青年団によるその地域への短期集中型の「土地改良動員」と思われるが，国民学校の管理職をも巻き込んだ独自のプログラムが展開されていたのである．

注目したいのは「屯田」という名称である．これは，「かつての日露戦争下での兵農一致，つまり屯田兵制度にならったもの」で，1943年度にも北見青年産業国防総動員運動が実施され，小清水村の青年は第一から第五まである屯田兵団のうち第一屯田兵団に編成され，「騎馬訓練を行い，軍用保護馬の鍛錬にも参加」していたのである[34]．それが1945年には，網走青年屯田集団総蹶起土地改良動員という形で実施されていた．

5月下旬には，冷害に強く土質も選ばないため稲や麦が不作のときに代用されるヒエ（稗）畑にも，3日連続で男女分担して勤労作業が行われている．「青年団稗畑ハロー掛ケ（隆昌分団）（5/28）」「青年団稗畑ウネ切リ（旭分団）（5/29）」「青年団稗捲種作業（女子）連合分団長指揮ノモトニ出席者二十二名．午前八時ヨリ十時ニ完了ス，二町五反　学校長出席（5/30）」と，青年団の活

動が「学校日誌」の項目として記載され，完了時には学校長も出席を求められている．

先述の通り，5月の戦時教育令によって大日本青少年団は6月に解散，学徒隊編成に変わることが求められており，移行期であったと思われることから，6月以降の青年団の活動の記載については，4月，5月に比べると激減していた．しかしながら，青年学校や青年団の活動が国民学校の「学校日誌」に逐一記載されているように，国民学校を起点として卒業生の教育機関や教育組織が動員され活動していたのである．

2-2-3　食糧増産・軍需生産への取り組み

戦時教育令（第3条）では「食糧増産，軍需生産，防空防衛，重要研究等戦時ニ緊切ナル要務ニ挺身セシムルト共ニ戦時ニ緊要ナル教育訓練ヲ行フ」と規定されていたことはすでに述べた通りである．そこで具体的に課題とされている食糧増産，軍需生産，防空防衛，重要研究について，日新国民学校はどのように対応できていたのだろうか．戦時教育令が求めていた挺身すべき領域に即して，それぞれ検討していこう．小清水村における食糧増産の背景には，他の地域と同様に決戦下「農家の疲労が目に見えて増大していた．働き手の中心のほとんどを徴兵や徴用で送り出したあとの農作業は，老人や子供を励ましながらの主婦の肩に重くのしかかり，加えて肥料をはじめ資材の乏しい配給になやみながらの耕作によって，供出達成に努力していたのであるが，これが『総力戦』という名の戦時農業の実態であった」[35]のである．そこに国民学校児童までもが動員されたのである．

①食糧増産としての馬鈴薯・芋・鶏卵

まず食糧増産を見てみよう．北海道の東北部，オホーツク海に面した地域にあってどのような食糧増産をなしていたのであろうか．またその食糧増産にはどんな特徴があったのだろうか．その対象としては気候や土地柄その他の条件で増産できる品目も限られてくる．新学期になって「食糧飼料等増進運動参加報告（4/11）」がなされつつ，日新国民学校では，馬鈴薯・芋と鶏卵の2つが増産に向けて自覚的に取り組まれていた．馬鈴薯・芋についての「学校日誌」

への記載は20件ほどあり，食糧増産のなかでは最も多い．馬鈴薯は小清水町の「特産物として名声を博して」おり「適地適作の最たるものとして，開拓当初から主作物として耕作されてきた」「網走支庁管内はもちろん，全道的にも屈指の位置を誇って」いた作物であった[36]．

注目したいのは「小清水村　熊九〇〇部隊　第五農事班長　陸軍中尉　鳥居虎次　種子芋　八〇〇俵　切断作業　来ル十日十一日児童一〇〇名　二日ニテ完了（5/5）」とあるように，軍が増産を率先していることだ．そこに児童が動員されている．その他，植付作業のために，「薯ほり　野坂，江畑氏（十六線アナ）（初五年以上）約五反歩　引率者　教頭・嘉村・石山先生（5/7）」「初五以上ハ芋堀作業に出動ノコト（5/16）」「初五以上ハ芋掘作業ニ出動ノコト（5/19）」「高等科三時間目ヨリ初等科五，六年四時間目ヨリ芋切作業　午後一時完了（5/25）」と初等科5年生以上が芋掘・芋切作業に動員された．

6月に入ると乾燥薯の蒐集も，「高等科全部　初五・六年男　午後作業　乾燥薯選別ケ（6/18）」「乾燥馬鈴薯選別ヲナス　初等科五・六年　高等科女子（第五・六教時）（6/19）」「高等科男子第二教時　屋内運動場ニ乾燥馬鈴薯置場ヲ作ル（6/23）」と3日間連続で取り組まれた．

気候の良くなる6月下旬になると「除草」の課題が生まれ，そこにも児童が動員され始める．6月23日に「芋畑トウキビ第一回除草（男子）」と第1回があり，それ以降「坂本キタヨ氏ノ馬鈴薯ノ除草（五反）自午前九時半ヨリ至十時半　出動者数　初五以上ノ曙・旭・躍進分団五〇名（7/19）」「立花惣太郎氏ノ馬鈴薯ノ除草　自午前十一時ヨリ至午後二時半　出動者数　初五以上曙・旭・躍進分団　五〇名（7/19）」と続き，「干芋俵詰作業　石山，桜田　高男四名　三〇袋完了（7/29）」と収穫時に初等科5年生以上が居住区域ごとに組織的に動員されている．運搬や供出に当たっては，「佐々木忠一氏学校干馬馬鈴薯供出用麻袋，大□正一氏ヨリ七十五枚運搬奉仕セラル（7/19）」「供出用干馬鈴薯　支所ニ搬出　三十二袋ニカマス二個　馬車　平山氏ヨリ借用ス（8/1）」と村人からの援助があった（なお，供出という点でいえば，金属類については「アルミニユーム整理荷造リヲナス明二十一日村役場へ運搬予定（5/20）」の1件のみである）．

鶏卵の集荷から出荷の記事も「学校日誌」に6件認められる．養鶏はこの地

第2節　1945年国民学校教育実践の諸相

方で1930年代，不況対策のために多頭羽飼育が進められていた．「第一回卵集荷　於職員室　数量七七七個（三箱）（6/9）」に始まり，「卵集荷　第二回目　於職員室　総数四八三個（二箱）（6/20）」，さらに「鶏卵集荷　第三回目　於職員室　総数四三一個（6/30）」と続く．鶏卵の個数は減少気味になるが，別途「鶏卵集荷日　一五五個（7/14）」と集荷日が追加されている．さらに「鶏卵集荷日ヲ予告ス（十日）（8/5）」とあるが，8月10日の「学校日誌」にはこれに関する記載はない．鶏は明治時代から飼養され農家の移住と共に増産され「大正末年から昭和の初年頃には，養鶏組合を設立して鶏卵は産業組合を通じて札幌方面に販売された」[37]が，「太平洋戦争終結間近になって，全国的な飼料入手難となり，養鶏が停滞したことは小清水村も例外ではなかった」[38]のである．そんななかでの鶏卵の出荷であった．

　その他，食糧増産にかかわる記載として「兎狩り参加　高等科男子　猪俣先生引率　午前六時半ヨリ午後三時マデ（4/10）」「鰊切開キ作業（初六．高一女）（5/4）」「ニシン切リ　初六，高一女22名（5/5）」「農業実習　男子　肥料粉砕　女子　芋切芋植作業（5/24）」「午後高等科男子堆肥散布及ビ積込　女子麻及ビ箒草蒔付（5/25）」「ヒマ種子撰別，配給開始　町内会（5/25）」「高等科児童　男子五名　フキトリ　男子四名　防風トリ　蕗皮ムキ（女子四名）―放課後（6/11）」「高男，堆肥場作業完成（6/23）」「蕎麦ノ蒔付ヲナス（西瓜ノアトニ）自午後一時　至四時（7/17）」があった．食糧増産に向けて，多種多様な動員がなりふり構わずなされていたのである．

②増産に向けての客土撒布と実習地整備

　直接的な食糧増産ではないが，その条件整備につらなる活動も，食糧増産の範疇で考えたい．その観点から，客土撒布と実習地の整備があげられる．

　「客土」とは，よそから運び入れた土のことで，搬入土のことである．野菜や植物の育成に適した条件を作るために，土を入れ替え痩せた土地の改良を試みるのである．この重労働と思われる客土撒布については5件の記載があり，4月に集中している．「客土撒布動員（初五年以上）（4/17）」「客土撒布動員（初五年以上）宮崎氏畑二町五反（4/18）」「客土撒布動員（初五年以上）（略）計五町実施ス（4/19）」「客土撒布作業　初五以上　中止別　西藤氏，船田氏宅

251

ノ作業ヲナス　降雨ノタメ午前中ニテ中止（5/1）」といった記載で，村人の畑に撒布要員として初等科5年生以上が動員されたのである．

　実習地については13件の記載がある．実習地は，それとして申請して許可を得た学校の土地である．「五年以上ニテ校庭清掃並ニ実習地ノ整理ヲナス（5/9）」「高等科実習地及校庭ノ整理作業ヲナス（7/21）」というように，初等科5年生以上が校庭の清掃とセットで実習地の整理をしていることが多い．その実習地に「千葉，加藤両氏　実習地馬耕（5/18）」「加藤正一氏学校実習地薯ノ土地寄セ奉仕セラル（7/29）」〔朱書〕と地元の住民が畑としての条件整備に協力している．実習地の具体的な活用としては「第二時ヨリ高等科児童校長先生ノ指示ニヨリ実習地ノ作業ヲナス（5/24）」「1．芋トウキビノ蒔付　2．第四畑ヘ堆肥撒布」「実習地第四畑種子蒔作業ヲナス（6/10）」というように，食糧増産に少しでも貢献しようとする取り組みがなされていた．6月下旬からは「高男堆肥場作リ及実習地除草（6/21）」「校長先生指揮ノ下ニ高等科第三時間目より第六時間マデ実習地ノ除草作業ヲナス（6/28）」「学校農業実習地除草（午後一時半ヨリ）高等科二年女子　七名（7/18）」「初等科五年以上第三教時目ヨリ校庭及実習地ノ草取清掃ヲナス（8/1）」と除草作業などに追われていた．これらの作業も児童にとっては重労働であったにちがいない．

③「援農」「自家援農」の実際

　「援農」ないし「自家援農」という記載が18件出てくる．農林産地の耕作や植樹育林作業にかかわる動員を「援農」と称した．時には，市街地や近隣市町村から集団で小清水村に来援したり，岡山県の青年学校生徒が村の要請で3カ月農家に分宿して援農に励むなど，男女中等学校の集団が来村したりすることもしばしばあった．役場や農会（のち農業会）の係員は，その受け入れと農家への配分業務に忙殺されたという．道内外の男女中等学校の集団の北海道への学徒援農隊としての出動は特に「学徒援農」と呼ばれ，「学業より生産の至上命令があったわけで，戦争末期には，国民学校高学年児童までもが動員されるようになった」[39]のである．「北の大地北海道は日本一の食糧蛋白の供給基地としての使命を担っており，戦時中は国家の食糧緊急確保のため，援農生は出征兵士の留守家族等の耕地を守り抜いた」[40]のであり，「生産尖兵として若き学徒

第2節　1945年国民学校教育実践の諸相

の労力の大移動が緊急に行われた」[41]のであった．その総動員数は実に1542万人が見込まれていた．たとえば国民学校高等科では実人員が12万人で60日間の動員ということで延べ人員が720万人と計算されていたのである[42]．実際，1945年には小清水村にも釧路中学校や県外の宮城師範学校から援農生が来村していた[43]．

他からの「援農」がありつつも，小清水村のなかでも国民学校児童が最大限に「援農」に駆り出されていた．まず「自家援農」の記載が目立つ．「高等科自家援農（第三日目）（5/28）」「高等科自家援農（6/22）」「自家援農予告　明日ヨリ二日間（6/25）」というように，つまりは学校に来ることなく自分の家の手伝いをしなさいということだ．7月になると「全校児童自家援農（7/16）（7/17）」と，学年が拡大されて全校児童が対象になった．

具体的な援農については「初等科五年以上援農ニ出勤ス　新井直信氏　ビート間引ヲナス　午前八時出発，午後零時十分解散（7/3）」「午後一時ヨリ初四以上援農，濱田国太郎氏，光生分団三十六名　ビートノ間引キヲナシ四時終了解散ヲナス　佐々木氏へ曙，躍進，旭各分団百一名，麦類，亜麻ノ草取リ一丁一段ヲナシ三時半修了，解散ヲナス（7/13）」「初五六年第一教時ヨリ高橋幸平氏ノ援農ニ出動　ビート間引（一町二反）燕麦ノ根草取リ（一町六反）（7/21）」とあり，耕作している村人への勤労動員だった．ここに数回登場しているビートとは「砂糖原料としての価値のほか堆肥作りのための飼料として付加価値をもつ作物」[44]で，北海道ならではの寒地適作物であった．

その他，「第一教時ヨリ四年以上援農ニ出動ス　佐々木五郎氏牧草刈リ　六十三名（八反半）稗畠除草六十一名（七反）（7/20）」「援農　牧野ミサ氏　大豆　デントコンの除草（7/25）」「援農　立花惣太郎氏　馬鈴薯除草　学徒隊初等科五年以上　男女計七十一名　午前十時ヨリ十一時半マデ（7/26）」「援農　石山　佐々木忠四郎　牧草刈　二五名　教頭　嘉村　佐々木要次郎　豆類除草（8/6）」は，除草作業に動員されている様子が理解されるが，食糧増産に向けてどのような作物を作っていたのかもわかる．

除草の援農に当たっては，学徒隊としての動員もあった．「援農ニ出動ス　宍戸信一郎氏宅ノ□草リ　学徒隊高一，二年（略）出発午前九時　解散午後一時半（7/24）」「援農　牧野ミサ氏　大豆　デントコンの除草　学徒隊　初等科

253

五，六年　男女計五十九名　午前九時半ヨリ　十一時半マデ（7/25）」「職員会議援農　坂口晴信氏　豆類ノ除草　学徒隊光生躍進分団計三四名（8/4）」というように，援農が必要な農家に学徒隊として学年や分団が割り振られていた．ただし「除草鍬持参セザル者　男女計二十七名（7/26）」とその姿勢を問う項目もあった．極限状況のなかで，すべてが予定通りに進んでいなかったことがうかがえる．

④暗渠排水・坑木積み・清掃作業

　戦時教育令が要請した軍需生産については，日新国民学校の場合は直接には見当たらない．軍需生産ではないが，国民学校児童が地域の生産環境を改善するために重労働を課され，それに挺身している記載が「学校日誌」に見ることができる．暗渠排水と坑木積みへの勤労動員である．

　暗渠排水というのは，田畑の土の中に水を通すことのできるパイプを埋め込み，土にしみこんだ雨水などをパイプに集めて排水路へ流すしくみのことを言う．この暗渠排水については6件の記載がある．「作業報告　暗渠排水用ノ粗朶切リ（5/4）」「出動児童　暗渠作業　初五以上男（49）女（21）70名（5/5）」「出動児童暗渠作業　初五以上男（49）女（21）70名　森島氏　畑（5/5）」「明日初五以上暗渠排水用ノ粗切リ作業予告（5/18）」というように，男女問わず初等科5年生以上の児童が相当数動員された．

　坑木とは鉱山の坑道において地盤の支持材に使用された木材のことだが，その坑木積みの作業が7月中旬以降に10件の記載が集中している．このような重労働を児童に強要していること自体に戦局の緊迫感が伝わってくる．「坑木積作業　自午前九時半　至午後三時　出動者数　初五以上　光生分団三二名（7/19）」から始まり「坑木積作業ニ出動五六年　自午前九時ヨリ至午前十一時半　出席者数　四〇名　大型台車二台車（7/22）」「坑木積作業出動（高等科）出動人員三七名　出動場所（通）渡辺幸次氏　所用時間　一時間二十分　一台車（7/23）」「坑木積ミ出動ス（市街）　学徒隊初等科五六年六二名　出発午前九時　解散午後一時（7/24）」「坑木作業　学徒隊　高等科　男女三十二名　午前十一時半ヨリ　午後三時四十分まで（7/25）」と，ほぼ連日，相応の人数を集めての出動が要請されている．8月に入って「坑木積作業ニ出動　高等科

第 2 節　1945 年国民学校教育実践の諸相

男子　自午前八時半　至午後二時半　正味作業時間五時間　台車六台車　出席数一八名（8/14）」が最も長時間にわたる出動であり，「高等科男子坑木積作業ニ出動ス　自午前十時　至午後二時　大型一台　桜田先生引率ス　十三名（8/15）」と，児童にとっての重労働が敗戦の日まで継続されていた．

　清掃はある意味で最も日常的に実践できる作業であり，15 件の記載がある．「五年以上ニテ校庭清掃並ニ実習地ノ整理ヲナス（5/9）」から始まり，「初五以上職員共働作業ニテ校庭清掃美化サレタ後快事タリ（5/11）」のように職員も含めて校庭清掃にあてている日もあった．「全校児童第四教時　校庭清掃ヲナス（二十分間）（5/29）」「全校児童第三教時ニ校庭ノ清掃作業ヲナス（8/2）」と全校児童で取り組む日もあったものの，「校庭清掃作業　第四教時　初二以上（5/21）」「初等科五年以上第三教時目ヨリ校庭及実習地ノ草取清掃ヲナス（8/1）」と，清掃場所との兼ね合いで担当する学年が決められていたようだ．その点で「高等科作業（第五教時）男子　落葉松移植　2．女子　校門以南ノ清掃　高等科作業（放課後）2．女子　校門以南ノ清掃（5/17）」というように，ここでも高等科の出番が多かった．「奉安所ノ御清掃ヲ行ヒ奉ル（5/25）」「高等科女子　奉置所付近清掃作業ヲナス（6/24）」と，奉安所については，特に記載があった．なお，「学校日誌」では「奉衛状況」の欄が設けられており，「御異常ヲ認メ奉ラズ」といった記載が日々記入されている．

2-2-4　防空防衛，重要研究への取り組み
① 空襲体験とその対策

　空襲については，北海道には 1945 年 7 月 14 日・15 日に「手痛い目に遭った［中略］アメリカ第三艦隊高速空母隊（航空母艦）艦載機が，矛先を軍事基地，軍需工場，主要港湾，鉄道，主要物資生産地に向けて，全道各地を空襲した」[45]のである．網走・斜里方面には 7 月 15 日に来襲した「グラマン及びシコルスキー艦載戦闘機の一隊が網走・斜里・上斜里・小清水一帯を攻撃した」のであった[46]．建設中であった小清水海軍飛行場には大きな空襲被害がなかったものの，古樋駅への襲撃では助役（24 歳）がグラマン一機による機銃掃射で身重の妻を残して命を落としてしまう悲劇があり，北浜駅から古樋駅に向かう列車が同じく 4 機のグラマンから機銃掃射を受け乳幼児女児（1 歳 7 か月）が

第Ⅳ章　「戦時教育令」下における国民学校教育実践と教師

犠牲となり若干名が負傷する惨劇があった．この両日の出来事は「飛行場，古樋駅空襲と合わせて，戦局の悪化を村民に再認識させ」ることになった[47]．

そのような空襲体験について，日新国民学校の「学校日誌」は何をどのように伝えているであろうか．空襲関係の記事は13件あった．

最初に空襲関係の記事が登場するのは，5月11日「十時十五分警戒警報発令，直防風林ニ避難（避難中訓練ヲ実施ス）十一時三十分警戒警報解除」からである．それ以降しばらく記載がなく，再度6月下旬から「夜半二時頃海中ノ艦砲射撃ノ如キ爆音　五六発聞エ異様ノ感ニ打タル」(6/21)「午前二時　警戒警報発令　四時解除」〔朱書〕(6/26)「午前十一時　空襲警報発令　一時解除」〔朱書〕(6/27)「空襲警報発令アリタルモ児童登校セズ（自家援農ノタメ）」(6/27) と頻繁に警報が発せられたことがわかる．

6月28日には「児童朝会訓話　本道ニモ空襲警報ガ発令サレタ」とあり，避難を伴った空襲警報が「十二時三十分空襲警報発令直防風林へ避難ス．午後一時四十分解除」〔朱書〕(6/29)「午前十一時五三分空襲警報発令　直ニ防風林へ避難ス　午後一時半解除」〔朱書〕(6/30) と矢継ぎ早に発令されている．7月に入ると，「午前一時五分警戒警報発令　二時警報解除」〔朱書〕(7/6)「五時二十分警戒警報発令，五時五十分空襲警報発令　八時解除」〔朱書〕(7/14) と深夜や早朝を問わず警報が発令されるようになる．

そして学校長・教頭，その他3名の教員が出勤した7月15日の日曜日，先の空襲に見舞われることになった．その両日は，次のような詳しい記述になっている．簡単な表記に留まる「学校日誌」からすれば，その事実を残そうとする担当者の危機感あふれる筆致が感じられる．

7月15日では「午前五時二十五分警戒警報発令　午前五時三十六分空襲警報発令　午後四時十分空襲警報解除　午後六時半警戒警報解除」〔朱書〕と記し，続けて

（状況）早朝ヨリ警戒警報アリ　其ノ中全道地区ニ空襲警報アリ　敵機道東北部ニ侵入スルトノ情報ニ職員急速ニ防空態制ヲ整ヘ学校ニ集合，ヒタタキ等準備中敵機（グラマン）六機上空ニ現ハル　幸ヒ高等科男子・初等科男子ヲ以テ編成セル警防班ヲ以テ警護ニ当ル　奉安殿ヲモ警護ス　敵機六機〇〇工事ノ方面，古樋市街上空

第2節　1945年国民学校教育実践の諸相

ニ現ハレ，物凄イスピードヲ持チ低空デ機銃掃射ヲ行フ．物凄シ．職員待避シ奉安殿警備ニ就ク，網走方面ニテ爆弾ノ投下音ラシキヲ聴ク．連続音シキリナリ機銃掃射ヲ受ク　幸ヒニ学校ニハ飛来セズ　〇〇工事洋上旋回（七，八回）ノ後南東ニ脱去ス　其ノ後来襲セズ　職員六時半帰宅ス〔朱書〕

と記され，翌7月16日には

午前十時三十五分空襲警報発令，午後三時二十分空襲警報解除　午後四時警戒警報解除（状況）空襲警報ニ依リ敵機少数編隊東道北部ニ侵入シツツアリトノ報ニ防空態制完備　書類風防林ニ搬出セシモ敵機視界ニ入ラズ，敵雲上ニアルモノ，如シ道東南部等爆撃盛ナリ，主ニ艦上機（グラマン）ニ依ル機銃掃射多シ　注意ヲ要ス警備班ノ児童来校，本日ハ女子六名ナリ　後ノ者ハ早朝ニ帰宅サス　奉安殿御無事ナリ〔朱書〕

と記録されている．

　これらの記述から，7月15日，教師たちが早朝より防空体制を整備し，何より警防班が奉安殿の警護に当たっていたことがわかる．〇〇とは海軍飛行場のことと思われるが，敵機は『新小清水町史』の4機ではなく，ここでは6機とされている．「物凄イスピードヲ持チ低空デ機銃掃射ヲ行フ．物凄シ」「網走方面ニテ爆弾ノ投下音ラシキヲ聴ク．連続音シキリナリ機銃掃射ヲ受ク」という，思わず自らの感想も含めた記述には緊張感があふれている．翌日も空襲の可能性があることから「書類風防林ニ搬出」したものの敵機は襲来せず被害を免れている．当日の警備班には女子6名が配置されていた．

　このように空襲警報の項目については，記事の欄にもかかわらず，例外的に詳しくその内容が記されている．すべてが〔朱書〕されているところからしても，児童や教職員の生死を分かつ危機的な経験をしっかり残しておかなければならないという緊迫感が伝わってくる．

　そして空襲体験後に学校防空壕に関する項目がやっと登場してくる．21件あるものの，それはすべて7月21日以降のものであった．「学校日誌」の項目から，空襲被害の直後，各部落の全力を挙げて防空壕をつくる作業を進めてい

257

第Ⅳ章　「戦時教育令」下における国民学校教育実践と教師

る様子が伝わってくる．「学校防空壕資材運搬（7/21）」がなされてからというもの，「濤釣第二部落　男九名　女三名　自七時ヨリ至午後（7/22）」「止町内会全員出動学校防空壕掘リ　午前八時ヨリ午後六時迄ニ完成ス（7/24）」「濤釣第六部落会全員出動（7/25）」「濤釣第六部落会全員出動（7/26）」「第三部落会学校防空壕工事ノタメ出動二個所ヲ七部通リ進行ス（7/27）」〔朱書〕「濤釣第三部落会全員出動（7/28）」「第五及新津軽第一　学校防空壕掘ノタメ出動ス（7/29）」などといった具合に，短期間で，時に早朝から夕方までの長時間に及んで，部落全員を動員して学校防空壕が作られているのである．その後，学校長が「午後渡辺後援会長訪問　学校防空施設其ノ他件　打合セヲナス（7/31）」「加藤正一氏［中略］学校防空材料小清水ヨリ運搬奉仕セラル（8/1）」といった村人との打ち合わせを重ね，8月9日に具体的に「防空壕待避学年配置ノ件打合セス（8/9）」とした後，実際に「第一教時ヨリ三教時マデ全校生徒　防空壕ヘ待避訓練ヲナス（8/10）」「児童ノ待避訓練　1．準備ヲナシ待避　一分五〇秒　2．道ニ待避　五〇秒（8/11）」〔朱書〕と，防空壕への待避までの時間も計測しながらの実際的な訓練を実施していたのである．防空壕が使用可能になったのは，敗戦の3日前であった．

②軍隊との関係

　決戦下になると学校兵舎が登場するように，学校施設が軍隊に供出されてしまう事態も現出してくる．日新国民学校の場合，軍との関係はどのようなものであったのだろうか．戦時教育令が求める軍需生産とは少し文脈が異なるものの，軍への協力の内実を通して，この時期の特徴を確認しておきたい．

　「学校日誌」には，軍関係の記載は23件ほど認められる．具体的には，熊九二〇〇部隊あるいは熊九二二七部隊（通称，熊部隊と記載されている．部隊名を秘匿するためである）に言及されている．熊部隊とは，第七師団から編成された部隊のことである．第七師団は，北海道に置かれた常備師団として北辺の守りを担う重要師団であった．北方（ロシア）の脅威から自らを護るという「北方の鎮護」の考え方は江戸時代より醸成され，第七師団も「北鎮部隊」とも呼ばれていた[48]．師団司令部は1944年3月に旭川から帯広に移動し，道東方面の防衛に専念することになった．それに伴い歩兵第26連隊を帯広，歩兵

第2節　1945年国民学校教育実践の諸相

第27連隊を釧路，歩兵第28連隊を北見にとそれぞれに配置した．熊部隊として記されている項目は，歩兵第28連隊関連ではないかと思われる．また攘部隊も登場する．陸軍の部隊編制の一つである海上機動旅団に属し，島嶼戦に対応した上陸作戦の専門部隊として編成されていたものであった．

軍関係項目の件数は，6月〜7月にかけて多くなっている．その関係は，「来校者　熊部隊　陸軍一等兵頓所一氏（謄写版借用ノタメ）（7/3）」といったように，学校の備品を提供していることもあり，7月4日，12日，26日，8月9日と連日来訪しており日常的に学校に立ち寄っていた．

食糧関係については，5月中旬に，青年団と軍とのやり取りがなされていた．「部隊へ献納馬鈴薯受入ヲナス（5/8）」「軍ヨリ青年団献納ノ芋四〇俵受領ノタメ兵三名来校荷造リ運搬完了（5/12）」という，青年団が馬鈴薯を軍に献納したことに係わる記載である．5月12日同日には，「ニンジン種子一斗五升軍ヨリ購入ス（5/12）」と，軍からの購入もあった．また6月中旬には「攘部隊ニ野菜供出ニ関スル打合セノタメ小野，渡辺，大橋，安部氏　部隊ヨリ上野見習士官，柴田一等兵，以上六名来校ス（6/13）」「攘部隊ニ供出（野菜）薯一俵・人参其ノ他一俵包装ス（6/14）」と，野菜が供出された記載がある．

軍に援農する機会もあった．「小清水村　熊九二〇〇部隊　第五農事班長　陸軍中尉　鳥居虎次　種子芋　八〇〇俵　切断作業　来ル十日十一日児童一〇〇名　二日ニテ完了（5/5）」「十五日ハ軍ニ援農予告ノ準備ニツキ注意ス（5/11）」とあり，5月15日に「熊部隊ヘ援農　薯切リ作業　児童一〇一名　職員四名　計一〇五名出動ス　自八時半　至午後三時」そして翌16日には「芋切リ作業　二日目　児童一〇一名　職員二名　計一〇三名　午前八時半ヨリ午後二時半マデ」と軍への協力ということもあり，大掛かりに児童を出動させての実施となった．

熊第九二二七部隊では，7月5日，6日と「阿部隊ヨリ横道軍医及衛生兵三名来校　五時半ヨリ八時半マデ青年ニ救急法ノ指導ヲセラル（7/5）」というように，救急法講習のために学校に来校していた．そこに「救急講習（午後一時ヨリ四時半マデ）初五以上　婦人会員四十三名（7/6）」が参加していた．軍関係者と学校との往来は，この国民学校の場合，ある意味で日常的に行われていたといえよう．

第Ⅳ章 「戦時教育令」下における国民学校教育実践と教師

③応召・出征兵士への見送り・村葬

　戦争のリアリティを児童，教職員そして村人が身近に感じるのは，出征兵士の見送り，入営の見送り，その壮行会，そして何より村出身の戦死者の村葬であろう．これらに類する項目も「学校日誌」に29件認められる．

　新年度に入って早々に出征兵士の見送りが始まる．その項目には，出征する兵士の名前とともに，列車の発車時刻が記録されている．駅を出発する時間が，見送りに行く人たちのために必要な情報なのである．「堤正彦氏　午前十一時六発ニテ出征セラル（4/2）」「（午後二時四十分）重成甲一氏（4/3）」「（午後六時二十四分止発）光生・曙分団見送　坂本久四郎君（4/4）」と3日連続で見送りがあった．ここでいう駅は，釧路から網走を結ぶ釧網本線の，村内にあった古樋駅，止別駅，札鶴駅，上札鶴駅のいずれかで，小清水村では止別駅の利用が多かった．

　4日の見送りには，部落の分団が参列しているが，見送りの体制には違いがある．以下に見るように，学校の児童や地域の分団などがその見送りに参加している．「（佐々木輝雄氏）初等科四年以上（4/12）」「小杉勇君現役入営出発見送リ　午後六時二十四分止別駅発　見送リ光生分団・曙分団其ノ他ノ分団　学校長・教頭壮行会ニ参列（5/28）」「現役兵見送リ予告　井上潔君，午後六時二十四分　止別発（光生分団，曙分団，躍進分団）（6/18）」「入営兵見送リ（午後六時二十四分発）全校児童（五時半駅前集合）（6/30）」「止別食糧検査所検査員　庄野豊喜氏応召出発（午前八時五分出発）全校児童見送リ（7/2）」「十日ノ朝（午前八時五分止別発）兵隊サンガ三人行クノデ初三年以上　午前七時半マデ駅前ニ集合ノコト（7/9）」「原田角之助氏息故方氏（陸軍兵長）遺骨午後六時二十四分止別駅着　出迎多数アリ　光生分団，曙分団出迎ヘス（7/30）」といった記載である．これらは，国民学校や地域青年の行事として位置づけられているものであろう．

　村葬については，学校長が加わって協議が進んでいく．地域の中心校である小清水国民学校が会場になっているからである．「故斉藤繁氏村葬二十日ニ決定ニヨリ学校長打合セノタメ午後斉藤氏訪問　学校長村葬打合セノタメ村役場，明日十四日出張ノ予定（5/13）」「学校長村葬打合ノ為村役場赴ク（5/14）」と，連日学校長が遺族と役場を繋ぎながら，村葬の準備を進めている．合同葬にな

第 2 節　1945 年国民学校教育実践の諸相

ったので村葬が 5 月 20 日から 21 日に延期されたようで「校長先生，午前六時五十六分ノ列車ニテ故兵曹斉藤繁サンノ英霊出迎ヘニ網走ヘ赴カル　午後一時ヨリ小清水校ニ於テ斉藤繁サン外二柱ノ合同村葬執行セラル　校長先生，猪俣先生出席セラル（5/21）」と葬儀の経過が記録されている．ここには校長，教頭の 2 名が参列している．8 月に入っても村葬があり「職員児童七時半出勤　村葬準備（8/8 水）」と学校全体で村葬の準備にあたり，「午前十一時より　故陸軍衛生軍曹　佐々木照雄君　故陸軍兵長　原田　方君ノ合同村葬執行　校下克ク集リ敬弔ノ意ヲ表シ荘厳々粛ナル村葬トシテ校下等シク満足セルモノヽ如シ　村長代理トシテ藤氏来校　来賓　阿部隊長（8/8 水）」と厳粛な村葬が挙行されたことが詳しく記録されている．

その他，「谷口氏来校　現役入営寄書ヲ依頼ス（6/21）」と学校に寄せ書きが求められたり，「学校長　井上潔君ノ壮行会ニ出席（午後二時帰校）（6/18）」「学校長，教頭　三浦正一氏ノ昭二君　壮行会ニ出席（午後四時・六時帰宅）（7/9）」と壮行会に参加したりと，管理職の仕事としての壮行会への参加は，学校を代表しての大切な地域行事となっていた．地域と軍隊とを中継する地点に学校があり，校長・教頭がその重要な仲介役を果たしていたのである．

2-2-5　教育実践の諸相

政府は決戦教育措置要綱（3 月 18 日）の閣議決定で，予測される本土決戦に備え全学徒の総動員と，国民学校初等科以外の学校における翌年 1946 年 3 月 31 日までの授業の原則停止を指示していた．しかし「学校日誌」を見てみると 6 月 14 日に「職員朝会ニテ於イテ校長常会協議事項ノ伝達アリ　高等科授業廃止ノ件　職員休日廃止ノ件」が出てくる．可能な限り授業をしようとしていたことが見えてくる．その一方で，職員の休日は廃止され，日々挺身が求められるようになった．

もっとも学年歴のなかに「高等科児童農繁休業　自二十六日　至二十八日（5/26）」があったし，1 学期の終業式には「海水浴　全校児童　午前十一時半至午後三時　駅前ニテ解散ス（7/31）」という節目もあった．終業式に海水浴を全校児童で実施するのも，厳しい戦局にあってひとときの緊張緩和の機会であったかもしれない．終業式以降は，「夏休み」という表現を使わず，「児童家

庭学習日」(8/8)(8/9)，あるいは「十二日ヨリ十七日マデ四年以下自家学習　初五以上自家修練ヲ行フ(8/11)」や「自家学習　初四以下　自家修練　初五以上(8/13)」「自家学習　四年以下(8/14)」と学年を設定しながら「自家学習」「自家修練」という用語を使用していた．

そして，「詔書渙発アラセラル（十二時御放送）（四国ノ共同宣言受諾）(8/15)」〔朱書〕を迎えることになる．

戦時教育令が求めた要務にかかわりながらも，国民学校としての特徴的な教育実践も「学校日誌」から浮かび上がってくる．以下，3点に絞ってまとめておこう．

①儀式・行事の盛行

戦時下の教育で儀式や行事が重視されたことは繰り返し述べられてきた．国民学校令施行規則においても「儀式，学校行事等ヲ重ンジ之ヲ教科ト併セ一体トシテ教育ノ実ヲ挙グルニ力ムベシ」（「第一章教則及編制　第一節六」）とされていたように「皇国民ノ基礎的錬成」のための重要な教育の柱であった．この点からも，日新国民学校が儀式，学校行事をいかに実践していたのか，「学校日誌」から整理しておこう．儀式，学校行事の記載は34件あった．

まず四大節にかかわるものは，4月から8月の期間は天長節だけである．注意したいのは「儀式予行演習（第一教時）式場準備(4/28)」というように予行演習が行われていることである．翌日「天長節拝賀式挙行　午前九時ヨリ(4/29)」と天皇・皇后両陛下の御真影を拝し君が代を奉唱する拝賀式がセットになって挙行された．

毎月8日挙行される大詔奉戴日も，その式の形態もその地域ごとに工夫されながら挙行されていたことがわかる．5月の大詔奉戴日では奉戴日の儀式以外に「米英撃砕国民勤労動員援護運動ニ関スル競書展示会入選児童　賞状並ニ賞金伝達式ヲ行フ　於講堂　第一教時(5/8)」が加わっていた．6月の大詔奉戴日では，前日7日に「大詔奉戴日分団神社参拝　午前五時施行　分団指導先生　猪俣先生　嘉村先生／曙　猪俣先生　村松先生／躍進　校長先生　岡先生／旭　校長先生　石山先生」とあり，分団を指導する教師とともに神社参拝を行い，その流れで翌8日「大詔奉戴日奉読式挙行(6/8)」を実施している．さらに同

第2節　1945年国民学校教育実践の諸相

日「少年団神社参拝（午前五時）(6/8)」も行われている．7月の大詔奉戴日では「1. 嘉村　出席児童　四七　2. 村松　四〇　3. 石山　二七　4. 岡　二七（7/8)」と担任教師の氏名と児童数が記録されている．翌9日の朝会訓話で「大詔奉戴日神社参拝ニツイテ（7/9)」が話題にされているので，前日の児童数は神社参拝に参加した数ではないかと思われる．8月の大詔奉戴日では「各分団神社清掃其ノ他行事ヲナス　六時解散（8/8)」と神社清掃が行われている．大詔奉戴日には，国旗掲揚，君が代奉唱，宮城遥拝，詔勅・勅語の奉読などに加えて，特に御真影の奉拝や分列進行なども行われていた．日新国民学校でもその様子をうかがうことが出来る．

　その他の国家的な儀式として「神武天皇祭（4/3)」「青少年学徒ニ賜ハリタル勅語下賜記念日（5/22)」「国葬（於午前十時黙禱実施）故閑院元帥陸軍大将大勲位功一級載仁親王殿下（6/18)」「支那事変八週年紀念日（7/7)」の記載がある．儀式ではないが，「時ノ記念日　社会事業デー（6/10)」「海ノ記念日（7/20)」も記載されている．このように国家的な儀式が悉なく挙行されていた．

　地域的な行事も国民学校にとっては大切な教育機会であった．「北海道護国神社例大祭（四日）(6/4)」という道レベルから，地元の小清水神社，止別神社の地域レベルまで，戦争とかかわって執り行われている．小清水神社は1898年に天照皇大神宮と謹書した木碑を建てたことで創建され，士別神社は1916年，浜士別の海岸に漂流していた水天宮の御神符を奉斎して建立された．小清水神社では前日に「小清水神社招魂祭予告（6/14)」があり，「小清水村招魂祭（自午前十時）(6/15)」では「学校授業中止　招魂祭ニ四十人バカリ児童参列ス　桜田先生生徒引率ス　招魂祭奉納相撲　初等科高等科共ニ優勝ス」と，授業を中止してまで地元の招魂祭を優先している．教師引率のうえ児童が参列し，奉納相撲では見事に優勝し，後日「招魂祭ニ於ケル相撲結果報告　初等科・高等科優勝（6/18)」とその栄誉が称えられていた．止別神社では，すでに「午後三時ヨリ止別神社祭ニ関シテノ打合セ会ニ出席セラル（7/13)」と打ち合わせ会が開かれ，8月に入って「止別神社本祭（8/3)」があり，「午前九時職員児童一同神社参拝ヲナス　参拝後初一男ヨリ高二男全部　十二時マデ奉納相撲ヲナス（8/3)」というプログラムであった．この2つの神社に限らず，村の神社は「開拓者家族の信仰と心のよりどころとして，また神社祭典は開拓

第Ⅳ章 「戦時教育令」下における国民学校教育実践と教師

の重労働に疲れた心身にやすらぎをもたらす催事として，さらに集落あげての交歓と結束の場として，大きな役割を果たした」[49]とその機能が説明されていたが，この時期は招魂祭，奉納相撲と兼ね合わせて，戦意高揚を体感できるまたとない機会になっていた．

また，「青年団神饌畑地鎮祭（自午前九時）役員（分団長）午前八時半マデ集合ノコト（粟播種）―（一畝）（5/22）」とあるように神饌地鎮祭には，将来神社を支える青年団員になる「高等科全部参列ス（5/22）」ることが求められていた．

②紙芝居と教育映画への関心

戦時教育令が求める要務に挺身することを第一義としながらも，教育実践で娯楽的な要素があるとすれば，それはとりもなおさず紙芝居であり教育映画であった．もちろんそれらは娯楽的というよりも時局を反映させた思想教育の一環であったが，日々の緊張感から解放される要素があったことは，児童の興味関心を高めるものであった．紙芝居については5件，教育映画については9件の記載があった．

紙芝居は，独自の教育効果を期待され，1930年代後半から徐々に普及していた．「第一教時全校生徒ニ紙芝居ヲ観賞サス（4/25）」というように，多くの場合第一教時に運動場や講堂において定期的に（5/17）（6/1）（6/21）実施されていた．その紙芝居は「萱野校ヨリ紙芝居受領ス（5/14）」と，地域の学校を巡回してくるものであった．

教育映画は，動画としての特徴が人気を呼んでいたし，それゆえに「教育映画研究会　於　北浜校　午前九時至午後二時マデ　桜田先生出席セラル（5/16）」というように，その効果をどのように生かすかの研究も始められていた．

具体的には，「桜田先生，巡回映画受領ノタメ小清水校ニ出張（5/19）」して「映画会準備　桜田先生　石山先生（5/19）」の2人の教師で担当し，翌日映画会の前に「青年団分団長会議開催　十七時ヨリ　会議後教育映画試写ヲ行フ（5/19）」のであった．翌20日は日曜日であったが全校児童が登校し，巡回映画が実施された．その様子が「巡回映画第二教室ニテ全児童見学　第一回ニテ

第2節　1945年国民学校教育実践の諸相

非常ニ珍シク児童ハ狂喜セルモノノ如シ（5/20）」と記載されている．「児童ハ狂喜セルモノ」という表現の記載は「学校日誌」には珍しく，その情景とともに関心の高さがうかがい知れる．7月には再び「教育映画映写器受領ノタメ教頭先生，石山先生，小清水校ヘ出張セラル　午後一時出発　四時半帰校（7/17）」があり，翌日「巡回教育映画会開催（於第二教室）　第一教時ヨリ第四教時マデ（7/18）」が実施されている．

映画の効用は社会教育場面でも期待されており「午後三時ヨリ　司法保護事業に関する映画会開催ノタメ　阿部局長　小野氏ほか係員来校　午後七時ヨリ五〇〇人以上来会盛会タリ（6/26）」との記載があった．500人を集める手段として映画は役割を果たしたのである．その報酬として「映画会ノ準備及校具修理費トシテ金五十円持参セラレ受領ス（6/27）」と感謝を示されている．

視覚によって教育効果を高める紙芝居や教育映画は，戦意高揚の手段としてだけでなく娯楽的な要素を持っていたことから，児童や地域住民には歓迎されていた．

③血液型検査・乳幼児検査・予防接種・体力検査と体力章検定という体力管理

国民学校の最終段階での活動として注目したいのは，血液検査である．「学校日誌」には以下のような項目があり，8月に入ってから特に多く見られるものである（下線は引用者）．

・来校者　1．横道軍医　血液型調ノ件（7/29）
・宵宮祭ニ会□会長ニ左記了解求ム（8/2）
　血液型調査ノ件
・血液型調査ニ関　各部落人口調査（8/4）
・校長先生，血液型検査ノ件ニ付　阿部隊医務室ニ赴カル（8/5）
・各部落会長宛　村葬　日付及血液型調査日時通知発送（8/6）
・児童血液型検査（八七名）自午前八時　至十時
　上別町内会　血液検査（九一名施行ス）自午前十時　至十二時（8/7）
・来校者　横道軍医　衛生兵三名（血液検査ノタメ）　山田軍曹（弔詞ノ件ニツキ）（8/7）
・午後一時ヨリ血液検査　凡三〇〇名（8/8）

265

第IV章 「戦時教育令」下における国民学校教育実践と教師

- 第一第三部落会血液検査　自午前八時ヨリ至十二時迄　人員　凡二〇〇名（8/9木）
- 朝会ニ於テ　八日ノ村葬及血液型調査ニツキ通告（8/6月）
- 来校者　横道軍医　衛生兵三名（血液検査ノタメ）　山田軍曹（弔詞ノ件ニツキ）（8/7）

　8月に入って児童はもちろんのこと，各部落の住民を対象に組織的に血液検査を行っているのである．軍医が学校に来校してから，地域に了解を求め，人口調査をしたうえで，児童，町内会，部落会などの血液検査を軍医，衛生兵のもとで実施している．その数は670名にも及んでいる．村葬の案内と血液検査との案内が同時になされていることにも留意したい．村葬は8日に学校で執り行われたことから，村葬で人々が集まる機会に血液検査が実施された可能性も多分にあるのである．つまりは決戦下における献血要員として村民全体の把握がねらいであったのである．傷病者が増加する中で，輸血の必要性をこのような組織的な形で実施したものと想像される．そしてその場となったのが，国民学校であった．

　血液型検査と連動していく点で，乳幼児，予防接種関連，体力検査および体力章検定についても，それぞれ2～3件の項目があることに注意しておきたい．乳幼児については，「十日午後一時ヨリ乳幼児体力検査施行ノコト（7/9）」「乳幼児体力検査施行（於第三教室）自，午後一時ヨリ　至　午後四時迄　小清水病院ヨリ　二宮院長外看護婦二名　小清水役場ヨリ　桑原氏，小島氏外一名（7/10）」という記載である．病院関係者に役場関係者が同行する形で実施されている．また，予防接種関連についても「昭和二十年度接種施行　自午後二時ヨリ至午後三時半　於医務室第三教室　一般控室第四教室　小清水赤十字二宮医院長及ビ看護婦山本・橋本サン　役場ヨリ係小島サン来校ス（5/31）」「公種痘検診及ビ児童ツベルクリン反応施行　自午後一時半ヨリ至三時半　於医務室第三教室　一般控室第四教室　小清水赤十字二宮医院長及ビ看護婦山本・橋本サン　役場ヨリ係桑原，小島サン来校ス（6/7）」「身体検査並ニツベルクリン反応結果検診施行（6/9）」とあり，赤十字病院からのスタッフだけでなく役場の職員まで参加しての組織的な実施であった．さらに体力検査および体力章検

定についても,「昭和二十年度国民体力検査並体力章検定実施　自午前九時半至午後一時　来校者　役場四名　日赤一名　萱野校三名（7/28）」「男子体力検査（疾病異常検診・BCG 注射）女子青年学校生徒身体検査並ニビニツ反ノ検診　男四〇名　女六〇名　来校者　二宮医師，山本看護婦，岸医師代理，桑原主任，小島雇，油桐儀作氏（7/30）」とある．体力検査も可能な限りの体制を組んで実施されていることがうかがわれる．その一方，体力章検定は，走（100 m，2000 m），跳（走り幅跳び），投（手榴弾投げ），運搬（50 m），懸垂といった種目が検定された様子はうかがえない．

　体力増進という観点から，教職員に対しては，国民学校の各教科についての研修会のなかで，体錬科の研修会のみが「学校日誌」に取りあげられている．「職員朝会ニテ於イテ校長常会協議事項ノ伝達アリ　教育研究会開催ノ件　体錬科　七月上旬　一泊二日ノ予定（6/14）」「体錬科修練会（自午前九時ヨリ於小清水校）嘉村先生，村松先生，石山先生出席セラル（7/10）」「体錬科修練会　二日目（7/11）」というように，小清水校に教員が集められ，日新校からも 3 名が参加していた．

　このように「虫歯予防デー（6/4）」も含めて，乳幼児から国民学校児童，そして青年学校に在籍する男女の体力測定，さらに教員への体錬科研修に至るまで，この時期においても体力管理が厳密にそして組織的，継続的に行われていたのである．

第 3 節　教育実践を支えた国民学校教師の動向

　前節では，戦時教育令下の日新国民学校での教育実践を検討してきた．ひとつの事例に過ぎないが，しかし決戦下の「崩壊過程」での教育現場での活動の特質が浮かび上がってきた．そのような教育実践を支えたのは，まぎれもない国民学校の教師たちであった．「学校日誌」では，その性格上校長の役割がクローズアップされていたが，日々の教育実践を支えるのは国民学校の教師たちであった．

　その教師たちは，どのような意識で聖戦を信じ，天皇への帰一を実現するた

めに実践していたのであろうか．教室での授業を放棄し，勤労作業に明け暮れ，ひいては戦時予備軍として想定される戦時教育令下に連なっていく一連の動向を，いかに支えていたのであろうか．このような問題関心から，国民学校期の教師にかかわる課題として，国民学校期の教員不足と女性教師の問題，高揚された「師道」「師恩」の構築性，そしてファナティックな教師意識の構造という３つの視点を立て，これらの課題にアプローチしていきたい．

3-1 教員不足問題とその対策──女性教員の増加と研修

3-1-1 深刻化する教員不足の実際

　産業界に活気が戻るとともに教育界から転職者が増加し，加えて戦局の長期化に伴い応召兵士も増えてくると，教育界に深刻な人材不足が起きてくる．国民学校が発足しようとする1941年にはすでにその問題提起がされている．教育評論家の上田庄三郎は，総力戦に向けての新体制が強調され「教育新体制の論じられてゐる時にあたつて，全国的な教員不足，従つて人の新体制工作の自然休止，視学は教員の退職を恐れて現状維持にのみ血眼になつてゐるといふ実情ほど重大な教育問題はあるまい．この改革なくしては教育の新体制はあり得ないではないか」[50)]と，新たな国民学校教育に警鐘を鳴らしている．

　教員不足，それゆえの代用教員の増加について，どのような状態であったのだろうか．「教育県」という名声を誇っていた長野県の場合を例にその実態を見てみよう．長野県の1934年と1945年との正教員（訓導），准教員（准訓導）などの有資格教員と，代用教員（助教）との量的変化の特徴は，以下のとおりである．教員の総数が7884人から9106人と増加していること，代用教員が758人から1937人へと激増していること，准教員は1923年の860人を最高に減少しさらに1934年の324人から1945年の86名にまで激減していること，本科正教員（訓導）数は6200人前後でほぼ変わらないものの，1945年の教員資格の構成比が67.7％と最低になっていること，戦時体制の進行に伴い女性教員は1064人から3300人へと激増していることなどであった[51)]．有資格教員の減少と，無資格教員の増大が進んだことが歴然とする数字であり，ジェンダー的に言えばより教育社会の男性性が尊重される長野県にあっても，有資格教員の不足を無資格教員の補充で，とりわけ女性教員の大量採用でまかなおうと

第3節　教育実践を支えた国民学校教師の動向

する事態が進行していたのである[52]．その他，たとえば新潟県ではすでに1940年度から深刻な教育不足に悩まされている．その状況は「激増する代用教員　一千名突破　しかも女子が多い」との見出しで「産業界の活況とともに教員の転職は素晴らしいもので，ために教員の不足を来たし，昭和十四年度に於ては，八百名に近い代用教員が採用された．八百名といふと，全教員の一割に相当する」[53]と報道されていた．戦時体制が進行するにあたって男性教員が応召の対象になっていくが，それ以前にも産業界の活況によって教員からの転職者に男性教員が多かったのである．その背景には待遇への不満があった．

　教員不足は，とりわけ都市部で深刻であった．国民学校施行2年目に入ろうとする1942年4月の段階でも，東京市では「不足は正味四百名といふありさま」[54]であった．学校職員課長は「人的資源の不足は各方面のことだが，男子教職員で相当に技能のある者が他の社会に吸収され，女子は一般に家庭に帰るといふ風で退職者が例年より増加してゐるのは困つたことだ」として，二部教授その他の方法を講じても不足する現状に「女子専門卒業者等で比較的暇のある者」に募集のターゲットを向けようとしていたほどであった[55]．

3-1-2　女性教員への注目と課題

　そのような人手不足の深刻化が増すなかでは，女性教員はもちろんのこと，「銃後の母」と称される成人女性への期待が一段と高まっていく．「生めよ殖せよ，早婚奨励，優生法案，新女性美，家族制度の再検討，婦人団体の統制などと，今日は女性に関する問題が，各方面から本質的な解決をもとめてゐる．これらと関連して，女教師の問題も，やはりこの時代に即応した脚光を浴びて，論壇に登場して来たのである．かくして，女教師の問題は，ひとり女性だけの運命を決するものではなく，全国民にとつて，一日もなほざりにできないものとなつて来た」[56]という認識のもと，国家の命運を決する大舞台へと，女性をそして女性教員を引きずり出そうとしていた．その現実的な背景といえば，「男教師の転退職や全国的な人間資源の払底は，女教師をして，遂にその量においては次第に男教師に匹敵せしめ，その年齢においては喧嘩相手にふさはしいほどに児童に肉迫せしめてゐるのである．これこそ，当面の時局下における女教師問題再検討のもつとも大きな契機といふべきであらう」[57]と危機感をも

って指摘されていた．教師不足対策としての女性教員の補完的活用は，同時に力量不足の危惧を伴うものであったのである．「女教師を軽蔑するやうな人間をひとりでもなくするといふことは，女教師のための社会工作ではなく，皇国女性全体のためであり，教育日本のためであり，なによりも，女教師の職域奉公である」[58)]という論理構成には，国家的命題への期待という建前と女性教員への不安という現実が共存しているのであり，その両者の間でこの時期の女性教員問題は揺れ動いていくことになる．

応召される男性が増加していく決戦下，教師不足はさらに深刻になっていく．その教員不足を解消するため，女性教員への注目度は一段と高くなっていった．その動向を踏まえた教育ジャーナリズムも，女性教員の課題を紙面上に企画していく．週刊の教育新聞であった『教育週報』が1942年9月から同紙に「女教師の頁」の新設を発表する．その理由として「女教師の数は，既に半数にならんとし，女教師諸姉が奮起するか否かは，皇国教育の興廃にかゝはることゝなりました．本社はこの点に鑑み，女教師の自覚を促し，そのよき友として修養と教養に資すると共に，併せて／一，女教師に対する一般の認識を改めること／一，女教師の待遇を改め，福祉の増進を図ること／等につき輿論を喚起するため，近く『女教師の頁』を特設することになりました．一般教育者，特に女教師諸姉の御協力を願つてやみません」[59)]とその趣旨を説明していた．女性教員に対する使命感と力量向上への奮起を求めつつ，国民や為政者に対しては女性教員に対する従来の認識を改めて待遇改善，福利厚生の増進を呼びかけていたのである．

また，雑誌『帝国教育』第773号（1943年3月号）は，さながら「女教員」問題の特集号の様相を呈していた．8本の論考が掲載されたが，その執筆者とタイトルを一瞥するだけでも，この時期の「女教員」問題の課題が浮かび上がってくる．相澤熙（帝国教育会理事）「現下の女教員問題」，野口彰（東京市初等教育課長）「戦時教育と女教員」，福井うの（東京市深川国民学校訓導）「助教と女教員」，中川良助（千葉県教育会専務理事）「教員補充としての女教員」，林フジ（東京市富士国民学校訓導）「若き女子職員の為に女子視学の設定を望む」，宮田齊（成女高等女学校長）「女性教育者の場合——女性家庭勤労と教員生活の矛盾に就て」，霜田静志「始めて教壇に立つ女教師の悩み」，香原一勢

第3節　教育実践を支えた国民学校教師の動向

(『帝国教育』編集長)「女教師問題の論理」の諸論考である.

　たとえば野口彰は行政の立場から,教員不足の対策として「今後における学級経営は学年経営を根幹としてなされるべきであり,職員組織は学年を単位として教員配置が出来るやうになるべきである」[60]を提案していた.一学年に有能な男性教員を配置し,これを中心にして女性教員の本科訓導,初等科訓導あるいは助教を適宜配置しようとする案である.女性教員の力量への不信に導かれた弥縫策であった.女性教員の福井うのは,女性教員による若手助教の再教育を提案する.たとえば東京では,助教が高等女学校を卒業してとりあえず国民学校に採用し,学級を担任しながら午後から講習に出かけて6カ月をかけて初等科訓導の免許状を取得するという経路をつくったり,高等女学校卒業前の1月より3月までに府立女学校に付設された講習を受けてから国民学校に採用され残りの講習を夏休みに済ませるという経路も用意された.しかし地方の助教養成では高等科卒業生に国民学校低学年を担当させるという速成科もどきの事例も出てきていた.さすがに戦時下とはいっても質の低下を免れない事態が招来されかねない状況にあって,全国連合女教員会が「我々女教員は相率ゐて若き人々の伸展に協力し,国家百年の教育道を確固たるものとしなければならなぬ」[61]と,女性教員による若い助教の再教育を引き受けることも考えられていた.いずれにしても,教員不足を無資格の女性教員で埋めなければならない課題がますます現実化していたのである.

　ちょうどこの時期,教育雑誌の統合が行われ,『教育女性』と『教育報国』とが『帝国教育』に吸収合併されて『帝国教育』のみが残ることになった.これについて,全国連合女教員会は「二十年の歴史を黙々と秘めて,今や女教員は教育界に於いて,その活動の源泉として過去の何れの時代にも見ない盛況をその数の増加の上に示して来た.此の時局下女教員の質の向上と,その精神的訓練が最も重要視せられる今日,我が教育女性誌はより大きな,より強い力をもつて経営せられようとする帝国教育に合して,より広く,より深くその職域の全般にわたって修養研鑽の資となすべき機関を得て,女教員諸姉が心強く教育道の上に,邁進」[62]できるのだと表面的には前向きに評価していた.1940年以降進行する教育雑誌の統合政策のひとつと考えられるが,『帝国教育』に統合されていく過程で,女性教員に対して男性教員に勝るとも劣らない「師道を

271

磨く」（福井うの）[63]ことを求めることとなった．後にみるように，この動向はますます強化されていく．

　すでに述べたように，女性教員を採用しなければならない切羽詰まった状況と，一方で女性教員への力量不足への対応とが同時に進行していく．力量不足を危惧すると同時に，女性教員の役割を「初等教育の生きた生活指導とはもつと子供の身近い具体的な生活でなければならない．どこかよそゆきの学校だけで通用するやうな生活を，日常化し子供化してゆくためにも，感覚的な女性の手が必要である」[64]と説いて，男性教員が観念的で抽象的な議論に終始している折，「堅い固体のやうな教材を母乳のやうに液体化するのが，教育女性の役割」[65]と，その利点を説こうとしている．そのような論調は，結局のところ女性教員が男性教員の補完的存在としてとらえられている従来の議論と変わるところはない．現実には決戦下になっても「職員会の茶菓子の用意は女教員がするのが当然のように，職員会の日は朝から茶菓子の心配をした．［中略］大豆等を用意して豆いりをしたり，カボチャを煮たり，さつまいもをふかしたりすることが多く，それに時間を費やすことも，女教師の仕事であるとして，不平不満をもらす者も少なくなかった」[66]というように，職員室のなかに性別役割分担が持ち込まれていたのである．それは茶菓子接待，掃除洗濯といった仕事だけでなく，職員会，研究会での発言はなさず男性教員の決定に従順に素直に従う女性教員としての姿勢が求められていたことでもあった．女性教員への蔑視ともいうべき状態では，戦時教育の重要な課題を担えないことは目に見えていた．

3-1-3　女性教員への力量形成対策

　どのように決戦下の女性教員の力量を高めていくか，各府県でさまざまな取り組みが実施されている．ここでは富山県の事例を紹介しておこう．富山市の八尾国民学校では，1943年4月最初の「職員会要項」の記録に「学級担任ノ件」の添え書きメモにペン書きで「1．女先生おおくなり担任にむりがあるやうに思はる　2．各自教材に精通する様勉励のこと」とある[67]．学級担任への配置に象徴される女性教員の力量不足をいかに向上させるかについての施策が講じられていく．

第3節　教育実践を支えた国民学校教師の動向

　1943年5月には富山県教育翼賛会国民学校研究部女子部長・国民学校女教員協会長の谷木武夫から各国民学校長あてに，郡市別研究発表会に向けた研究題目に「決戦下の女子職員態勢」として特に学校給食の研究，保健厚生，家事科学（決戦下の衣食住研究），空爆下の救急看護などに関する研究が求められていた．それに向けて，郡市別女子職員研究発表会が年間10回予定され，さらに11月には女教員大会，翌年3月には国民学校女子職員講習会が計画されていた．女性教員に特化した形でさまざまな研修機会が準備されていたのである．富山県教育翼賛会国民学校研究部会が計画した「昭和十八年度事業計画」には，教職員の研究錬成の課題のなかに「国民学校職員（助教，准訓）資質向上講習」が組まれており，「昭和十九年度事業計画案」にも「助教学力補充講習会（中央地方別　八月上中旬）」が予定されていた．

　さらに1944年9月，中堅女子訓導を対象にした科学錬成会が開催されていることにも注目したい[68]．戦時下における科学の重視が，女性教員にも錬成会の受講という形で求められたのである．富山県錬成所科学錬成部長の進野久五郎から各区域集会長あてに「第三回国民学校女子訓導科学錬成会ノ件」が通達された．その方針は「重大戦局下女子訓導ノ任　愈々重ク戦力増強上科学錬成ノ要切ナルモノアルニ鑑ミ左ニ依リ宿泊科学錬成ヲナサンスト」というものであった．中堅女子訓導34名が各郡市より推薦されて参加することになった．9月25日から10月1日までの期間である．「宿泊錬成トシ特ニ科学性アル生活訓練ヲ為スト共ニ機械器具ニ対スル親シミヲ感ジサセツツ其ノ操作，分解，組立，故障排除等ノ素地ニ培フ如ク実施セントス」の方針の下で，電気器具の取り扱い，郷土の臨地指導（郷土の生物・地質・鉱物・産業等の実地指導），時計の分解組立並びに理論，国民学校教材との関連（理数科の関連単元），測量並びに測図実習，参観などを内容とするものであった．参観は，工場見学がプログラムされており，女子近代工業部門の一端に触れ戦時工業の認識を深めるものとされていた．合宿形式を採用したのも特徴的で，4つの班に分けて班長を置き，交代制で日直を決めて指揮・連絡・清潔・整頓・風紀・郵便・会計・保険などの役割分担で運営することになっていた．戦時下における科学の重要性を女子訓導にも再教育を通じて理解させようと，短期集中による効果を狙った研修会であった．

第 IV 章　「戦時教育令」下における国民学校教育実践と教師

　1945 年 3 月には「昭和二十年度県下女子職員実践態勢案」が次のような再教育案として示されるようになる[69]．年度初めに女子職員全員に「敵前教育」の実践を求めたものである．そこには，本土決戦が明確に意識されていた．

　一　趣旨　敵将ニ醜足モテ神州ヲ踏ミニシラントスルノ秋，県下女子職員全員ヲ結集
　　　　　シ以テ"敵前ニ戦ハセツツ教育スルノ道"決死総突撃セシム
　二　実践目標　"敵前教育"
　　　　　1 決死必勝信念ノ昂揚　　　2 食糧緊急増産ヘノ挺身
　　　　　3 軍需品生産能率ノ向上　　4 国土防衛訓練ノ強化
　　　　　5 決戦生活実践ノ徹底　　　6 女子職員態勢ノ確立
　　　　　7 非常時下ノ教育形態
　三　運営方途
　　　　　1 評議員会　◎期日　昭和二十年三月二十日（火）自午前十時　至正午
　　　　　　　◎女教員協会長挨拶　◎県当局，教育会，事務局長ノ激励ノ辞
　　　　　　　◎昭和十九年度事業報告並決算報告
　　　　　　　◎昭和二十年度事業計画並予算協定（実践目標，運営方途）
　　　　　2 県下集会長ニ協議決定事項通告並ニ依頼
　　　　　3 区域別女子職員研究会
　　　　　　　イ　新年度初（四月）集合…集会長司会ニテ目標運営ニツキ指示協議
　　　　　　　ロ　会員全員各自ノ研究題目ヲ評議員ニテ取リマトメ四月末日マデ本
　　　　　　　　　部ヘ通告スル事
　　　　　　　ハ　区域別指導会…本部ヨリ指導班出張指導（七八月頃）
　　　　　　　ニ　区域別実践発表会…十一月上旬ヨリ翌年一月下旬迄ノ間
　　　　　4 評議員会（二月下旬）
　　　　　（別記）［後略］

　このように，女性教員への依存が高くなればなるほど，女性教員への資質向上の課題が生まれ，求める要求水準も高くなっていく．「今後の女教師は，単に男教師の補助もしくは代用的地位に安住すべきではなく，万一の場合は，男教師に肩替りして全教育の経営に当るだけの決意を必要とします」[70]という段階になると，1944 年 1 月頃には「菅谷国民学校（茨城県那珂郡──引用者注）の貴重な男の先生にも召集令状が来た．そして若い女の先生の数が多くなって

第3節　教育実践を支えた国民学校教師の動向

きた．これは，いずこの学校も同じであった．／そこで県の方から，女教員だけでも学校運営ができる態勢が必要であるということでその研究校に菅谷国民学校が指定された．／この日だけは，学校全体の運営を女の先生だけで行なうということで私達女教員十数名がそれぞれの任務を引き受けることになった．朝会の訓話から，朝の体操，そして全体訓練に至るまで女手でやらされたのである」[71]という国民学校も現れるようになっていた[72]．

　1945年の戦局の最終段階になると，女性教員への「教育挺身」が男性教員と同じく要請される．鈴木源輔（東金国民学校長）は「特に米英を相手の大戦争に於ては，教育の力が，戦力増強に大きな関係をもつてゐます．教育者の半数が女教師であるといふことから考へると，女教師の如何が日本教育の消長進展に大なる関係を持つのです．女教師の自覚を促してやまぬものであります．／若い青年が，若桜が，皇国の花と散つてゐます．御国の盛衰を双肩に担つてゐるからです．誠にすまないとも，ありがたいともいひやうがありません．／若い女教師の方々，皆様が少国民の教育者として，国家の前途を双肩に担つて居られるのは，青年将士が御国に竭すのと同じ気持ちでありませう．どうぞ教育のためには，わが身を顧みず，一筋に皇国教育発展のために，全力を竭し，死闘をつゞけて下さい」[73]と，男性教員と同じく「死」を覚悟しあるいは戦場で戦死した青年将士と同一化することを，あるべき教師の姿勢として女性教員にも強く求められるようになるのである．

3-2　「師道」「師魂」「師恩」の意識高揚とその構築性

　1943年以降「師道」や「師魂」あるいは「師恩感謝」といった，教師によって教師自身の精神がより強調され，それを後押しするかのように国民の教師に対する尊敬の念が高揚されるようになっていく．直接の契機となったのは，大東亜建設審議会での「大東亜建設に処する文教政策」（1942年5月21日）のなかに「師道の昂揚を図るとともに教育者尊重の方途を講ず」[74]が挙げられていたことからである．東条英機首相が国民学校校長の会合で感謝の意を述べたことを踏まえて，「在野教育関係者の間に教育尊重，師恩感謝の一大国民運動を展開せんとする計画が進められて居るやうである．これ実に時宜を得た企

てとして国家のため同慶に堪へない次第」[75]と歓迎される旨の報道がなされていた．

　なぜ教師の側からの「師道」や「師魂」といった教師の自覚と，国民の側からの「師恩感謝」という教師の尊重という相互補強関係が作られなければならなかったのだろうか．教員不足の進行を背景にしつつ，特に男性教員の不足で危惧される事態に対して，教師にまつわる精神高揚がどうして必要だったのだろうか．

　地域社会の維持再編が国民学校に期待されているにもかかわらず，その中核を担うはずの男性教員が応召されていくという，大きな矛盾のなかに初等教育界はあえいでいた．その矛盾をどのように克服していくのか，その打開策として教師からの国民へのアプローチ，そして国民からの教師へのアプローチという双方の活動によって，国民学校を中核とする総力戦体制の維持を図ろうとしたと考えられるのである．この事実は先行研究でも注目されていないが，決戦下の教育実践を完遂していく立場を一層求められる当時の教師と地域との関係性の問題として，この動向を把握しておくことは，教師が囲い込まれていく構造を検討するうえで，重要な課題となろう．それは以下にみるように，構築された相互依存関係として立ち現れてくる．

3-2-1　教師自身による「師道」「師魂」の自覚

　まず最初に，教師の側からの「師道」や「師魂」といった教師の自覚がつよく叫ばれる動向をみてみよう[76]．

　その動向で注目したいのが，全国連合国民学校教職員会（中澤留会長）が，1943年1月17日全国一斉に「教壇に死ぬる覚悟」を持って，報国挺身隊を編成し，同日，師魂錬成祈願式と報国勤労奉仕を実施していることである．『教育新聞』は「三十万の教員　報国に挺身　全国一斉に運動展開」と見出しを打って，次のようにその事実を伝えている．「一億国民の緊張を更に強化する大東亜戦争下第二回目の新春を迎へ決戦継続必勝不敗の信念を以てその天職に任ずる国民教育者の使命は一層重大性を加へて来たこの時全国連合国民学校教職員会首唱の下に二十八万の国民学校教職員はこの十七日を期して全国一斉に起ち上り，報国挺身隊を編成することゝなつた」[77]．全国の教師が一丸となって，

第3節　教育実践を支えた国民学校教師の動向

報国挺身隊による教育運動を始めたのである．

しかしながら，なぜこの時期に国民学校の全教職員が，そのような挺身隊を組織し祈願式と勤労奉仕をする必要があったのだろうか．その編成を周知させるために作成された案内文によれば，「第一線に戦ふ皇軍の精神を精神として」「職域殉公，錬磨挺身の極致は，一死以て教壇を護るにあり．吾等二十八万の同僚中，殉職訓導として，尊き犠牲の神を出す所以のもの，実にこの真正師道の昂揚に縁来するもの」と，戦場で戦っている軍人の精神になぞらえ，殉職する覚悟で師道を高揚させることを求めたのである[78]．この全国連合国民学校職員会は「唯一の現職職域団体にして，この総力発揮は，千二百万の学童を背後に家庭父兄の全部を網羅し，物心両面の教化を徹底せしめて，護国の堅塁，民族の鉄砦たらしむること」を目指そうとしたものであった．つまりは教員を介して全家庭全国民の組織化動員化が図られようとしていたのである．

前述の案内文では，「神前祝詞」から「誓詞」と続いている．「誓詞」には「今ヤ世界ノ歴史ハ皇国ヲ中心トシテ転換ノ大機ヲ蔵スルニ至ル／吾等二十八万教職員真ニ一団トナリ　火ノ玉精神ヲ以テ職域奉公ニ蹶起スベキ秋ハ来レリ／大東亜宣言五大原則　共存共栄　独立親和　文化昂揚　経済繁栄　世界進軍貢献ハ東亜興隆ノ要因ニシテ之ガ基柱ノ深切ナル啓培ニ期待スル誠ニ甚大ナリ／斯クシテ思想国防　大義顕彰　教育建設等　皇国ノ使命遂行ノタメ歴史的負荷ノ大任ハ一ツニ繋リテ吾等ノ双肩ニアリ（後略）」と皇国史観に基づく大東亜建設の意義とそれに導かれる教師の使命が，興奮気味の筆致で記されていた．そしてこれから教師が向かうべき「実践綱領」が決意表明として3点示された．

一，大義殉道　吾等ハ八紘為宇ノ大義ヲ顕彰シ教壇死守ノ信念ヲ以テ師道ニ殉ズ
二，基本鍛錬　吾等ハ教科ノ基本鍛錬ニ精進シ皇道ヲ奉ジテ以テ日本魂ヲ作リ上グ
三，挺身捧行　吾等ハ始業三十分前ニ出勤シテ職域ニツキ陣頭ニ於ケル敢闘精神ヲ移シテ以テ挺身捧行ス

殉職や「死守」を持ち出しながら「師道」という決戦下に求められる教師の在り方が強調されている．この報国挺身隊は全国各地で編成されていく．たとえば富山市では1943年8月31日に「勤労報国隊々則」が作成された．事務所

を富山市安野屋国民学校に置き，国民学校男女職員を以て組織された（第二・三条）．その目的は「時局重大ナルニ鑑ミ授業ニ差支ナキ限リ計画的ニ重点生産国防土木事業，食糧増産，重点運輸等関係勤労作業ニ協力シ戦力増強ト錬成トニ資スルモノトス」（第四条）とされ，勤労作業への協力対象は，生産増強，食糧増産，軍人援護，国防土木事業であり（第五条），報国隊の活動は「当局ノ指令若クハ自発的ニ実施スルモノトス」（第七条）とされた．戦時教育令に繋がっていく項目があげられている．

3-2-2 「待遇改善」という動機づけ

しかし先述の通り，なぜ全国連合国民学校教職員会がこのような動きを始めたのかについては，その背景となる動機を探る必要がある．考えられるのは，国民学校教員へのさまざまな待遇改善の政策動向である．

中澤留は「今又帝国議会に於て，更に増率の実現に邁進せらると聞く，国歩艱難，軍国多事の際，特に待遇改善を以て，教学振興の根本に培はんとせらる．［中略］吾等天職を奉ずるもの，感激措く所を知らず」と述べているのである．待遇改善の必要は，教員不足を改善する条件として必要な施策ではあるが，同時に待遇改善というサポートが先の「八紘為宇ノ大義ヲ顕彰シ教壇死守ノ信念ヲ以テ師道ニ殉ズ」る教師の精神をコントロールすることにもなっていくのである．

実際，1943 年 8 月に国民学校職員待遇改善が実現される．前述の通り，文部省は訓令において，国民学校教員の待遇改善の意図を「是レ専ラ国民学校教員ニソノ人ヲ得優良ナル教師ヲ永クソノ職ニ精励セシメテ益々教育ノ効ヲ挙ゲシメラレントスルニアリ」[79] と教員不足対策に実効をあげるものと説明し，義務教育費国庫負担法，「国民学校職員ノ俸給其ノ他給与ノ負担ニ関スル勅令」の改正，国民学校令，公立学校職員官等等級令，公立学校職員俸給令，公立学校職員加俸令の改正が次々になされていった．と同時にその待遇改善ゆえに「国民学校教育ノ事ニ従フ者職責ノ重大ナルニ顧ミ愈々至誠尽忠ノ精神ニ徹シテ日夜淬礪ノ誠ヲ輸シ以テ皇国ノ要請ニ応ヘザルベカラズ」[80] と，教師としての姿勢が強く求められたのである．

具体的な身分上の待遇改善は，国民学校校長の地位を強化し補職を本官に，

第3節　教育実践を支えた国民学校教師の動向

訓導の奏任待遇の増加し，高等官三等ないし四等に昇給する途を開くこと，給与上の待遇改善は，最高を 3400 円ないし 2770 円に裁定し，年功加俸を必給制とする，その他，初任給引上げ，再教育と待遇漸進，賞与支給額の引上げなどであた．自分たちが希望した要望が悉く取り入れられている待遇改善に対して中澤留は「誠に銘謝に堪へざる処」としつつ「大東亜戦争は深刻苛烈の段階に於て，日毎決戦の連続を繰り返へし居り候この態勢下に於て，この優遇案を断行せられたる国家の意図は奈辺に存するか」と自問し「之れ即ち少国民ノ将来に期待する甚大なるの結果」と自答している．

報国挺身隊にも話題が及び「報国挺身隊を編成して，教壇死守の信念を以て師道に殉ずと誓ひたる赤誠は，今尚吾等の耳朶を打つものであり，行じても行じ足らず，捧げても捧げ足らず，天恩の無窮なるを仰ぐのみに御座候」[81]と，待遇改善に感謝する恩義として編成された報国挺身隊という構図が浮かんでくる．同日に挙行された師魂錬成祈願式に参列したある国民学校教師は「指導者層は此の際断固捨身的に自己を滅して，半ば気狂ひじみる程の意欲と実践に火だるまであらうとする少数精鋭なる志あるものを積極的に動員し，此の力の結集を俟つて，全体を推進せしむるの決意が要望されてゐる事を見逃してはならない」[82]と述べるに至っている．「半ば気狂ひじみる程の意欲と実践に火だるまであらうとする」という発言のなかには，教師が囲い込まれていく構造のなかで「狂信性」(fanaticism) が生まれていることを明確に見て取ることが出来るのである．実際，待遇改善が実現した翌年の全国連合国民学校教職員会主催の第2回師魂錬成報国挺身隊の案内には，開催日の 1944 年 1 月 16 日に向けて「今や『『勝利か死か』の文字は，日本軍を支配する鉄則なり』と敵は宣伝す．斯る迷蒙を粉砕する上からも，一死教壇を護持し，悠久の大義に生き抜き，以て現実に勝ち抜くの覚悟なかるべからず」[83]と，戦場の課題を教壇に置き換えるかごとくの論法で，本土決戦に向けての教師の覚悟を教師自身が扇動していたのである．

3-2-3　国民からの師恩感謝運動の展開

一方，国民の側からの「師恩感謝」という教師尊重の動向もみてみよう．
1942 年夏ころから師恩感謝を国民運動として企画しようとする動きが起こ

ってくる．あえて「師恩」を「感謝」しなければならないことを国民運動として展開しようとするのには，何らかの必然性や必要性が求められるであろう．国民運動といっても，自然発生的なものではなく，意図的に計画されそこに国民を動員していこうとする目論見も隠されていると考える方が自然であろう．いろいろな要因を検討しつつ，この師恩感謝運動のもつ意味を検討してみたい．

　師恩感謝運動を起こすために，教育ジャーナリズム関係者を中心に50数人の発起人が集い，多くの県で知事を歴任し平沼騏一郎内閣では文部政務次官も務めた小柳牧衛代議士（立憲民政党）を理事長にして，1942年10月30日，教育勅語渙発五十周年を記念して出発懇談会が開催された．そしてそこで，10月30日を「師恩感謝の日」と定める決議を行ったのである．先の小柳理事長は「師恩感謝は東洋独特の美風であつて，大東亜指導の根本理念もこれでなくてはならぬ，つまり後進民族が指導民族に心から感謝するやうにならなくては，本当の大東亜建設はできないといふことを信念としてゐる人」[84]であった．翌日東京女子高等師範学校講堂で講演会も開かれたのだが，注目したいのはそこに東条内閣で内閣情報局次長を務めていた奥村喜和男が講師として登壇し「情報局としてはこの運動は今後できるだけ応援したいと言明」[85]していることである．総力戦における情報戦の役割としての「師恩感謝」であり，大東亜共栄圏建設を目論む明確な意図が背景にある師恩感謝運動であったことがわかってくる．「教育界からは滔々として人材が去りつゝある．また，新しく教育者たらんとする若い人々の質も，漸次低下してゐるといふ」危機的な状況の原因を「社会が教育者を尊重しないからである．これではせつかく師範学校が専門学校程度に昇格しても，画期的な待遇改善が実施されても，教育界には人材は集まつて来ないのである」[86]とある意味で冷静な現状把握がなされている．しかし「師恩感謝は教育界に人材を集め，教育を強化する途であると同時に，実に戦力増強の根元なのである」[87]という高邁な目的に至るアプローチの仕方が，師恩感謝の日のプログラムに殉職者を悼みその志を継承する「教育塔礼拝」を追加する提案に結びつけられていくのである．

　師恩感謝の国民運動がそれぞれの地域でどのように展開されたのか，ここでは横浜市の事例から検討してみたい．

　1943年10月30日，教育勅語渙発記念日師恩感謝中央大会が，開港記念横

第3節　教育実践を支えた国民学校教師の動向

浜会館において開かれた．正式名称は「教学道義確立師恩感謝中央大会」である．この大会は，大政翼賛会横浜市支部と全市の各学校後援会とが一体となって主催し，そこに翼賛壮年団と大日本婦人会とが協力する形で企画されたものであった．つまりは横浜市を挙げて「師恩」に感謝し，その徹底を通じて必勝完遂のための挙国一致体制を完璧にしようとする意図があった．

式次第によれば，宮城遥拝と「大東亜戦争必勝ノ為ノ祈願及出征兵士ノ武運長久並ニ戦没将兵ノ慰霊ノ為ノ祈念」から始まり，開会の辞，国歌奉唱，勅語奉読，そして先述の通り追加された教育塔礼拝と続く．次に主催者挨拶があり，感謝状贈呈，感謝の辞，答辞，御製奉誦，万歳奉唱，閉会の辞という進行内容であった[88]．なお，教育塔とは1936年に教師の殉職者を祀るモニュメントとして大阪城公園に建立された記念碑で，同じく10月30日に教育祭が開催されており，それに重ねて中央大会もプログラムされたのである．

主催者挨拶では大政翼賛会横浜支部長の半井清が次のように挨拶をしていたが，そこにこの師恩感謝中央大会の意図を明確に読み取ることが出来る．半井は「惟ふに師を敬ふ心はそのまゝ長上を敬する心となり師の恩を感謝する心はそのまゝ天恩父母の恩に感謝する心となるのでありまして敬師の精神と師恩感謝の心とを培養いたしますことは国民思想を淳化し国民道徳を正す根源となるものでありまして師恩感謝の徹底は結局皇国魂の培ひとなり国力の培養戦力の増強となるのであります」[89]と述べ，横浜市全教職員への「深甚なる敬意と謝意」および「師恩感謝の徹底」を祈念していた．地域の首長が，教師への感謝を梃子にして地域関係者を集合させ，そして教師への感謝を自覚させることで，道義確立の名目で地域の再編成をはかろうとする構図が浮かび上がってくる．決戦下，総力戦体制を遂行していくなかで，地域がどのように再編成されようとしたのか，その中核になった対象が誰であったのかが，ここにはっきり読み取ることが出来る．

「師恩感謝」は，中央大会から市内各学校での地方大会へと拡大されていく．半井は，翌月11月18日に市内各学校教育後援会長あてに「師恩感謝運動並ニ師恩感謝会実施情況報告」を求めている．その地方大会を通じて「今後本運動ガ各家庭ニ徹底シ国民各自ノ日常生活ニ深ク浸透セラルゝ」[90]ことが期待されたのである．つまり学校を通じての地域と家庭との再編成をはかり「一億ノ忠

第 IV 章 「戦時教育令」下における国民学校教育実践と教師

誠心ヲ振ヒ起シ米英撃滅ノ挙国必勝体制」の再構築を目論んでいたのである．これを受けて神奈川区の神橋国民学校では，学校後援会，母の会，学校区域各町内会の主催で 12 月 18 日に同校講堂で師恩感謝会を開催している．「滅死報国の精神こそ実に年少双葉の時代より培養せられ国民の天性となる．此の世界無比の天性は実に教育の摂に当れる諸先生の捨身奮励により育成せられたるもの」[91)] という理屈が「師恩感謝」の理由とされている．「あさな　夕なに　吾子等を　教へ導き　たまひぬる　我が師の君の　いと深き　めぐみは　何にたとへんや」という歌を掲載した趣意書が作成され，町内隣組を経て一般の保護者に周知された．参加人数は 200 人を想定していた．神橋国民学校師恩感謝会では，後援会会長が挨拶及び感謝の辞を述べた後，感謝状と目録を贈呈，続いて関係町内会代表，父兄代表，母の会代表が感謝の辞を述べた．返礼として，職員代表答辞を現校長が退職職員代表答辞を元校長がそれぞれ述べて師恩感謝会が閉会している[92)]．教師を尊敬し教師に感謝する地域社会の「美風」は，地域社会の精神的な紐帯を，教師への「師恩」という形で求め，さらに「感謝」という意識で再編しようとしていたのである．「親たちがこのやうに師恩感謝を実行すれば，子供に影響するところも大きい．そこで始めて学校と社会一体の教育が実を結ぶのであらう」[93)] と期待されたのである．

　このように決戦下になればなるほど「師道の確立」が謳われた．それは理念と実態とを切り結ぶ結節点にいた教師たちに総力戦体制を遂行していく役割が焦点づけられていたからである．振り返れば，関東大震災に際して御真影を救済する「美談」の捏造に始まり，1936 年 10 月には殉死した教師たちを祭る教育塔が建立された．「赤化教員」への思想統制が徹底して進行する一方で，地域の再編の中核にいた教師たちへの権威性をいかに高めるかという課題が，戦争体制によって社会不安が潜在的に増大するに伴い，「師道の確立」として強調されるようになっていったのである．国民運動として，師恩を感謝された教師たちは，一層自らの役割期待を果たす努力を，戦場にいる兵士の緊張感にも似た精神状態で，自らの教育実践に臨むことになった．この時代の教師の「狂信性」は，教師特有の仕事の性格から発しているだけでなく，地域や家庭からの感謝の囲い込みのなかから生成されていたのである．

第3節　教育実践を支えた国民学校教師の動向

3-3　ファナティックな教師意識の構造——再帰性・不確実性・無境界性

3-3-1　「狂信性」へのアプローチ

　戦時教育令（第2条）は，「教職員ハ率先垂範学徒ト共ニ戦時ニ緊切ナル要務ヲ挺身シ俱学俱進以テ学徒ノ薫化啓導ノ任ヲ全ウスベシ」としており，戦時教育令の成否を教職員に賭けており，教師の位置づけの高さがうかがい知れる．そのような戦時教育令と少国民とをつないだ教師の意識は，どのようなものであったのだろうか．
　たとえば，以下は，1944年6月段階の，千葉県の東金国民学校の中堅になりつつある男性教員の実践記録である[94]．この時期の教師の意識をよく表現している．

　　六月十日　　桑皮作業についての訓話　無理である．無理なことはすべて承知してゐる，しかしその無理を無理と思はず粉骨砕身努力することが我等のつとめではなからうか．（略）無理と承知しながらも必ず完成せよと云ふ俺．無理と知りながら必ず完成せねばならぬと努力するお前達，それは皆日本の国を思ふからではないか．（略）小国民（ママ）だから，何々だから，そんな理屈はあってはならないのだ．割当遂行出来なければ日本人でない，東条さんの言った，2＋3＝80であるのが現在の教育道場での教へである．頑張れ，日本の子供になれ，米英の徒となるではないぞ　桑の皮をむき終へない生徒は米英のスパイと思はれても仕方がない，日本の子供として頑張らねばならぬ

　このようなある意味での「狂信性」（fanaticism）は，どのように生まれてくるものなのか．一口に決戦下の教師たちは「狂信的」になってしまったと批判的に評価したとしても，それだけでは教育実践の背景にある教師意識を実証したことにはならない．どのようにすれば，その「狂信性」を明らかにすることが出来るだろうか．
　ここでは，試論的に佐藤学が指摘する教師文化としての「再帰性（reflexivity）」と「不確実性（uncertainty）」と「無境界性（borderless）」の特質を援用しながら考察してみたい[95]．教師という職業に固有の文化は，教師が共有している理念・信念・慣習・伝統などの総体をいうが，それは教師の仕事を支え，

283

規定している知識や行動様式と密接に結びつけられている．その「複雑さ」と「曖昧さ」は明治以降の近代学校のなかで徐々に形成されて来たものであり，それが戦争という非日常的な条件のなかで，さらに戦時教育令下において，その文化性が最も典型的な形で表出されることになると仮説的に考えることができる．さらに言うなら，敗戦を経て教育の価値観が大きく変化したとしても，教師の発想様式・行動様式の点では継承され，その文化性は今日までも何らかの形で影響力を持っているものでもある．

3-1-2　再帰性——東井義雄の「学童の臣民感覚」

　まず「再帰性」から考えてみたい．再帰性とは，投げた手に戻ってくるブーメランのように，教師の教育活動の責任や評価が，児童（少国民）やその保護者から絶えず返ってくる性質を指す．道徳的徳目の指導に明け暮れる教師は，模範としての自らを偽善的な仮面をかぶった「徳の権化」として教育していることになる．しかしその実践に行き詰まると，えてして児童・家庭・社会を批判しがちになるのだが，批判すればするだけ，かえって自分自身の責任の問題として鋭く問われることになるのである．こうした再帰性は，責任の所在を児童・家庭・社会に押し付けようとする悪循環に入ると教師の独善と閉鎖性を生み出していく一方で，教師自身がその再帰性を自覚すると，教師の実践と成長に反省的省察をもたらす好循環を生み，反省的実践を生み出していく可能性を秘めている．しかし，その反省的実践は，歴史的社会的条件のなかで遂行されるため，教師自身が教育した児童から学ぶという循環のなかに，その責任を肥大化させていくことが起こってくる場合がある．それが決戦下での誠実な教師に起こっているのである．

　生活綴り方教師から皇国主義の教師に転向していく東井義雄が決戦下に著した『学童の臣民感覚』のなかで「幼き師，それは，私の教へ児たちであつた．彼等は，そのいたゞかしめられた不可思議の生に於てものを感じ，ものを言つた．彼等の生，それは『臣民のいのち』であつたから，その感覚はまた『臣民感覚』であつた．わが教へ児らの『臣民感覚』それこそ，私をして私のしあはせに気づかしめた．これ，もとより，皇国無窮の御本願の御もよほしであつたのではあるが」[96)]と述べている．

第3節　教育実践を支えた国民学校教師の動向

　東井は，徹底した皇国民錬成教育を実践しながら，それをひたすら懸命に遂げようとする学童の姿に感銘していく．教師が育てようとした児童の姿に「臣民感覚」を見出すという反省的実践のなかで，皇国主義の教師は学童によって一層皇国教師としての責任と役割とを自覚するようになっているのである．学童を経て帰ってきたブーメランは，より熱量の増幅したブーメランとして教師自身が受け取ることになっている．そこには反省的性格を持った循環のなかで，誠実な教師が学童から学ぼうとするがゆえの「狂信性」増幅の循環が成り立っている．

3-1-3　不確実性――前線兵士としての教師

　次いで「不確実性」を検討してみよう．教育実践においては確実なものがないというのが不確実性である．ある教室のある学年で効果があったプログラムでも，別の教室，別の学年で同じく有効である保障はない．つまり自分の教育実践を客観的に評価できる安定した確信の持てる基準は存在しないのである．しかし複雑で曖昧でたえず不安に陥りやすい教育実践であるからこそ，「安定」や「確信」を求めてしまい，既存の権威や権力に無意識のうちに追従してしまう．その結果，授業の形式主義やマニュアル主義などに陥ってしまいがちになるのである．

　決戦下の場合，この不確実性を確実性に変える仕掛けが用意されていた．現在進行形で進んでいる戦争に立ち向かう姿勢そのものが，具体的には国民学校の理念に則って少国民を皇国民にまで錬成し大東亜共栄圏建設を実現するという使命感こそが，ゆるぎない「安定性」と「確信」とをもたらしていた．教育勅語，大詔奉戴日，青少年学徒に賜りたる勅語，さらには戦時教育令の上諭など，教育理念を繰り返し唱えることでその「確実性」が維持され補強されていく．その教育理念に内在している権力や権威が最大限に活用されたのだ．たとえば「校長の仕事は勅命によるものであり，職員は校長の命を受けて，国家の教育を司るものであります．教職員の仕事は陛下の意図を体して，子弟を教育するものでありますから，子弟が教師の命に服するのは当然であります．故に服従の精神を高潮してゐるのです」[97]といった国民学校校長の認識はその典型といえるであろう．

第IV章 「戦時教育令」下における国民学校教育実践と教師

　さらに教育実践への「安定性」や「確信」を増幅させたのが，教師に兵士さながらの覚悟を求め，教師もその覚悟を自覚したことである．男性教員の「『お国のために，命を捧げるのが一番名誉なことなのだ』と子どもたちを教育してきたことを思い出す．（そのくせ，自分たちの召集が最後になるということに，あるうしろめたさを感じていた．）」[98]という回想にあるように，戦場に赴かなくてもよいという「優遇」と，それゆえ前線の戦地に赴いていないことへの劣等感（うしろめたさ）が，「狂信性」を生み出す背景にあったのである．「吾等の実践如何が実に明日の日本を左右し決定するのである．全国二十七万の同僚諸君，吾等は結束打つて一丸となり，此の光栄ある使命に挺身し，国家の要請に応へるべく蹶起しようではないか．［中略］時代の要請する教育者としての役割を完遂せねばならぬ．銃後といふ言葉は今日不必要である．何所として戦場ならざる所があらうか．兵士が戦線に　天皇陛下万歳を唱えて斃れるならば，吾等は血を吐いて職域に死し，護国の鬼となつて，皇国の前途を身守らなければならない」[99]と絶叫しながら，教師は自らを兵士になぞらえ教室を「戦場」に変えていった．これは男性教員に向けての宣言であると同時に，男性教員に負けず劣らず必勝精神を求められるようになった女性教員にも当てはまる宣言であった．

　このような「戦場」としての教室を現出させる理念に，教育勅語だけでなく軍人勅諭があったことも注目しておきたい．戦時教育令が公布された際「我等教職員たる者は戦局の現段階を深く体得し，常に　教育に関する勅語　軍人勅諭を奉体して，必勝信念を昂揚し，道義生活を実践し，指揮指導能力の向上に力め至誠尽忠学徒を率ゐて皇国護持の尖兵たらねばならぬのである．かくて教育の方法形態こそ異れ，我が国体の精華に基づく決戦教育の大本は厳然として確立せられ，燦として千載に輝くのである」[100]と，軍人勅諭が引き合いに出されていたのである．軍人精神として忠節，礼儀，武勇，信義，質素の5つの徳目を掲げ，とりわけ「軍人は忠節を尽すを本分とすべし」では「義は山嶽よりも重く，死は鴻毛よりも軽しと覚悟せよ」と命じていたのが軍人勅諭である．兵士の戦線での戦闘を想定し，公僕（national servant）の極みとしての「死」をもってする滅私奉公の姿勢が教師に求められている．ここには，実は複雑で曖昧でたえず不安に陥りやすい不確実な教育実践の特質が捨象されており，既

第3節　教育実践を支えた国民学校教師の動向

存の権威や権力に追従する「安定」や「確信」が担保された「確実性」が跋扈しているのである．そこでは超国家主義的，軍国主義的な形式主義やマニュアル主義が横行している[101]．

3-1-4　無境界性――「二十四時間主義」の教育

最後に「無境界性」についても検討しておこう．「無境界性」とは，教師の仕事には際限がなく終わりがないという性質である．どこまでが教師の領域なのか，どこからが保護者の領域なのか，またどこからが地域の領域なのか，それらの境界線が曖昧ということである．そして，えてして教師の領域だけが拡張していき，責任領域が無限に拡大されてしまう危険性が往々にして起こりうる．

しかしながら，決戦下にあっては，むしろ教師の無境界性が奨励される傾向すらあった．教師の負える責任領域が拡大することで，皇国民錬成教育が達成しやすい教育環境になるという発想である．全国の錬成教育のモデル校とも目された東金国民学校長の鈴木源輔は，「村は教育実践場」として，むしろ無境界性を次のように強調している．「学校兵舎としての教育が，学校内だけで行われてゐるならば，決して教育は徹底するものではない．視野を広くして町村全域を戦場と考へて実践訓練をしなければならない．生活実践訓練をしてこそ，国民としての魂，郷土民としての態度の養成が可能になるものである．学童の生活の場は，学校と家庭と社会の三者であるからには，町村を教育から分離し，学童を家庭生活から分離するわけには行かない」[102]とした．鈴木は「二十四時間主義」を唱え，全生活の教育を主張しているこの内容は，鈴木によってすでに数年前から主張されていたが，決戦下「学校」を「兵舎」に置き換える段階になり，教師の実践の時間と場との拡大を一層強調するに至っていた．それはとりもなおさず無境界性を支持し推奨していくことに他ならなかった．

翻って教師は，決戦下の緊迫する教育現実が進行するなかで，理念（建前）と実態（本音）との矛盾を最も直感できる立場でもあったはずである．その矛盾を矛盾として自覚することを避けようとするために，天皇制公教育理念の増幅によってその矛盾を意識させないような構造のなかに自らを追い込んでいったのである．1945年5月22日に上諭を伴って公布された戦時教育令は，まさ

にその典型であった．そこでは教師文化の特質である再帰性，不確実性，無境界性が上記のように特徴づけられ，そのなかに教師の「狂信性」（fanaticism）が生まれる環境が成立していったのである．

おわりに――今後の課題

　天皇制公教育における最末期，戦時教育令下での国民学校教育実践と教師について考察してきた．

　第1節では，戦時教育令がどのように学校現場に普及していったのか，その過程でどのような情報が提供されたのか，国民学校レベルでいかなる学徒隊が組織されようとしていたのか，そして動員と教育との一体化はいかに構想されたのかを検討した．戦時教育令が天皇からの上諭を賜っていたことで権威づけられていることは明らかであったが，そこで求められた喫緊の要務への挺身は，学徒隊による「戦時ニ緊切ナル要務」（動員）と「戦時ニ緊要ナル教育訓練」（教育）との一体化として提言されていた．しかしそれは，「動員」の徹底化であったとしても，そのなかでの「教育」の実現はほとんど不可能であった．何らかの教育機会を何とか担保しようとしたささやかな試みは認められるものの，実効性はなかったのである．それが教育の「崩壊過程」のまぎれもない内実であった．

　第2節では，戦時教育令を自覚的に取り入れようとした北海道の日新国民学校を事例に，同校の「学校日誌」を手がかりにして，1945年の教育実践の実態を明らかにしようとした．戦時教育令が求めた食糧増産，軍需生産，防空防衛，重要研究など戦時に緊切な要務を視点にしながら，「学校日誌」の記載項目をまとめていく作業のなかで，その特質を明らかにしようと試みた．「学校日誌」の断片的な記載から，どのようなストーリーが立ち現れてきたかといえば，地域の中核として果たす国民学校の大きな役割であり，特に校長がキーパーソンになりながら行政・地域・家庭・学校をつないでいる極めて多忙な姿であった．逆にいえば，国民学校がその地域の青年団や青年学校をとりまとめるプラットホームになっており，さまざまな活動の拠点となっていたということ

おわりに

である．その事実を改めて確認することができた．それは必ずしも1945年度に限ったことではないであろうが，1945年度はその役割がより大きくなっていたようにも感じられた．「戦時ニ緊切ナル要務」は，北海道の地域に即して実践されており，特に食糧増産への取り組みにそれが表れていた．軍需生産へ取り組みは見当たらなかった．しかし児童にとっては重労働であったであろう客土撒布，実習地整備，「援農」がこの地域ならではの取り組みであった．防空防衛については地域の空襲体験に大きく依存している．日新国民学校の地域も7月14・15日に空襲を受けているのだが，その日の「学校日誌」の記述は緊迫感を伴いながら詳細になっていた．他府県の空襲に関する「学校日誌」の記載も同じ傾向があり，教師・児童とも生死をかけた経験への衝撃度を物語っており，そこでの教師の懸命な立ち居振舞いをうかがうことができる．日常的な交流があったからか，軍部との親和性も認められる．応召・出征兵士の見送りや村葬などは，男子児童には自らの将来に対するヒドゥンカリキュラムの機能を果たしていたといえよう．国民学校の実践として特徴的だった儀式行事も，地域を巻き込んで行われていた．戦意高揚の手段として活用された紙芝居や教育映画は，緊張感の絶えない日常生活にあって，娯楽的な刺激があり，毎回好評のうちに終了していた．注目すべきは血液検査はじめ，戦争遂行に必要な体力管理は間断なく継続されていたことだ．重要研究等の実践があった形跡はなかったし，それ以上に教室での教科活動に関する記載は「学校日誌」にはまったく見当たらなかった．「学校日誌」には，この学校，この地域で可能な総力戦体制への最大限の人的物的貢献が刻まれていたのである．それがまさしく「崩壊過程」の内実であった．

　第3節では，戦時教育令を学校現場で実践していた教師たちの意識について検討した．決戦下の体制を維持するためには国民学校の教師を総動員する必要があった．「師道の確立」を背景に，戦時教育令の遂行の役割を担った教師たちは，教育現場を戦場の前線に置き換えながら，目の前の実践に挺身することになった．しかしながら，その教師の実態といえば，深刻な教員不足を抱えていたのである．転職と応召による教員不足とそれゆえの代用教員の増加，なかんずく女性教員の激増を背景にしながら，決戦下の教育実践が展開されることになっていく．それはある意味で矛盾の拡大ではあったが，その対策として女

第 IV 章 「戦時教育令」下における国民学校教育実践と教師

性教員の資質向上が目指されつつ，男性教員に負けず劣らず「敵前教育」の再教育が研修として準備されていたことが明らかになった．

　そのような客観的な状況を押さえながら，教員自身が「師道」「師魂」などをスローガンに自らの精神昂揚を高める運動を展開しつつ，また，国民の側が「師恩感謝」という名目で教師への師恩感謝運動を展開するという相互依存関係が構築されていく．男性教員が少なくなってきている危機に対して，学校を中心とする地域の再編成が進められたのであった．そこに年来の課題であった教員の待遇改善がなされたことにより，教師の使命感の高揚は，前線兵士の意識と教師たる自らを重ねつつ，1943 年頃からはその増幅の循環サイクルに入っていく．戦時教育令下では，その意識の延長線上に教育実践があったといってよいであろう．その増幅された「狂信性」(fanaticism) は，教師だけでなく最終的に児童にも死を強いていく道筋を用意していく．天皇制公教育の本質として現れてくるのである．「狂信性」の内実を，教師という仕事の持つ特性から再帰性，不確実性，無境界性の 3 つの視点から試論的に論じてみた．この特性は現代の教師にも底流で継承されていると仮説的に考えている．

　今後の課題としては，初等教育レベルでの戦時教育令下での教育実践を多様に捉えることである．今回は 1 校のみのさらに 1945 年度のみの「学校日誌」の事例研究にとどまっているので，他の国民学校の「学校日誌」との比較，1945 年度以前の年度との比較検討が求められよう．その上で，(1) 戦時教育令への言及とその実際——本土決戦への対応，(2)「戦時ニ緊切ナル要務」への「動員」と「教育」との一体化の実態，(3) 教育現場の現実——警戒警報・空襲警報への対応[103]，(4) 敗戦の日 (1945 年 8 月 15 日) の記述とその意味[104]，(5) 墨塗り「学校日誌」の存在とその解釈[105]，(6) 応召される教員・応召されない教員の実態を解明，(7) さらに教師文化の再帰性，不確実性，無境界性の観点から「狂信性」(fanaticism) の更なる分析などがあるように思う．そのような作業を通して明治以降の最終盤での近代天皇制公教育の再評価を批判的に試みていきたい．

1)　文部省『学制八十年史』(1954 年) pp. 400-401.
2)　文部省『学制百年史』(1972 年) p. 566.

第Ⅳ章 注

3) 『現代教育学5 日本近代教育史』（岩波書店，1962年）p. 334.
4) 国立教育研究所編『日本近代教育百年史2 教育政策（2）』（1974年）p. 289.
5) 久保義三『昭和教育史 上』（三一書房，1994年）p. 484.
6) 小川利夫執筆『国史大辞典8』（吉川弘文館，1988年）p. 422.
7) 浦野東洋一執筆『日本史大事典4』（平凡社，1993年）p. 285.
8) 寺﨑昌男執筆『日本歴史大辞典2』（小学館，2000年）p. 774.
9) 奈須恵子執筆『現代教育史辞典』（東京書籍，2001年）pp. 360-361.
10) 志摩陽伍執筆『日本近代教育史事典』（平凡社，1971年）p. 18.
11) 福間敏矩『集成 学徒勤労動員』（ジャパン総研，2002年）p. 266.
12) 以下の新聞報道からの引用は，すべて『信濃毎日新聞』1945年5月22日（1），5月23日（1）（2）からの引用である．
13) 『信濃教育』（第702号，1945年6月1日）pp. 4-5.
14) 同上『信濃教育』p. 32.
15) 『信濃教育』（第703号，1945年7月1日）pp. 1-2.
16) 同上『信濃教育』裏表紙．
17) 『信濃教育』（第704号，1945年8月10日）pp. 1-2.
18) 同上『信濃教育』pp. 3-5. 戦後編まれた西尾の『信州教育のために』（1967年）の著作には，この論考も収録されている．論考に付されたコメントには「この稿が掲載された八月十五日は，天皇の無条件降伏の放送があった日である［中略］東京女子大の講堂で天皇のご放送を承った．勤労動員に出ていた学徒が，久しぶりに全部講堂に集まって声なき全堂の慟哭をもって承った」（p. 184）とある．
19) 同上『信濃教育』p. 35. 県内他校の戦時教育令に基づく実践については，今後の調査に待たなければならないが，『信州大学教育学部附属長野小学校百年史』（1986年）では，「五月九日職員会議では，『戦時教育令施行規則』に関する協議をし，児童の戦時生活指導要項について［後略］」（p. 557）とあるが，戦時教育令の公布が5月22日であるので何らかの誤りがあるものと思われる．
20) 以下の引用は，『昭和20年度記録 堀川小学校』（富山市立堀川小学校所蔵）からのものである．
21) 『昭和二十年度 記録 西野米太郎』堀川小学校所蔵．
22) 23) 同上『昭和20年度記録 堀川小学校』（富山市立堀川小学校所蔵）．
24) 『学校沿革史』『当直日誌』『内部日誌簿』も「学校日誌」の範疇に含めて考えたい．「学校日誌」の記載者は，教頭ないし首席訓導（あるいは訓導の輪番）がその担当と推察されるが，この資料の性格をどのように考えるかも，資料論として議論の余地が残されている．その意味で，「学校日誌」は，学校現場と児童に関して多

第 IV 章　「戦時教育令」下における国民学校教育実践と教師

様な形式・様式を用意しながらその学校の教員が自分の学校のために記した，広義の意味でのエゴ・ドキュメント（自校史語り史料）としての性格を持っているかもしれない．

25)　北海道立文書館所蔵．目録は以下の通りである．学校日誌［目録種別］資料名［年次］1945（昭和 20）年度［主務者名］小清水村立日新国民学校［分類］A50［請求記号］A50/616［公開／非公開］公開
26)　小清水町史編さん委員会『小清水町百年史』（第一法規，1981 年）p. 186.
27)　小清水町史編さん委員会『新小清水町史』（第一法規，2000 年）p. 263.
28)　小清水町史編纂委員会『小清水町史』（小清水町役場，1955 年）p. 73.
29)　同上『新小清水町史』p. 781.
30)　同上『新小清水町史』p. 595．教員数やその男女の比率は不明である．
31)　同上『小清水町百年史』p. 935.
32)　鈴木嘉一『隣組と常会』（誠文堂新光社，1940 年 12 月）p. 1.
33)　同上『新小清水町史』pp. 134-135．ただし，「学校日誌」には濤釣部落会が第一から第五まで記録されているが，1941 年の段階では第一と第二のみの記載になっている．新津軽部落の名称が，その後に濤釣第三に変更された可能性がある．
34)　同上『小清水町百年史』p. 931.
35)　同上『小清水町百年史』pp. 405-406.
36)　同上『小清水町百年史』p. 441.
37)　小清水町史編纂委員会『小清水町史』（小清水町役場，1955 年）p. 82.
38)　同上『新小清水町史』p. 313.
39)　同上『新小清水町史』p. 131.
40)　石塚與喜雄編著『大地への貢献』（学徒援農調査室，1995 年）p. 5.
41)　同上書，p. 966.
42)　『北海道新聞』1944 年 3 月 31 日（同上『大地への貢献』p. 752 より再引）．
43)　1945 年に限っても小清水村には「昭和二十年度春季土地改良学徒隊動員ニ関スル件」（3 月 30 日）により釧路中学校 40 名が 4 月 15 日より 5 月 1 日まで，「昭和二十年度緊急食糧増産北海道派遣学徒動員ニ関スル件」（5 月 1 日）により宮城師範学校 105 名が教官 2 名とともに 7 カ月を予定し，「昭和二十年度緊急食糧増産道内中等学校隊第一次動員ニ関スル件」（5 月 5 日）により網走中学校から 80 名が 5 月 10 日から 7 月 9 日まで予定されていた．石塚與喜雄編著前掲『大地への貢献』，p. 612, p. 622, p. 632.
44)　同上『小清水町百年史』p. 444.
45) 46)　小清水町史編さん委員会『新小清水町史』（第一法規，2000 年）p. 156.

47) 同上書, p. 157.
48) 渡辺浩平『第七師団と戦争の時代　帝国日本の北の記憶』(白水社, 2021 年) p. 7.
49) 前掲『新小清水町史』p. 725.
50) 上田庄三郎「人間の新体制」(『国民学校教師論』啓文社, 1941 年 1 月) p. 6.
51) 長野県教育史刊行会『長野県教育史』第 3 巻総説編 3 (1983 年 3 月) pp. 1115-1119.
52) 信濃教育会『長野県女教師の歴史』1965 年 4 月, p. 53.
53) 『教育週報』第 779 号, 1940 年 4 月 20 日.
54) 『教育週報』第 882 号, 1942 年 4 月 11 日.
55) 教育不足や女性教員の問題について, 安部隆範が「『助教』問題の一調査」(『教育』1942 年 4 月号) と「女教員問題の一考察」(『教育』1942 年 12 月号) で客観的データを駆使して論じているが, ここでは問題状況の指摘にとどめているため, 本節では検討していない.
56) 上田庄三郎「はじめに」『女教師論』(啓文社, 1941 年 4 月) p. 2.
57) 同上「戦争と女教師」『女教師論』p. 111.
58) 同上「女教師と教養」『女教師論』p. 154.
59) 『教育週報』第 903 号 1942 年 9 月 5 日. 同時に「なお, 同時女教師を主人公とする連載小説『鏡』長谷健氏作を特別読物として掲載することになりました」と発表している. 長谷健 (1904～1957 年) は芥川賞作家で, 後に東金国民学校に材を求めた『国民学校』(講談社, 1944 年) なども刊行している. この企画には小説による輿論の喚起が意図されているといえよう.
60) 『帝国教育』第 773 号, 1943 年 3 月号, p. 5.
61) 同上, p. 9.
62) 「教育女性の新発足」『帝国教育』第 786 号, 1944 年 4 月号 p. 36.
63) 注 61 と同じ.
64) 65)　前掲「生活文化の建設と女教師」『女教師論』p. 41.
66) 前掲『長野県女教師の歴史』p. 63
67) 『昭和十八年度　記録　西野米次郎』(富山市立堀川小学校所蔵. なお, 西野米次郎はこの当時八尾国民学校長の職にあった).
68) 『昭和十九年度　記録　西野米次郎』(富山市立堀川小学校所蔵).
69) 『昭和二十年度　記録　西野米次郎』(富山市立堀川小学校所蔵).
70) 安藤堯雄・鈴木源輔『女教師の書』(第一出版協会, 1945 年 5 月) 序, pp. 1-2.
71) 鯉渕フミ「女教師だけの学校」(創価学会婦人平和委員会編『戦禍の教室で――

平和への願いをこめて⑩女教師編』(第三文明社，1983 年) pp. 45-46.

72) たとえば，群馬県高崎市立東国民学校では，1945 年 8 月時点で職員 24 名，そのうち訓導が 17 名，助教（旧制中等学校卒業者・代用教員）が 7 名であった．男女の内訳は，男性教員 8 名，女性教員 16 名，8 名の男性教員の中で 4 名が助教であったので，正規の男性訓導は 4 名だった．予想される通り「男子教員はほとんど軍隊にとられていた」のであった（永井健次『あゝ国民学校　敗戦・ある代用教員の記録』朝日新聞社，1972 年，p. 3）．

73) 安藤堯雄・鈴木源輔『女教師の書』第一出版協会，1945 年 5 月，p. 413.

74) 『近代日本教育制度史料　第十六巻』講談社，1957 年，p. 223.

75) 「師恩感謝の国民運動」『教育週報』第 901 号，1942 年 8 月 22 日．

76) たとえばこの時期，草場弘『国民学校　師道論』（清水書房，1942 年），三国谷三四郎『師魂を磨く』（清水書房，1944 年）といった「師道」や「師魂」といったタイトルを付した著作が発表されている．

77) 『教育週報』第 922 号 1943 年 1 月 16 日．

78) 以下の全国連合国民学校教職員の引用は特に断らない限り前掲『昭和十八年度記録　西野米次郎』（富山市立堀川小学校所蔵）からのものである．

79) 80) 文部省訓令第 21 号「国民学校職員ノ待遇改善実施ニ方リ地方長官ノ官下教職員ニ対スル指導力」1943 年 8 月 19 日，『近代日本教育制度史料　第二巻』講談社，1956 年，p. 42.

81) 前掲『昭和十八年度　記録　西野米次郎』．

82) 『教育週報』第 924 号，1943 年 1 月 30 日．

83) 『昭和十九年度　記録　西野米次郎』（富山市立堀川小学校所蔵）．

84) 85) 奥田美穂「師恩感謝運動の展望」『帝国教育』第 779 号 1943 年 9 月 1 日 p. 17.

86) 87) 同上，p. 19.

88) 横浜市総務局市史編集室『横浜市史 II　資料編 8　戦前戦後の都市と教育』(2001 年) p. 271.

89) 同上，p. 270.

90) 91) 同上，p. 272.

92) 同上，p. 275.

93) 前掲奥田美穂「師恩感謝運動の展望」『帝国教育』p. 18.

94) 「吉井永訓導の実践記録（昭和 19 年度）」『千葉県教育百年史』第四巻（1978 年 11 月）pp. 946-947．なお，筆者は東金図書館の館長職にあった吉井永氏に 1983 年 7 月 27 日，同年 9 月 27 日，1985 年 8 月 7 日にインタビュー調査を実施したことが

ある．同氏は，1938年に新任教師として東金小学校に赴任した．一般的な印象になってしまうが「教養ある紳士」であった．

95) 佐藤学「教師文化を捉える視点」(『日本の教師文化』東京大学出版会，1994年1月) pp. 32-36.
96) 東井義雄『学童の臣民感覚』時代社，1944年8月, p. 3.
97) 鈴木源輔『戦時国民教育の実践』帝教書房，1942年5月, p. 63.
98) 山梨県東八代郡教育協議会『東八教育五十年のあゆみ』(1982年) p. 94.
99) 東京市時習国民学校『国民学校教育と一元的立場に立つ少年団訓練の実践』1941年, p. 4.
100) 上條茂「戦時教育令公布せらる」『信濃教育』第703号，昭和20年7月1日，p. 2.
101) その点では，先述の東井義雄の再帰性とは別の文脈を用意していた．
102) 前掲鈴木源輔『戦時国民教育の実践』p. 88.
103) たとえば山梨県の『昭和二十年度　日誌　大明国民学校』7月30日の記載には「空襲　午前六時半ヨリ三回ニ亘リ空襲アリ　午後四時過ギノ空襲ニ於テ　初四〇〇〇爆撃ニ依リ破片ノタメ頭部ヲ粉砕セラレ即死ス　其ノ他初六□□□男　高二◇◇◇子死亡ス　学校ヨリ即刻見舞ヲナス　県ニ対シ電話及書類ヲ以テ報告」とあり，空襲への実際的な対応が，学校現場の喫緊の課題になっており，昼夜問わず教師たちが行動していたことが推察される．地域差はあるものの，いつ空襲されるかわかならい緊張感にさらされながら，少国民をいかに避難させどのように保護するかを模索していたのも，戦時教育令下の国民学校の実態であった．本土空襲は国民の戦意を低下させる効果を持ったとされる様相は「学校日誌」からどのように検証できるかも今後の課題のひとつである．
104) たとえば長野県の『昭和二十年度　学校日誌　錦部学校』8月15日の記載には「本日正午　畏くも大御心により大詔を御放送遊ばさる　この未曾有の御事　拝察するだに畏き極み　職員一同ラジオの前に玉音を拝し　落つるは傍沱たる熱涙のみ　奉安殿に御扉を開き職員一同　拝礼し　とめどなく流れ落つる熱き涙　唇を噛み嗚咽と共に「申訳ありません」と　御詫び申上ぐ，噫一億力足らざりき

続いて忠霊室に入り　英霊に謝す　あゝ昭和二十年八月十五日　このかなしみを見るとは苦難に堪へ光輝ある歴史の再建に立ち上らん　諸行無常　是生滅法　万物流転し一物として止まるなしとか　然し不易の道　肇国より伝はる，この國体を護持して萬世のため太平を開かん［中略］臨時職員会　戦争終結の大詔渙発せるゝに付」と長文の記載がある．一方で，記載のない「学校日誌」もある．多様な敗戦の日の迎え方も，検討しなければならない．

105) 資料調査の過程で，いわゆる「墨塗学校日誌」が発見されることになった．敗戦後に国定教科書に墨が塗られた教科書に加えて墨塗の学校日誌，墨塗の当直日誌が存在していたのである．現在，山形第一国民学校の「学校日誌」「当直日誌」，長野県安曇野の豊科国民学校の「学校日誌」，高知県土佐清水市の中浜国民学校の「学校日誌」などで確認されている．地域によって，また学校によって戦後，「墨塗学校日誌」が生まれていることを，どのように考えたらよいだろうか．いつごろ，誰が，何のために，どの箇所を指示して，このような隠ぺい作業がとり行われたのだろうか．教職追放，戦争責任の課題ともかかわって，墨塗教科書と比較しながら，重要な研究課題になり得ると考える．

第 V 章

「学徒隊」の構想とその具現
1939-45 年の「有事即応態勢確立」論議に着目して

須 田 将 司

はじめに

　1945年5月22日の戦時教育令第三条には,「戦時ニ緊要ナル教育訓練ヲ行フ為」の「学徒隊」組織化が記された.同年6月6日の内閣情報局編『週報』に掲載された「戦時教育令の解説」は,小見出しが「戦時教育の大本」「学徒隊の組織に関する事項」「学徒隊の運営に関する事項」「学徒隊と大日本青少年団及び学校報国団との関係」「学徒隊と国民義勇隊との関係」「学校教育の特別措置」「学徒隊結成の時期及び暫定措置」で構成され,「学徒隊」の組織と運営方策が問答形式で詳述されていた.このなかで注目すべきは,従来の青少年組織を解散して学徒隊とし,さらに戦闘隊に転移し得ると述べている次の部分である[1]．

学徒隊と大日本青少年団及び学校報国団との関係
問　学徒隊結成に伴ひ,大日本青少年団はどうなるか.
答　大日本青少年団は発展的に解散し,その事業は学徒隊に継承されることになつた.然し青少年団の特性を活かすやうに組織運営上考慮されてゐる.
［中略］
問　学徒隊結成に伴ひ,学校報国団はどうなるか.
答　学校報国団の学校報国隊は解散するが,学校報国団は学徒隊の福利厚生教養援護の団体として存続せしめる.
［中略］
学徒隊と国民義勇隊との関係
問　学徒隊と国民義勇隊との関係はどうなるか.
答　学徒隊は国民義勇隊と別個の組織ではあるが,一面その組織（但し国民学校初等科は除く）を以て国民義勇隊となる.［中略］この場合,学徒義勇隊と呼称する.［中略］学徒隊は学徒義勇隊としてそのまゝ戦闘隊に転移し得ることになる.

　存続とされた「学校報国団」は学友会・校友会を母体としたもので,その下部

はじめに

に勤労動員に特化した「学校報国隊」があった（または「学校報国隊」だけの学校もあった）．この問答は，国民学校・青年学校単位の「大日本青少年団」と中等学校以上の「学校報国隊」では本土決戦に対応できない，との政策意図を含意していたとも言い得る．

では，「学徒隊」結成は従来の学徒動員体制の何を変容させようとしたのか．その端的な回答は，勤労のみならず軍事動員へのシフトになるだろう．だが，先行研究では，この構想と具現に論及したものはわずかである．福間敏矩は『増補学徒動員・学徒出陣』（1993年）で，通達類をもとに学徒動員体制から戦時教育令や敗戦へ至る経緯を辿っている．だが，存続とされた「学校報国団」の役割や「大日本青少年団が従来実施して来た増産，貯蓄奨励等の継続」を指摘するのみで，「大日本青少年団」と「学校報国隊」の解散には言及していない[2]．

齊藤勉『東京都学徒勤労動員の研究』（1999年）は，学徒隊の「戦闘的教育組織」の性格を捉えた上で，東京都内の事例を丹念に調査している．その結果，「六月から七月にかけて，動員先で職場別の学徒隊，動員を受けない一年生などを中心にして，学校別の学徒隊が結成されていった」動向を捉え，東京女学館の「学徒戦闘隊」編成表を見出している．ただし，史料から実相が見出せないことから「ほとんどの場合，学徒隊は実際には機能しないまま敗戦を迎えた」と分析している[3]．

2001年の『現代教育史事典』では，1943年6月25日の「学徒戦時動員体制確立要綱」以降，「学校報国隊」の「軍需工場への動員が本格化し」，同年10月12日の閣議決定「教育ニ関スル戦時非常措置方策」が「学生・生徒の労働力・軍事力としての動員の強化を中心とする，学校教育の改変措置」であったことの延長上に，1945年5月22日の戦時教育令を捉えている．特に第3条が「全学徒を食糧増産，軍需生産，防空防衛，重要研究その他，直接決戦に緊要なる業務に総動員する．そのために学徒隊（従来の学校報国隊に替わるもの）を組織化」を掲げていたことや，同日公布の「戦時教育令施行規則」が「学徒隊の組織編制，教育訓練，挺身と停止などを規定」した点から，「戦局の推移によってどのようにでも学校教育の運営全般を変更できるということを改めて明確化した」との注目すべき指摘がなされている[3]．

第Ⅴ章 「学徒隊」の構想とその具現

　この点に関し,斉藤利彦は『国民義勇戦闘隊と学徒隊』(2021 年)で,戦時教育令の前段となった 1945 年 3 月 18 日の閣議決定「決戦教育措置要綱」について,次のように従来の学徒動員体制との差異として「防空防衛」に着目している[4].

　「第一　方針」にて「現下緊迫セル事態ニ即応スル為学徒ヲシテ国民防衛ノ一翼タラシム」とし,それまで生産労働力と位置づけていた学徒を国民防衛の一員に加え,本土決戦要員として軍事動員できることを定めた.そのために,学徒動員や学徒勤労令にはなかった「防空防衛」への動員を新たに加え［中略］教職員と一体の組織として学徒隊を発足させたのである.

　さらに同年 4 月 4 日「学徒体錬特別措置要綱」と 4 月 20 日「学徒軍事教育特別措置要綱」に着目し,「遊撃戦」「市街戦」「夜間戦闘」を想定した「徒歩」「白兵戦技」「対戦車戦闘」や「女子護身法」が挙げられていた点を指摘し,愛知県における実戦訓練や「学徒警乗隊」の実際に言及している[5].1945 年に急展開していった,「学徒隊」の構想とその具現,という様相の具体例といえる.
　本章の目的は,これら学徒隊の軍事動員の様相を捉えることにある.その際に 1939 年の「学徒隊編成問題」からの系譜を踏まえ,より長い射程で歴史像を描き出す手法を用いたい.そのきっかけとなったのは,2 つの記事を見出したことにある.その第一は,1944 年 1 月の『興亜教育』誌上で文部省体育官・高橋眞照が述べていた,「大日本青少年団」と「学校報国隊」が「二本建」であることへの疑義である[6].

> 勤労青年と学生々徒との組織の二本建に対する意見なり,希望なりは相当にあるやうであるが,若さの魅力を発揮せしむる為に,日本の青年組織が二つあることは実際問題として若干不便をかんじてゐる所である［中略］先般閣議に於て決定となつた「学徒戦時動員体制確立要綱」の具現化は漸次,青少年運動と学生運動の一体化,青少年団運動と学校報国隊との関係の緊密化への道を暗示するが如くに思はれる.

　高橋の論調に沿うならば,その後に登場した戦時教育令は両者の「二本建」を

はじめに

廃し,「一本化」を命じたものとなる. 2つ目の記事は, まさにこの認識から「決戦教育措置要綱」を評していた, 1945年3月27日付『朝日新聞』の論述である (下線部引用者)[7].

[前略] 今回の措置要綱によつて力強く感ぜしめることは国民総武装の組織化といふ刻下至上の国策に, なによりもまづ文教政策が先行し, こゝに待望久しかつた学徒の戦闘的訓練組織 "学徒隊" の結成をみんとすることである [中略]

　提唱者・荒木元文相
学徒動員開始以来大きな宿題であつた学徒の校外訓練組織はかくして漸くこの "学徒隊" に結実することになる訳であるが, "学徒隊" のそもへの提唱者は六年前の荒木文相であつた, すなはち石黒次官の手によつて "学徒隊案" が公けにされたのは昭和十四年の夏でその骨子は

　　知行合一を目指し校内外の全生活を通じて学徒を訓練し, 学校教育の完成を期すると共に非常時における動員態勢を整備するため道府県毎に小学校から大学までの全学徒を以て学徒隊を結成せしめる, 各学級の学徒隊は教職員学生生徒児童を以て組織し一学年を中隊, 一学級を小隊大学にありては学部を大隊, 一学年を中隊, 学生五十名を以て小隊を編成する, その実践内容は団体訓練, 各種軍事的訓練, 集団勤労, 非常変事における防空, 警防, 生産力拡充への動員である

の諸点にあつた, しかるに当時この案は晴天の霹靂視され, 教育界はもとより文部部内からも全面的に反対され, 荒木文相の退陣と共に消え去り, 越えて十五年近衛新体制の当初, 大政翼賛会が学徒翼賛団の組織を提唱したがこれも反対にあつて流産し, 十六年一月国民学校および青年学校の生徒児童を切り離して対象とする校外訓練組織が, 旧青少年団の改組統合による大日本青少年団の結成という形で誕生した, 一方大学高専中等学校については, 旧来の学友会校友会を学校報国団に改組し, これが出動の際は隊組織をとることとなつた, つまり荒木文相の学徒隊案は結局二つに分離されて一応の解決をみたが, この方法が不徹底であつたことは, 青少年団運動の行き詰り, 学校報国隊の地方組織の有名無実等にみるまでもなく明らかであつた, そこでさきの二宮文相は二十五歳以下の青少年の訓練の国家管理を目標に, 大日本青少年団を中心に全青少年団体の大同組織を確立せんとしてその具体案に関する省議まで決定したが, 各省各団体との交渉に手間取つてゐる中に病気退任し, その処理は児玉文相の手に移されるに至つて, 文相はこの際摩擦を避けることと授業停止に伴ふ訓練組織確立の急務に応ずるため二宮案を簡素なものに改めこゝに新 "学徒隊案" が登場することになつたのである

第Ⅴ章 「学徒隊」の構想とその具現

　この報道で「待望久しかつた学徒の戦闘的訓練組織"学徒隊"」といい,「そも〳〵の提唱者は六年前の荒木文相であつた」という,いわば1945年の「学徒隊」が1939年の〔荒木学徒隊案〕の改変であるとの当事者意識が示されている.これら2つの記事を重ね合わせるならば,「荒木学徒隊案」→「二本建」→「一本化」という歴史像が浮かび上がってくる.

　管見の限り,「荒木学徒隊案」に言及した先行研究は3つある.第一は,『大日本青少年団史』(1970年)である.「学徒隊の編成問題」の一節を設け,「荒木学徒隊案」の詳細や放棄に至る論議,その後の「二本建」から「一本化」へ至る系譜を捉えている[8].ただしその編纂趣旨ゆえに,「大日本青少年団」を「不動の体制」と述べ,また「学徒隊」の組織化が「遅かったし,青少年団運動の大同団結から言うと,泥縄式」であったと評する[9]など,歴史的評価の客観性に欠けている.

　第二には,山本哲生の「戦時下の学校報国団設置に関する考察」(1983年)である.山本は「荒木学徒隊案」が「非常変異における国防的任務を帯びて」おり,「戦争の長期化,国防国家体制のより深化に応えた案」であり,「再び姿を現す可能性を宿したものであった」と意義付けている[10].ただし,研究視角はあくまでも「学校報国団」に定められており,その後の研究[11]でも「学徒勤労令」までを捉える射程に留まり,1945年の「二本建」から「一本化」へと転じてゆく動向までは言及していない.

　第三は,鷹野良宏『青年学校史』(1992年)である[12].鷹野は,1939年8月28日の平沼内閣総辞職による荒木文相退任が「もし」,「一カ月も遅かったら,この案がどれほど不用意なものであろうと間違いなく発足し,白紙には戻せなかったであろう」と推察する.荒木が内相であれば内務省から,陸相であれば陸軍省から「おそらくもっと周到な方法で強行されたであろう」とも推察し,それほどに「文教政策も軍人政治家の意のままでしかないという現実が確認された」と論じている.「荒木学徒隊案」の未発の可能性をかなり現実的に捉え,その延長上に1945年に「同一名称の戦闘集団が編成された」歴史を位置付けている.「もし」に基づく推論は文字通り推論に留まるが,軍部の影響力をきわめて重視する視点は参照すべきであろう.

第 1 節　1939 年の「学徒隊編成問題」

　教育史研究上に「荒木学徒隊案」の改変という当事者意識を位置付けるには，なぜその後に「二本建」の青少年組織が登場し，やがて問題視され，その解決策として「一本化」が浮上したのかを辿ることが不可欠となる．その際，「有事即応態勢確立」という軍部の要求に留意したい．これは，「荒木学徒隊案」に内在し，1943 年以降の論議では前面に出てくるキーワードである．この要求が，「学校報国隊」と「大日本青少年団」の「二本建」の不備を衝き，「一本化」へと至る論議を辿る．

　これに加え，1945 年の「学徒隊」結成による「新たな」事態（その具現の様相）を，本研究に関わる調査で明らかとなった新聞報道や各府県広報に捉える．これにより，「有事即応態勢確立」の要求がもたらした戦争末期の教育の姿を多面的に照らし出してみたい．

第 1 節　1939 年の「学徒隊編成問題」

　1939 年の「学徒隊編成問題」について，前掲の 1945 年 3 月 27 日付『朝日新聞』では「荒木文相の退陣と共に消え去り」と述べているが，実際には 6 月下旬から 8 月 30 日の荒木文相在任時に激しい論議が起こり，9 月以降に後任・河原田文相が「白紙再出発」を表明して検討するも，12 月に放棄に至るという経緯があった．その当時，何が問題とされたのか，論説や報道から辿っていくこととしたい．特に教育ジャーナリスト・関口泰が 9 月 18～20 日の『朝日新聞』で論じた「学徒隊と青年団について」（以下，関口論稿（1）～（3）と表記）は，荒木文相の提起から「白紙再出発」に関してリアルタイムな観察・分析がなされており，適宜，重ね合わせて分析を進めていく．

1-1　「青少年学徒ニ賜リタル勅語」への奉答策として

　1939 年 5 月 22 日，宮城広場において陸軍現役将校配属令施行 15 周年を記念する「全国学生生徒代表親閲式」が行われた．中等学校以上の「学生生徒」の代表 3 万 2500 名を集め，分列行進をさせた親閲式を，久保義三『新版 昭和

303

教育史』(2006年)は「軍部の教育支配の具体的姿が,そこに実現」,「昭和天皇もまた,このような天皇制国家の教育の軍事的性格を喜奨したのである」と述べている[13].親閲式の後,荒木貞夫文相は宮中において昭和天皇から「青少年学徒ニ賜リタル勅語」を下賜された.軍人政治家である荒木文相に抱かれたであろう使命感や高揚感は,奉答策の提唱へと直結する.文部省内に「聖旨奉戴委員会」が組織され,記念日の制定,奉答歌の制定,記念事業等の具体案の協議を重ね,そのなかで「上は大学から下は幼稚園に至るすべての学生生徒を打つて一丸とする「学徒隊」編成」が出されたのである.6月23日までに,以下のような準備委員会が組織された[14].

学生隊編成準備委員長	石黒次官	
同準備委員	岩松秘書課長	関口文書課長
	永井会計課長	小山普通学務局長
	小笠原実業学務局長	田中社会教育局長
	安井教学局企画部長	石田陸軍歩兵大佐
	角田海軍大佐	
幹事	関口文書課長	宮崎普通学務局学務課長
	有光専門学務局学務課長	西崎会計事務官
	岩原体育課長	倉林督学官
	志水教学官	

リーダーシップを発揮したのは,荒木文相と準備委員長の石黒英彦であった.関口論稿(1)では「それが目指すが如き要求は学校教育の内に既に芽生えてゐたのであつて,単に荒木文相と石黒次官による景気のよい思ひ付きであつたわけではない.嘗て陸相時代竹槍による一死報国を叫んで話題となつた荒木大将,岩手県知事時代六原道場を創設して世間に認めしめた石黒次官のコンビは学徒隊創設首唱にはもつてこいのはまり役であつた」と述べられている[15].石黒は,「日本精神」を掲げた青少年の「道場型」錬成施設である岩手県六原道場の創設者であり,荒木・石黒は教育の軍国主義化や錬成の具現化を色濃く打ち出す点で合致していたと言える.

6月24日の『朝日新聞』には,荒木文相の抱負が以下のように報じられ

第1節　1939年の「学徒隊編成問題」

た[16]．

> ［前略］二十四日第一回の幹事打合せを行ふ事になつたが名称については勅語奉答といふ趣旨から大体「学徒隊」に統一して行く意向である，右につき荒木文相は次の如く抱負を語つた
> 　　世界の変化と共に今迄の学校教育では不十分である，我が国情に応じてすべての人間を実際に役立つ人間に育て上げたい，といふ事から出発したもので，別な言葉でいへば「右手に本，左手に鍬」といふ趣旨だ［中略］必要とあれば予算を取りこれからの学生生徒は内にあつては学生生徒，外にあつては学徒隊員といふ風に組織し，勤労や教練その他で訓練し，非常の場合には公共作業を立派に果す様にしたいつもりである

荒木の思い描く学徒隊が，「勤労や教練」そして「非常の場合」に「公共作業を立派に果す」姿であったことが読み取れる．関口論稿(2)では，荒木の意図を的確に把握して「学徒隊は五月廿二日の聖旨奉戴の意味から生まれてをるが，五月廿二日の御親閲は，陸軍現役将校学校配属令公布十五周年記念日に行はれてゐるのである．即ち学生生徒の軍事訓練との関係，荒木文相の抱懐する道義国防的革新教育を其中に読み取らねばならぬ．そしてそれは文相個人の趣味ではなくて戦時下の国策の要求でもあるのである」と述べている[17]．いわば「有事即応態勢確立」（後述）を目指す意図が込められていたのである．

検討過程では，「禁酒禁煙，長髪廃止，その他学校の実情に即して，それぞれ学生の気風刷新，体位向上，修文錬武の具体化に力め」など，勅語の文言や荒木の「国防的革新教育」を勘案した検討が重ねられたようである[18]．その結果，1939年8月8日付の『朝日新聞』で次のような原案が報じられた[19]．

> 趣旨　知行合一を目指し校内外の全生活を通じ学生，生徒を訓育し，学校教育の完全を期すこと〻非常時における動員体制を整備する
> 編成（イ）本部を文部省に置き，文相を総監とし，道府県学徒隊，道府県地方隊に二大別し，前者は中等学校青年学校生徒隊及び小学校少年隊を又後者は道府県内大学生及び高専校生徒隊を以つて組織する，前者の隊長は地方長官，後者は大学総長又は学長，校長とする

305

第Ⅴ章 「学徒隊」の構想とその具現

> （ロ）各種学校の学徒隊は教職員，学生生徒児童を以て組織し，一学年を中隊一学級を小隊に又大学では学部を大隊，同一入学年生を中隊，学生五十名を以つて小隊に編成する
> 任務　学徒隊は所属隊の統制指導及び査閲，団体的実践鍛錬施設の企画等
> 実践事項　風尚作興，団体訓練（教練，総合演習，武道，体育運動，国防競技，グライダー，剛健旅行，海事訓練，動員，防空，防護訓練）勤労作業（開墾，土木，興亜勤労報国作業，医療衛生，女子の縫製，共同炊事）その他非常災変時に於る援助（防空監視，警防団の援助，生産力拡充の援助）

　道府県学徒隊を中等学校・青年学校・小学校，道府県地方隊を大学・高等学校・専門学校と校種で分けたのは，設置主体によるものと推察される．その本領はむしろ，荒木の抱負にあった「非常の場合」に発揮される構想があった．1950年の橘川学『嵐と闘う哲将荒木』には，大学生から小学校児童までが目的別の隊編成の下で一体となり活動する案が記されている[21]．

> 例えば医療隊は不時の天災時に際し，以下大学生の下に将来斯うした方面を志望する高等学校，中等学校，更に小学校の児童で編成され，大学，専門学校生は直接医療にあたり，高等学校，中等学校，青年学校生徒等は担送任務，記録等の事務方面に女学生は看護及び給食等の仕事，小学生は連絡係と云つたものを担当して，それらの隊長としては医大教授が全般的に指導する．また之れと同様に工作班では工科の学生の下に夫々下級学校の生徒児童が参加して編成し，道路工事，橋梁工事等の土木の方面を担当する．また文科方面は商店，会社，工場等の事務方面の部門を担当すると云つた構想で，事ある時に之等教育期にあるものをバラバラに地方の無責任な人々に任せて単なる応急作業に従事させぬ様にするものであつた．

　ここに医大教授すなわち学校長・教員が主導権を握る形で「有事即応態勢確立」を図る構想を読み取ることができる．

第 1 節　1939 年の「学徒隊編成問題」

1-2　「荒木学徒隊案」への反応

1-2-1　大日本青年団の猛反発

『朝日新聞』で原案が報じられた翌 8 月 9 日，大日本青年団は文部大臣に宛て，以下のような「陳情書」を発して反対の意を表明した（傍点原文ママ）[20]．

> ［前略］青年団と類似の活動をなす学徒隊を組織し，青年学校生徒のみを選んで新しい団体の結成を遂げて，勅令団体とし，青年団はこれを現状の儘に放置するとすれば，郷土に於ける青年の一体性は亀裂を生じ，徒に対立摩擦を多からしむると共に［中略］これまで青年団に依って官民協力の一体的活動の下に発達して来た青年の自発活動を阻害すること甚大なるものがあります．［中略］かかる観点より申せば，既に青年団という歴史のある活動体があるに拘らず，これに並んで学徒隊と言うが如き新な団体を結成してこの重大時局下に於て無用の相剋を繰返すことは国家の為に憂慮に堪えぬ次第であります．
> 　この故に青年団と致しましては今回の学徒隊案が終極の決定を見る前に，御当局と縷々打合せをとげ，能うべくんは青年学校生徒を学徒隊より分離し，青年学校の義務制に即応した青年団令の制定を断行して頂きたいと切望せざるを得ないのであります．

大日本青年団側の強い懸念は，既に青年学校義務制が政策化されるときに存在していた．青年団と青年学校との「不離一体」を強調し，自前の「学生隊」結成に向けた動きを進めていたなか，明らかにこれと重複する「青年学校生徒隊」が文部省から示された形であった．それゆえ，大日本青年団は強い反発を示すと同時に，別途「青年団令」の制定の断行をも主張し，「青年団」の存続（縄張りの維持）を主張したのであった．関口論稿（3）では，この構図を（推察を含みつつ）以下のように概観している[21]．

> 既に近衛内閣で青年学校義務制を閣議で決した時，当時旗色の悪かつた青年団としては非常の脅威を感じたのであるが，文部省の青年学校義務制に対する態度が生温く消極的であつた一方，青年団の方は中央機構を再編成して陣容を建直し，学徒隊より前に大日本青年団学生隊を作つてゐた．従来の所謂自由主義的臭気を脱してナ

第Ⅴ章　「学徒隊」の構想とその具現

> チ的色彩を以て新装され，ナチの青年指導者的な力を以て青年を組織して国家的に教育しようといふ勢を示してゐるのであるから，文部当局としては独伊の青少年運動が学校教育を蚕食し荒廃せしめつゝあるといふ危険をも感じ荒木文相も「現在校外教育は青年団少年団にまかされてゐるが，これでは一貫した教育行政が挙げられない」といひ，学徒隊編成を必要とするに至つたのであらう．
> 　［中略］しかしながら一方から考ヘれば青年団を世話してゐるのは多く小学校の校長なり教員なのであつて［中略］問題は今の学校教育なり学校教員なりが不信任だといふ意味の教育革新が，学徒隊の編成によつて校外生活指導迄も今の学校当事者に任せようとするのは矛盾ではないか．［中略］学徒隊を作つても，何人か指導するかゞ問題であり，指導者の養成が第一なのである．そしてその指導者が学校の組織以外にある方がよいという点が，青年団の主張を有利にするのである．

関口は後段で「荒木学徒隊案」の矛盾を突く．荒木文相の「非常の場合」に「公共作業を立派に果す」姿を目指す改革が，学校教員任せでいいのか．これに対し，青年団員による指導を構想する大日本青年団の「学生隊」案に「有利」さを読み取っていた．

1-2-2　少年団関係者の見解

　では，少年団関係者は「荒木学徒隊案」をいかに受け止めたのであろうか．1930年代を通じて，文部省系の帝国少年団協会を中心に学校少年団の設置が推進されていた．先行研究では，その普及拡大の動向を「精鋭主義」(ボーイスカウトや赤十字少年団など) から「網羅主義」への再編と概括し，1941年に結成される「大日本青少年団」の一源流と捉えてきた[22]．1939年8月30日付の『帝国少年団協会叢書』には，常任理事・大沼直輔の「学徒隊の問題で文部当局や他団体の幹部とも協議した」上での見解が掲載されている[23]．

> 案全般から云へば我国の青少年運動を国家的に指導統制しやうといふ趣旨には双手を挙げて賛成する．［中略］問題は其の指導の方針である．少年は青年と異り，青年が社会奉仕の任務を有し，大分は経済的なる一場面を担当するに対し少年は修養が目標であつて総ては修養の為めの手段であり，又青年は生活を共同せざるに反し少年は夫れぞれ郷土の上に生活を共にしてゐるのであるから少年に対しては児童の

第1節　1939年の「学徒隊編成問題」

> 有する自然性と其の児群の上に立つて遊びを中心としての生活とを十分に見つめて指導を加へなければならないのであつて校外生活指導の趣旨も茲に存することを忘れてはならないと思ふ．

　少年団運動を率いる大沼は，趣旨には賛成の立場であった．ただし児童の「自然性と其の児群の上に立つて遊びを中心として」の指導方針・内容の吟味が必要と主張する．自らの実践の蓄積をもとに，「荒木学徒隊案」の「勤労や教練」，「非常の場合」に偏する点を指摘していた．
　同月の大日本少年団連盟の機関誌でも，以下のような疑義が投げかけられている[24]．

> 指導者養成の重要性
> 　文部省にては来る九月よりいよいよ学徒隊の編成と之が指導に乗出すことになつた．
> 　然し学徒隊は出来てもその指導に当る者が正しき指導力とその重要性を認識するでなければ果して如何なるものが出来上るであらうか．
> 　茲に指導者を養成するの必要と重要性が潜んでゐる訳である．

　荒木文相は「すべての人間を実際に役立つ人間に育て上げたい」と言うが，案では項目を列挙するのみであり，誰がいかに指導するか，といった方法論（教育論）が不明確であった．この点が，既存の青年団・少年団関係者の反発や懸念の要点であったといえる．

1-2-3　教育雑誌と新聞報道

　この問題は『帝国教育』1939年8月号の誌上でも触れられている．東京帝国大学教育学研究室・細谷俊夫は，以下のように述べていた[25]．

> 単に集団勤労作業のみでなく，軍事訓練，各種の運動，施行等は，すべて集団的行動を前提として成り立ち得るものである．従つて，それにはかゝる集団的行動を指導するに適当した指導者が必要になつて来る．斯る指導者を学校の教師中から得る

第Ⅴ章 「学徒隊」の構想とその具現

> ことも出来やうが，原則的には教師とは別個に特別な指導者を設けて之に当らせる方が，遥かに効果を挙げるに相違ない．［中略］文部省が立案中と報ぜられてゐる学徒隊なるものが如何なる組織を持つものになるのか，目下の所不明であるが，若しそれがその指導者を学校教師に兼ねしめるやうなことになるなら，その結果は期待するに足るものにならないことは，既に昭和七年の校外生活指導の通牒に基づいて出来た学校少年団の実績が之を示してゐる．

細谷は，前出の少年団指導者と同様に指導者論を挙げている．むしろ，学校少年団が学校教師に指導者を兼ねさせてきた点を不十分な「実績」と評し，その轍を踏まぬようにと警鐘を鳴らしていた．

雑誌『教育』1939年8月号（7月中に印刷）の「学徒隊の周辺」[26]は，8月に「荒木学徒隊案」の詳細が出る前の段階の論考である．この筆者は「学徒隊の編成の際立つた性格は，かくして，時局と共に漸次比重を加へてきた学生生活の再組織といふ点にある」と，その意義を認めている．1932年の校外生活指導に関する文部省訓令を「静的，消極的な不良児の予防と発見」と批判し，「強い思想と政治との息吹きをもつた動的，積極的な校外生活指導ないしは校外生活の再組織」であるべきと論じる．さらに「青少年児童の指導に対するかういふ新しい傾向は今日世界的であつて，ドイツやイタリアは勿論，合衆国に於てさへも」重視しており，「東亜新秩序の建設といふ問題に対して［中略］学徒隊は単に日本的である許りでなく，東亜的な視野を以て組織化されてゆかねばならない」と述べている．国際的な青少年指導の重視という情勢認識と，「東亜新秩序」を目指す日本ならば然るべきという正当化が混ざり合った上で，「学徒隊」に期待を寄せる論調であった．

そして，「動的，積極的」な校外生活の再組織化のために「ナチが青年指導者（Jugendfiihner）をもち，国家青年日（Staatsjugendtag）を設定して毎週土曜日をこれにあてた」ことを例示し，返す刀で「学校に対して訓令や通牒で指令を発するだけ，即ち教師を酷使する方向にだけ問題を向け」てきた文部当局を批判する．ここでも指導者論が論点に挙がっている．注目すべきは，これに加えて「何よりもまづ直接に政治と経済とを把み，あるがまゝの現実具体の社会に問題を投じなければならない」と論じている点であろう．この筆者は

第1節　1939年の「学徒隊編成問題」

「過去の集団勤労作業が失敗に終わつてゐる」のは「修養」という「偏狭な見解に立つ」ことに原因を捉えており，「具さに現実具体の社会を直観することによつて生成発展の真面目を発揮してよく　聖旨に応え奉るべき」と，具体的な地域社会の課題と向き合う「学徒隊」に理想像を見定めていた．

1-3　「白紙再出発」から「二本建」へ

　1939年8月末で平沼騏一郎内閣が退陣し荒木文相も退任となり，後任の河原田稼吉文相に「学徒隊編成問題」が引き継がれた．河原田文相は9月14日，新聞記者との応答で「白紙再出発」を言明し，「教育審議会で東大の穂積君から質問があり，教育体系に新しい組織を作るのだから審議会に付議すべきではないか」と問われたことも挙げつつ「それが学徒隊といふ形式を取るのが一番いいのか，どうかは大いに研究を要する」と述べた[27]．
　9月22日には「学徒隊は中学だけ　大学や小学校は別個」という報道がなされている．その報道のなかで「教育審議会の反対意向などもあり，それらを汲んで従来の規模をずっと縮小」とあり，教育審議会での質問が案の縮小をもたらしていたことがわかる．また「組織を作るにしてもすでに高知，神奈川，宮崎の各県に出来てゐる学校報国団の様に自発的な結成を望んでゐる」[28]と，この段階で存在していた「学校報国団」をモデルにする方向が明示されていた．
　12月12日には『読売新聞』と『朝日新聞』で文部省の見解が報じられている．まず『読売新聞』では，「学徒隊編成については現在の教育の建前からみて幾多の難点があり各学校がその特殊性に応じ自発的に自校だけの学徒隊（神奈川，大分等の学生報国隊）を編成することは一向差支へなく現在の情勢からみて文部省が命令を発して全国一斉に編成するべき問題ではない」との見解が示されている[29]．神奈川等の事例をあげ自発的な組織を求める方針はそのままに，明確に「命令」による「全国一斉の編成」は否定したのである．一方で，青年団に関しては「銃後活動の源泉力として時代に即した"活"をいれるため近く具体策を練る」という方針が示されている．
　一方で『朝日新聞』は「学徒隊を拋棄　青年団検討も白紙へ」と題し，「学徒隊問題も，完全に消失」として，以下のようにその理由を報じている[30]．

第Ⅴ章 「学徒隊」の構想とその具現

> 一，学徒隊の目指す人物錬成，行的訓練等の教育的効果は昭和十六年度から開校する国民学校の実施によつてその目的を達せられるから学徒隊の設置は屋上屋を架する感がある
> 一，全国画一的な学徒隊を組織しこれを文相の下に置く事がいささか学生生徒を私兵化するかの観があり，面白くない
>   といふ点にあり従つて青年団の振興は全然白紙の立場に還つて検討を進め，遅くも明春早々には何らかの具体策を樹立する

両紙の報道内容には若干の違いがあるが，文部省が中等学校段階を中心とした「学校報国隊」の推奨と，青年団改革の検討という，翌年以降に明示する「二本建」路線を固めつつあったことが読み取れる．

第2節　文部省訓令による「大日本青少年団」と「学校報国隊」の組織化

2-1 「大日本青少年団」の設立と訓練項目

　青少年団統合に向けた動きが本格化したのは1940年9月から12月である．9月15日に文部省「大日本青年団組織試案」が出され，大日本青年団，大日本連合女子青年団，大日本少年団連盟，帝国少年団協会の4団体が統合の協議を進めていった．1939年の「学徒隊編成問題」に際し，その多くが各々の活動実績や理論をもとに指導者論をもって反発を示したのは前述した通りである．
　これら「利害関係ばかりが錯綜する青少年団体首脳」をまとめるため，文部省は表1にあるように教育審議会での議論を並行させていた[31]．上平泰博はこれを「文部省主導の発言権」を確保するためと分析するが，あるいは前年の反省を生かして，教育審議会からの反発により案が縮小・消滅することへの予防線であった可能性も否めない．この過程で青年団運動を主導してきた香坂の「自奮共励」，少年団運動を主導してきた大沼の「共励切磋」の類似性が着目され，「大日本青少年団」の設立に際して独自の錬成論「共励切磋」が明確化さ

第2節　文部省訓令による「大日本青少年団」と「学校報国隊」の組織化

表1　大日本青少年団設立に向けた協議過程

年月日	内容	出典
1940年9月15日	文部大臣官邸にて青少年団統合試案文部省より提示	『大日本青少年団史』pp. 136-138
1940年9月21日	文部省及び各団体との正式な協議	『大日本青少年団史』p. 139
1940年9月30日	文部省及び各団体との正式な協議	『大日本青少年団史』p. 139
1940年10月2日	教育審議会第1号特別委員会で青少年団問題の論議開始	『少年団の歴史』p. 287
1940年11月6日	教育審議会第1号特別委員会第3回整理委員会で香坂昌康が「青少年団合同ニ関スル件（其ノ一）」を提示	『教育審議会諮問第一号特別委員会整理委員会会議録第12巻　第15輯，第16輯』pp. 65-68
1940年11月8日	教育審議会第1号特別委員会第4回整理委員会で香坂昌康が「青少年団合同ニ関スル件（其ノ二）」を提示	『教育審議会諮問第一号特別委員会整理委員会会議録第12巻　第15輯，第16輯』pp. 137-138
1940年11月20日	教育審議会第1号特別委員会第7回整理委員会で文部省が「大日本青年団（仮称）組織要項」を提示	『教育審議会諮問第一号特別委員会整理委員会会議録第12巻　第15輯，第16輯』pp. 227-230
1940年12月18日	教育審議会第1号特別委員会第14回整理委員会で香坂昌康が「新青年団案」を提示	『教育審議会諮問第一号特別委員会整理委員会会議録第12巻　第15輯，第16輯』pp. 297-298
1940年12月19日	文部省と各団体との協議で，帝国少年団協会大沼直輔の修正案が提示される。名称が「大日本青年団」から「大日本青少年団」に変更，単位団体を学校単位とすることに決定	『少年団運動の成立と展開』p. 302
1940年12月20日	教育審議会第15回整理委員会で青少年団統合論議の区切り	『少年団の歴史』p. 288
1940年12月25日	文部省及び関係5団体の首脳者協議会を開催し，大日本青少年団創設要項，申合を決定	『大日本青少年団史』付録p. 86
1941年1月16日	大日本青少年団設立	『大日本青少年団史』付録p. 86
1941年3月14日	文部省訓令第2号「大日本青少年団ニ関スル件」	『官報』第4254号，1941年3月14日，p. 490

注　『大日本青少年団史』日本青年館（1970年），上平泰博・田中治彦・中島純『少年団の歴史』萌文社（1997年），田中治彦『少年団運動の成立と展開』九州大学出版会（1999年），『教育審議会諮問第一号特別委員会整理委員会会議録第12巻　第15輯，第16輯』（『近代日本教育資料叢書　史料編三』復刻印刷，宣文堂書店，1970年），『官報』第4254号，1941年3月14日（国会図書館デジタルコレクション　https://dl.ndl.go.jp/pid/2960752/1/1）。

第Ⅴ章 「学徒隊」の構想とその具現

表2 文部省の挙げた大日本青少年団「訓練の実際」と「荒木学徒隊案」との対照

1941年1月の文部省「訓練の実際」	「荒木学徒隊案」の「実践事項」
一，国体観念の明徴 神饌田の経営，神社に対する奉仕作業，国史，郷土史研究，偉人賢哲の事績顕彰	風尚作興
二，時局認識の徹底 青年常会，読書会，奉仕作業，大陸現地訓練	非常災変時に於る援助（防空監視，警防団の援助）
三，青年道場経営 青年常会，各種修養行事	団体訓練（総合演習）
四，生活訓練 礼法，交通道徳，公衆衛生，禁酒禁煙の断行	勤労作業（医療衛生）
五，国防訓練 団体訓練，機動訓練，海洋訓練，航空訓練	団体訓練（教練，総合演習，国防競技，グライダー，海事訓練）
六，防災訓練 動員，防空防護，防火防水，救急法	団体訓練（動員，防空，防護訓練）
七，野外訓練 設営法，炊爨法，測量，方位判定，読図，夜間訓練	団体訓練（総合演習） 勤労作業（共同炊事）
八，産業活動 食糧，飼料，燃料増産，一人一研究，共同研究，技能研究，技能競技会	勤労作業（興亜勤労報国作業，女子の縫製） 非常災変時に於る援助（生産力拡充の援助）
九，拓殖訓練 現地事情研究，現地訓練，義勇軍進出，送出	勤労作業（開墾，土木，興亜勤労報国作業，医療衛生）
十，集団勤労訓練 編制法，設計法，工具知識，工法，青年営舎建設，各種作業	勤労作業（開墾，土木） 非常災変時に於る援助（生産力拡充の援助）
十一，体位向上 武道，体育運動，衛生，育児，救護	団体訓練（武道，体育運動，国防競技，剛健旅行） 勤労作業（医療衛生）
十二，科学性訓練 科学知識向上，家庭科学化，研究	―
十三，教養和楽 図書館，巡回文庫，郷土博物館，文書教育，ラヂオ普及，演劇，映画，音楽，舞踊，茶道，生花	―

注　文部省「大日本青少年団の成立」内閣情報局編『週報』第224号，1941年1月22日号，pp. 7-8．各項目のナンバリングは筆者．

第2節　文部省訓令による「大日本青少年団」と「学校報国隊」の組織化

れていった32)．

　こうして，1941年1月16日に「大日本青少年団」が結成するに至る．団長に就任した橋田邦彦文部大臣は，結成式において「其ノ運営ノ実際ニ当ツテハ自由主義的，民主主義的ナルモノヲ排除シテ天皇ニ帰一シ奉ルコト」33)と述べていた．この言葉に含まれていたのは，深まる戦時体制への即応であり，3月14日の文部省訓令第2号「大日本青少年団ニ関スル件」の前文では「特ニ現下喫緊ノ要務タル高度国防国家体制建設ノ要請ニ即応セシムル為」に「強力ナル訓練体制ヲ確立スルノ要緊切」と述べられていた．続く第二条では，「皇国ノ道ニ則リ男女青少年ニ対シ団体的実践鍛錬ヲ施シ共励切磋不抜ノ国民的性格ヲ錬成」することが掲げられていた．副団長に就任した朝比奈策太郎は，同年4月の『青年』誌上において，「目的を平明に説明すれば，団は男女青少年をして天壌無窮の皇運を扶翼せしむるために，教育に関する勅語中に御示し遊ばされた徳目が男女青少年の性格となつて抜くことの出来ないところまで達するやう，徹底的に教養訓練をほどこし，男女青少年の実生活において完全に実践せらるゝやう致さねばならぬ．それがためには団体的実践鍛錬を施すといふ方法と，共励切磋といふ方法とによるべきである［中略］見逃してならない特色は実に教育の方法の点に存すると思ふ」と述べていた34)．

　表2は，1941年1月に文部省が内閣情報局編『週報』誌上に挙げた13項目の「訓練の実際」と，1939年の〔荒木学徒隊案〕で「実践事項」に掲げられた項目とを対照させたものである．ここに明らかなように，「荒木学徒隊案」の「実践事項」を網羅し，さらに幅広い活動が掲げられていた．「大日本青少年団」は，国民学校児童・青年学校生徒の「有事即応態勢確立」を進める組織として構想されたとも言い得る．1941年8月の機構改革では，青少年教育研究所・指導者中央錬成所が新設されている35)．副所長に就任した熊谷辰治郎は，同年8月15日の『日本青少年新聞』誌上で「教師的態度と指導者的態度とには，その働きかけ方に若干の相違がある．［中略］青年学校長，国民学校長は，俊秀な，青年団長，少年団長たるためには，一段の工夫を要するのである」と教師論を論じていた36)．前述したように，1939年の「学徒隊編成問題」に際しても指導者論は大きな論点のひとつであったが，この点への対策も兼ね備えていた．こうして「大日本青少年団」は「二本建」路線の一翼として登場した

315

第Ⅴ章 「学徒隊」の構想とその具現

のである．

2-2 陸軍側の要請と「学校報国隊」の結成を促す一連の通達

では，もう一方の「学校報国隊」はいかに組織化されていったか．文部省が公には〔荒木学徒隊案〕の推進をやめ，自発的な組織化を推奨する報道がなされた翌 1940 年 1 月，陸軍関係の『偕行社記事』では以下のような内容が報じられている[37]．

> 五，義務教育八ヶ年
> 長期建設戦下，小学校教育の方向を根本的に切換へる教育界あげての期待であつた国民学校案（義務教育八年制）がいよ〳〵明年一年間の準備期間をおき明後年四月から実施されることに四日決定した．
> ［中略］なほ文部省ではこの国民学校案学徒隊案と関連のある体錬局案の予算廿五万円も承認されたので明春四月同局に学徒隊課（仮称）を設け学徒隊編成を本格的に進めることになつてゐる．

注目すべきことに，ここでは「学徒隊編成を本格的に進める」企図が報じられている．同年 3 月 6 日の『読売新聞』には，衆議院における田中社会教育局長の答弁として「荒木文相当時より引続き各般の情勢を慎重検討のうへ研究し現在も考究してゐる，しかし学徒隊は学生々徒に制限さるべきものとしてこれは体育局の中に包含し所謂校外訓練を主眼に行ふことゝ当初の方針とは変つてゐる」との発言が報じられている[38]．1941 年 1 月 8 日には文部省内に体育局（体育運動課，訓練課，衛生課）が設置されている[39]．これらを考え合わせると，1940 年内の文部省は，陸軍側の要請を承けつつ「体育局訓練課」が所管する校外訓練組織として「荒木学徒隊案」の具現を模索していたことが窺える．

文部省は同年 9 月 17 日，高等学校長会議における文部大臣指示事項「修練組織強化ニ関スル件」を発する[40]．「報国団」などの名称を冠し，「在来ノ校友会其ノ他ノ校内団体ヲ再組織シテ現下重要ナル諸種ノ修練施設ヲ加ヘ学校長ヲ中心トシテ教職員生徒打ツテ一丸トスル団体タラシメ」るべく「総務部」「鍛

第 2 節　文部省訓令による「大日本青少年団」と「学校報国隊」の組織化

錬部」「国防訓練部」「文化部」「生活部」などを設けることと定めた．これと同趣旨の指示は 1940 年 10 月 1 日に専門学校長会議，10 月 28 日に帝国大学学長会議，11 月 7 日に官公立大学学長会議，11 月 13 日に私立大学学長会議，翌 1941 年 1 月 8 日私立専門学校長会議，1 月 9 日女子専門学校長会議と発せられて，同年 3 月 14 日「中等学校に於ける修練組織に関する文部次官通牒」という形で中等学校にも及んでいった．3 月 14 日が，文部省訓令第 2 号「大日本青少年団ニ関スル件」と同日であった点は，「二本建」路線の一到達点とも言い得る．

ただし，一連の通達は「大臣指示」「次官通牒」であり，文部省訓令ではなかった．その後，1941 年 8 月 8 日文部省訓令第 28 号「学校報国隊編成確立方」，同日の文部次官通牒「学校報国団の隊組織確立並其の活動に関する件」により，「二本建」の双方が訓令によるものとなる．

ここで着目したいのは 1941 年 10 月に陸軍省兵務局が発した「学校教練制度の改正」に附された以下の一節である（下線部引用者）[41]．

> 十二　隊組織整備と訓練
> 　当時学校長を中心に指揮系統確立せる隊組織を整備し置くことは，現下教学の刷新上重要なるのみならず教練の実施並に其の成果拡充を用意ならしむる為にも役立つものなることは今更喋々を要せず．
> 　又国防的見地よりするも学徒隊は軍隊に次ぐ団隊的威力を有するを以て国土防衛等国家の如何なる要求にも応じ得べく，真に高度国防国家体制に即応するものと認め之が速やかなる組織実行を強調したる所文部当局に於ても全く同感にして之を採用し，既に一般学校に夫々示達せられたるを以て之が適切なる指導により成るべく速かに実現する如く強力輔導すると共に，之が訓練に関しては単に教練のみならず集団作業，剛健旅行等の訓練等苟も団体的行動を為すに際し常に此の組織を基礎とし之を利用するに於ては，本団体の特色たる指揮命令系統の確立，命必ず行はれ，法常に厳守せらるゝの精神は遺憾なく発揮せられ，本団体にあるものは其の思想の如何を問はず教練なる
> 軌道に副ひ歪めるは直く，直きは益々伸びつゝ訓練せらるゝものなり．

陸軍が「隊組織を整備し置く」ことを「軍隊に次ぐ団体的威力を有する」と意

義づけ,「高度国防国家体制に即応する」ために「速やかなる組織実行を強調した」ことに応じ,文部省が「同感にして之を採用し,既に一般学校に夫々示達」したとの経緯が述べられている．具体的な時期は不明ながら,同文書が1941年9月から10月ごろ作成されたことを考えあわせれば,1940年9月17日以降の一連の「修練組織強化」通達の背後に,軍部の要請が存在したことが窺える文書といえる．

第3節　1943年以降の「有事即応態勢確立」論議

3-1 「学徒戦時動員体制確立要綱」と「教育ニ関スル戦時非常措置方策」

　1943年はニューギニア,ガダルカナルにおける敗戦,4月の山本五十六の戦死,アッツ島守備隊の全滅など戦局の転換期にあたる．その真っ只中にあった3月15日から17日に開催された各師団兵務局長会議において,那須兵務局長の教育に関する発言が同年5月の『偕行社記事』に掲載されている（下線部引用者）[42]．

　　二,戦時教育の徹底に就て
　皇国は今や総力を挙げて武力戦完遂の一途に向ひ結集邁進中なり固より教育は国家百年の興廃に関するを以て克く大局より善処の要あるも,<u>教育のみが其の埒外に在つて晏如たり得ざるは当然なり</u>．徒らに形式に拘泥し又は単に旧套を墨守することなく総てを挙げて今明日の戦力増強に画期的に寄与せしめざる可からず．特に学徒は近く直に戦場に臨まざるべからざることを銘肝せしむるを要す．
　訓練に於ては良兵たるの教育と共に良民たるの教育の二方向あるも戦時教育に於ては良兵教育即ち教練が重点にして之に徹底し之が為め固より生産拡充其の他の均衡につきては考慮せざるべからざるも,<u>武力戦を優先的に考へ</u>,之に遺憾なきを要し,<u>学校に於ては修練等正課以外の時間に於ても成るべく之に徹底し,青年学校に於ても同様時間の許す限り努めて教練の時間を多くし</u>,良兵教育中不急迂遠なるものは之を削除し,<u>直接戦闘力の向上を図ると共に他は挙げて生産拡充等に寄与する</u>

第 3 節　1943 年以降の「有事即応態勢確立」論議

> と共に特に之を妨害せざるを要す．在郷軍人会に於て行ふ錬成も亦良兵たるの実を挙ぐる事を第一義とすることに透徹し，之がため為すべきは毅然として行ひ，其の他は他団体と重複せざる如く重点を混同せざるを要す．

　那須兵務局長は「教育のみが其の埒外に在つて晏如たり得ざるは当然なり」と学校教育にさらなる戦争協力を求め，「特に学徒は近く直に戦場に臨まざるべからざることを銘肝せしむるを要す」と学徒＝「戦力」との認識を隠さない．「武力戦を優先的に考へ」た学校教育を行い，青年学校では「直接戦闘力の向上を図ると共に他は挙げて生産拡充等に寄与する」ことを求めている．極めて性急で強い「有事即応態勢確立」の要求をうけるなか，1943 年 6 月 25 日の「学徒戦時動員体制確立要綱」が発せられたのである．

　注目すべきは，「荒木学徒隊案」から「学校報国隊」の結成，そして「学徒戦時動員体制確立要綱」を一連の系譜に捉える認識が，1944 年 11 月の国策教材研究会『決戦非常施策の解説』に示されていたことである．同研究会は，当時衆議院議員であった蠟山政通を顧問に「重要国策の国民中堅層への浸透を期し［中略］中堅評論家及新聞人を以て組織」された会である[43]．刊行元の新紀元社は同時期に情報局記者会著『大東亜宣言』(1944 年 2 月) や文政研究会編『文教維新の綱領』(1944 年 4 月) など類書を刊行していた[44]．国策推進側のプロパガンダとして，以下のように述べられていた（下線部引用者）[45]．

> 次に一方学徒の有事即応態勢すなはち国防能力の充実と国土防衛への挺身体制についてみれば，これまた荒木文相時代『学徒隊』の結成が提唱されたのがそもそもの始めで，これが具体化したのは十五年六月の『学校報国団結成に関する指示』であつた．かくして同年秋から十六年春にかけて各大学・高専校・中等学校には従来の学友会校友会等の団体に替はるに師弟同行，倶学倶進の修練体制としての『学校報国団』が結成され，国防訓練・鍛錬・文化などの各部が設けられて学徒はそのいづれかに加入することになつたが，その内容は国土防衛への挺身態勢といふ主目標からみても極めて不徹底であり，またその組織においても各学校を個別的に組織したに止まつて，上下の指揮命令系統がハツキリしなかつた．そこで十六年八月八日の訓令でこれに活を入れ，全学徒を校長を隊長とする全校編隊の隊組織に再編成し，国家の要請に応じて適時出動の態勢を築き，これが指導機構として文部省に学校報

第Ⅴ章 「学徒隊」の構想とその具現

> 国隊本部を置き,東京はじめ七地方にそれぞれ支部を設置した.しかしかかる態勢の展開も,勤労作業による実践教育の面では相当役立つたが,最も緊要な国防訓練についてはなお未だしの感があつた.
> 　以上の如き経緯に徴して,岡部文相は十八年六月二十五日『学徒戦時動員体制確立要綱』の画期的施策を断行した.[中略]これによりわが学校教育をして真に国家の現実の要請に即応する態勢たらしめ,学業・訓練・勤労を一貫し総合的な教育錬成の体系の下に学徒の心身鍛錬の全きを期せんとしたものであつた.かくしてこの要綱により荒木文相時代に発芽した学徒の勤労動員と有事即応態勢確立は,以来満五年を経てここに基本的且つ総合的な計画として再登場するに至つたのである.

「荒木学徒隊案」の「具体化」として,1940年秋からの「学校報国団」の結成を第一段階に位置づける.第二段階に1941年8月8日文部省訓令第28号「学校報国隊編成確立方」を挙げるも,勤労作業は広がったが国防訓練は「なお未だしの感」と低評価を示す.そして,第三段階として1943年6月25日の「学徒戦時動員体制確立要綱」を「荒木文相時代[中略]以来満五年を経てここに基本的且つ総合的な計画として再登場」と位置付けている.この時期区分に用いられた指標は学徒の「有事即応態勢確立」,すなわち「国土防衛」や「国防訓練」にいかに活動の重点を置くかであった.なお,第三段階の「学徒戦時動員体制確立要綱」を「学業・訓練・勤労を一貫し総合的な教育錬成の体系」と高く評価する背景要因に,1943年の学制改革で中等学校,高等学校,師範学校の教育課程内に「修練」が位置づけられたことを指摘しておきたい[46].これは「学校報国隊」を,より一層「有事即応態勢確立」に動員するための制度整備でもあった.

1943年9月21日,東條内閣は「国内態勢強化方策」を決定し,次いで10月12日に「教育に関する戦時非常措置方策」が発せられた.文部大臣・岡部長景は『日本教育』1943年10月号で「決戦下に対処すべき行学一体の本義に徹するの主旨を以て教育内容の徹底的なる能率化と刷新とを図り又国防訓練の強化,勤労動員の実施等を策することを意図して居る」と述べた[49].さらに1944年1月の『日本教育』誌上では,その具現化を議論する座談会「教育の戦闘配置」が組まれ,文部省文書課長・伊藤日出登が同方策の意図を以下のように述べていた[50].

第 3 節　1943 年以降の「有事即応態勢確立」論議

> これが内容として狙つて居りますところは二つありまして，其の一は有事即応体制の確立であり，これは学徒の国土防衛への参加，二は戦時に役立つ為の特技訓練の強化と云ふ臨時即応体制の確立，もう一つは勤労動員の強化，生産力の拡充に学徒が参画して行くと云ふ体制を整えて参つたのであります．然るに戦局は愈ゝ苛烈凄愴を極めて参りまして，国内諸般の体制を画期的に強化して参ると云ふ方策が執られて参つたのであります．
> 　そこで文部省に於きましても，教育に付てもこの戦局に即応して行く教育体制即ち軍の作戦と，一方生産戦と云ふか，これに即応するやうな体制を執つて参ることになつたのであります．

　国を挙げて「決戦下」に臨むに際し，「軍の作戦」に応じて有事の「国土防衛」と臨時の「特技訓練」，さらなる勤労動員の体制を整える政策意図が明示されていた．戦争遂行の目的の前に，教育行政がより一層の追随を示したことがわかる．

　前出の国策教材研究会『決戦非常施策の解説』では，その延長上に 1944 年 3 月 7 日の「学徒動員実施要項」に至る道筋を捉え，「兵・労・学の一体化」という形で「国防任務」への動員を位置付けている．さらに，通年動員を「教育をそのまま戦力化して，国家の急務に応へんとするものである．［中略］学徒動員といふよりも寧ろ学校動員であり，学校の出陣である」[47]と述べ，また「いまや全国の火花散る工場に事業場に或は田園に，逞しく展開しつつある．それは壮大な学校の移駐であり，新たな教場の開拓である」[48]と意義づけていたのである．

3-2　「大日本青少年団」幹部層や少年団論にみる「決戦」色

　それは，「大日本青少年団」が掲げていた「地域性，郷土性」や「団体的実践鍛錬」の重視と「学校報国隊」の通年動員とが，実践や方法論において接近・類似または混同の事態を招くことにもつながる．

　『青少年指導』1944 年 2 月号で，大日本青少年団少年部長・中村知は「戦時少年団錬成の新方向」と題して以下のように論じている[49]．

第Ⅴ章 「学徒隊」の構想とその具現

> 日本の少年少女のどの一人をためしてみてもたくましき戦力を身につけて居り，そのどれを（例へば樺太から一人，東北から一人，関東から一人……九州から一人といふやうに）採り集めて一隊を作つても，それが精強無比であることを国家は要望する［中略］よつて単位少年団こそは，それ自体が任意の個々の学校少年団ではなく，従つて団体的個人主義的，独善的な単位団であつてはならぬ．

中村は翌3月の論考でも「勤労増産訓練」「国防訓練」「私は戦力増強の遊戯を何よりも考へたい」[50]と述べている．さらなる「戦力化」を構想していた点で，「学校報国隊」との完全なる符合を読み取ることができる．1944年12月に副団長・朝比奈策太郎もまた，「この戦争に勝たなければ，我が国は滅びてしまひます」とし，以下のように国民学校児童に戦うことの自覚を促していた[51]．

> 大東亜戦争は，今までの戦争とちがつて，講和といふことがありません．米英の二国を撃滅してしまふまでつづきます．この二大強国を撃滅するまでには，何年かかるかわかりません．今日の青年も少年も，現在勇ましく戦つてゐる軍人のあとをついで，あくまでも敵を撃滅するまでは止まないといふ覚悟をもたなければならないのであります．近く入営する青年はいふまでもなく，まだ国民学校に通学してゐる少年も，軍人勅諭に仰せ出されてあるたうとい御をしへをよくわきまへ，今のうちから，軍人の精神をきたへておかなければなりません．

こうして深まる「決戦」色は，「大日本青少年団」が独自の錬成論としていた「共励切磋」を捨象する論を生み出すに至る[52]．

> この際，決戦下少年団訓練の実際に於ては，それが教養訓練の具現を目指すものであるとか，「確固不抜ノ国民的性格ノ錬成」を目指すものであるとか言ふことを暫く離れて，少年団訓練こそ，高度国防国家体制の確立への直接的協力参加を目指すものであることを確認することが必要であると言はなければならない．

この著者である教育学者・安藤堯雄は，さらに「積極的には食糧増産への協力，

第 3 節　1943 年以降の「有事即応態勢確立」論議

軍需資材の採集，消極的には廃品回収等に対する協力」を掲げ，「決戦下，国民学校児童が，教育を受けながら，然も徴用された姿が少年団訓練である」と断言していた[53]．

3-3 「学校報国隊」と「大日本青少年団」の「一本化」論議

「決戦」色が深まる 1944 年 5 月，朝比奈策太郎は『修養と青年』で以下のように言及している（下線部引用者）[54]．彼は「学校報国団」と述べているが，全国的に組織化が進んでいた「学校報国隊」と読み替えてよいだろう．

>　中等学校以上の学校に於ては青年学徒の修練機関として学校報国団を設置してゐる．其の活動については仮令見るべきものがありとするもそれは学校内に於ける修練組織であつて，地域性，郷土性を具有してゐない．換言すれば自然の社会の中に於ける青年のあるが儘の姿の生活の上にうち立てられた修練組織ではない．従つて学校報国団の組織を以てしては青少年団の生活を為し得ないのである．生活自体を媒介としての教育の行はれざる学校報国団と学校教育とにのみ信倚するといふ考へ方は時節柄一応清算して出直ほすべきではあるまいか．
>　さは云へ学校そのものゝ外に青少年団と学校報国団の二種類がある．［中略］此の際学校報国団は之も学校教育そのものに附随する学校内の修練組織として一層学校教育を強化するの機関としわが国における青少年教育機関を二十四時間教育主義の建前から中等学校以上の学生，生徒も一切地域組織の青少年団に加入せしめ学校教育（学校報国団を含む）と青少年教育との二本建となすべきであると思ふ．

すでに通年動員など「二十四時間教育主義」の実態がありつつ「地域性，郷土性を具有してゐない」「学校報国隊」員を，「青少年団」にも加入させ，実質的に「一本化」させる構想である．朝比奈には，「元来，政府が大日本青少年団を結成せしめたのは，高度国防国家体制建設の要請に即応する」ためであり，「将来爾余の青少年団体をも之に統合せしめんとする」という構想があった[55]．「決戦」下で渾然一体となる両者の姿を前に，自らの「青少年団体統合」の「念願」とを重ね合わせたものと言える．

1944 年 8 月 22 日に公布された「学徒勤労令」では，第一条に「学徒（国民

323

第Ⅴ章　「学徒隊」の構想とその具現

学校初等科及之ニ準ズベキモノノ児童並ニ青年学校ノ生徒ヲ除ク)」，第二条に「学徒勤労ハ教職員及学徒ヲ以テスル隊組織（以下学校報国隊ト称ス）ニ依ルモノトス」とされていた．ここに「二本建」が反映されていたが，8月24日の文部次官通牒「国民学校児童並ニ青年学校生徒ノ勤労協力ニ関スル件」では以下のような指示が出されていた[56]．

一，国民学校初等科児童ノ勤労協力ニ付テハ学徒勤労令並ニ国民勤労報国協力令ハ共ニ適用ナキヲ以テ昭和十六年二月八日発体一八号通牒（〇青少年学徒食糧飼料等増産運動実施ニ関スル件）等ノ趣旨ニ依リ之ヲ実施スルコト

二，国民学校高等科児童ノ勤労協力ニ付テハ国民勤労報国協力令ノ適用ナキ学徒勤労令ニ依リ之ヲ実施シ得ルコトトナリタルニ付此ノ場合ニ於テハ児童並ニ教職員ノ組織スル大日本青少年団ノ其ノ学校ニ於ケル少年団ノ隊組織ヲ以テ学校報国隊ト看做シ之ニ依ルコト

三，青年学校普通科生徒ノ勤労協力ニ付テハ学徒勤労令並ニ国民勤労報国協力令ハ適用ナク青年学校本科及研究科生徒ノ勤労協力ニ付テハ学徒勤労令ハ適用ナキモ国民勤労報国協力令ニ依リ之ヲ実施シ得ルコト青年学校生徒ノ隊組織ニ依ル勤労協力ヲナス場合ハ大日本青少年団ノ隊組織ニ依ルコト

国民学校初等科・高等科・青年学校に分けて他の規程・組織を準用することで「学徒勤労」に同一歩調を求めるものであった．注目すべきは，国民学校高等科児童は「少年団ノ隊組織」，青年学校生徒は「大日本青少年団ノ隊組織」をもって臨むことが明示された点である．『大日本青少年史』が「この通牒は青少年団にとっては，軽視し得ないものがある．［中略］青少年団組織の危機が近づいてきていることをおそれねばならぬ」[57]と評したように，これは「一本化」を推進する政策につながる指示であった．

1945年1月11日の『朝日新聞』では，文部省の「青年団統合」構想が報じられた[58]．

青少年の総力をより一層凝集発揮するため青少年団体の大同組織の果断な確立をこの際要請するものである
　文部当局は既に臨時議会で青少年諸団体の一元的統合のため大日本青少年団を改

第 3 節　1943 年以降の「有事即応態勢確立」論議

組するとの方針を明らかにした，すなはちその意図するところは
- 一，近衛新体制によつて青少年団体の統合が企図され大日本青年団が大日本青少年団に発展したがこれは青年学校および国民学校生徒児童の校外訓練組織としてであり，大学，高専および中等学校は含まれてゐない，大学高専には僅かに旧来の学友会，乃至は校友会の延長としての学校報国団があり，中等学校は未組織といふ状態で，学徒動員が学校教育の中心となつた今日，なにを措いても学徒の校外訓練組織の全体的な確立が急務である
- 一，大日本青少年団は国民運動団体の一つとして現在翼賛会の傘下にあつて日常の国民運動に動員されてゐるが，そのためやゝもすれば訓練組織といふ本来の性格を離れ，青少年団の独自性を消磨しつゝある，これを速かに軌道に返して，訓練を通しての国民運動といふ方向に再出発せしめることが，青少年の訓練にも明日の国民運動にも喫緊時である
- 一，大日本青少年団のほかに現在産報には産報青年隊，農報には食糧増産隊，海軍には海洋少年団がそれぞれ青少年を対象に組織を伸ばしてゐるが，かゝる現状は青少年の総力発揮の障碍となつてをりこれら諸団体を統合しなければならぬ

1939 年の「学徒隊編成問題」，1940 年から 1941 年の「二本建」が形作られた時と何より異なるのは「学徒動員が学校教育の中心となつた今日」という状況であった．「有事即応態勢確立」が喫緊性を増すなか，様々な青少年団体が分立する状況は「青少年の総力発揮の障碍」すなわち「戦力化」の妨げでさえある，という文部省の認識が窺える．これが 1945 年 3 月の「決戦教育措置要綱」へとつながり，本章冒頭で挙げた「こゝに待望久しかつた学徒の戦闘的訓練組織"学徒隊"の結成をみんとする」，という「荒木学徒隊案」の改変を期する機運が醸成されていったのである．

既に青年団統合を自ら構想していた朝比奈は，5 月 22 日の「大日本学徒隊」編成（および「大日本青少年団」解散）に際し，以下のように述べている[59]．

大日本青少年団結成当時から全国青少年を大同団結する「国家の訓育機関」は私の念願であつた［中略］学徒隊の精神は青少年団のそれと少しも変りはないのだ青少年一体の強固な団結の下，郷土に即した自発的能動的な活動をするとともに，長幼の序を重んじ，共励切磋の実を挙げ，伝統の美風をますます伸長することこそ学

325

第Ⅴ章　「学徒隊」の構想とその具現

> 徒隊の使命だと信ず［中略］学徒隊の発足に当つて隊員職員特に指導に当る学校の先生や文部当局にお願ひしたいことは，学徒隊をして隊員自身のものたらしめよといふことである
> 　同時に学徒もまた学徒隊は国家の命令で動くといふやうに誤解せず，あくまで自分たちの隊であるといふ信念で決戦下の若い忠誠心を隊を通して遺憾なく発揮し青少年の若さ全部を戦争に役立たせようではないか

ここに「共励切磋」が語られている点に注目したい．「共励切磋」は，戦時教育令と同時に出された文部省訓令の「学徒隊運営ノ主眼トスル所」の第三点目に盛り込まれていた[60]．朝比奈が「学徒隊の精神は青少年団のそれと少しも変りはない」と述べたのは，このためであったのだろう．一方，「私の念願」と手放しで喜べる戦況でもなく，「青少年の若さ全部を戦争に役立たせようではないか」と，戦時にまみれた言葉で結ばれていた．

第4節　「学徒隊」確立をめぐる各地の様相

4-1　奈良の国民学校児童にみる「学徒隊」結成の「感激」

　戦時教育令公布を受け，奈良県では7月8日の大詔奉戴日に合わせて全県一斉に「学徒隊」結成が行われた．「学徒隊」に「一本化」するとは，国民学校児童にとっては「少国民」や「少年団」と言われた立場から，青年層と同じ「第一線」に立つ変化を意味していた．『奈良日日新聞』には，これを受け止める児童の「感激」が掲載されている．男女の例を挙げてみたい（氏名はイニシャルとした――引用者）[61]．

> 命捨てゝ戦ふ　飛鳥校S. T
> 戦局は一段と激しく我が国にとつては最高戦となり本土決戦もまぢかにせまつてまいりました，今まで僕達少年団として力をつくして参りました，此の六月三十日にて学校少年団は解散して学徒隊といふことにきまりました，思へば此の数年来今日

第4節 「学徒隊」確立をめぐる各地の様相

> まで毎日運動に又勉強に励げんで来ました，その間も戦は日に〳〵激しさをくはへ，今日に至り硫黄島又沖縄島を敵の手に渡して来ました，そうして学徒隊として今日からお国へ御奉公をし今度は青年団報国隊又は大人が集り強い団体で勉強に又増産につくし敵を撃破らなければなりませんそうゆうふうに力をつくしお国へ協力して学徒隊として恥かしくなく御奉公をしやうと思ひます青少年学徒の勅語にもありますやうに国のさかへは僕達の肩にかゝつてゐます，そしてこの夏も一致だんけつして増産などにまいしんし夏をのりこさなければなりません，此頃敵機は本土へ来襲し敵は伊勢の神域を□爆し明治神宮，熱田神宮と我が先祖の神を撃ちに来て居ます，此の敵は此の地球に残しておけません，僕達は学徒隊員として何が何でもやりぬき，此の敵に勝抜かなければなりません
> ［中略］
> 神鷲の心を心に　大宮校S.F
> 私達大宮少年団は此の度学徒隊として新しく出発する事になり此の大詔奉戴日を期して結成式を挙げる事になりました，思へば敵は沖縄島上陸以来八万の人員と六百隻の艦船を失つたにもかゝはらず物資に物をいはせて本土上陸を豪語し，この作戦を結構せんと着々準備を進めてゐるやうです，私達一億は天祖の神勅を信じ一億決死，此の際敵を撃滅し断じて神州を護り抜かねばなりません，此の時こそ神機ともいふべきでせう私はまだ国民学校の児童で女ではありますが大人にも男にも負けない強い心を持つて敵米英を撃滅させる覚悟を持つて居ます，今度学徒隊の一員としてその機会を得ました事は本当にうれしく又生き甲斐を感じます「御民我れ」の歌の感激を更に新たにし大君の御楯にして恥かしからぬ行ひをする覚悟でおります，特攻隊のお兄さん達は神州不滅と後に続く者を信じて体当りされました，私もこの特攻隊のお兄様方の心を心として頑張ります

男児のS.Tは「青年団報国隊又は大人が集り強い団体」である「学徒隊」の一員として「恥かしくなく御奉公をしやう」との決意を述べる．女児のS.Fも同様に「私はまだ国民学校の児童で女ではありますが大人にも男にも負けない強い心を持つて」と言い，「学徒隊」員になることを「本当にうれしく又生き甲斐を感じます」と述べていた．新聞報道に選ばれたこれらは，多分にプロパガンダとしての添削・指導が推察される．一方で，「学徒隊」が，「感激」を喚起し「敵愾心」を鼓舞する機能を有していたことは間違いない．

4-2 『山梨日日新聞』連載の「学徒隊確立の道」

『山梨日日新聞』では,「学徒隊」を「これまでとかくの論議があつた学徒勤労動員に対する一応の結論としてみるときこれが組織化について［中略］なほ幾多検討,解決せねばならぬ問題がある」[62]という課題意識から,5月29日から31日に3回シリーズで「学徒隊確立の道」を掲載した．鏡中條国民学校長と谷村工業学校長へのインタビューに基づく記事には,実際の場面で感じられていた困難や課題が赤裸々に語られている．

4-2-1 国民学校教育における「学徒隊」編成への対応

鏡中條国民学校・井上校長は,農村部の国民学校として「食糧増産」が最大の課題と認識している．「決戦教育措置要綱」による授業停止の対象外となった国民学校初等科において,「挺身」と「授業」との両立策が語られている[63]．

> 校長　農村所在の国民学校としては先づ第一に食糧増産を□□してのに□□□□重点を置かねばならぬが,陥り易い□□□□の弊を防ぐ意味で食糧増産へ挺身させるのは五,六年生に限り,四年生までに六年での全課程を授業する考へで苦心してゐる,時間の点で多少過重な負担と思へる位の授業を履行してゐる,現在の日課がその実験状況を知るに一番便利だが七時廿五分の朝□まで高等科二年生を指導者として初等科生に朝の自習をやらせる,同卅分に職員の朝礼をやり卅五分高等科生の朝礼続いて朝の清掃を行ふ,午前中四時間の授業を行つて十一時四十分から昼清掃を行ひ,あとは授業はやらない,午後は五,六年生を生産に専念させるのだが,この場合理科と体錬の課目を含めたつもりで行ふそして三,四年生は週三日,一二年生には週に二日だけ,上級生との食糧増産へともに挺身させるこのために学校では実習地七町歩をもつてゐる,土曜日午後は職員の実践の時間で全校合同訓練を行ふ
> ［中略］
> 記者　その具体的方法は…
> 校長　私のところでは学校に備付けの農家台帳をもつてゐる,それには各戸の耕地反別から労力状態,応召者の有無其他□□が記入してある,その実情を摘出して適正な労力配置とを心がけてゐる,従つて当校での非農家の子弟は全部学校機動報国隊の中へ組入れて□□な扱ひをするやうにしてゐる

第4節 「学徒隊」確立をめぐる各地の様相

> 記者　さうした学徒の個々の扱ひについての直接指導をする者は誰か
>
> 校長　それは学級主任です学級□の経営如何は全体的成果を左右するものである，学徒隊指導の際重責を果たすべきものは学級受持の先生である，従つて学級主任が学級構成全員の性行と知識，これと不断に親しいことが最も大切で，その見地から我校では学課受持といふものを全廃した，ために音楽や□□教育の点で多少の不備，不自由は感ぜられるが，各組主任が自己の力でやるだけのことをやる，そして学級内のこと一切全責任をもつ……といふことにした
>
> 記者　つまり指導者として新たな自覚が各□□に□□されるわけですね
>
> 校長　さうです，先生たちもいろいろと，全員がその使命の重大さを自覚して奮起する……といふことは難しいかも知れぬ，しかし難かしうともさうしなければならぬ秋だと痛感するのです

両立策として①授業の圧縮（4年までに全課程修了，午後の挺身作業），②学校備え付け農家台帳，③学級担任の職責拡大（学徒隊指導の重責）などが挙げられている．「多少過重な負担と思れる位の授業」，「多少の不備，不自由は感ぜられる」，「難しいかも知れぬ」との困難も感じつつも，いわば「有事即応態勢確立」を優先する心境を吐露していた．

4-2-2　中等学校の勤労動員における課題

連載第2回，第3回は谷村工業学校長・小林定雄により，遠隔地への勤労動員と学校工場などに取り組んできた経験をもとに課題点が語られている[64]．

第2回は動員先が県内外に分散するなか，いかに教員配置や授業（特に教練）を実施するかに苦心した体験が語られている．記者からの「受入工場の専任担当者にその人を得るか否かは学徒の勤労動員を左右する最大のもの，さうした意味の人の乏しさ」という投げかけに対し，小林校長は「しばらく時間の余裕をもらへばそれも不可能ではあるまいが，作業内容，□込みその工場の特殊な空気を熟知するまでには容易ならぬ努力が要るそれにさうなると余程の先生の質的検討からやり直さねばならぬ結果となる」と，現況での手詰まり感を述べている．

第3回では，動員先における学業の保障に関して話題が展開する．小林校長は「働く時間が長いということは決して能率を上げる点ではないと思ふ，出来

第Ⅴ章 「学徒隊」の構想とその具現

る限り学課の時間は与へたい」と明言する．これに対し，記者との応答は生産現場における実態に及んでいく．

> 記者　それに工場側としての一つの問題は［中略］学徒を学徒として扱ふことが能率向上の途だといふことは，一般工員と同列視しては能率が低下するという意味にもなり，これは一般工員に対する一種の侮辱ともなる，学徒も工員も混然一体にしての必勝生産——さうした新しい意義をもつ教育の問題といふやうなことは考へられないものか理想でなく現実にそれを行ふ途はないものか
>
> 校長　難しいことですね，しかし当局はそれをこそ要求してゐることでせう，だが□□な□□現在の我々は「教育」といふ枠の範囲でしかものを考へてゐない
>
> ［中略］
>
> 校長　一般工員との問題なるほど□にかけてゐなかつた，具体的事□として一部の学徒が煙草を所持してゐたことがある，□□不□の折柄どうして入手したものかと疑問に思つて調べたが工員からもらつたらしい様子である
>
> ［中略］
>
> 記者　手持時間の利用といふことはよく言はれるが，此点学校側も工場側もともに留意が無さ過ぎるやうに思はれる
>
> 校長　殊にこの地方は□□□□□上の工場が多い□□で出動学徒の多くが手持時間どころか一日中手持時間といふやうな□□な例さへある
>
> ［中略］
>
> 記者　現状のまゝのものへ新しい名称「学徒隊」としただけでは結局仏作つて魂入れずである□に□□に溶入つて全工員生活の増進力たるやうな「学徒隊」結成へはまだまだ解決す可き幾多の問題があるといふ結論になりますね【完】

工場現場において可能な限り教育的意義を見出したい小林校長の思いは，煙草や手持時間といった学生が直面する問題場面を浮き彫りとする．この問題を残したままの「学徒隊」結成に対し，記者が疑問を投げかける形で締めくくられている．戦時教育令が求めたのは一層の「戦時ニ緊切ナル要務ニ挺身」であり，必ずしも学徒動員体制で生じた問題の解決ではなかった．いみじくも，この点を看破するやり取りがなされていたとも言えよう．

第 4 節　「学徒隊」確立をめぐる各地の様相

4-3　訓練や「戦闘隊」転移への備え

4-3-1　岡山県における「戦闘隊」転移の準備

　戦時教育令が求めたのは，むしろ施行規則第三条の「一　軍事教育ニ関スル事項」と「二　防空防衛ニ関スル事項」であった（生産技術は 3 番目）．さらには「戦闘隊」への転移こそ主眼であったといえよう．本書に関わる岡山県での調査で，地元新聞『合同新聞』と『岡山県公報』に関連する資料を見出した．前者『合同新聞』7 月 28 日付の記事は以下の通りである[65]．

> 岡山県では青年学校学徒義勇隊〇万が近く戦闘隊に転移する情勢にあるので七月末までに青校教練指導員に対し加賀郡吉備町吉備修練道場で陸軍岡山地区司令官吉田大佐等を教官として戦闘訓練を実施，これら軍事指揮官を教官として八月十日まで各郡市別に青年学徒隊長，教練指導員の戦闘訓練を行ひ，さらに八月十一日から月末までの間に全隊員に対し各郡市とも数ヶ所に分けて学徒戦闘隊としての訓練を行ひ，本土決戦即応の隊組織を確立することになつた全隊員の訓練は男女別に分け男子は斬込訓練，女子は救護，通信等の諸訓練を積み沖縄決戦に散つた沖縄師範，沖縄一中の学徒におとらぬ活躍を期することとなつた

　冒頭の「近く戦闘隊に転移する情勢」とは，6 月 29 日の文部省総務局長・内務省地方局長による通牒「学徒隊ト国民義勇隊トノ関連ニ関スル件」の内容を指すと考えられる．翌 30 日の『朝日新聞』は，「学徒隊は学徒隊であると同時に学徒義勇隊であり，組織をそのまゝの姿で国民義勇隊の中に編入される」[66]と報じていた．岡山県ではこれを承け，まずは全青年学校教練指導員に戦闘訓練を実施し，8 月以降は青年学校生徒に訓練を施す構想を立てていた．「男子は斬込訓練，女子は救護，通信等の諸訓練を積み沖縄決戦に散つた沖縄師範，沖縄一中の学徒におとらぬ活躍を期する」と，沖縄をモデルにした本土決戦のイメージが報じられていた．

　後者は，1945 年 8 月 14 日付『岡山県広報』「学徒義勇隊戦闘隊転移準備ニ関スル件」である．注目すべきは表 3 の「特技隊編成基準表」であり，「特技隊編成ニ当リテハ学年，年齢ニ不拘特技アル学徒ヲ選抜シ且ツ名簿ヲ作製シ置クコト」と添えられていた[67]．

331

第Ⅴ章 「学徒隊」の構想とその具現

表3 岡山県における「特技隊編成基準表」

区分	任務		男子	女子
作業隊	一 二 三 四 五	工作 建築 架橋 障碍物ノ構築並ニ破壊 築城	工業学校ニアリテハ特ニ 一,二,三,四ヲ重視ス	体力ニ応ズル簡易作業ニ従事セシム
防毒隊	一 二	各個防護ノ普及 集団防護	各校共通ナルモ特ニ応用化学科並ニ医科関係学校ニアリテハ人員ヲ成シ得ル限リ多数編成シオクノ著意ヲ必要トス	各校共通ナルモ特ニ女子ニアリテハ其ノ特性ニ鑑ミ活動方面多キヲ考慮シオクコト
救護隊	一 二 三 四	担送 止血 人工呼吸 看護	各校共通	同右
炊事隊	一	飯盒及釜,鍋ヲ使用スル炊事	同右	同右
通信隊	一 二 三	手振通信 手旗通信 宇号通信	同右	各校共通
輸送隊	一 　イ 　ロ 二 三 四	車両 　人力 　輓馬 駄馬 自動貨車 機帆船	機甲並ニ乗馬訓練既修者等適任者選定シ著意ノコト	女子ノ体力ニ応ズル輸送
備考	一 二	本表ハ一般ノ基準ヲ示シタルモノナリ 隊数,人員並ニ隷属関係等ハ学徒隊ノ実ニ応ジ定ムルモノトス		

注 「学徒義勇隊戦闘隊転移準備ニ関スル件」『岡山県広報』1945 年 8 月 14 日

ここに，岡山県当局が，学徒隊を年齢にかかわらず「特技」により戦闘配置する構想を描いていたことがわかる．また，名簿作成上の注意点に「国民学校高等科以上ニ在リテハ右該当年令ニ達セザル者モ義勇兵ニ適スルト認ムル」とあり，国民学校高等科以上を直接的に「戦力化」することも明記されていた．

第 4 節 「学徒隊」確立をめぐる各地の様相

4-3-2 「京都府学徒軍事教育後援会」

京都府でも同様に 1945 年 8 月，青年学校生徒や国民学校児童を「戦力化」する施策が本格化していた．8 月 11 日の『京都新聞』には，以下のように「京都府学徒軍事教育後援会」について報じられている[68]．

> この会の事業として青少年学徒の戦時特別訓練の後援をはじめ学徒海洋訓練機甲通信訓練，軍事特別訓練などの後援を行ふが，十日その第一回協議会を開催，府青少年戦時特別航空訓練所建築，施設資材の充実学徒海洋教練実施，学徒隊幹部の特別訓練演習会，国民学校軍事教育査閲，青校小戦訓練，地方航空訓練所設置などの事業の実施について協議した

既に京都府では 7 月に「学徒戦闘隊となつて国土防衛の第一線に起つ青年学校生に対戦車戦や遊撃戦闘の要領を教へ特別斬込隊をつくらう」と，校長・教員を対象とした「七月五日から十一日まで府下五ヶ所で青校教練研究会を実施する」[69]計画が報じられており，また 8 月 8 日には次のような国民学校高等科児童を対象とした「教練査閲」も報じられていた[70]．

> 手榴弾を握つて敵陣に突込んだ沖縄学童に続けと，銃執つてもう訓練を続ける国民学校高等科学童の訓練成果を査察して，教練科の飛躍的振興を図り，実戦に即応させると共に訓練即生産の実を挙げやうとの狙ひから，府学務課では九月から十一月に亘つて府下各国民学校の教練科査閲を実施する，査閲の課目は学科と銃剣術，仮標刺突，手榴弾投擲のほか，工場や決戦農場での勤労作業や団体訓練も含まれる

8 月 14 日には「学徒隊運営強化ノ件」が発せられ，校長室は「隊長室」，職員室は「学徒隊本部」，各教室は「第〇中隊〇〇小隊トシ中隊名及担任ノ姓ヲ冠セル小隊名ヲ表示」と兵営化が予定されていた[71]．仮に 8 月 15 日以降も戦争継続となっていた場合，「京都府学徒軍事教育後援会」のもとでさらなる「戦力化」と戦闘配置，そして「学徒隊本部」のある学校への空襲が広がったと考えられる．

4-3-3　鳥取県における「特技訓練」

　鳥取県では戦時教育令公布直後の5月30日,『日本海新聞』誌上に「戦闘第一主義の実践訓練」の計画が報じられている.「訓練には特に学徒の体力健康状態を考慮しその適切を期し強健な者は一層強く,しからざる者は強健にといふ方針である,訓練項目は白兵戦技,強歩走,特技訓練,女子部の防空救護,炊事運搬,なぎなた刺突,手榴弾投等,また武道は実践的に水泳,競技スキーなどは季節的に実施,特技訓練は勤労動員とにらみあはせて実施する」として,幅広く,かつ綿密な計画が立案されていた[72].

　「学徒隊」の結成は6月19日～20日にかけて行われたようである[73]. 7月18日には中等学校に加えて国民学校高等科児童も含めた「通信特技隊」と,中等学校女子学徒隊による「救護特技隊」編成が報じられている[74].

> 　県教学課では県下の中等学校並に国民学校高等科学徒に一旦緩急の場合に決死挺身すべき通信訓練を実施し何時でも出動できる□□の通信連絡布陣をとゝのへるが,この訓練に当つては中等学校男子学徒をもつて通信特技を編隊成し,各学徒隊員三十名から五十名をもつて一ヶ班とし学徒隊県地区本部及各学校本部に配置し状況により何時でも出動出来る態勢に置く,また国民学校高等科男子は県ならびに郡市町村の通信連絡に即応し状況により直ちに挺身出動するやう目下猛訓練を実施中である
> 　十八日には県本部をはじめ各郡市を通じて第一回の実践的訓練を実施し,これにより連絡網を確立するとともに非常事態に対応して敏速な通信連絡を行ふ,なほ今後状況によつてはこの特技隊員も学徒戦闘隊員に切替へられ通信連絡特技隊の威力を一段と発揮する,これは学徒隊のみに止らず国民義勇隊その他の方面からも大いに期待されやうまた中等学校女子学徒隊は五十名から百名で救護特技隊の班を編成し有事のさいは特設救護班となり挺身救護活動にあたる,これには従来の基礎訓練を一擲して戦訓並に現戦局に即応する短期猛訓練を実施する

　この他にも鳥取県機甲訓練所で「輸送」に関わる特技訓練が実施されている. 8月2日の『日本海新聞』では,7月29日に鳥取,倉吉地区の40名超が終了,8月4日には米子中学から30名入所,8月11日には米子工業と境中学から各15名入所,さらに米子地区の選抜学徒の訓練を9月5日に実施予定と「積荷

運送の実際技能を修得した［中略］輸送戦士」の養成計画が報じられている[75]．岡山県と同様に「特技隊」に注力した事例と位置付けることができよう．本土決戦の上陸が南九州・四国・太平洋沿岸部に想定され，日本海側の鳥取県は前線への物資輸送など後方支援が主たる任務であったとも推察される．

おわりに

　1939年6月，荒木文相は学徒隊案の提唱に際し，その目的を「我が国情に応じてすべての人間を実際に役立つ人間に育て上げたい」と述べた．その意図するところが「有事即応態勢確立」であったことは，1943年6月25日の「学徒戦時動員体制確立要綱」がその「再登場」と認識されていたことからも明らかである．

　これに対して，青少年団体側では自らが蓄積・醸成してきた指導論・指導者論を掲げて反発し，教育雑誌には国際的潮流と重ね合わせ地域社会の課題と向き合う「学徒隊」像が論じられるなどした．これら議論の拡散状況に対し，荒木文相退陣後の文部省は案には固執せず，1939年末に「二本建」路線を選んだ．

　翌1940年から41年にかけて，文部省訓令による「大日本青少年団」と「学校報国隊」の設置・展開が進められた．「大日本青少年団」は「荒木学徒隊案」を含みこむ訓練項目を掲げて「有事即応態勢確立」を目指すと共に，指導者養成にも意を用いて「二本建」の一翼を担う．一方の「学校報国隊」は，軍部の要求を受け止めた文部省側が中等学校以上に「修練組織」として設置を求め，教育活動として「有事即応態勢確立」を担う基盤を整えたといえる．

　1943年10月の「教育に関する非常措置方策」を機に深まる「教育をそのまま戦力化」する動向は，「大日本青少年団」側や文部省に「二本建」が「戦力化の妨げ」であるとの認識を拡げ，〔荒木学徒隊案〕の改変という当事者意識のもとに「一本化」を求める論調を高めていった．1945年3月18日の「決戦教育措置要綱」で国民学校初等科以外の授業が1年間原則停止となり，学徒動員と学校教育がほぼイコールとなった．戦時教育令第一条「戦時ニ緊切ナル要

務ニ挺身」とは，本土決戦を見すえた「有事即応態勢確立」の徹底を意味した．この目的の前に「学校報国隊」と「大日本青少年団」は明らかに「二本建」である理由を失ったのである．

各地の新聞記事を分析した第4節では，以下の様相が描出された．

・国民学校初等科の児童にとって，「一本化」された「学徒隊」は，自らも青年層と同じ「第一線」に立つ「感激」（および「敵愾心」の高まり）を生んでいた．
・教員層のなかには，さらなる勤労動員や教育的意義の捨象に対する戸惑いを吐露する者もいた．
・国民学校高等科児童の「戦力化」を進める施策が確認された．具体的には，学徒義勇戦闘隊と見なしての名簿作成や，教練査閲が計画されていた．
・青年学校を中心として「戦技訓練」が見られたほか，中等学校生徒を中心的な担い手とした「輸送」「通信」「救護」などの「特技訓練」の重視や，「特技」をもって戦闘配置をする構想が確認された．

これらは「学徒隊」に対する多様な受け止めや具現策の存在を示唆するものである．特に4点目からは，1945年の「学徒隊」には青年学校＝「戦技訓練」＝前線投入，中等学校＝「特技訓練」＝後方支援といった役割分化の傾向が見出される．それは，〔荒木学徒隊案〕が掲げた大学生から小学生までが一体となり活動する構想とは異なり，むしろ「二本建」の性格を残したものであったと言えよう．また，各地の事例からは本土決戦における地理的・軍事的な要件も作用したことが窺えた．先行研究では，太平洋沿岸では陣地構築に動員された例が見出されている[76]．この他にも未発に終わった構想や計画もあったであろう．戦時教育令が強いた「緊切」な「有事即応態勢確立」が，全国の学徒隊（とそれをめぐる人々）に何を刻み込んだのか．その歴史的な意味に迫るため，さらなる事例発掘と比較検討が課題といえよう．

1)　「戦時教育令の解説」内閣情報局『週報』（第446号，1945年6月6日）pp.7-8.
2)　福間敏矩『増補　学徒動員・学徒出陣——制度と背景』（第一法規出版，1993

第 V 章　注

年）pp. 93, 180-181.
3)　齊藤勉『東京都学徒勤労動員の研究』のんぶる舎，1999 年，pp. 543-545, 575, 578.
4)　米田俊彦「学徒動員」，奈須恵子「教育ニ関スル戦時非常措置方策」，奈須恵子「戦時教育令」（久保義三・米田俊彦・駒込武・児美川孝一郎編『現代教育史事典』東京書籍，2001 年) pp. 356-361.
5)　斉藤利彦『国民義勇戦闘隊と学徒隊──隠蔽された「一億総特攻」』（朝日新聞出版，2021 年) p. 172.
6)　斉藤前掲『国民義勇戦闘隊と学徒隊』pp. 178-213.
7)　高橋眞照「青少年運動と学徒報国」（『興亜教育』1944 年 2 月）pp. 53-54.
8)　「教育決戦態勢の展望　総武装へ「学徒隊」英断以て当れ穎才教育」『朝日新聞』（1945 年 3 月 27 日付) 1 面.
9)　「学徒隊編成問題」（『大日本青少年団史』日本青年館，1970 年) pp. 118-124.
10)　「青少年団と大日本学徒隊」前掲『大日本青少年団史』p. 906.
11)　山本哲生「戦時下の学校報国団設置に関する考察」（日本大学教育学会『教育学雑誌』第 17 号，1983 年) p. 83.
12)　山本哲生「第二期学徒動員の方策」（『日本大学精神文化研究所・教育制度研究所紀要』第 17 号，1986 年）．山本哲生「戦時期における学徒動員の方策──第三，四期を通して」（『日本大学精神文化研究所・教育制度研究所紀要』第 18 号，1987 年）．山本哲生「「学徒戦時動員体制確立要綱」に関する一考察」（『日本大学教育制度研究所紀要』第 19 号，1988 年）．山本哲生「第一期学徒動員の方策と状況」（『日本大学教育制度研究所紀要』第 20 号，1989 年）．山本哲生「学徒勤労動員と昭和十九年第一，四半期について」（『日本大学教育制度研究所紀要』第 21 号，1990 年）．山本哲生「「学徒勤労令」公布前後の学徒勤労動員」（『日本大学教育制度研究所紀要』第 25 号，1994 年）．
13)　鷹野良宏『青年学校史』（三一書房，1992 年) pp. 184-185.
14)　久保義三『新版　昭和教育史──天皇制と教育の史的展開』（東信堂，2006 年) p. 299．なお，中等学校以上の「学生生徒」のみに対し，2 年後の 1941 年 5 月 22 日には「青年訓練実施 15 周年記念事業」として青年学校生徒の親閲式も行われている（「勤労青少年に大御心　畏し・聖上陛下御親閲　光栄の若人 3 万 4000 青訓実施 15 周年」『朝日新聞』1941 年 5 月 23 日付夕刊) 1 面．1939 年の親閲式が中等学校以上の「学生生徒」のみで，「勤労青少年」と別であった点にも，これらの一本化を目指す「荒木学徒隊案」の時期尚早さがあったといえる．
15)　「学生隊の周辺」（『教育』第 7 巻 8 号，岩波書店，1939 年 8 月) pp. 963-964.

16) 「再出発への考慮　学徒隊と青年団について（1）関口泰」『朝日新聞』(1939年9月18日付) 5面.
17) 「右に本左に鍬　学徒隊組織に文相の抱負」『朝日新聞』(1939年6月24日付) 11面.
18) 「国防的な性格　学徒隊と青年団について（2）関口泰」『朝日新聞』(1939年9月19日付) 7面.
19) 大杉謹一『青少年学徒に賜はりたる勅語と学校教育』(明治図書, 1939年) p.38.
20) 「「学徒隊」の編成大綱決る　全学校を二大別　隊長には知事・総長」『朝日新聞』(1939年8月8日付) 11面.
21) 橘川学『嵐と闘う哲将荒木——「陸軍裏面史・将軍荒木の七十年」の下巻』荒木貞夫将軍伝記編纂刊行会, 1950年, pp.472-473.
22) 前掲『大日本青少年団史』pp.121-122.
23) 「指導者の問題　学徒隊と青年団について（3）関口泰」『朝日新聞』(1939年9月20日付) 7面.
24) 上平泰博「青少年団」(寺崎昌男・戦時下教育研究会編『総力戦体制と教育』東京大学出版会, 1987年, pp.195-225) と、上平泰博・田中治彦・中島純『少年団の歴史』(萌文社, 1997年, 特に上平担当の「第III部戦時体制下の少年団」pp.189-300)、田中治彦『少年団運動の成立と展開』(九州大学出版会, 1999年).
25) 大沼直輔「断感・大沼生」(『帝国少年団協会叢書』第27号, 1939年8月30日) pp.31-32.
26) 大日本少年団連盟『少年団研究』第16巻8号, 1939年8月, p.27.
27) 東京帝国大学教育学研究室・細谷俊夫「休暇廃止の問題」(帝国教育会『帝国教育』第730号, 1939年8月) p.5.
28) 「学徒隊の周辺」(前掲『教育』第7巻8号) pp.963-968.
29) 「学徒隊は再出発　入試は体力重視　懸案を語る河原田新文相」『朝日新聞』(1939年9月15日付) 11面.
30) 「学徒隊は中学だけ　大学や小学校は別個」『朝日新聞』(1939年9月22日付) 11面.
31) 「工場でも組織化　青年団統制強化　学徒隊　自発的活動俟つ」『読売新聞』(1939年12月12日付) 1面.
32) 「学徒隊を抛棄　青年団検討も白紙へ」『朝日新聞』(1939年12月12日付) 11面.
33) 上平泰博「大日本青少年団の統合と解体」(前掲『少年団の歴史』) pp.287-291.
34) 須田将司「大日本青少年団の錬成論——「共励切磋」の提唱と展開」(『日本教

第Ⅴ章　注

育史学会紀要』第 11 巻，2021 年）pp. 24-44.

35)　「大日本青少年団結成式ニ於ケル橋田大日本青年団長の式辞」（大日本青年団本部『青年指導』1941 年 2 月号）pp. 2-7.

36)　朝比奈策太郎「青少年諸君におくる言葉」（大日本青少年団本部『青年』1941 年 4 月号）pp. 46-49.

37)　「総力戦体制へ逞しき前進　本部事務局機構刷新さる」（『日本青少年新聞』第 261 号，1941 年 8 月 1 日付）1 面. 『大日本青少年団史』pp. 336-337. 同時に指導者養成を行う「錬成所」も設置されている

38)　熊谷辰治郎「青少年団と学校教育」（『日本青少年新聞』第 262 号，1941 年 8 月 15 日付）2 面.

39)　「五，義務教育八ヶ年」（『偕行社記事』第 784 号，1940 年 1 月）p. 209.

40)　「学徒隊は学生に限定　青年団は統合せず（当局方針言明）」『読売新聞』（1940 年 3 月 6 日付夕刊）1 面.

41)　「文部省機構の変遷」前掲『現代教育史事典』pp. 522-523.

42)　近代日本教育制度史料編纂会編『近代日本教育制度資料』第 7 巻（1956 年）pp. 191-193.

43)　陸軍省兵務局「学校教練制度の改正について」（『偕行社記事』第 805 号，1941 年 10 月号）p. 68.

44)　「那須兵務局長良兵教育の喫緊を強調」（『偕行社記事』第 824 号，1943 年 5 月号）pp. 106-108.

45)　国策教材研究会編『決戦非常施策の解説（国策教材　第 1 輯）』（新紀元社，1944 年 11 月）裏表紙. 類書の例として，情報局記者会著『大東亜共同宣言』（新紀元社，1944 年 2 月）. 文政研究会編『文教維新の綱領』（新紀元社，1944 年 4 月）.

46)　前掲『大東亜共同宣言』（新紀元社，1944 年 2 月）. 前掲『文教維新の綱領』（新紀元社，1944 年 4 月）.

47)　前掲『決戦非常施策の解説（国策教材　第 1 輯）』pp. 57-63.

48)　米田俊彦「総説」前掲『現代教育史事典』p. 268.

49)　文部大臣岡部長景「決戦下に於ける教育の非常措置」（『日本教育』第 3 巻第 8 号，1943 年 11 月）p. 5.

50)　「教育の戦闘配置」（『日本教育』第 3 巻第 9 号，1944 年 1 月）p. 16. なお，『日本教育』誌には 1944 年 4 月の第 4 巻第 1 号以降，以下の「決戦教育の指針」を掲載し，政策の徹底を促す試みをしていた.

　一，一切の教育活動を宣戦の大詔奉行の挺身的実践たらしめよ
　一，戦力増強を主体として学童の実力を飛躍的に充実せしめよ

第Ⅴ章 「学徒隊」の構想とその具現

一，すべての学校の勤労生産を航空機建造に悉く結集せしめよ

51) 前掲『決戦非常施策の解説（国策教材　第 1 輯）』p. 45.
52) 前掲『決戦非常施策の解説（国策教材　第 1 輯）』p. 72.
53) 本部錬成局少年部長・中村知「戦時少年団員錬成の新方向（二）」(『青少年指導』1944 年 2 月号) pp. 48-53.
54) 本部錬成局少年部長・中村知「戦時少年団員錬成の新方向（三）」(『青少年指導』1944 年 3 月号) pp. 50-54.
55) 朝比奈策太郎『軍人勅諭読本』(日本経国社，1944 年 12 月) pp. 111-112.
56) 安藤堯雄『国民学校の決戦体制』(大八州出版，1945 年 2 月) p. 309.
57) 安藤堯雄前掲『国民学校の決戦体制』pp. 316-317.
58) 朝比奈策太郎『修養と青年』(潮文閣，1944 年 5 月) pp. 277-278.
59) 朝比奈策太郎前掲『修養と青年』pp. 284, 285.
60) 前掲『近代日本教育制度資料』第 7 巻，pp. 103-104.
61) 前掲『大日本青少年団史』p. 756.
62) 「青少年団の統合 "訓練" の国家管理へ　一掃せよ割拠主義」『朝日新聞』(1945 年 1 月 11 日付) 2 面.
63) 青少年団副団長朝比奈策太郎「自らの学徒隊に」『朝日新聞』(1945 年 5 月 22 日付) 2 面.
64) 「惟フニ学徒隊運営ノ主眼トスル所［中略］其ノ三ハ共励切磋シテ求道研鑽息マザル志ナリ行動一致作業二於テ人ノ範トナリ智能ノ錬磨ニ於テ学徒ノ真髄ヲ発揮スルハ固ヨリ容易ノ業ニ非ズ宜シク師弟心ヲ一ニシ寸陰ヲ惜ミテ努力奮励倦マザルベシ」「文部省訓令第 2 号」『官報』(1945 年 5 月 22 日).
65) 「古都学徒隊員達感激の進軍決意」『奈良日日新聞』(1945 年 7 月 9 日付) 2 面.
66) 「学徒隊確立の道（一）　指導責任者には学級受持の先生　井上文蔵校長と対談」『山梨日日新聞』(1945 年 5 月 29 日付) 2 面.
67) 前掲「学徒隊確立の道（一）」.
68) 「学徒隊確立の道（二）　語る人谷村工業校長尾小林定雄氏　派遣教師は長期に是正すべきは県受入態勢の不備」『山梨日日新聞』(1945 年 5 月 30 日付) 2 面.「学徒隊確立の道（三）　語る人谷村工業校長尾小林定雄氏　与へたい学課時間　勿体なや等閑視の手持時間」『山梨日日新聞』(1945 年 5 月 31 日付) 2 面.
69) 「隊組織を確立　青年学校学徒義勇隊へ戦闘訓練」『合同新聞』(1945 年 7 月 28 日付).
70) 「組織は変えず編入　学徒隊も国民義勇隊に」『朝日新聞』(1945 年 6 月 30 日付) 2 面.

第 V 章 注

71)「学徒義勇隊戦闘隊転移準備ニ関スル件」『岡山県広報』(1945 年 8 月 14 日).

72)「学徒軍事教育振興 後援会組織，きのふ初協議会」『京都新聞』(1945 年 8 月 11 日付) 2 面.

73)「青校生で特別斬込隊 対戦車戦や遊撃戦闘を体得さす」『京都新聞』(1945 年 6 月 29 日付) 2 面.

74)「学童の教練査閲」『京都新聞』(1945 年 8 月 8 日付) 2 面.

75)「学徒隊運営強化ノ件」『京都府広報』(第 1897 号，1945 年 8 月 14 日付).

76)「"戦闘力一本"へ錬成 県下青少年学徒の決戦訓練方針決る」『日本海新聞』(1945 年 5 月 30 日付) 2 面.

77)「県学徒隊今ぞ出陣 きのう厳かな結成式」『日本海新聞』(1945 年 6 月 20 日付) 2 面.

78)「通信特技隊を編成 女子学徒は救護特技隊」『日本海新聞』(1945 年 7 月 18 日付) 2 面.

79)「学徒輸送戦士 強力陣殆ど整備」『日本海新聞』(1945 年 8 月 2 日付) 2 面.

80) 本章で参照した記事情報の詳細について，拙稿「地方新聞にみる「学徒隊」戦闘訓練」に関する報道」(全国地方教育史学会『地方教育史研究』第 46 号，2025 年刊行) も参照されたい.

81) 太平洋沿岸部の上陸予想地帯では，学徒隊による陣地構築が捉えられている．例えば四国地方（主に徳島県）について茶園義男『本土決戦四国防衛軍 上巻』(徳島出版文化協会，1971 年) に以下のような記載がある．

徳島航空隊第二基地，それは当時"秘密飛行場"であった．設置が定まったのは五月初旬［中略］当時，県立阿波中学校三年生であった三浦清秀は次の様に語っている（S45・11・2 談）

阿波中から現場まで約八キロ，学校に三年生三クラス一五〇名，二年生三クラス一五〇名が集合して毎日のように出かけました．仕事は主としてトロッコによる整地作業——今から思えばよくやったと思いますが，当時としては当然のことと思いますが．四年生は鴨島町筒井製紙に工場動員でした.

［中略］

吉野川をへだてた「対岸穴吹町には，第七補給廠穴吹本部があり，脇町・山川・川島にかけて，陣地構築・物資貯蔵作業が，本土決戦に備えて行われていた」(山口美佐雄・第 43 連隊補充隊副官・当時大尉，現・徳島市・S44・8・10 談) という．こういう作業に従事したのが，脇町中学校生徒である．その実情を当時中学二年の野々村宏に語ってもらおう．引用は「パゴダに祈る」(徳島県ビルマ会 S26・12・8

第Ⅴ章 「学徒隊」の構想とその具現

刊）からである．

　七月に入ると，二，三日中に校舎へ兵隊がくる．この兵隊と協力して本土決戦にそなえ，弾薬をかくしておく穴を掘る——と聞かされて，われわれはこんどは穴掘り作業につくことになった．作業は雨の日も風の日もやむことなく続いた．［中略］七月中旬ごろからは早朝から夕方おそくまで穴をほるのが毎日だった．月をあおぎながら今日も敵機に見舞われず，まして英米軍の上陸もなく，無事に暮れたかと思いながら田んぼ道を帰った．（pp. 166-167）

　また，神奈川県小田原市近隣については香川芳文『小田原地方の本土決戦』（夢工房，2008年）に以下のような記載がある．

・小田原の国民学校児童の例
　足柄国民学校でも，七月二〇日より二〇日間，高等科一年の男女が石垣山の軍の陣地構築工事に協力のために出動している．そして八月一日，高等科一年男子にかわって，初等科六年男子一〇二名が軍の作業に動員された（『多古の郷土誌』）．七月二〇日には，城内国民学校高等科の女子も陣地構築に動員されており，動員が強化された時期であることがわかる．［中略］七月一〇日以降は，陣地構築も第二次築城計画の段階に入り，また八月からは完全な水際作戦への作戦変更もあり，急いで陣地構築を進める必要があった．そのため，国民学校でも高等科の女子や初等科の六年生まで動員が強化されたと考えられる．（pp. 134-136）
・県内旧制中学校の動員
地元の県立小田原中学校では［中略］六月一日，二年三・四組の生徒が陣地構築に出動したのがはじめての軍への動員であった．七月二日に校内の修身教室で学徒隊の結成式が行われ，工場出動中の生徒は代表者，四年生は全員が出席した．そして，七月一四日から原則として一年生全員が，部隊との協定により，舟原・威張山方面の軍の陣地構築作業に敗戦まで動員された．［中略］五月から六月にかけて，県立川崎中学の三年生が松田山の陣地構築に，県立湘南中学の二年生が国府津での陣地構築に動員された．［中略］前半に陣地への木材運搬作業，後半に海岸で一人用の塹壕であるタコツボ掘りの作業を行った．（神奈川の学徒勤労動員を記録する会『学徒勤労動員の記録』高文研，pp. 136-137）

あとがき

　「戦時教育令」については，前著『国民義勇戦闘隊と学徒隊』（朝日新聞出版，2021年）執筆の当時から注目していた．同令は「学徒隊」の結成を命じ，また「国民義勇隊組織ニ関スル件」（3月23日）や，「国民義勇戦闘隊」創設への「状勢急迫セル場合ニ応ズル国民戦闘組織ニ関スル件」（4月13日）の閣議決定と合わせて，「学徒義勇戦闘隊」の組織化へと道を開いたものであったからである．

　そして「戦時教育令」への考察を進展させるにつれ，これまでの日本教育史研究において，同令に関する研究がほとんど手つかずのままになっていることに驚かされた．

　およそ歴史研究にとって，対象とする事象の始期と終期の様相を究明することがきわめて重要な課題であることはいうまでもない．日本近代公教育の始期としての「学制」期の研究が活発になされ，多様な成果を生み出していることは周知のとおりである．それに対し，「教育ニ関スル勅語」の渙発により確立した天皇制公教育の終末としての「戦時教育令」の研究がほとんど進められてこなかったことは，自身の不明を含め忸怩たる思いに強くとらわれた．

　さらには，本論でも示したように「戦時教育令」の「殆んど異例とも申すべき特別の御上諭」や，「学徒軍事教育特別措置要綱」「学徒体錬特別措置要綱」等の教育現場を強く規定したきわめて重要な一次史料が，『明治以降教育制度発達史』（全12巻）や『近代日本教育制度史料』（全23巻），さらに文部科学省編『学制百年史（資料編）』等において，収録すらされていないことにも愕然とする思いであった．

　そうした状況の下で，「戦時教育令」が，いかなる内容をもち，実際にどのような役割をはたしたのかの究明は，喫緊の課題として立ち現れることになったのである．

　2021年から，共通の問題意識をもつ者の共同研究として，本格的に探究を

あとがき

開始していった．まずは，「戦時教育令」の成立過程を明らかにすることを目ざし，国立公文書館に枢密院の審議に関する多くの一次史料があることを突きとめた．さらに同令の前身とも言うべき「決戦教育措置要綱」や，その他の関連する史料も見いだし具体的な成立過程の研究が進展していった．

むろん，それだけでは「戦時教育令」が当時の教育状況にはたした役割を明らかにすることはできない．まずは，各府県における受容とその経過を解明するために，各地の新聞報道や地方訓令等を手がかりに究明を進めた．

さらには，具体的な学校現場に同令はどのように浸透したのか．それを解明するには，個々の学校現場における史料の発掘が必要であった．だが戦争末期における学校史料に関しては，戦災による消失，あるいは意図的な隠蔽と焼却等の事情が存在しており，いかなる依拠すべき史料が残されているのかの探索と検討が進められた．

大きなきっかけとなったのは，共同研究初年度の夏，メンバーと共に北海道立文書館を訪ね，いくつかの国民学校の「学校日誌」を調査していた時である．北海道小清水村立日新国民学校の「学校日誌」の記述が目にとまった．そこには「戦時教育令」公布のまさに 1945 年 5 月 22 日の「記事」に，「職員朝会時ニ戦時教育令ニツイテ説明解釈サル」と記述されていた．さらには，「戦時教育令ニ基ク学校経営」（6 月 2 日），「学徒隊結成式挙行」（6 月 30 日），「戦時教育令関係集」（8 月 2 日），「戦時教育令研究協議」（8 月 4 日）等々の記述が続いていた．国民学校の現場においても，同令への一連の具体的な対応がなされていたことが明確に示されていた．

こうして，本研究を推し進める有力な一次史料として，各地の「学校日誌」の探究が重要な課題として浮かびあがってきた．さらには，「教務日誌」「当直日誌」「疎開先日誌」「内務日誌簿」「寮生日誌」等の探索を進め，以上に加えて当時の状況を示す各種審議会や学徒勤労動員に関する史料，そして国民学校等に関する記録や文献等を渉猟し，それらの検討を行うなかで本研究は進められていった．本書は，その成果を明らかにしたものである．

研究の進展において，寺﨑昌男先生と神辺靖光先生には，多くの貴重な研究上の助言のみならず，戦時下の教育の自らの体験をお聞かせいただくことができた．そのことが研究の励みとなり，指針ともなった．深く感謝したい．また，

あとがき

　一々お名前を出すことは控えさせていただくが，貴重な学校史料を閲覧させてくださった各地の学校，そして全国の県立・市立の公文書館や図書館には，史料収集を含めてたいへんお世話になった．

　本書の基となったのは，2021年度から2023年度まで行った「戦時教育令と教育の崩壊過程に関する総合的研究」（基盤研究B，研究課題番号21H00822）である．研究プロジェクトのメンバーは，研究代表者斉藤利彦，研究分担者森川輝紀，逸見勝亮，前田一男，須田将司であった．刊行にあたっては，東京大学出版会の後藤健介氏には編集の全般にわたって終始たいへんお世話になった．同出版会には，寺﨑昌男先生のご指導の下に共同で刊行した『総力戦体制と教育』（1987年）以来引き続きお世話になっている．

　また，2024年度の学習院大学文学会の研究成果刊行助成を得ることができた．ここに記して感謝したい．

斉藤利彦

索　引

あ　行

朝日新聞　16, 26, 41, 44, 144, 301, 303, 304, 305, 307, 311, 324, 331
朝比奈策太郎　315, 322, 323, 325, 326
安部源基　171
荒木学徒隊案　302, 303, 308, 315, 316, 319, 320, 325, 336
荒木貞夫　7, 301, 302, 304, 305, 306, 308, 309, 311, 316, 320, 335
暗渠排水　254
石黒英彦　304
一志茂樹　224, 227
一般国民勤労報国隊　161, 162
伊藤日出登　320
井上赳　79, 81
岩谷堂高等女学校（岩手県）　181
上田庄三郎　268
打尾忠治　234, 235
宇野哲人　79, 81
海ゆかば　55, 59
浦和中学校（埼玉県）　55
観兵分列行進　53, 54, 303
海老原治善　221
援農　252, 253, 289
大島健一　35, 38
太田耕三　28, 35, 36, 121, 123, 171, 226
大坪保雄　226, 230
大沼直輔　308, 309, 312
大御心の奉体　73, 76, 78, 81, 82, 83, 88, 93, 94, 95, 96, 97, 98, 99, 100, 116, 119, 120, 121, 122, 123
岡部長景　320
小川義章　79, 81, 83, 118, 119
沖縄戦　45

か　行

海後宗臣　72, 76, 93, 99

開智国民学校（長野県）　51, 227
学制　8, 29
学生隊　308
学徒（概念）　7, 8, 9
学童疎開　53, 54
学徒義勇戦闘隊　23, 336, 343
学徒勤労動員政策　134-
学徒勤労動員実施要領ニ関スル件　143, 150
学徒勤労ノ強化ニ伴フ工場事業場等ニ於ケル中等学校教育ニ関スル件　148
学徒勤労ノ出動督励ニ関スル件　146, 147
学徒勤労ノ徹底強化ニ関スル件　147, 150
学徒勤労令　9, 10, 35, 38, 136, 151-, 160-, 175, 198, 302, 323
　──施行ニ関スル件　160, 161, 166
　──中改正　167
学徒勤労令施行規則　161, 165
学徒軍事教育特別措置要綱　16, 17, 18, 19, 235, 300
　　女子用──　17, 20, 21
学徒警乗隊　300
学徒戦時動員体制確立要綱　139, 299, 319, 320, 335
学徒戦闘隊　299
学徒隊　4, 7, 10, 15, 16, 19, 24, 35, 36, 37, 53, 122, 222, 223, 224, 225, 229, 230, 231, 232, 233, 241, 243, 289, 290, 302, 304, 305, 307, 310, 311, 327, 328, 330, 334
　──隊長　15
　──ト国民義勇軍トノ関連ニ関スル件　331
　──編成問題　303, 312, 315, 325
　──連合体　15, 58
道府県──　306
学徒体練特別措置要綱　16, 17, 18, 19, 235, 300
　──伝達講習会　18
学徒動員局　16

347

索　引

学徒動員実施要項　321
学徒ノ勤労協力ニ関スル勅令案要綱　152,
　154, 160
学校儀式　262, 263
学校教練制度の改正　317
学校日誌　18, 19, 40, 47-, 220, 224, 237, 238,
　288
　　大磯町国民学校（神奈川県）の──　52
　　大明国民学校（山梨県）の──　49, 50
　　開智国民学校（長野県）の──　51
　　日新国民学校（北海道）の──　49, 237,
　　238, 240, 244-
　　──の隠蔽（焼失）　47, 48
学校防空壕　257, 258
学校報国隊　10, 24, 135, 144, 145, 160, 221,
　229, 299, 312, 316, 319, 321, 322, 323, 324,
　335, 336
　　──編成確立方　317, 320
学校報国団　298, 299, 301, 302, 311, 320
　　──の隊組織確立並其の活動に関する件
　　317
学校令　9
加藤将之　77
神奈川女子師範学校（神奈川県）　183
神奈川新聞　41, 44
金子譲　24
河北新報　22, 40
紙芝居　264
上條茂　229, 230, 231
唐澤富太郎　72, 76, 93, 99
河原田稼吉　303
神辺靖光　7, 134
菊池誠之　186, 187, 191
奇襲攻撃　18
北日本新聞　231, 232
紀平正美　8, 79, 81, 83, 91
教育映画　264, 265
教育訓練　15, 58, 230, 231, 235
教育勅語　7, 8, 27, 29, 59, 70, 71, 73, 83, 89,
　92, 94, 116, 117, 118, 119, 122, 222, 228,
　285, 286
　　──の疑義　77

教育ニ関スル戦時非常措置方策　139, 150,
　299, 320, 335
教育ニ関スル勅語　→教育勅語
教育ノ大本　7, 10, 29
教育の二階級特進　22
教育令　8
教員不足　268, 270, 278
教学刷新評議会　86, 118
京都新聞　41, 43, 333
京都府学徒軍事教育後援会　333
教練　16
緊急学徒動員方策要綱　139, 144
緊急国民勤労動員方策要綱　139
勤労協力・動員　9, 37, 48, 58, 329
勤労即教育（タルノ本旨）　150, 162, 163,
　198
勤労報国隊隊則（富山市）　277, 278
久保義三　25, 70, 71, 221, 303
軍事訓練　16, 17, 38, 331
軍需工場　15
軍人勅諭　286
血液検査　→体力管理
決戦教育措置要綱　2, 4, 10, 16, 24, 36, 120,
　132, 168, 169, 220, 222, 261, 300, 325, 328
決戦非常施策の解説　319
決戦非常措置要綱　140, 150
　　──ニ基ク学徒動員実施要綱　140
　　──ニ基ク学徒動員実施要綱ニ依ル学校種
　　別学徒動員基準ニ関スル件　142, 143
　　──ニ基ク中等学校教育内容ニ関スル措置
　　要綱　140, 141, 150
小磯國昭　149
皇運扶翼　73, 74, 75, 76, 78, 79, 81, 82, 83,
　85, 86, 87, 91, 94, 95, 96, 97, 99, 102, 117,
　119, 172
皇国民錬成教育　287
工場事業場等学徒勤労動員受入側措置要綱ニ
　関スル件　143
工場事業場等学徒勤労動員学校側措置要綱ニ
　関スル件　144
工場事業場ヘノ中等学校低学年生徒及国民学
　校高等科児童ノ勤労動員ニ関スル件

索　引

150
皇祖考　6, 26
校長（の役割）　245, 246, 247, 285, 288, 306
高等女学校　140
合同新聞（岡山県）　331
国体と倫理（吉田熊次）　81
国体ノ精華　70, 80, 82
国体の本義　80, 83, 98, 100, 118, 119, 121
国定五期歴史教科書　101-
国定六期歴史教科書　110-, 120
国民学校　18, 19, 33, 92, 150, 220-, 322
　——及青年学校学徒隊ノ運営ニ関スル件　8
　——と軍隊の関係　258, 259, 260
　——並ニ青年学校生徒ノ勤労教育ニ関スル件　324
　——の教員　268
　——の教員待遇改善　278, 279
　——母の会　62
国民学校令　70, 92
　——施行規則　98, 262
国民義勇戦闘隊　23, 35, 36, 120, 241, 243, 244, 331
国民勤労報国協力令　134, 135, 136, 145, 161, 198
　——施行規則　135, 136
国民精神総動員法　52
国民動員実施計画　137, 138, 147
こころに生きる六十日　136, 184-
国家総動員審議会ヨリ答申ニ関スル通牒ノ件　154
国家総動員法　9, 40, 134, 136, 155, 164, 166
　——勅令解説　155
小西重直　79, 80, 81
斯ノ道　74, 75, 77, 78, 79, 80, 82, 83, 91, 92, 93, 94, 95, 96, 97
小山常美　73, 93, 99
近藤寿治　79, 81, 83

さ　行

在学徴集延期臨時特例（勅令第755号）　3
再帰性　283, 284, 290

齊藤勉　299
斉藤利彦　300
佐藤得二　164
佐藤秀夫　73
佐藤学　283
師恩感謝運動　279, 280, 281, 282, 290
師道・師魂　275, 276, 279, 282, 289, 290
信濃教育（大日本教育会長野県支部）　228, 229, 230
信濃毎日新聞　71, 224
死亡　→殉職
島根新聞　60
清水澄　35
修身科　70
修身教科書　72
　第2期——　78, 79
　第3期——　85, 86
　第4期——　72, 76, 85, 86, 87
　第5期——　72, 76, 79, 83, 93, 95, 97, 100, 120
集団疎開　→学童疎開
修練　320
殉職　33, 46
殉職動員学徒　23
傷痍　22, 33
小学校令　70
承詔必謹の精神　123, 124
小戦訓練　17
少年団，少年団運動　234, 309, 310
上諭　→戦時教育令上諭
昭和十九年度国民動員計画策定ニ関スル件　149
昭和十九年度国民動員計画受給数　149
昭和天皇実録　30, 39
昭和二十年度第一四半期物資動員実施計画　168, 169
植民地　11, 109
食糧増産　249, 250, 251, 328
女子学徒　17
女子学徒の薙刀及護身法に関する件　20, 300
女子護身法中突蹶の解説　20, 21

索 引

女性教員　269, 270, 271, 272, 273, 274, 275, 289
初等学校　19
新岩手日報　43, 46
神国観念　89, 90, 91, 95, 107, 112, 124
臣民感覚　284, 285
枢密院官制　30, 34
鈴木貫太郎　171, 172
鈴木貞一　137
聖訓ノ述義ニ関スル協議会報告　8, 74-, 91, 94, 94, 99
聖旨奉戴委員会　304
青少年学徒ニ賜ハリタル勅語　7, 8, 59, 285, 304
青年学校　33, 244, 247, 249, 288, 302, 306, 307
青年団　244, 245, 247, 248, 249, 288, 307, 308, 312
関口泰　303, 305, 307, 308
全国学生生徒代表親閲式　303
全国連合国民学校教職員会　276, 278
戦時教育令
　──第1条　9, 335
　──第2条　9, 10, 227, 235, 283
　──第3条　9, 61, 233, 298
　──第4条　11, 33
　──第5条　11, 22, 23, 32, 33
　──御署名原本　4
　──諮詢案　171, 172, 173
　──上諭　6, 7, 10, 25, 26, 27, 29, 39, 42, 44, 46, 47, 59, 60, 61, 121, 173, 198, 222, 225, 229, 243, 285
　──上諭案　32
　──上諭伝達式　57, 58
　──上諭奉読　50, 51, 52, 53, 55, 57, 58, 59, 60, 63, 243
　──枢密院による審議　34, 39, 174
　──制定過程　30-
　──先行研究　23, 24, 25, 26
　──タイプ打ち案文　32, 33, 173
　──ニ基ク国民学校教育実施ニ関スル件　223
　──別紙案　31
戦時教育令施行規則　11, 25, 175, 237, 299
　──第1条　15, 25, 53, 58, 222, 234
　──第3条　15, 24, 25, 58, 241, 249, 331
　──第11条　22, 23
戦闘第一主義　18
卒業認定　22

た 行

大学　8
大詔奉戴日　262, 263, 285, 326
大東亜共栄圏　11, 43
大東亜建設に処する文教政策　275
大東亜大臣　43, 170
大日本学徒隊　325
大日本少年団連盟　309, 312
大日本青少年団　249, 312, 315, 321, 322, 324, 325, 335, 336
大日本青年団　298, 299, 300, 310, 302, 307, 308
代用教員　268, 269, 289
体力管理，体力検査　265, 266, 267, 289
鷹野良宏　302
高橋眞照　300
高橋陽一　74, 75
高柳昌久　199, 200
竹越與三郎　35
竹槍　20
中国新聞　41, 43
中等学校に於ける修練組織に関する文部次官通牒　317
銚子高等女学校（千葉県）　180
帝国教育　270, 271
帝国少年団協会　308, 312
挺身　9, 10, 15, 226, 227, 229, 230, 275, 335
鉄血勤皇隊　45, 222
寺中作雄　161, 162
天壌無窮の皇運扶翼　→皇運扶翼
東金国民学校（千葉県）　287
東京航空計器　175-
東郷茂徳　11, 171
東条英機　137, 146, 320

350

索 引

東野国民学校（長野県）　231
東北帝国大学　58
特技隊　332, 335
特別攻撃隊（特攻隊）　44, 45, 54, 99, 122, 123
特別高等警察　38
戸田金一　47
友枝高彦　79, 81
富山師範学校女子部附属堀川国民学校（富山県）　233, 234, 235, 236
　──学童守則　236, 237

な 行

永井浩　35, 38, 174, 175
長崎日報　44
中根秀雄　164
長野県教員赤化事件　228, 230
長野工業専門学校（長野県）　224, 227
中村一良　116
中村知　321, 322
薙刀　20, 334
那須兵務局長　318, 319
奈良武次　35, 174
奈良日日新聞　41, 44, 326
楠公父子桜井の訣別　114, 115, 117
西尾実　228, 230
日新国民学校（北海道）　238, 239, 240, 243, 244, 288，→学校日誌
二宮金次郎　97, 98
日本海新聞　41, 43, 334
野口彰　270, 271
野村吉三郎　35

は 行

白兵戦・白兵戦技　18, 19, 21, 300, 334
橋田邦彦　70, 123, 315
旗台国民学校　54
八紘為宇　95, 109, 113, 114, 115, 117, 278
花巻中学校（青森県）　182
林博太郎　8, 79, 119
林頼三郎　35, 36, 174
東井義雄　284, 285

久松潜一　8, 79, 81, 83
姫路中学校（兵庫県）　56
ひめゆり部隊　45
平沼騏一郎　172, 174, 280, 302, 311
弘前中学校（青森県）　180
廣瀬忠久　148
ファシズム教育　70, 71, 72, 74, 76
深井英五　35
不確実性　285, 290
福井うの　270, 271
福間敏矩　299
藤野恵　36, 173
藤原銀次郎　148
防空防衛　9, 16, 235, 255, 256, 300, 331
報国挺身隊　276, 277, 279
法制局　32
細谷俊夫　309, 310
本土決戦　16

ま 行

毎日新聞　41, 44
真野文二　35
丸太　20, 21
水沢高等女学校（岩手県）　136, 137, 175-, 184-, 188-, 198, 199
　──動員日誌　193-
南弘　35, 174
無境界性　287, 290
村常会　245, 246
盲聾唖学校　15
望月村組合立中学校　177
森岡常蔵　79, 81
諸橋轍次　79, 81
文部省訓令二号　27, 28, 44, 46, 54, 60, 121, 233
文部省体育局訓練課　316
文部省図書局　76

や 行

矢掛高等女学校（岡山県）　57
靖国の子　114, 116
山形高等学校　57

索　引

山形新聞　44
山田孝雄　79, 81, 83
山梨日日新聞　44, 328
山本哲生　302
有事即応態勢確立　303, 305, 306, 315, 319, 320, 325, 335
幼稚園　8
吉田熊次　8, 75, 77, 78, 79, 80, 81, 119
吉田松陰　87, 88
読売新聞　143, 167, 311, 316
読売報知新聞　26, 41, 45

ら 行

陸軍現役将校配属学校教練査閲規定　16
陸軍防衛召集規則　45
臨時教育会議　70
蠟山政道　319

わ 行

亘理章三郎　77, 79, 81, 118
和辻哲郎　8, 79, 81, 91

執筆者一覧 (執筆順)

斉藤利彦（さいとう・としひこ）学習院大学名誉教授．教育学博士．『「誉れの子」と戦争』（中央公論新社，2019 年），『国民義勇戦闘隊と学徒隊』（朝日新聞出版，2021 年），『学校文化の史的探究——中等諸学校の「校友会雑誌」を手がかりとして』（編著，東京大学出版会，2015 年）ほか．

森川輝紀（もりかわ・てるみち）埼玉大学・福山市立大学名誉教授．『大正自由教育と経済恐慌——大衆化社会と学校教育』（三元社，1997 年），『国民道徳論の道——「伝統」と「近代化」の相克』（三元社，2003 年）『増補版　教育勅語への道——教育の政治史』（三元社，2011 年）ほか．

逸見勝亮（へんみ・まさあき）北海道大学名誉教授．教育学博士．『師範学校制度史研究——15 年戦争下の教師教育』（北海道大学図書刊行会，1991 年），『学童集団疎開史——子どもたちの戦闘配置』（大月書店，1998 年），「集団疎開児童の医療問題——女子医学専門学校「学徒医療隊」の無医村動員」（『北海道大学教育学研究院紀要』第 187 号，2017 年）ほか．

前田一男（まえだ・かずお）立教大学名誉教授．『総力戦体制と教育——皇国民「錬成」の理念と実践』（分担執筆，東京大学出版会，1987 年），『日本の教師文化』（分担執筆，東京大学出版会，1994 年），『ミッション・スクールと戦争——立教学院のディレンマ』（共編著，東信堂，2008 年）ほか．

須田将司（すだ・まさし）学習院大学文学部教育学科教授．『昭和前期地域教育の再編と教員——「常会」の形成と展開』（東北大学出版会，2008 年），『近・現代日本教育会史研究』（分担執筆，不二出版，2018 年），『昭和前期の報徳運動と報徳教育——「長所美点」をめぐる「対話」の教育史』（明誠書林，2021 年）ほか．

「戦時教育令」の研究
天皇制公教育の崩壊過程

2025 年 3 月 31 日　初　版

［検印廃止］

著　者　　斉藤利彦・森川輝紀・逸見勝亮・
　　　　　前田一男・須田将司

発行所　　一般財団法人　東京大学出版会
代表者　　中島隆博
　　　　　153-0041　東京都目黒区駒場 4-5-29
　　　　　https://www.utp.or.jp/
　　　　　電話 03-6407-1069　Fax 03-6407-1991
　　　　　振替 00160-6-59964

印刷所　　株式会社三陽社
製本所　　牧製本印刷株式会社

Ⓒ 2025 T. Saito, T. Morikawa, M. Hemmi,
　　　K. Maeda, & M. Suda
ISBN 978-4-13-056245-4　Printed in Japan

[JCOPY]〈出版者著作権管理機構　委託出版物〉
本書の無断複写は著作権法上での例外を除き禁じられています．複写される場合は，そのつど事前に，出版者著作権管理機構（電話 03-5244-5088，FAX 03-5244-5089, e-mail: info@jcopy.or.jp）の許諾を得てください．

斉藤利彦 編	**学校文化の史的探究** 中等諸学校の『校友会雑誌』を手がかりとして	A5・8,800 円
駒込　武 川村　肇 編 奈須恵子	**戦時下学問の統制と動員** 日本諸学振興委員会の研究	A5・12,000 円
高橋陽一 著	**共通教化と教育勅語**	A5・5,800 円
池田雅則 著	**官吏たりうる資格** 判任文官と近代日本における「能力」の模索	A5・13,000 円
駒込　武 編 高木博志	**国家神道の現代史** 天皇・神社・日本人	A5・[近　刊]

ここに表示された価格は本体価格です．ご購入の際には消費税が加算されますのでご了承下さい．